本书为浙江省社科联课题“财会监督视角下县域医共体财务整合能力提升研究”(2024N163)的阶段性研究成果。

医共体财务整合管理与案例

金玲 陈民 徐君花 孙波 顾晓春 ◎ 编著

中国财经出版传媒集团
中国财政经济出版社
· 北京 ·

图书在版编目（CIP）数据
医共体财务整合管理与案例 / 金玲等编著. -- 北京 : 中国财政经济出版社, 2025. 6. -- ISBN 978-7-5223-3870-5
Ⅰ. R197.322
中国国家版本馆CIP数据核字第2025S0241N号

责任编辑：樊清玉　温彦君　　责任校对：张　凡
封面设计：智点创意　　责任印制：史大鹏

医共体财务整合管理与案例
YIGONGTI CAIWU ZHENGHE GUANLI YU ANLI

中国财政经济出版社 出版
URL：http：//www.cfeph.cn
E－mail：cfeph@cfeph.cn

社址：北京市海淀区阜成路甲 28 号　邮政编码：100142
营销中心电话：010－88191522
天猫网店：中国财政经济出版社旗舰店
网址：https：//zgczjjcbs.tmall.com
涿州汇美亿浓印刷有限公司印刷　各地新华书店经销
成品尺寸：185mm×260mm　16 开　23.5 印张　585 000 字
2025 年 6 月第 1 版　2025 年 6 月河北第 1 次印刷
定价：98.00 元
ISBN 978－7－5223－3870－5
（图书出现印装问题，本社负责调换，电话：010－88190548）
本社质量投诉电话：010－88190744
打击盗版举报热线：010－88191661　QQ：2242791300

《医共体财务整合管理与案例》参编人员

（按姓氏笔画排序）

马建明　湖州市中心医院
孙　波　宁波市鄞州区第二医院
李　黎　杭州市萧山区第一人民医院
李凯霖　湖州市中心医院
汪　彤　杭州市萧山区楼塔镇社区卫生服务中心
陈　民　瑞安市人民医院
陈　媛　瑞安市人民医院
金　玲　浙江大学医学院附属第二医院
俞婉莲　杭州市萧山区第一人民医院
夏　琪　湖州市中心医院
顾晓春　东阳市人民医院
徐君花　杭州市萧山区第一人民医院
徐卓亚　杭州市萧山区第一人民医院
蔡云艳　瑞安市人民医院
潘莺姿　杭州市萧山区第一人民医院
潘斯其　德清县人民医院

序

紧密型县域医共体（以下简称“医共体”）建设是指将县域内已有的医疗卫生服务资源进行统筹整合，提升服务能力，提高效率效益，为分级诊疗制度建设打好基础的重点改革，其目的是要为居民提供连续、便捷、优质、高效的一体化医疗健康服务。医共体建设的核心在于“紧密”与“共体”。“紧密”意味着县域内各级医疗卫生机构之间不再是独立的机构主体，而是融合成一个密不可分的医疗健康服务联合体；“共体”则强调了资源共享、优势互补，共同为县域内的人民群众提供全方位、全周期的健康服务。作为我国最早在全省推开医共体建设的先行者，浙江的医共体建设已经取得了令人瞩目的成绩，全省72个县（市、区）200家县级医院、1122家乡镇卫生院（社区卫生服务中心）组建了165家医共体。湖州等市县先后四次获国务院督查通报表彰，成为全国的标杆。2023年3月，还作为浙江省共同富裕示范区建设的十个典型经验之一，由国家发展改革委向全国发文推广。

医共体的建设不仅优化了医疗资源的配置，还极大地提升了医疗服务的质量和效率。基于“体系重构、机制重建、管理重整、服务重塑”的要求，医共体建设需要在运营管理中改革和创新机制。其中，财务管理在医共体改革中扮演了十分重要的角色。从整合的视角出发，财务管理不再是简单的账目管理，而成为推动医共体健康发展的有力杠杆。正如《医共体财务整合管理与案例》一书所阐述的，通过构建“医共体财务整合五星模式”，实现了财务管理的集中化、规范化、标准化。这不仅能有效降低医共体的运营成本，提高整体经济效益，更为医共体的可持续发展提供了坚实的财务保障。

先行先试地区医共体的实践者，特别是财务部门的管理者敏锐地意识到财务整合的重要性，积极主动地探索全新的医共体财务管理模式。在上级部门对医共体建设财务管理相关政策框架内，结合县域各级医疗卫生机构的整合推进和建设发展，管理者不断总结积累和深化完善财务整合的经验，形成管理共识，成就了《医共体财务整合管理与案例》一书。本书首次系统地梳理了医共体财务整合管理的全貌，涵盖了财务管理架构、会计核算、全面预算、医保管理、绩效考核及财会监督等多个方面，形成了完整的财务整合管理框架。这种系统性的梳理和总结，不仅为医共体财务管理人员提供了可操作、可复制的管理经验和方法，更为医共体的健康发展提供了有力的理论支撑和实践指导。

“潮平两岸阔，风正一帆悬。”在医共体建设的浪潮中，财务整合正扬帆起航，为改革的顺利推进提供了强大的动力。在此，对《医共体财务整合管理与案例》一书的作者表示由衷的敬意。他们不仅具有敏锐的洞察力，能够准确把握医共体改革的律动，更具有扎实的专业功底和丰富的实践经验，能够将理论与实践紧密结合，为医共体财务管理提供了切实可行的解决方案。希望本书的出版能为医共体建设提供有益管理经验，为医共体的财务管理者提供可借鉴的财务管理方法和路径。相信在大家的不懈努力下，医共体财务整合管理将会取得更加辉煌的成就，为人民群众的健康福祉作出更大的贡献。

中国医院协会医共体专业委员会主任委员

浙江省医院协会会长

清华大学医院管理研究院特聘研究员

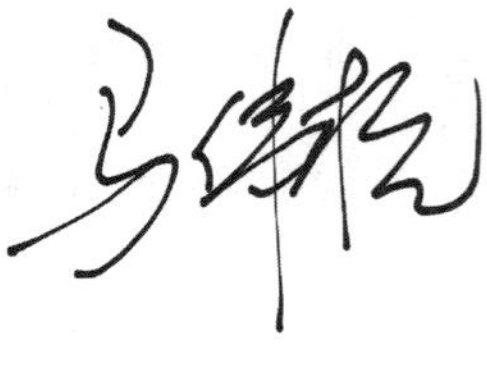
主任医师

前　言

党的二十大报告指出，要将健康中国的工作重心向农村和社区倾斜。浙江省在“八八战略”中也着重强调“要加快城乡一体化建设”，而组建县域医共体正是实现城乡医疗一体化建设的重要途径。2019 年，浙江省财政厅和浙江省卫生健康委员会联合印发《关于加强县域医共体财务管理工作的意见》（浙财社〔2019〕59 号）；2023 年 1 月，国家卫生健康委等 6 部门联合印发《关于开展紧密型城市医疗集团建设试点工作的通知》（国卫医政函〔2023〕27 号）；2023 年 12 月，国家卫生健康委、中央编办、国家发展改革委等 10 部门联合印发《关于全面推进紧密型县域医疗卫生共同体建设的指导意见》（国卫基层发〔2023〕41 号），这些文件提出要以满足人民群众健康需要为出发点，深化医药卫生体制改革、落实分级诊疗制度，因地制宜探索医联体建设。

实践中，医共体成立初期，各成员单位之间由于发展历史、业务重点、管理水平等方面的差异，会出现难以融合的问题。财务是联接各项业务工作的枢纽，财务整合是医共体高质量发展的重要保障。然而，当前尚无关于医共体财务整合的专著，很多新成立的医共体只能在实践中摸索前进，既浪费大量人力物力，也不利于其健康可持续发展。基于此，我们萌生了总结现有医共体财务整合成功经验，给后来者提供借鉴和启发的思想。

本书从筹划、编写到成册历时一年有余，编写团队的 16 名成员来自省、市、县各级综合医院，均具有丰富的医共体财务管理实践经验；同时，本书也汇集了卫生经济管理领域同仁的智慧。全书以实现县域医共体财务整合管理同质化和规范化为出发点与落脚点，通过财务管理架构与财务组织能力整合、会计核算与经济运行管理能力整合、全面预算管理与成本控制能力整合、医保收入管理与绩效导向能力整合、内部控制管理与财会监督能力整合等五章，将18篇内容涵盖县域医共体管理模式探讨、规范各成员单位会计核算、全面预算管理、成本管理、内部绩效管理、基建项目全流程管理、内部审计监督、医保经费管理、固定资产日常管理、对医共体成员单位领导班子成员宣教财务管理知识等实战文章归集成册，采用理论与实践紧密结合、图解与实例穿插其中的方式，详细介绍县域医共体财务整合实例、方法步骤、操作流程等，力求为其他医共体开展内部精细化管理提供可借鉴和复制的管理经验。

在本书的编写过程中，我们深切感受到县域医共体是一个紧密相连的整体，提升医疗服务水平，为民众提供优质、高效、持续的医疗健康服务是各成员单位共同的目标，需要各方资源共享、优势互补、协同发力；深刻认识到财务工作在促进医共体可持续发展中具有极其重要的作用，财务工作者肩负重任，需要坚持准则、创新发展，特别是要提升业财融合能力，积极借助信息化技术，充分发挥财务管理效用。

公立医院高质量发展是一项系统性、复杂性工程，不可能一蹴而就，需要不断改革探索、交流借鉴、持续优化。我们期待与同行携手共进，为实现县域医共体各成员单位健康和谐与持续高质量发展而砥砺前行！

2025年1月

目　录

第一章

财务管理架构与财务组织能力整合

浙江省医共体财务整合现状及能力提升的调研报告

【摘要】目的：本文旨在从财会监督视角探索提升医共体财务整合管理能力的路径与策略，以强化医共体在县域医疗资源整合中的主导作用，满足群众医疗需求。方法：采用文献研究法收集理论与方法，运用比较分析法对比企业并购与医共体整合的异同，从财会监督与财务控制权的获取方面设计评价表。实地调查浙江省6家医共体牵头医院的财务整合情况，分析其组织架构、会计核算、预算管理、医保管理及绩效考核等方面存在的不足与取得的成效。结果：医共体在财务整合方面取得阶段性进展，但仍存在诸多不足。本文综合各样本医共体成功经验，构建"医共体财务整合五星模式"，提出以下改进策略：完善组织架构，明确职责；统一会计核算制度，规范流程；加强预算管理，优化资源分配；完善医保管理体系，提升基金整体效益；统筹绩效考核经费，统一标准，形成合力。结论：财务控制权是提升医共体财务整合能力的关键。加强财会监督可确保财务信息真实准确，提升统一管理和内部控制水平，推动县域医共体健康发展。

一、引言

《国务院办公厅关于推进医疗联合体建设和发展的指导意见》《中共中央 国务院关于做好2022年全面推进乡村振兴重点工作的意见》等文件，强调要深入推进县域医共体建设，保障基层群众健康；浙江省在"八八战略"中提出"要加快城乡一体化建设"。组建县域医共体正是实现城乡医疗一体化建设的重要途径。2023年1月，国家卫生健康委等6部门联合印发《关于开展紧密型城市医疗集团建设试点工作的通知》（国卫医政函〔2023〕27号），同年12月，国家卫生健康委等10部门联合印发《关于全面推进紧密型县域医疗卫生共同体建设的指导意见》（国卫基层发〔2023〕41号）；2019年，浙江省财政厅和浙江省卫生健康委员会联合印发《关于加强县域医共体财务管理工作的意见》（浙财社〔2019〕59号），这些文件提出要以满足人民群众健康需要为出发点，深化医药卫生体制改革、落实分级诊疗制度，因地制宜探索医联体建设。同时，提出医共体实行统一管理、集中核算、统筹运营的财务管理体制，各成员单位的会计核算工作由医共体集中管理、分户核算。

截至2023年年底，浙江省72个县市区200家县级医院、1122家基层卫生院，共组建了紧密型医共体165家。每个医共体内部又包含多个会计主体，而整个医共体财会人员缺乏集团财务管控经验，个别医共体存在“大而不强、集而不团”的问题，不仅会导致运营和廉政风险，严重的还会影响百姓的医疗供给。为此，本课题组通过对浙江省内6家医共体牵头医院进行调研，总结5年来医共体财务整合前面临的问题及整合不全的困惑，梳理出影响医共体整合的关键问题，从财务监督视角探讨提升县域医共体整合能力的有效方法和建议，以更好地应对外部挑战，提升医共体整体经济管理水平和竞争能力。

二、调研设计

为客观评价浙江省医共体财务整合现状，调研方案设计需考虑：探寻适合医共体财务有效整合的理论与方法，以此作为确定调研内容以及评价成效的依据；选取具有一定代表性的样本医共体，以较全面反映医共体整合情况；明确具体的调研方法和内容。

（一）财务整合的理论与方法

本文认为医共体组建与企业并购有一定的相似性，因此可借鉴企业并购相关理论，以提升财务整合能力。企业并购中，集团总部对成员单位集权管理的“运营控制型”管控模式与医共体由牵头医院对成员单位实施统一集中管理的模式相似。因此，医共体在财务整合时，可借鉴与“运营控制型”管控模式相匹配的“移植型”财务整合模式。“移植型”财务整合模式适用于并购方与被并购方处于相同行业，且并购方财务管理能力强于被并购方，并购方将自己的财务管理体系全部移植到目标企业中。其特点是：财务整合时间短，整合时产生的成本低，风险小。同时，财务控制权是影响财务整合成效的核心权力之一，财会监督是财务控制权的重要组成部分。这些为医共体财务整合调研提供了理论和方法的支撑。

（二）样本选择

本文研究样本选择牵头医院为三级医院的医共体。因为三级医院管理制度更健全，管理团队更专业，有助于医共体整合成功。为保持区域代表性，课题组分别在杭州市、宁波市、温州市、金华市各选一家，湖州市选择两家。具体如下：杭州市萧山区第一人民医院医共体（以下简称“萧山医共体”）、宁波市鄞州区第二医院医共体（以下简称“鄞州医共体”）、瑞安市人民医院医共体（以下简称“瑞安医共体”）、东阳市人民医院医共体（以下简称“东阳医共体”）、德清县武康健康保健集团（以下简称“德清医共体”）、湖州市中心医院医疗保健集团（以下简称“湖州医共体”①）。下文样本调研数均由课题组成员收集并整理。6家样本单位的基本情况如表1所示。

（三）资料来源与主要内容

课题组设计了由80个问题组成的“医共体财务整合情况调查表”，在2023年多次组织样本医共体牵头医院总会计师、财务科长进行现场和会议调研，收集医共体财务整合的现状、存在问题、经验成效等相关资料。通过调研和讨论，课题组将研究内容聚焦到财务组织、会计核算、全面预算、医保和绩效管理等五个方面的财务管理能力。本文所述“能力”，

① 湖州市中心医院医疗保健集团属于城市医联体，由湖州市中心医院作为牵头单位，联合8家基层卫生院组建而成。因其组织架构与医共体有相似之处，且为浙江省紧密型城市医疗集团建设的典范，对医共体提升管理有很好的借鉴作用，故纳入研究样本。为统一叙述口径，简称为“湖州医共体”。

表 1　　2023 年样本医共体基本情况

样本区域	隶属关系		实际占用总床日数（张）	在职职工（人）	门急诊人次（万人）	出院人数（万人）	医疗收入（万元）
	县级医院（家）	基层卫生院（家）					
萧山	4	12	544027	4700	764.25	7.75	222387
鄞州	1	9	435214	2993	475.44	7.29	174150
瑞安	4	17	926346	6951	760.46	12.69	335019
东阳	2	8	802785	4067	382.74	11.29	198985
德清	2	8	361017	2501	289.41	5.68	103448
湖州	1	8	499551	2905	310.57	8.75	196441
小计	14	62	3568940	24117	2982.87	53.45	1230430

指医共体财务整合管理的综合能力，其中：财务组织、会计核算、全面预算是构成医共体财务信息完备与财务秩序的基石；医保收入作为医共体核心利益所在，其在医疗收入中所占比例已超过 80%；绩效考核则依据财务指标，成为医共体利益分配的导向，对各成员单位实施奖惩，发挥导向和“指挥棒”的作用。通过对这些关键财务管理工作的分析研究，可以洞悉医共体财务整合能力的全貌。

三、医共体财务整合的现状与问题

通过对调研数据的整理分析，从财务组织、会计核算等方面能力着手，形成 13 张财务整合情况表，以客观、全面反映当下医共体财务整合的实际情况。

（一）组织架构仍需完善

1. 组织架构不够完整

多数医共体财务组织体系已建成，但部分医共体管委会例会不规律；部分单位以支委会替代医共体党委会决策，容易导致决策不连贯，管理效率受损；部分牵头医院院长责任难落实；部分医院总会计师职位空缺，使得内部管理权责不明，财会监督存在漏洞。这不仅影响医共体的统一决策和高效运作，还可能增加财务和经济安全风险（见表 2）。

表 2　　医共体财务管理组织整合情况

序号	整合内容	调查情况
1	医共体管理委员会	3 家每季开会，1 家 1 年开 1 次，2 家不确定
2	医共体党委会	4 家统一管党建，2 家各成员单位党建归卫健局管
3	医共体财务第一责任人	6 家牵头医院为院长，但无法承担所有成员单位责任
4	医共体总会计师	4 家设总会计师，享受牵头医院院领导副职待遇

2. 管理水平参差不齐

少数医共体牵头医院统管有方，财务人员与业务紧密相连，有效地促进了医共体的高效运作。多数医共体虽然建立了财务管理中心，却形同虚设，财务与业务游离其外，导致管理决策与财务实际脱节，影响了医共体的统一管理效率和监督的准确性。这种管理组织的不均衡状态，会制约医共体的健康发展（见表3）。

表3 医共体财务管理架构整合情况

序号	整合内容	调查情况
1	财务管理中心	5家设在牵头医院，1家设在卫健局
2	会计机构与人员	1家集中核算、成员单位不设会计机构，5家成员单位仍设会计机构
3	财务中心为30%以上成员单位提供服务	6家中：5家提供医保结算、会计核算、预算、内控服务，4家提供价格服务，3家提供资产、债权、债务、绩效考核服务，2家提供成本服务
4	财务中心会议频次	4家成员单位会议≥4次/年，2家<4次/年
5	财务中心培训内容	6家都有财务法律法规；4家除财务法律法规外，还有会计核算及财务管理知识

（二）会计核算部分集中

1. 制度制定执行不一致

少数医共体虽已对财会制度进行系统性整合，但部分制度仅停留在纸面，未统一执行，甚至有的制度根本未得到落实。导致医共体内部管理混乱，财会监督失效，影响资源的合理配置和高效利用（见表4）。

表4 医共体财务管理制度整合情况

序号	整合内容	调查情况
1	会计核算制度	6家统一制度
2	财务管理制度	1家统一制度，统一执行；5家未统一执行
3	资金审批制度	6家统一制度，其中：3家有逐级审批权限
4	债权管理制度	6家中：3家统一制度，4家清理备用金，2家核实债权
5	债务管理制度	6家中：2家统一制度，3家履行债务审批，3家开展债务清查

2. 账务处理尚未统一

部分医共体虽实行会计核算信息化，但从整体而言，集中编制和审核会计凭证的信息化未普及，导致收入、支出与票据的管理难以同步，增加了财务管理的风险和复杂性，长此以往，不仅影响医共体的运营效率，还有可能滋生个别成员单位的财务违规行为（见表5）。

表5 医共体会计核算制度整合情况

序号	整合内容	调查情况
1	会计核算信息化	2家已建HRP系统，4家未建
2	会计凭证编制	3家统一编制审核凭证，1家自编会计凭证由中心审核；2家自编自审会计凭证
3	收入管理制度	3家统一制度，3家未统一
4	支出管理制度	4家统一制度，2家未统一
5	票据领用管理	1家由财务管理中心统一管理，5家自行管理

3. 银行账户尚未集中

牵头医院资金控制权弱，多数医共体成员单位银行账户自行管理，未实现资金的集中审批和支付，财务管理中心无法实现资金集中管理，不能统一调度和监管，增加了财务管理风险（见表6）。

表6　医共体银行账户管理整合情况

序号	整合内容	调查情况
1	银行账户管理制度	2家统一制度，4家未统一
2	银行账户管理方式	2家设集团账户，成员单位在子账户办理业务；4家设集团账户，成员单位仍在原账户办理业务
3	银行付款管理	2家财务管理中心审批付款；4家自行管理
4	银行存款管理	2家存款集中管理、调剂使用；4家自行管理
5	银行存款竞争性存放	3家报医共体审批，3家报卫健局审批

4. 合并报表未作抵销

虽然6家医共体牵头医院已统一编制合并财务报表，并开展清产核资和支出标准统一工作，但会计分录处理不规范，导致报表数据不准确，难以真实反映医共体财务状况，制约了医共体合并财务报表质量提升（见表7）。

表7　医共体资产及财务报表整合情况

序号	整合内容	调查情况
1	清产核资	5家有清产核资，1家未清产核资
2	业务收入管理	2家信息已互通，数据实时管理；4家报表报送
3	费用支出标准	4家已统一标准，2家未统一标准
4	合并财务报表	6家统一会计科目和方法；均未做内部交易抵销分录，存在财务报表失真、影响经营决策的风险

（三）全面预算部分实施

1. 预算目标效益为重

效益为重有助于医共体的收支平衡，但以此为主要目标则有可能导致资源分配不合理，业务增长与财务健康失衡。同时，缺乏有效的绩效考核，难以准确评估各成员单位工作成效，影响管理决策的科学性，可能会削弱牵头医院监督的权威性（见表8）。

表8　医共体财务管理目标整合情况

序号	整合内容	财务目标	绩效考核
1	医疗服务收入占医疗收入比例	6家	5家
2	医疗盈余率	6家	4家
3	医疗收入增长率	6家	3家
4	在职职工平均门急诊人次	5家	5家
5	人员经费支出占业务支出比例	5家	3家

续表

序号	整合内容	财务目标	绩效考核
6	资产负债率	5 家	3 家
7	每门急诊人次收费水平	5 家	3 家
8	每床日平均收费水平	5 家	3 家
9	在职职工平均住院床日	4 家	3 家
10	医疗收入中来自医保基金比例	2 家	2 家

2. 平台资源投入不均

五大中心等信息互通型平台建设虽取得一定成效，但人、财、物统一管理投入不足，导致牵头医院集中管理权未得到加强。这种不均衡的投入影响了资源整合效率（见表9）。

表 9　　医共体平台资源整合情况

序号	整合内容	列入整合
1	医保基金考核分配	2 家
2	资产统一调配使用	1 家
3	人员统一调配，医共体内轮岗	3 家
4	绩效考核分配	2 家
5	资金分配使用	3 家
6	双向转诊	5 家
7	联合门诊、专科共建	5 家
8	信息互联互通	6 家
9	检验、影像、洗消等五大中心	6 家

3. 预算管理运行不畅

虽然医共体统一了预算管理制度，但部分医共体预算组织架构不健全，预算执行刚性不足，导致预算管理流于形式，难以有效发挥约束和控制作用。不仅影响了医疗资源的合理配置和使用效率，还会削弱内部控制的有效性，增加管理风险和财务风险（见表10）。

表 10　　医共体预算管理制度整合情况

序号	整合内容	调查情况
1	预算管理制度	6 家统一制度
2	预算管理主体	1 家整合为独立预算单位；5 家各自为独立预算单位
3	预算管理委员会	3 家成立预算管理委员会，牵头医院院长任主任；另外 3 家未成立预算管理委员会
4	委员会会议频次	2 家 1 年 4 次以下，1 家 1 年 4 次（含）以上
5	预算绩效考核	2 家实施考核，为成员单位评级、绩效和预算调整提供依据；4 家没有实施考核
6	预算管理信息化	2 家已实现信息一体化管理，2 家部分成员单位有预算管理软件，2 家预算管理手工操作

（四）医保管理有待完善

1. 医保制度表里不一

虽然多数医共体已统一医保基金管理制度，但没有统一执行，制度形同虚设，无法发挥应有的约束和规范作用，可能导致医保基金使用混乱，内部协同管理失效（见表11）。

表11　医共体医保基金管理整合情况

序号	整合内容	调查情况
1	医保基金管理制度	5家统一制度
2	医疗价格管理制度	1家统一制度，实行统一管理
3	医保基金管理会议	2家每年有4（含）次以上，有助于及时协调和解决问题；4家每年少于4次，可能会影响沟通与协作
4	医保基金管理架构	4家为直线职能制，2家为事业部制

2. 医保管理信息未联通

由于临床路径不统一，医保管理系统不完善等，不能实现信息互联互通，影响了医保基金的精准管理和高效运营（见表12）。

表12　医共体医保基金管理整合情况

序号	整合内容	调查情况
1	医保基金管理措施	5家建立了统一考核制度，基金盈亏在成员单位间实行二次分配；1家未统一管理
2	临床路径管理	6家均为各成员单位自行制定和管理
3	医保门诊结算	4家按项目付费，年终总额包干清算；1家按人头总额付费；1家包干结算结合门诊病例付费
4	医保基金信息管理	6家均未使用统一的医保基金管理系统

（五）绩效考核亟须提升

1. 绩效考核缺乏经费

虽有绩效考核制度，但没有经费奖惩，考核无法有效落地，会削弱员工的积极性和责任感。长此以往，可能导致管理松散，内部控制失效，影响医共体整体运营效率和竞争力（见表13）。

表13　医共体绩效考核经费与整合管理情况

序号	整合内容	调查情况
1	绩效管理制度	3家统一，1家成员单位统一，2家未统一
2	绩效经费统筹	2家统筹经费，4家未统筹
3	统筹经费来源	2家经费统筹，医共体内统筹使用；4家无统筹经费
4	绩效考核内容	以财务效率指标为主，兼顾党风廉政、医疗质量、经济运行、综合保障、公共卫生等
5	绩效考核影响	3家仅对各成员单位影响，对牵头医院没有影响；3家对各成员单位及牵头医院均会有影响

2. 绩效考核未达成共识

不同医共体对绩效考核的应用存在差异，缺乏统一标准，导致管理混乱。绩效考核没有与员工薪酬、奖金、职称评聘等挂钩，削弱了其激励作用。绩效考核内容缺乏可操作性，探讨性的意见多，经验性的意见少，阻碍了绩效考核制度的有效实施（见表14）。

表14　医共体绩效考核方案整合情况

序号	整合内容	调查情况
1	医共体考核方案制订主体	3家统一制订；3家由各单位自行制订
2	医共体绩效考核的应用	6家作为单位领导班子年度考评依据，其中，2家作为财政补助核定依据，1家作为评先评优、人事任免依据
3	各单位考核方案制订主体	2家由医共体统一制定；1家由牵头医院自行制定，成员单位由医共体统一制定；3家由各成员单位自行制定
4	各单位绩效考核的应用	5家认为应与员工薪酬、奖金调整挂钩；有3家认为还应与职称评聘挂钩；有2家认为还应与职务、岗位调整挂钩

通过调研分析，从形式上看，医共体整合取得了多方面的成效，如组织架构初步搭建、会计核算部分集中、预算目标效益为重、医保基金统盘管理及绩效考核推动整合。然而，从实质上看，医共体整合仍存在诸多不足：

（1）组织架构方面，领导架构和管理组织尚需完善，应进一步明确职责，促进财务与业务紧密结合。

（2）会计核算方面，制度执行不统一，账务处理、银行账户和合并会计报表存在问题，需统一规范。

（3）预算管理方面，资源分配不合理，平台投入不均衡，预算管理执行不畅，需加强监管和刚性执行。

（4）医保管理方面，制度执行和信息互通不足，应完善管理系统，促进信息互联。

（5）绩效考核方面，缺乏经费和共识，应统筹经费，形成统一标准，增强激励作用。

针对上述问题，需采取有效的财务整合措施加以改进，以提升统一管理和内部控制水平，推动县域医共体的健康发展。

四、医共体财务整合的亮点与成效

虽然各样本医共体财务整合尚未完全到位，但仍取得了阶段性成效，将6家医共体财务整合工作的亮点与成效进行提炼总结，可形成“医共体财务整合五星模式”（见图1）。顶层领导，以财务组织架构建设统领财务整合全局工作；双足支撑，以会计核算制度与全面预算管理构成医共体财务信息完备与财务秩序良好的基石；两翼展开，以医保基金管理与绩效考核管理优化医共体资源配置、提升运营效率。特点是：以财会监督保障财务集中统一管理的有效实施和持续优化，以财务集中统一管理为财会监督提供实施的平台和基础。样本医共体的财务整合经验和案例可供大家借鉴。

图1　医共体财务整合五星模式

（一）以财会监督推动财务整合

医共体借鉴“运营控制型”管控模式，有利于牵头医院对各成员单位的财务活动实行统一管理。财会监督作为医共体管控的主要抓手，可确保运营决策的科学性与合规性，强化内部控制，有利于资源的优化配置。“移植型”财务整合模式，使医共体能够依托牵头医院成熟的财务管理体系，快速建立起规范、高效的财务管理流程，提高整体财务管理水平，并确保财务数据的可比性，有利于对各成员单位的监督与控制。通过财会监督不仅能保障医共体经济活动的合法合规，有效防范运营风险，还有利于引入风险管理理念，提升财务管理的稳健性。

1. 完善内控体系，推进全面监督

为提升财会监督力度，医共体亟须完善内控体系建设。成立财务管理中心，明确其职责权限，确保监督工作的有序开展。同时，建立健全内控制度，优化财务流程，以促进操作的合规合法。强化风险把控，识别评估风险，制定应对策略。加强内部审计，定期审查财务活动，确保账目清晰。推进信息化建设，提高监督效率。

湖州医共体设内审科，在医共体党委书记的直接领导下独立开展内部审计工作。编写了《医共体内审工作文件汇编》，内容涵盖财务管理、医院运营、行风建设等多个方面，使内审工作开展有章可循。针对发生在医疗行业招标采购、经济合同、会计核算、内部控制等方面的典型案例，以国家政策法规为依据，剖析存在的问题，提出整改意见，警示相关岗位人员规避风险，建立长效机制。

2. 强化重点管控，确保精准有效

要强化医共体重点工作管控，需确保财会监督在基建工程、设备维修、资金管理等关键环节上的精准有效。明确重点关键环节为监督重点，制订详尽的监督计划和流程，严格预算编制审核，确保合同合法合规，对基建项目实施全过程管控，确保资金流向清晰，及时发现并处理潜在风险，保障监督精准有效。

萧山医共体针对纪检巡察重点关注的基建工程项目，提出医院基建项目全流程管控的核心要义，通过对 A 医院门诊楼改造项目的案例分析，将政策法规和规范性操作融入其中，探寻医院基建项目全流程管控的风险点，提出管控风险的矩阵等，为做好基建项目全流程管理提供可借鉴、可复制、有启迪的管理思路和方法。同时，萧山医共体还利用信息化手段，对基建项目资金实时监控，确保资金使用的透明与合规。德清医共体实行资金统一管理，成员单位开设财政零余额账户，医共体统筹规划调拨资金，实行财政集中支付，规范使用财政资金、严控“三公”经费，提高预算执行率，确保专款专用。这一系列举措有效提升了医共体在重点财务管理工作环节的监督效能，保障了财务活动的合规性与高效性。湖州医共体牵头医院自 2021 年 7 月起，要求各成员单位单项价值在万元以上的付款事项在钉钉线上审批，实现审批资料电子化，提高审批效率，将支付授权与预算额度相结合，确保预算刚性执行。

3. 优化财务考核，推进统一管理

为提升财会监督执行力度，医共体需优化对财务管理的考核。明确考核标准，将财会监督执行情况纳入考核体系中，涵盖财务制度执行、风险防控、内部审计等关键环节。量化考核指标，以违规事件发生率、审计发现问题整改率等具体数据衡量监督成效。定期评估考核体系，根据实际情况调整优化，确保科学实用。加强考核结果应用，与奖惩机制挂钩，激励财务管理中心积极履职。

萧山医共体出台《医共体经济运行管理制度》和《医共体财务管理中心考评细则》，每年抽调人员对照考评细则进行考评；并对考评细则进行修订，对各成员单位较易达到的考评指标迭代升级，引导财务人员不断增强管理能力。考评细则的实施和业务指导，使各成员单位提高了经济运行质量，规范了财务管理，有效防范了内部控制风险，财会监督工作取得了显著成效。瑞安医共体财务管理中心组建 100 多人的财务管理群，加强沟通协作，通过定期培训和下基层督导检查，落实财务考核制度，确保财务管理规范有序。

（二）以组织架构提升管理效率

构建和优化医共体财务管理中心组织架构，对于提升各成员单位运行效率至关重要。牵头医院院长作为医共体财务管理第一责任人，对财务活动的合法性、真实性、完整性负全面责任。牵头医院设立“财务管理中心”，全面履行医共体财务管理职能。但财务组织整合仍面临管理归属权不统一的问题。如牵头医院无法全面掌握各成员单位行政管理、干部任命、财政保障、人员编制等权限。针对这一问题，财务管理中心需因地制宜，选择最可行的组织架构模式，以最大化实现医共体财务的统一管理与监督。根据财务人员集中办公程度的不同，样本医共体形成分散办公、部分集中办公、集中办公三种模式。这三种模式各有利弊，对财务控制能力的影响也各不相同。

1. 分散办公模式：灵活管理，确保财权掌控

瑞安医共体财务管理中心采用分散办公模式，在该模式下，财务管理中心设在牵头医院财务科，但成员单位的日常财务工作仍由原单位或卫健局会计核算中心承担。财务管理中心的主要职责是：合并各成员单位财务报表以掌握整体财务状况，合并各成员单位年度预算报表，形成医共体年度预算。统一管理医共体财政资金和医保基金，负责药品和卫生材料款的集中审核支付，组织开展会计人员培训、监督与内控检查工作。

该模式灵活多变，受医共体统一行政管理权的限制较少，便于财权的有效集中。同时，也可避免跨单位会计人员间的待遇、通勤等问题，降低管理成本。然而，由于财务人员分散

办公，影响财务管理效率，如信息传递不畅、协调成本增加等。尽管如此，该模式在强化财务管理中心对各成员单位的管理控制权方面仍发挥了积极作用。

2. 部分集中办公模式：适度集中，提升监督效率

萧山医共体、鄞州医共体、东阳医共体和湖州医共体的财务管理中心采用部分集中办公模式。在该模式下，部分财会人员到财务管理中心办公，或定期到中心办公，从而增加人员集中度。除合并财务报表和预算管理外，财务管理中心还承担会计凭证和网银支付清单的审核工作，进一步强化财务监督职能。其他财务职能则根据管理需要灵活安排。资金方面，实现统一管理各成员单位银行账户和款项支付工作。湖州医共体财务管理中心以“八个集中”为核心理念，明确在制度建设、资金审批、线上付款、预算管理、财务核算、资产管理、财务分析、内部审计等方面的核心职能，通过“财务管理一本账”“资金监管一张网”“资源共享一盘棋”等抓手，创新经济管理模式，采用统一制度、软件、账务处理方式等，构建财务管理一体化的新模式，确保资金有效利用和财务安全。

该模式既保留了各成员单位一定的财务自主权，又通过适度集中，提升财务监督效率。然而，随着人员集中度的提高，相应的运行成本与行政成本也有所增加。

3. 集中办公模式：全面集中，强化财务控制

德清医共体财务管理中心采用集中办公模式，在牵头医院开辟集中办公区，各成员单位财会人员集中到财务管理中心办公，财务人员与原单位交叉安排，财务管理中心负责各成员单位日常财务报销和凭证传递工作，承担整个医共体的会计核算、预算管理、成本管理、资产管理、会计监督、内部控制等全面财务管理职能。

该模式将与医共体财务管理相关的人权、事权、财权等高度集中到财务管理中心，形式上对各成员单位的财务控制权较强，有助于医共体财务统一管理效率进一步提升，但前期投入成本较大，需要上级主管部门的支持，且在组建过程中会涉及更多的利益协调问题。尽管如此，该模式在强化财务控制、提高管理效率方面仍具有显著优势。

（三）以会计核算完备财务信息

统一整合会计核算方法和制度是医共体实现财务信息一致性和可比性的基础，有助于牵头医院准确全面地掌握各成员单位的财务状况和经营成果，为制定医共体统一发展战略和目标提供有力支持；明确并统一会计人员的工作职责，能提升医共体财务团队的专业性和协同效率，避免工作重复和职责不清带来的混乱。同时，也有助于加强财会监督，防范财务风险，确保财务信息的真实、完整和准确。

1. 移植财务制度，规范财务行为

在医共体管理中，通过统一财务管理制度，能规范各成员单位的财务行为，提升管理效率和透明度；增强内部控制，防止财务舞弊，保障资产安全；促进医共体管理水平提升，增强医共体竞争力。由于牵头医院在财务管理各方面的能力优于成员单位，可采取移植模式，将牵头医院的财务管理制度植入到各成员单位。

萧山医共体通过总结和修订牵头医院的财务管理经验，编写了《医共体经济运行管理制度》，其内容涉及会计管理、收支审批、财务监督等24个管理制度。其中：支出管理制度对“三公”经费、会议费、培训费等18项支出的管理内容、政策依据、附件资料、审批单等作出明确规定，以利于成员单位共同执行。德清医共体则制定了包括预算管理、资金审批、固定资产管理等38项医共体管理制度，尤其是资金审批制度，明确审批权限分级，管

理分工及职责，规范医共体财务审批流程，为医共体持续健康发展提供了财务支撑。

2. 统一操作规程，确保信息准确

通过制定和执行统一的会计操作标准与流程，确保各成员单位之间的会计信息处理一致和数据资料可比性，提高会计信息的准确性和可靠性，有助于牵头医院及时、准确地掌握医共体财务状况，为领导决策提供数据支撑。同时，统一操作规程还能提升会计工作效率，降低管理成本，增强医共体的内部管控能力。

萧山医共体编写了《规范医共体会计核算口径的途径》，将医共体日常经济事项进行分类归纳，从资产、收入、费用、库存、税费、结转等六个方面，对192种经济业务以案例形式从县级医院、基层卫生院及预算会计三个维度编写会计分录、凭证摘要、附件资料、备注等。通过培训，财务人员对照其中具体要求进行会计核算，可提高会计核算、预算编制质量，为做好成本与绩效管理奠定扎实基础，有力地促进医共体各成员单位财务同质化规范管理。

3. 解读财务报表，提升决策效能

财务报表是医共体经营状况的直观反映，深入解读报表能准确掌握其财务状况、运营效率和盈利能力。这不仅有助于及时发现财务问题，还可为战略决策提供坚实数据支持。掌握报表解读技能，可促进医疗资源合理配置，提高资金使用效率，是医共体提升管理水平、增强竞争力的关键。萧山医共体编写了《读懂财务语言是掌控医院经济命脉的钥匙》，以通俗易懂的语言，通过名词解释、指标分析、流程画图、列表展示、案例说明等方式，全面解读资产负债表、收入费用表等核心报表。同时，对医院运营管理指标进行释义，对常见财务事项进行案例解析，帮助管理者深入理解财务运作，提升医共体成员单位管理者的财务思维。

（四）以全面预算实现目标协同

医共体组建初期，不同医疗机构会存在医共体与个体目标的差异，而全面预算管理是连接医共体战略目标与各成员单位行动的桥梁，可确保战略落地实施。通过全面预算管理，牵头医院能够统一规划，明确各成员单位的财务目标和责任，指导各成员单位协同作战，高效配置资源。

1. 设计预算路径，推动预算落实

为确保医共体发展战略目标与财务目标的紧密衔接，需科学规划全面预算管理路径，明确各成员单位的预算编制、执行和调整流程，提高预算管理的规范化和效率。这一路径不仅便于医共体对各成员单位财务活动进行有效监控和指导，还可确保资源的合理配置和风险的有效控制。

瑞安医共体通过建立健全“优化组织、确立目标、重塑流程、搭建平台、考评绩效”五项预算管理整合关键路径，从收入、支出、运营效率、服务能力和高质量发展等多个维度，为县级医院和基层卫生院量身定制预算管理指标，有效调控年度医疗运营方向。数据显示，自2020年至2023年，牵头医院下沉专家在成员单位开展手术台次从8438台提高到20000余台；上转患者从3275人次增加到4894人次，下转患者也从12000人次增加到18000人次；牵头医院消毒供应中心累计为各成员单位消毒20万件，临检中心累计检验75万件，影像中心累计读片23万份，心电中心累计服务1.8万人次，病理中心累计接收7.6万份标本。德清医共体则通过成立预算管理委员会，在医共体党委领导下，负责组织审查预算管理制度、预算和决算草案，研究协调预算管理重大问题，进一步强化了预算管理的规范性和有效性。

2. 加快信息化建设，提升管理效率

信息化手段在医共体预算管理中发挥着重要作用。通过实时收集、整理和分析财务数据，可为预算制定提供准确依据；信息化平台可加强对预算执行的监控和管理，确保资金合理使用。

湖州医共体采用用友 NC6.5 预算管理平台，实现预算线上化、智能化管理。成员单位预算多层级备案，财务管理中心动态监控执行情况，及时发现并纠正偏差，确保预算目标顺利达成，管理效率得以提升。瑞安医共体针对一些成员单位地域分布广的特点，构建预算智能管理中心，实现电脑端和手机端数据同步更新，提升信息共享和协同管理效率，将日常报销周期从 9 天缩短到 5 天，管理效能得到显著提升。萧山医共体则利用信息化手段，实现财务数据的实时收集与处理，提高预算编制的精确性和执行的透明度；通过预算质询会议，精准调整预算支出，如保安费和保洁费分别减少支出 75 万元和 45 万元。德清医共体统一预算编制软件，采用"二上二下"方式，高效完成年度预算编制，进一步提升了预算管理效率。

3. 实施成本管理，加强预算控制

预算需与成本管理工具紧密配合，以实现对支出的有效控制。通过明确支出限额、优化资源配置和提高决策效率，预算为组织提供了坚实的支出控制基础。而成本管理工具则通过成本跟踪、分析与预测，促进预算执行与调整规范化管理，为预算控制奠定基础。

瑞安医共体运用本量利分析法，精准预测成员单位保本业务量，对变动成本与固定成本进行精细化管理，有效提升了运营效益。萧山医共体则借助成本信息化手段，梳理和评估数据源、设置标准字典、制定分摊规则与参数等，并通过手术室全成本核算实例展示，阐述数据采集、成本归集与分摊、成本分析与优化等具体步骤，不仅具有理论价值，更具有很强的实操性，这些举措有效增强了预算在收入与支出方面的导向与管控能力。

（五）以医保管理保障收支平衡

医保基金作为医院收入的重要来源，也是医共体财务管理的重要内容。合理的医保基金管理能确保各成员单位利益平衡，并激发其积极性。医保基金结余留用机制鼓励各成员单位提高服务效率，控制成本，共同达成基金结余。医共体财务管理中心与医保管理中心紧密合作，共同推动医保改革，促进医共体内部协同发展。通过整合支付方式、优化基金管理等措施，激励医共体成员单位规范服务行为，提升医疗质量。

1. 整合医保管理，确保基金安全

在县域内，医保筹资总额相对稳定，但医疗需求随人口老龄化和服务品质提升而增长。医共体建设旨在优化资源配置，提高医疗效率，保障供给，避免基金透支。医保整合中，需强化医疗行为管理，合理引导基金使用，实现多方联动，共筑收支平衡。

瑞安医共体组织 6 家成员单位与医保局合作，主动减少药品和耗材使用量，腾出空间用来调整医疗服务价格；建立"调价资金池"，医院调价收入先入池，经考核降费到位后再补偿医疗服务价格。合作当年，各成员单位就腾出 1.23 亿元空间，上调医疗服务价格 3606 万元，使年度医保基金支出增长率从 18.32% 下降至 10.46%，群众自负费用减少，实现医保、医院、患者三方共赢。此模式为医共体医保管理提供了宝贵经验，有助于构建更加稳健的医保基金收支平衡机制。

2. 管理医保 DRG，助力高效运营

医保 DRG 管理是推动医共体高效运转、提升医疗服务质量、优化医疗资源配置的关键手段。DRG作为绩效考核工具，可激励各成员单位提高服务质量，减少不必要的医疗成本支出，提高运营效率。

鄞州医共体以各学科常见疾病为对象，梳理出130组DRG主流病组的临床路径标准化治疗清单，以此达到合理控费和规范诊疗流程的目的；通过建立医共体统一的费用控制机制，实现医共体成员单位间的协同合作，促进医疗资源的合理分配和利用，防止和减少医保基金的浪费和滥用，确保医保基金的安全性和可持续性；制定108个DRG主流病组手术费用标准套餐，规定手术过程中使用的药品和材料目录等，如出现超范围使用，需提前进行审批。2023年医共体医保基金实现清算有结余，其中：牵头医院结余1696万元，成员单位合计结余1870万元。说明DRG管理在提升医共体运营效率、保障基金安全方面有效，为医共体可持续发展注入了强劲动力。

3. 完善医保考核，激励成员发展

完善医共体医保管理考核机制，是确保医保基金安全有效使用、防止滥用的坚实屏障。该机制通过科学设定考核指标，有效激励医共体成员单位不断提升医疗服务质量和效率，从而更好地满足患者日益增长的医疗需求，确保每一笔资金用到实处，及时发现并纠正基金使用中出现的问题，为医保政策的顺利执行提供有力保障。

瑞安医共体与当地医保局签订《医保总额预算管理协议》，实行医保基金总额包干，为控制费用增长，将医疗收入增长率、均次费用增长率、药品收入占医疗收入比例等指标列入考核。同时，为防止因过度控费引发必需医疗行为被缩水，又将出院病人治愈好转率、非计划再次手术发生率、出院患者平均住院天数等指标纳入考核范围。鄞州医共体进一步细化考核措施，出台《医共体医保DRG支付管控奖惩办法》，对临床住院医师实施月度、季度、年度考核，涵盖RW值、手术类型、病组倍率等多个指标。同时，对麻醉科等科室的药品与卫材使用进行严格监控，根据考核结果实施奖惩，确保医保基金使用合规高效。德清医共体推行“以价值为导向的整合型医保支付制度”，通过考核严格控制均次费用增长，2020—2023年连续四年医保基金实现结余，结余奖励30%向基层卫生院倾斜。这些实践为医共体医保管理提供了宝贵经验，促进了医保基金的安全与高效使用。

（六）以绩效考核形成发展合力

医共体内实行统一的绩效考核机制，有效地解决了医共体内部资源利用率不高，医疗控费能力弱及医疗服务量负增长等问题，为医共体绩效管理提供了借鉴。

1. 统筹人员经费，奠定考核基础

为强化医共体绩效考核机制，牵头医院需获得人员经费的统筹权。通过整合可用于医共体绩效考核的各项财政与自有资金，为成员单位绩效考核提供资金保障。

东阳医共体在内部构建“总量控制、结余留用、合理超支分担”的人员经费统筹整合机制，增强经费发放托底保障功能。同时，拓宽医共体整合筹资渠道，各成员单位实行利益增量共享机制，即每年将创造的医疗增加值一定比例资金纳入人员经费统筹使用范畴，并在医共体内进行激励性分配，以利益驱动各成员单位运行活力。瑞安医共体将调价资金池的15%专项用于成员单位的控费考核绩效经费，不仅强化了控费激励，还有效提升了成员单位参与医保管理的积极性。

2. 整合财政资金，维护区域均衡

为确保内部各成员单位绩效考核的公平性，医共体需制定财政资金考核管理办法。该办法以各成员单位所在区域服务人口数为基准，按地区赋予相应的分配系数，统筹分配医共体内部各成员单位的人头经费、公共卫生补贴经费、签约服务费等财政拨付资金。东阳医共体将基层卫生院区域分为城区、平原、半山区和山区等四类，差额预算补助经费分别按 1、1.1、1.2、1.5 系数优化分配，以弥补偏远地区因服务人口不足和交通不便带来的绩效差异，有效地促进了医共体内部的公平性和均衡发展。

3. 完善薪酬考核，激发发展活力

为充分发挥绩效考核的激励作用，各项考核指标要落实到人。医共体需完善内部医务人员个人绩效积分制，细化指标并应用于月度绩效、年终分配、人事任免等多方面。同时，构建成员单位间利益共享的绩效管理机制，驱动协同发展。

东阳医共体通过内部绩效整合，建立起与人才市场化相匹配的职工薪酬分配机制。在牵头医院从科室与个人两个维度进行绩效考核，并辅以个人绩效积分和首席医生考核；在基层卫生院则结合工作质量和患者满意度等进行考核。实施绩效整合管理后，2017—2022 年，各成员单位医疗盈余年均增长率达 4% 以上；牵头医院门诊人次从 170 万上升至 190 万，住院人数从 7 万增加至 9 万，同期，某基层卫生院门诊人次和住院人次分别增长 21.74% 和 19.9%。此外，医共体管理中心还将党建、行风、医疗质量、运行、后勤保障及公共卫生等多维度指标纳入考核，考核结果作为医共体领导班子考评、财政补助及经费核定依据。这不仅大大增强了牵头医院对基层的影响力，也有效促进了资源共享与基层医疗服务能力的提升。

综上所述，医共体财务整合管理，有效提升了医共体的财务管理水平，增强了财务整合能力，为医共体的可持续发展提供了有力保障。

五、回顾与展望

本次调研充分体现“从实践中来，到实践中去”的解决问题思想。调研发现：一是财务整合已得到重视，医共体通过实施资源共享“一盘棋”战略，积极推进财务一体化管理模式，提升资源配置效率和服务质量，加大信息化建设投入，实现财务数据互通互联，促进各成员单位间的信息交流与合作。二是财务整合尚存在缺陷，如：组织架构待完善、会计核算不统一、预算管理执行弱、医保信息不互通、绩效考核缺经费和共识等，制约了医共体的进一步发展。三是整合亮点值得借鉴，通过对各样本医共体财务整合经验的提炼整理，形成“医共体财务整合五星模式”，为推进医共体财务整合工作提供了方法论和案例参考。

本文认为，财务控制权是各成员单位的核心管理权，虽有政策文件支持，但牵头医院不能强行获取，各成员单位也不会拱手相让。在财务控制权的行使过程中，牵头医院既要考虑医共体的共同发展，也要切实维护各成员单位的切身利益。所以财务控制权问题不能简单归结成牵头医院与成员单位之间的权力相争，而要采用专业理论与方法妥善解决，不可能一蹴而就。本文虽然对医共体财务整合管理提出一些建议，但由于受调研样本量和时间的限制，未能全面了解和展示财务整合管理的各方面因素，希望未来有机会能进行更加全面深入的研究。

作者：陈　民　金　玲　徐君花　钱一青　孙　波　顾晓春　王一平
第一作者简介：陈民，瑞安市人民医院总会计师，正高级会计师

专家点评

县域医共体财务管理一体化的积极探索与思考

县域医共体建设是浙江省在全国的创新实践，对于推进分级诊疗，提升县域整体医疗服务能力意义重大。实行财务管理一体化既是医共体建设的重要内容，也是医共体建设面临的崭新课题。陈民等同志围绕这一课题，深入调研、剖析案例、寻求良策、破解难题，为我们提供了新的思路与方法，非常值得大家学习借鉴。希望课题组继续深入研究，为浙江省医共体建设乃至卫生健康现代化建设贡献更多智慧和力量。

浙江省卫生健康委员会财务审计与绩效评价处处长　陈伟权

探索创新管理模式　助力集团高效运营

【摘要】目的：医疗集团的建设对于实现分级诊疗、优化医疗资源配置、提升基层医疗服务能力等具有重大意义。然而，不少医疗集团在成立初期，由于各成员单位补偿机制、政策保障、考评机制等方面存在差异，面临诸多问题和挑战，亟须破题解决。方法：本文以Z医疗集团为例，探讨通过优化内部管理来推动集团的高效发展。结果：Z医疗集团通过管理的扁平化以及业务管理的同质化，以坚持公益性、调动积极性、保障可持续性发展为目标，平衡集团、患者和医保等多方利益，构建了混合型医疗集团管理模式，并取得了一定成效。讨论：医疗集团的发展受到内外部环境的共同影响。外部环境主要是政府投入、政策支持以及医保改革等因素；内部环境则涉及发展战略目标。唯有内、外协同驱动，才能推进医疗集团健康可持续发展。

随着医疗卫生体制改革的不断深入，医疗集团的建设工作备受各级政府和群众的关注。根据《国务院办公厅关于推进医疗联合体建设和发展的指导意见》（国办发〔2017〕32号）、《国家卫生健康委 国家中医药局关于开展城市医疗联合体建设试点工作的通知》（国卫医函〔2019〕125号）以及《国家卫生健康委 国家中医药管理局关于印发〈医疗联合体管理办法（试行）〉的通知》（国卫医发〔2020〕13号）等一系列文件精神的要求，各地要因地制宜探索医联体建设。A市根据中央、省全面深化医疗卫生体制改革的总体部署，通过整合市区医疗资源，推进市、县、乡一体化管理，进一步优化医疗资源配置，从“治病为中心”向“健康为中心”转变，组建多家医疗集团。本文以Z医疗集团为例，探讨创新管理模式实现多方共赢的路径。

一、医联体发展面临的问题

政府号召要因地制宜探索医联体建设。当前，分级诊疗在促进双向转诊、急慢病分治及整合型服务等方面已取得阶段性成效，但医疗集团在建设初期，由于各成员单位的文化背景、医疗服务能力、管理模式等方面存在差异，医联体发展仍面临诸多问题。

（一）管理体制与运营机制问题

1. 协调管理难度大。由于集团内部各成员单位由不同层级、不同隶属关系的独立医疗机构组成，在实际工作中，难免会出现战略目标、管理体制、运行模式等方面的差异。如果没有统一的协调管理机制，牵头医院会遇到管理缺少抓手、理念无法迅速渗透、下达任务执行力参差不齐等问题，导致集团内部的决策、执行和监督等环节衔接不畅，难以形成合力。

2. 分配机制不完善。各成员单位有不同的发展目标和经济利益诉求，如县级医院和基层卫生院希望通过集团获得更多的资源支持和技术指导，以提升自身的服务能力和经济效益，而牵头医院则更关注自身的品牌建设和市场份额的扩大。如何协调不同的利益诉求，实现医疗集团整体目标与各成员单位个体目标的有机统一，是经济管理面临的挑战之一。在医疗集团建设过程中，由于医疗服务价格、医保支付方式、财政投入等政策不完善，导致医疗集团内部各成员单位之间的利益分配存在不公平、不合理的现象，影响了成员单位的积极性和主动性。医疗集团需要适应新的医保支付方式，通过强化成本控制、优化临床路径和诊疗方案，提高医保基金的使用效率。然而，在改革过程中，由于医保支付标准的制定、结算方式的调整以及信息系统的对接等诸多问题，医疗集团的经济管理面临较大困难。

（二）资源配置和优化问题

1. 人才分布不均。一方面，在同一个医疗集团中，高级医疗人才和专家往往集中在牵头医院，成员单位医疗人才数量不足、素质参差不齐。这导致基层卫生院在疾病诊断、治疗和预防等方面的能力有限，不利于提升基层卫生院在患者心中的信任度。另一方面，碍于人员编制的影响，不同成员单位之间人才流动受到限制。牵头医院的人才难以向基层卫生院下沉，基层卫生院的人才也缺乏向上晋升和发展的机会，这不利于医疗集团内部人力资源的优化配置。

2. 医疗设施设备不协调。在医疗集团建设过程中，不同成员单位之间的医疗设施缺乏统一规划和协调。牵头医院的医疗设施相对完善，而县级医院和基层卫生院的医疗设施滞后，在开展业务过程中容易出现无力承接牵头医院分流患者的情况。

3. 管理水平参差不齐。医疗集团各成员单位受原有规模和文化的影响，内部管理模式和约束机制各不相同。如何将不同文化和管理理念融合，形成具有一定凝聚力、符合医疗集团发展目标的全新管理理念和集团文化，是每个集团管理者面临的新课题。

（三）安全和风险防范问题

推进医疗集团建设、提升医疗服务效率、优化资源配置、实现分级诊疗原本就是公立医院改革的重要工作内容。但改革过程也是管理创新的过程，会遇到法律责任的界定和分担、医疗行为的规范和患者利益的保障、医疗数据的管理和安全、集团运营风险和廉政风险管控等问题，而安全和风险防范是医疗集团的基础和保障，关系到医疗集团的经济运营安全和可持续发展，是医疗集团规范管理的核心问题。

二、各种集团管理模式及特点分析

2011 年 1 月 28 日，上海首个“区域医疗联合体”在卢湾区签约启动，至今已逾 14 年。各地历经多年的摸索，形成多种管理模式，现将较为普遍的 4 种医疗集团管理模式及特点逐一分析。

（一）行政统一管理模式及特点

集团设立统一的管理委员会或领导班子，对集团内各成员单位进行集中管理。各成员单位作为集团的分支机构，其管理决策、资源调配、战略规划等重大事项均由集团总部统一制定和实施。集团对人、财、物等资源进行统一整合与调配。在人力资源方面，统一招聘、培训、调配医务人员；在财务方面，实行统一的预算管理、成本核算和财务管理；在物资设备方面，集中采购、统一配送，实现资源的优化配置和共享。

优点：在优化资源配置方面可以集中调配集团内的人、财、物等资源，避免资源的重复配置和浪费，提高资源的利用效率，实现规模经济效应。例如，集中采购药品、医疗器械等，能够降低采购成本；统一调配医务人员，能够使人力资源得到更合理的利用。在提升医疗服务质量方面，有利于制定统一的医疗质量标准、诊疗规范和操作规程，对各医疗机构进行统一的质量控制和管理，确保集团内各医疗机构提供的医疗服务具有相同的质量和水平，从而提高患者对医疗服务的信任度和满意度；在协同发展方面，可以制定统一的发展战略目标和规划，使各医疗机构在战略目标、发展方向、业务布局等方面保持协调一致，形成协同发展的合力，增强集团的竞争力。

缺点：其一，需创新管理体系和架构，以适应管理层次增多、管理链条拉长等可能导致信息传递不畅、决策效率低下等问题。同时，需要发挥中层的管理积极性，实现集团内的扁平化管理。其二，由于各成员单位都要遵循集团统一的管理制度和决策，可能会限制其自主创新和灵活发展的空间。其三，需要一定的磨合期，集团内各成员单位可能具有不同的文化背景和管理理念，在整合过程中容易出现文化冲突和融合困难的问题，需要一定的时间来实现互相融合。

（二）产权纽带管理模式及特点

通过产权收购、兼并、重组等方式，使集团内各成员单位形成产权上的紧密联系。集团作为所有成员单位的控股股东或全资股东，拥有经营管理决策权和控制权。集团采用企业化的经营管理模式，对各成员单位进行市场化运作：在经营策略上，注重品牌建设、市场拓展和经济效益的提升；在管理方式上，引入现代企业管理制度和方法，提高经营管理水平和效率，根据各成员单位的经营业绩和股权比例，进行利益分配。集团通过合理的利益分配，激励各成员单位提高经营效益和服务质量，实现集团整体利益的最大化。

优点：产权明晰，激励作用强。一是通过产权纽带将各成员单位紧密联系在一起，产权关系明晰，股东的权益和责任明确，能够有效激励股东和管理层为实现集团的发展目标而努力。二是便于资本运作，集团可以利用产权关系，通过并购、重组、上市等资本运作手段，实现快速扩张和资源整合，提高资产规模和市场价值。三是集团作为控股股东或全资股东，对各成员单位的经营管理拥有较强的决策权和控制权，能够快速作出决策并付诸实施，提高决策效率和市场反应速度。

缺点：投资风险大，产权收购、兼并、重组等需要投入大量的资金，如果投资决策失误或整合效果不佳，可能会导致集团资产损失和财务风险。由于其经营目标的集团价值最大化与公立医疗机构经营目标的社会价值最大化存在一定的差距，所以该模式有一定的局限性，仅起到一定的参考作用。

（三）契约合作管理模式及特点

集团与各成员单位通过签订合作协议的方式，建立合作关系。合作协议明确双方的权利义务、合作目标、合作方式、利益分配等事项，在保持各成员单位独立法人地位和产权关系不变的前提下，实现集团内的资源共享和协同发展。集团通过开展技术合作、人才交流、学科共建、远程医疗等业务协作方式，促进各成员单位之间优势互补、协同发展。例如，集团内的牵头医院可以为各成员单位提供技术支持和人才培训；成员单位可以为牵头医院输送转诊病人，实现医疗资源的合理流动和优化配置。集团对各成员单位的管理工作进行指导和监督，帮助成员单位建立和完善现代医院管理制度，提高管理水平和服务质量。同时，集团定期对各成员单位的经营管理状况进行评估和考核，确保合作协议的有效履行和合作目标的实现。

优点：管理方式灵活，合作各方通过签订合作协议建立合作关系，在合作方式、内容、期限等方面具有较大的灵活性，可以根据各方的需求和实际情况进行协商和调整。各方在合作过程中，按照协议约定分担风险和责任，降低了各自的经营风险和投资风险。集团内各成员单位可以通过合作实现资源互补、优势共享。例如，技术合作可以促进医疗技术的交流和提升，人才交流可以提高医务人员的专业素质和管理水平，学科共建可以增强学科的综合实力和竞争力。

缺点：合作稳定性差，契约合作管理模式主要依靠合作协议来约束双方的行为，如果合作协议条款不完善、执行不到位，或者在合作过程中双方出现利益冲突、信任危机等问题，可能会导致合作关系破裂，影响集团的稳定发展。管理约束力弱，集团对各成员单位的管理主要通过合作协议进行约束和指导，缺乏直接的行政管理权力和手段，管理约束力较弱，可能会导致管理失控和服务质量参差不齐等问题。

（四）托管经营管理模式及特点

各成员单位将其经营管理权委托给集团，集团按照托管协议的约定，对受托单位进行经营管理。集团负责战略规划、经营决策、资源调配、人员管理、医疗质量控制等全面管理工作，并承担相应的管理责任和经营风险。托管双方根据协议约定，确定托管费用和利益分配方式。一般来说，托管费用根据委托单位的规模、经营状况、管理难度等因素确定，利益分配则根据托管经营的成效进行核算和分配。

优点：提高了运营效率。首先，受托单位通常具有丰富的管理经验和专业的管理团队，能够为委托单位引入先进的管理理念、管理模式和管理方法，提高其管理水平和运营效率。其次，快速改善经营状况，受托单位可以根据委托单位的实际情况，制定针对性的经营策略和发展规划，通过优化资源配置、拓展业务领域、加强成本控制等措施，快速改善委托单位的经营状况，提高其经济效益和社会效益。最后，降低经营风险，对于产权所有者来说，将经营管理权委托给专业的管理团队，可以降低自身的经营风险和管理压力，同时可以获得一定的托管收益。

缺点：托管费用较高，产权所有者需要向受托单位支付一定的托管费用，可能会增加医疗运营成本，影响其经济效益。受托单位在托管期间可能会为了追求短期利益而采取一些短期行为，忽视医疗机构的长远发展。受托单位的管理理念和文化与委托单位原有的文化之间可能存在差异，在托管过程中容易出现文化融合困难等问题，影响管理的效果和员工的工作积极性。

三、创新多元化管理体系

Z 医疗集团在比较分析各种集团管理模式及特点的基础上，考虑到集团建设具有长期性、艰巨性和复杂性的特点，决定采用混合型医疗集团管理模式，要求管理者从 Z 医疗集团实际出发，在创新思维、融合借鉴、利益共享等方面进行探索与实践，形成独特的多元化管理体系，博采众长，为我所用。

（一）统一战略目标，形成发展共识是前提

形成思想共识是开展各项工作的前提。医疗集团建设的本身就是对现代医院管理前瞻性、创造性和协同性的一种考验，需要管理者以创新的思维、发展的理念和积极的态度来面对这项工作。在集团中打破本位主义、兼顾各方利益、理顺内外关系，制定符合集团整体利益的发展目标。对于各成员单位来讲，建立医疗集团是一项全新的工作，但是在其他行业中，为了发展需要而建立各种模式的集团或联合体已屡见不鲜。比如，在无人驾驶车的发展过程中，嗅到商机的英特尔、苹果等各类高科技公司纷纷入股汽车行业；高科技公司从汽车行业身上看到科技成果的实际运用场景，而这些人工智能和大数据算法为传统汽车行业注入新的发展视角和技术路线，这种能从彼此身上看到各自发展未来的合作模式才是集团建设的主要动力。Z 医疗集团同样需要用这样的眼光来看待医疗集团的建设，找到成员单位各自的优缺点，通过发挥各自的优势，实现 1 +1 >2 的管理目标。

（二）以服务为导向，创新管理模式是路径

Z 医疗集团建立的目的就是实现以患者为中心的医疗服务模式。通过各成员单位间的左右协同、上下联动，为患者打造集预防、诊疗、康复、慢病管理、临终关怀为一体的全维度、全链条、全生命周期的健康服务体系。这种服务体系很难通过一家医院，甚至单一的集团管理模式完成，因此，需要在坚持政府主导、公益性主导、公立医疗机构主导的前提下，通过整合不同类型的医疗资源，结合现阶段医疗集团的管理模式和特点，探索建立大健康服务平台，以提供更优质高效的医疗服务，防范和化解重大疫情和突发公共卫生风险，为建设健康中国提供强有力的支撑。比如，县域医共体和城市医联体联合、公立医疗机构和民营医疗机构合作、城市医疗中心和省级区域医疗中心、国家区域医疗中心对接等，通过网格化体系整合，更有效地打造分级分层的诊疗模式。

（三）形成新质生产力，实现可持续发展是目的

财政保障的有限性、医保基金的可及性、诊疗过程的规范性以及群众医疗和健康的需求影响着医疗集团的可持续发展。降低运营风险，除了精细化管理外，要在传统的疾病诊治基础上提升健康服务能力。根据诺贝尔经济学奖获得者安格斯·迪顿和塞缪尔·普雷斯顿的研究，当预期寿命处于较低水平时，提高预期寿命的主要动力来自提高医疗服务的可及性、提高营养水平、改善基础设施。而随着预期寿命的延长，增长的动力逐渐转向与健康相关的危险因素防控。例如，控制传染病、改善环境质量、减少吸烟等。而 Z 医疗集团的诞生，一方面可以发挥牵头医院的人才优势、管理优势、技术优势，为医疗集团的发展形成核心竞争力；另一方面各成员单位可以充分利用其特色专科优势以及基础服务能力，为 Z 医疗集团提高服务效率、完善医疗服务的连续性注入新动能。二者的结合能够促进形成新质生产力，使整个医疗集团生产要素创新配置、服务模式转型升级、运营管理高质高效得以实现，为现代医院管理注入全新动力。

四、Z 医疗集团运营管理模式

Z 医疗集团在发展过程中，始终将改革与创新作为目标，采用了集多种管理模式优势于一体的混合型管理模式，并构建与之相应的运营策略。通过提升资源配置效率、增强成本控制能力、强化绩效管理等手段，推动集团可持续发展。在尊重并保持各成员单位原有体制的基础上，通过创新管理，实现多方共赢的目标。

（一）创新体制机制是起点

1. 以“四不变五转变”的核心理念，破解管理体制机制问题。Z 医疗集团在纵向整合过程中遇到的首要问题是不同层级的医疗机构行政管理权归属不统一，这些问题是现阶段集团内部无法解决的。为此，Z 医疗集团率先通过“四不变五转变”的工作理念（见图 1），厘清政府和医疗集团的职责定位，对于集团无法解决的行政管理权、干部任免、财政保障机制和人员编制问题依靠政府解决；对于发展方向、管理理念和服务模式等内部问题，通过达成共识、建立发展目标、理顺议事规则等方式，组建符合医疗集团发展的管理新体系。

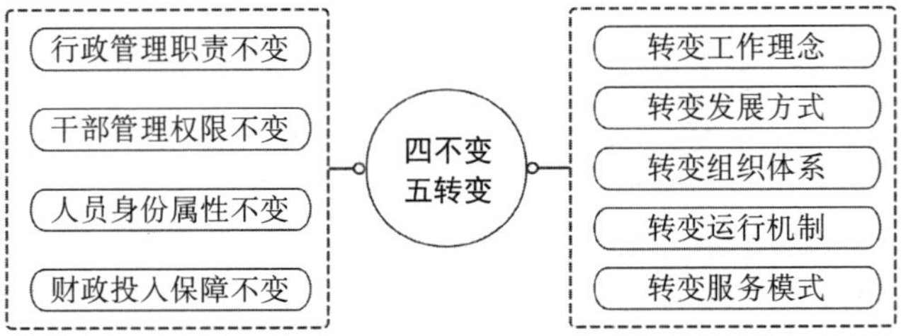

图 1 “四不变五转变”工作理念

2. 建立高效政府办医体制。成立由市政府主要领导任主任、分管领导任常务副主任、区政府主要领导任副主任的城市医疗集团管理委员会（简称“管委会”），作为 Z 医疗集团的最高决策层，统筹规划集团建设、投入保障、项目实施和考核监管等重大事项，明确市、区两级财政及各部门的职责、权利和义务（见图 2）。

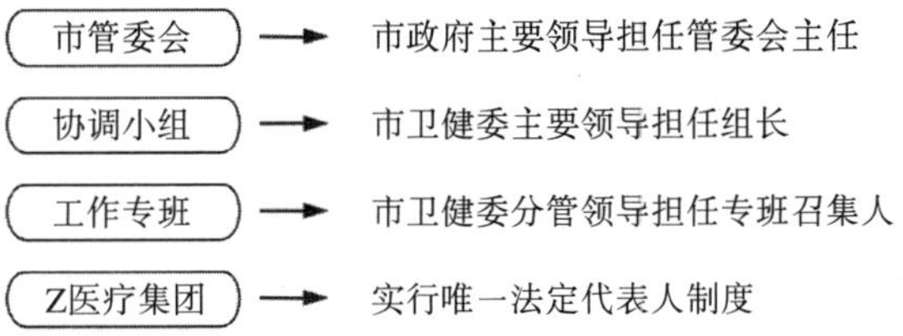

图 2 高效政府办医体制

通过建强决策层，为建立医疗共同体、服务共同体、利益共同体和责任共同体的 Z 医疗集团管理模式提供决策支撑。

3. 健全内部治理构架。Z 医疗集团实行唯一法定代表人制度，由牵头医院的主要领导担任集团法定代表人，继续保留各成员单位法人资格。各成员单位由牵头医院派驻管理团队，实行全面委托管理。Z 医疗集团内部梳理完善各成员单位的各类业务活动和管理活动，以具体的业务管理和内部控制为基础，以高质量发展为目标，设立专职办公室（集团事业部）、16 大管理中心和 8 大共享平台（见图 3）。通过扁平化行政管理、垂直化业务指导、网络化技术支撑，Z 医疗集团实现了医疗管理一体化、运营管理一体化和信息管理一体化。

4. 搭建健康管理平台，扩大集团建设内涵。Z 医疗集团在纵向联合的基础上积极拓展横向联合，通过探索将城市医联体和县域医共体进行融合，接入妇幼专科联盟和中医专科联盟，打造全市域医疗服务网络，依托国家级区域医疗中心建成省、市、县、乡多层次医疗服务体系，使患者在 Z 医疗集团内接受全链条、全周期的健康服务。该平台有利于各成员单位找准定位、分工协作，更好地满足群众就医需求。

（二）打造利益共同体是手段

1. 差异化收治、规范管理、错位发展是平衡 Z 医疗集团内部利益的重要举措。只有各成员单位找到各自的发展方向和定位，才能促进医疗集团的可持续良性发展。首先，牵头医院发展重点应放在提升急危重症和疑难复杂疾病诊疗能力上，加快打造技术高地、人才高地和科创高地等方面，逐步减少常见病、多发病、稳定慢性病收治比例。其次，各成员单位间

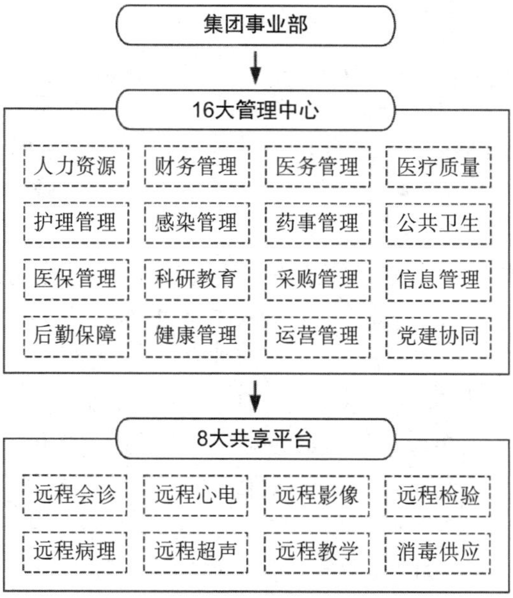

图 3 Z 医疗集团内部治理构架

实行错位发展，在打造符合各自定位的特色专科的同时做好医防协同、慢病管理、基层康复和其他延续性治疗服务。最后，以省级医院作为托底单位，着力解决疑难病、罕见病问题，满足患者的特殊需求。同时，负责帮助下级医院开展新技术新项目，提升 Z 医疗集团整体服务能力。集团内部通过建立双向转诊目录，打通上转下、下转上的各项流程，使 Z 医疗集团内部各成员单位能各司其职，患者就医流程便捷畅通。通过建立各类指标考核体系，及时发现 Z 医疗集团运营中的问题和不足，明确集团发展方向、维护集团整体利益，提升整个集团的综合实力和竞争力。

2. 提供规范、优质、高效的医疗服务是彰显集团社会价值的一种体现。高效的医疗服务是 Z 医疗集团适应现代社会快节奏的关键。Z 医疗集团通过优化医疗流程、引入先进的信息技术、减少患者的等待时间来提高医疗资源的利用效率。快速的诊断、及时的治疗、顺畅的转诊，不仅使患者能够在最短的时间内获得最有效的医疗帮助，而且可极大地减少患者就医成本。Z 医疗集团遵循严格的医疗规范和标准流程，实现医疗信息的互享互通，防止各类重复检查、重复治疗，在极大降低患者就医成本的同时，有效防止医保基金的浪费。通过市级医院和基层卫生院的慢病预防、健康宣传和家庭康复等一系列工作举措，充分发挥各成员单位的健康管理职责，使 Z 医疗集团的社会价值得到充分体现。

Z 医疗集团在应对突发公共卫生事件中，首先，通过大健康诊疗平台完善分诊管理，即牵头医院收治重症及危重症患者，各成员单位落实三色管理分流普通患者，基层卫生院利用公共卫生及疾病预防的相关工作基础推进家庭病房和居家护理等相关工作，省级医院作为最后的托底，建立分层分级的诊疗体系。其次，通过网络管理，将各成员单位床位优化，实行 Z 医疗集团床位一体化管理，使牵头医院重症床位由原来的 85 张增加到 178 张，可转化重症床位 245 张；同时，通过入出院管理一体化，按照病情对患者进行分层管理，实行严入、快进、细管、速出，集团内病床使用率提高 2 倍以上；在不增加额外投入的前提下，集团通过资源调配大大提高了应对突发事件的能力。最后，借助八大平台建设，实现线上线下配合发力，线上通过5G＋互联网平台进行实时会诊、健康咨询；APP动态显示Z医疗集团各成员单位门急诊候诊人数和预计的等候时间；线下通过专家带队巡查和查房，确保各成员单位的医疗质量和服务能力。基于互联网下的分诊模式，将急诊患者等候时间控制在30分钟以内，确保重症患者能顺利住院。Z医疗集团在医疗安全、医疗质量、基层带教、患者信任度等方面均得到不同程度的提升，极大地彰显了社会价值，相关做法曾被央视新闻报道。

（三）实现多方共赢是目标

1. 控制患者就医成本是建立医疗集团的一项重要工作。首先，Z医疗集团内部通过规范临床路径和诊疗行为，开展三合理检查以严格控制就医费用。通过梳理牵头医院与各成员单位的就医流程，采取集团内远程服务、检查检验互认、上车即入院、入出院一体办等一系列措施，优化就医环节，在提高劳动效率同时保护患者利益。其次，通过推行集团内药、械统一采购，不仅解决了各成员单位重复采购的问题，而且通过带量采购大大降低了整个集团的药耗成本，从而减少了患者的负担，节约了医保基金。最后，采用必要的考核机制，将Z医疗集团的决策指标、上级主管部门的管理指标和各级政府考核指标融入Z医疗集团的年度绩效评价中，定期检查、考核，帮助集团实现既定目标。通过管控，牵头医院的医疗收入增长速度已控制在6%以内（见图4），各成员单位的医疗收入增长速度已经达到6%以上（见图5）。

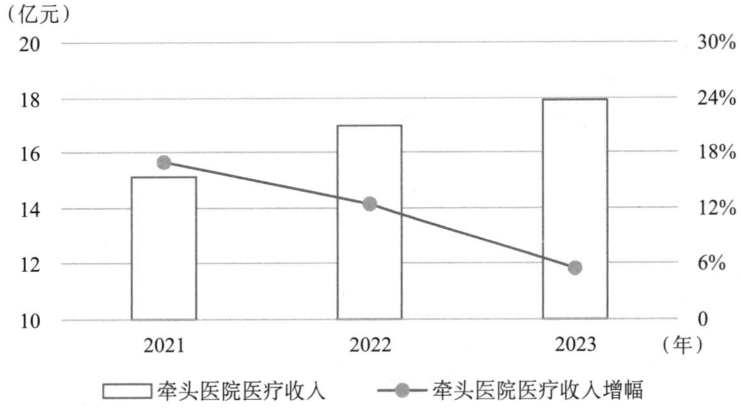

图4 牵头医院医疗收入增幅

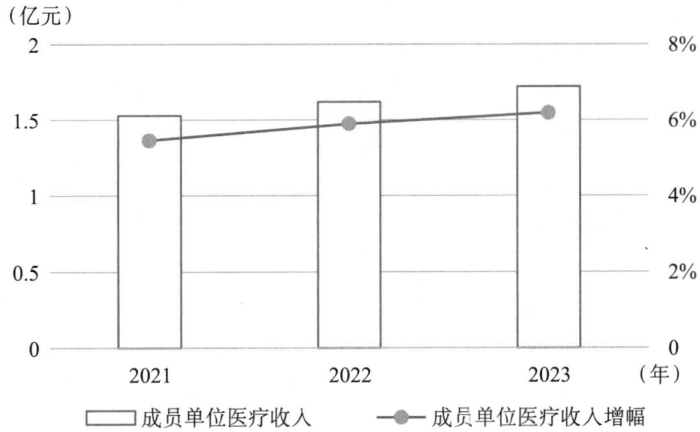

图5 成员单位医疗收入增幅

Z 医疗集团内门急诊和住院的均次费用均得到有效控制（见图 6 和图 7）。8 家基层卫生院在牵头医院的帮扶和管理下，药品收入占医疗收入的比例平均下降 8.1%。2023 年，Z 医疗集团内检查检验互认达 7630 次，节省医保基金约 21.54 万元，较好地维护了集团、患者和医保基金三方利益。

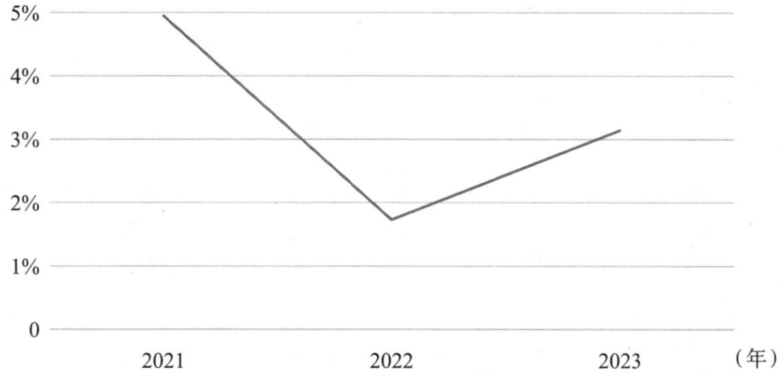

图 6　牵头医院门急诊次均费用增幅

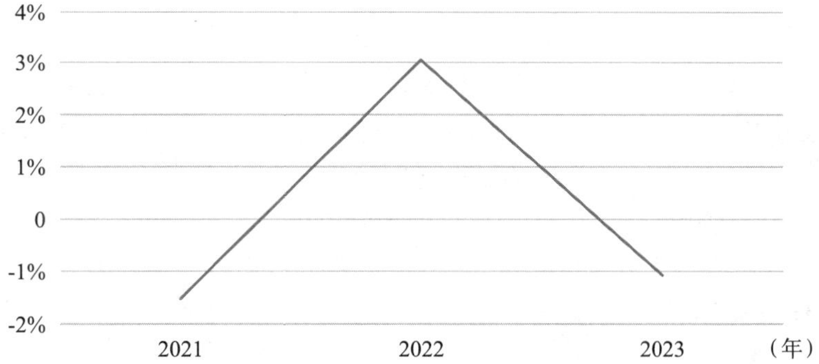

图 7　牵头医院住院次均费用增幅

2. 控制集团整体成本是可持续发展的一项重要抓手。一是提高劳动效率，控制人力成本。牵头医院在下派专家时，通过“一院区一品牌、一分院一特色”的做法，对各成员单位的服务能力和服务对象进行评估，兼顾其医疗资源采取精准帮扶，从而节省人力成本。同时，借助基层卫生院力量进行慢病管理、健康宣教、推动家庭病房建设等，为实现全域化健康管理和提供全链条医疗服务提供可能，并提升基层医务人员劳动效率。此外，牵头医院在医疗资源下沉的同时，接收成员单位的工作人员学习和进修，通过人员流动实现技术输出和技术培育双管齐下，从而带动并提升 Z 医疗集团整体的疾病救治能力。二是借助信息化平台建设，控制就医成本和管理成本。通过信息化建设改善业务流程和管理流程，为优化服务流程、实现同质化管理提供条件。打通医院信息系统是关键，只有在同一系统下，集团内各成员单位间的开单、预约、办理入院等相关信息和手续才能完全互通，避免重复检查和减少不必要的就医环节，有效控制医患双方成本。在管理上，通过建立 16 大管理中心的线上工作流程和内控制度，有效解决了集团内管理层次增多、管理链条拉长、决策效率较低的问题，从而有效控制了管理费用的增加。三是充分发挥集团的资产效应，控制运维成本。如在解决突发公共卫生事件期间，牵头医院租赁无人机及空间线路用于标本转运，全年费用开支约

30 万元。由于防控政策的变化，在该合同终止前转运标本大量减少，无人机转运效能不足，本着降低集团整体成本，提高资源利用率的原则，Z 医疗集团通过论证，决定将血液血浆、检验标本、消毒物品等通过无人机物流转运，仅集中检验一项年节约资金约 20 万元。通过资产集中管理，有效挖掘内部潜力，提高了设备利用效率。

（四）积极探索与风险防范并重是保障

防范整体风险，实现规范化管理是 Z 医疗集团发展的基础。根据国家卫生健康委、国家中医药管理局《关于印发医疗联合体管理办法（试行）的通知》（国卫医发〔2020〕13 号）的要求，Z 医疗集团设立内审科，聚焦集团内部的各项资源流入和消耗，以遵守纪律 、提高质量、提升效益为目标，以增收节支、节能降耗为核心，不断健全内部控制体系，积极推进各业务流程的规范化、科学化、精细化，构建长效监督体系。同时，集团内各级管理层积极与卫生、财政、医保和人社等部门开展有效沟通，及时反馈问题寻求解决方案，在改革创新的同时，主动接受上级主管部门的监督和指导，化解可能存在的风险，牢固树立风险意识、安全意识和防控意识，为集团的规范发展保驾护航。

五、总结与展望

从 Z 医疗集团成立后近 3 年的指标看：家庭医生签约率从 44% 上升到 50. 2%；家庭病床由 297 张增加至 915 张；基层就诊率达到 86. 8%，群众对分级诊疗的认可度持续增强，各成员单位基层服务能力不断提升。集团内年平均上转病人由 584 人增加到 2560 人，年平均下转病人由 3300 人增加到 4910 人；年远程心电诊断由 2484 例增加到 8449 例；年远程影像诊断由 24874 例增加到 132698 例。3 年来牵头医院的 CMI 值由 0. 96 上升至 1. 19；RW 值 >2 的患者比率由 6. 81% 增长到 9. 73%；三类和四类手术占手术总量的比例由 40. 39% 提升到 42. 88%；平均住院天数由 7. 12 天减少到 5. 79 天，较好地实现了发展目标。

（一）总结经验

1. 医疗集团建设绝非简单地将各成员单位进行物理组合，而是需要实现资源共享、优势互补、协同发展的化学反应。在 Z 医疗集团的发展进程中，统一思想至关重要，各成员单位必须统一理念，认识到大家是一个紧密相连的整体，提升医疗服务水平，为民众提供优质、高效、连续的医疗健康服务是共同的目标。找准定位、统筹规划、协同推进，才能摒弃狭隘的本位主义，避免各自为政、恶性竞争，形成推动集团建设的强大合力。

2. 医疗集团的建设离不开信息化。信息化能够帮助医疗信息实现互联互通，让各成员单位之间及时、准确地共享患者的病历、诊断结果和治疗方案等重要信息，避免重复检查和治疗，提高医疗效率和质量。通过信息化手段，能进行远程医疗服务，使基层患者在家门口就能享受到县级甚至更高级别医院专家的诊断和治疗建议。信息化有助于医疗资源的合理调配和管理，对药品、设备、人员等进行精准统筹安排。

3. 科学的评价机制是重要工具。Z 医疗集团通过建立一套全面、系统、客观的评价指标体系，可以对集团的组织架构、资源整合、服务能力、运行效率、医疗质量、患者满意度等多个方面进行准确评估，同时，对集团内各成员单位也具有一定的约束性。在促进医疗集团发展过程中，科学的评价机制有助于及时发现集团建设过程中存在的问题和不足，为进一步优化和改进提供依据。

（二）展望未来

1. 构建大健康服务平台，整合多元医疗资源是医疗集团发展的方向。在当今医疗服务体系不断发展和完善的背景下，将国家区域医疗中心、市级医联体、县域医共体以及民营医疗机构有机整合成一个大健康服务平台，具有重要的战略意义和现实价值。国家区域医疗中心作为高水平医疗服务的引领者，拥有先进的医疗技术、优秀的专家团队和丰富的临床经验，将其纳入大健康服务平台，能够为疑难重症患者提供顶级的诊疗服务，同时，发挥其辐射带动作用，提升整个平台的医疗技术水平；市级医联体在医疗服务中发挥着重要的枢纽作用，通过整合各级医疗资源、加强上下联动，能够实现医疗资源的协同和优化，提高医疗服务的可及性和连续性；县域医共体扎根基层、贴近群众，在常见病、多发病的诊治和基本公共卫生服务方面具有独特优势；而民营医疗机构作为医疗服务体系的重要补充，具有机制灵活、服务多样的特点。将不同的医疗机构融入大健康服务平台，能够增加医疗服务的供给，满足不同层次的医疗需求，为平台注入新的活力和创新元素。

2. 政策支持和医保支付方式改革是医疗集团发展的重要驱动力。政策支持可以为各级医疗集团建设提供坚实的保障和明确的方向。目前，医疗集团面临着行政隶属关系、干部任免权、人员身份属性以及资金投入等方面问题，这些问题的悬而不决不利于医疗集团形成长效管理机制。在医疗集团模式下，医保支付方式的改革可以激励集团内各成员单位形成利益共同体，共同关注患者的健康管理和疾病预防，提高医保资金的使用效益。解决干部任免权和人员身份属性有利于统一调配医务人员，能够使人力资源得到更合理的利用，在协同发展、统一战略目标和业务布局等方面具有积极意义。

3. 实现多方共赢是医疗集团发展的最终目标。医疗集团的兴起和发展旨在构建一个更高效、更优质的医疗服务体系。而实现多方共赢，无疑是其最终且至关重要的发展目标。对于患者而言，其能够在一个整合的体系中，享受到从预防、诊断、治疗到康复的全程关怀，减少就医的烦琐流程，获得个性化的医疗方案，同时，降低医疗费用的负担，提升就医的满意度和整体健康水平。对于各成员单位而言，其能够实现资源的优化配置和共享，提高医疗服务的效率和质量，不同层级、不同类型的医疗机构可以通过合作，发挥各自的优势，避免重复建设和资源浪费。同时，在集团的框架下，各成员单位能够获得更多的技术支持、人才培养机会和管理经验，增强自身的竞争力和发展潜力。对于医务人员来讲，其能够拥有更广阔的职业发展空间以及更优良的工作环境，能够在集团内进行交流和学习，提升自身的专业技能和综合素质。对于社会而言，能够提高整个社会的医疗保障水平，推动医疗卫生事业的均衡发展，减轻社会的医疗负担，增进公众的健康素质，促进社会的和谐稳定与可持续发展。

因此，医疗集团各成员单位需在管理体制、运行机制、服务模式、资源配置等方面持续创新和优化，构建起发展观、利益观、价值观统一的利益共同体，以进一步推动医疗集团的发展融合。

作者：马建明　钱一青　臧燕华
第一作者简介：马建明，湖州市中心医院党委书记，高级政工师

医疗集团财务一体化管理模式创新与实践

——以Z医疗集团为例

【摘要】 目的：剖析紧密型医疗集团在经济管理实践中遇到的挑战与问题，针对性地给出整改措施或管理对策，并通过实践来验证其成效。方法：借助系统的案例分析，对紧密型医疗集团在经济管理方面的创新实践予以回顾。结果：研究表明，创建集团财务管理中心有利于提高紧密型医疗集团经济管理效率。讨论：通过构建医疗集团财务一体化管理模式，能够更好地应对内外部挑战，为紧密型医疗集团的经济管理提供理论支撑和实践指引，也为其他类型的医疗集团或组织提供参考经验与启示。

为推进分级诊疗制度建设，国家先后出台了一系列政策文件：2017年国务院办公厅印发《关于推进医疗联合体建设和发展的指导意见》（国办发〔2017〕32号）；2019年浙江省财政厅和浙江省卫生健康委员会联合印发《关于加强县域医共体财务管理工作的意见》（浙财社〔2019〕59号）；2023年1月，国家卫生健康委等6部门联合印发《关于开展紧密型城市医疗集团建设试点工作的通知》（国卫医政函〔2023〕27号）；2023年12月，国家卫生健康委、中央编办、国家发展改革委等10部门联合印发《关于全面推进紧密型县域医疗卫生共同体建设的指导意见》（国卫基层发〔2023〕41号），提出要以满足人民群众健康需要为出发点，深化医药卫生体制改革、落实分级诊疗制度，因地制宜探索医联体建设。

A市作为国家公立医院综合改革和国家分级诊疗试点城市，也是浙江省最早推进县域医共体、紧密型医疗集团建设的城市之一，始终秉持开拓创新的精神，于2019年3月成立Z医疗集团，通过整合市、区医疗机构资源，推进医疗集团一体化管理；通过组建集团法人代表治理结构，实现各成员单位医疗、行政、信息、后勤等一体化管理；通过成立集团财务管理中心，实现牵头医院与各成员单位财务集中统一管理模式。经过5年的管理实践，成效显著，积累了一些管理经验。

一、医疗集团及财务一体化管理模式

Z医疗集团由1家直属医院和8家基层卫生院组成，集团共设置了16大管理中心。为有效推进16大管理中心的工作，Z医疗集团在创新思维、融合借鉴、利益共享等方面进行探索实践，为建立完善紧密型城市医疗集团财务管理模式提供了可借鉴的管理经验。

（一）Z医疗集团的管理架构

2019年3月，A市打破市区各级医疗机构的行政壁垒，依托1家市级三甲直属医院，以统筹整合优化资源配置为目标，形成纵向四级的Z医疗集团管理架构（见图1）。Z医疗集团下设人力资源、财务管理、医务管理、医疗质量、护理管理、感染管理、药事管理、公共卫生、医保管理、科研教育、采购管理、信息管理、后勤保障、健康管理、运营管理和党建

协调等16大管理中心，由集团事业部牵头，做好日常协调工作，实现集团内行政、后勤、医疗、信息等的统一管理和统筹安排，推进各项工作顺利开展。

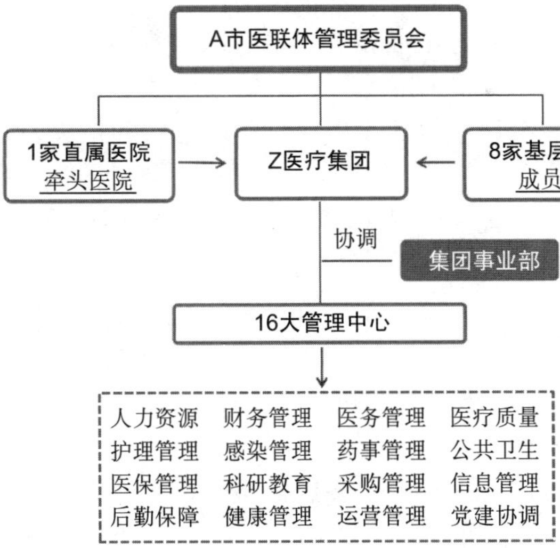

图1　Z医疗集团管理架构

（二）集团财务实行一体化管理

Z医疗集团由牵头医院财务科科长任财务管理中心主任，主要负责制定并监督执行医疗集团的财务计划和预算，确保资金安全、有效利用。下设2名副主任，其中1名副主任由某成员单位院长担任，负责监督成员单位的财务运营，确保符合集团财务政策；另1名副主任由牵头医院财务科副科长担任，负责协助中心主任进行日常财务管理，确保会计核算准确。1名秘书协助处理财务管理中心行政事务，确保文件管理、会议记录规范和财务信息及时传递。牵头医院和各成员单位的财务人员为财务管理中心成员，确保中心财务活动有序合规（见图2）。

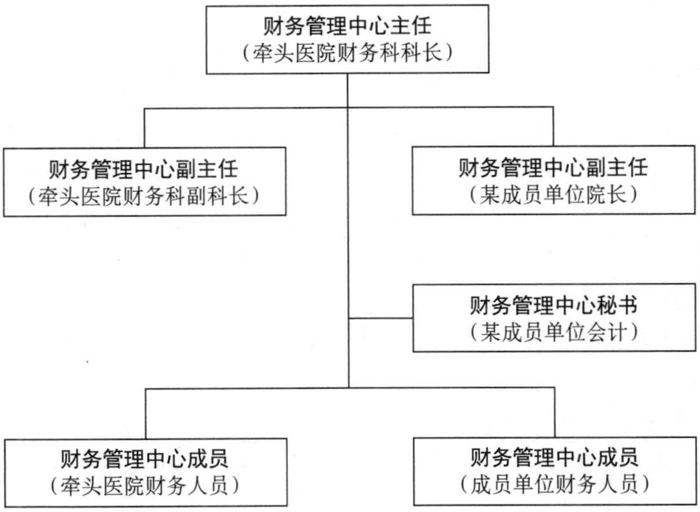

图2　Z医疗集团财务管理中心组织架构

1. 财务管理中心的工作职责

（1）贯彻执行国家有关财经法律、法规和政策，维护财经纪律。

（2）建立医疗集团财务管理中心的组织架构和各项规章制度。

（3）负责牵头医院和各成员单位编制预算，汇总医疗集团年度预算；按照财政部门核定的医院（成员单位）年度预算，协助医院（成员单位）对资金使用情况进行管理和控制。

（4）实行账务统一管理，分账核算。设置医疗集团总账和报表，实行“一本账”报表体系。

（5）按相关资金管理要求，统一管理银行账户，统一办理资金结算和资金集中支付。

2. 实行集团财务一体化管理

财务管理中心以“八个集中”为核心理念，以“财务管理一本账”“资金监管一张网”“资源共享一盘棋”为抓手，创新紧密型医疗集团经济管理模式，通过统一制度建设、统一财务软件、统一账务处理等方式，着力构建财务管理一体化模式。

3. 集团财务的日常工作流转

（1）预算编制与审批。编制医疗集团及各成员单位的年度财务预算；对预算进行审批和调整，确保预算的合理性和可行性。

（2）会计核算与报表编制。各成员单位通过报账员将各项收支原始凭证汇总到财务管理中心，中心统一进行日常会计核算，包括收入、支出、成本、资产等科目的记录和处理；编制医疗集团财务报表，反映医疗集团的财务状况和经营成果。

（3）资金集中监管。医疗集团资金采用分级审批模式，根据各成员单位业务范围和金额大小，分级确定审批人员，医疗集团法人代表授权成员单位院长一定的支出审批权限，对于重大经济活动必须经医疗集团院长办公会讨论通过。财务管理中心监控医疗集团的资金流动，确保资金安全。

（4）成本控制与分析。财务管理中心每月集中分析和监控医疗集团的成本结构，对发现的成本控制点，提出成本控制措施，降低医疗集团的运营成本。

（5）培训与提升。通过集中办公和组织财务培训，提高财务管理中心财务人员的专业素质和业务能力，不断提升财务管理水平。

二、Z 医疗集团合并初期面临的问题

Z 医疗集团成立后，各成员单位仍保留独立的法人单位资格。成员单位维持“行政管理职责不变、干部任命权限不变、人员身份属性不变、财政投入保障不变”四个不变的现状。在这种模式下，功能定位不同、利益诉求不同、行政隶属不同、医保支付方式不同等给管理带来了巨大的挑战。医疗集团不仅要考虑原有各级主管部门的监管需求，还要考虑到新型管理架构下如何打通集团单位间的流程壁垒，将主管部门的管理要求、牵头医院的管理理念和医联体管理工作的重点融合一体，实现优质高效发展。医疗集团牵头医院和各成员单位因财务管理的要求不同、管理的环境不同，导致整个医疗集团的经济管理水平参差不齐。

（一）管理制度有待于统一完善

在紧密型医疗集团建设过程中，牵头医院与成员单位之间由于历史背景、人力资源配置、院区发展阶段的差异及业务侧重点的不同等，财务管理制度存在显著的差异性。这种差异性成为紧密型医疗集团财务管理不可忽视的关键制约因素。紧密型医疗集团的建设，其实

质是一个从形式上统一到业务实质一体化的不断演变过程。它要求牵头医院与成员单位在人力资源、财务管理、业务运作乃至文化内涵等多个层面实现深度融合与统一。然而，当前紧密型医疗集团建设尚处于初步探索阶段，各成员单位内部财务管理制度本身就参差不齐，这无疑会对医疗集团内部经济管理工作的顺利开展造成不利影响。

在合并初期，部分成员单位虽然已制定了财务管理制度，但是多年未进行更新；而另外一些成员单位则从未制定过财务管理制度，预算管理、内部控制、资金审批等关键环节的制度更是一片空白。因此，协助各成员单位建立和完善财务管理制度是牵头医院经济管理工作的首要任务。

（二）全面预算管理基础薄弱

成员单位的预算管理工作是每年财务工作的起点，建立医疗集团成员单位全面预算制度是“一本账”工作的核心体现。回溯医疗集团成立之前，各成员单位并未独立编制年度预算，只是将预算计划报送区卫健局，由区卫健局统筹编制整体预算。在此过程中，成员单位缺乏全面预算组织机构，预算工作全部由财务人员主导完成，将财务预算等同于全面预算，造成预算从编制、监督、分析到考核完成的质量都不高。另外，成员单位财务人员缺乏全面预算管理的认识，普遍对预算工作的重要性认识不足，甚至存在将预算管理视为区卫健局专属职责的误解。这种思想上的偏差，加之传统的财务管理理念的惯性影响，难以形成创新观念，导致全面预算管理工作沦为形式。

医疗集团作为医改大背景下的新生事物，有效的财会监督机制是集团健康发展的重要保障，可以有效地降低集团的财务风险。但是在实际工作中，医疗集团对财会监督的重视程度不够，进而导致监督力度不到位。首先，相较于医疗服务，财务问题常常被视为次要问题，其重要性被相对降低。财会监督无法得到足够的人员支持和资源保障，使得财会监督的实际效果大打折扣。其次，财会监督体系不明确，关于如何进行日常的财务监督、如何处理不同类型的财务问题，以及如何对外提供财务信息等，缺乏明确的指导和规范，导致在实际操作中，医疗集团内部处理同样的问题时，会有不同的做法。财会监督制度体系不完善，就无法保障财会监督工作有效开展，若在制度中存在遗漏环节、监督盲区、含糊的条款，制度易被“束之高阁”，难以落地和执行，财会监督的质量也将大打折扣。

（三）财务核算不规范

规范财务核算是财务管理的基础。然而，由于信息系统建设差异、人员配置不均衡、制度执行不统一等历史原因，成员单位在财务核算上尚未实现规范集中和同质统一。这导致会计科目设置混乱，相同性质的经济业务在不同单位账务处理不一致。同时，在同一单位内部，也存在相同性质的经济业务前后任财务人员账务处理不一致的情况。此外，成员单位的财务报表样式、格式、内容以及要素等方面也各自为政，不尽相同。这种现状导致各成员单位之间的财务报表缺乏可比性，无法进行有效的财务分析。同质化管理是财务管理中心建设的必要路径，因此，如何实现成员单位财务核算的正确、规范成为医疗集团经济管理工作的重点。

（四）财务分析深度、力度不够

财务分析是以财务数据、业务数据、报表资料等信息资源为依据，对各成员单位过去与当前阶段有关医疗能力、公卫能力、运营能力、增长能力、可持续发展能力等状况进行分析和评价的经济活动，是一个“洞察数据本质—识别潜在问题—剖析问题根源—提出针对性建议”的递进式分析流程。财务分析应与成员单位的业务实际相结合，各成员单位的核心业务是医疗服务和公共卫生管理，财务分析的内容应当与业务环节深度融合，实现业财融合的探索分析。然而，长期以来，许多成员单位的财务人员在日常工作中过于偏重制单、记账、出报表等基础性工作，认为这些是职责所在，必须保质保量完成，而财务分析是额外负担，马虎应付，只做简单的数字罗列，未能结合本单位内部和外部业务特点进行系统的研究，不能为管理层提供有价值的决策数据支撑，无法为本单位的运营发展提供专业的经济建议。尽管部分成员单位已经开始尝试按季度编制财务分析报告，但多数仍局限于对本单位整体情况的笼统分析。

（五）资金管理问题较多

1. 资金使用无计划。在深入分析 Z 医疗集团牵头医院与成员单位之间的差异性时，我们不难发现成员单位在规模、专业人员配置以及收入层面均呈现出相对局限的特点。由于成员单位的管理层基本由医务人员组成，缺乏财务管理相关知识，所以在机构日常运转中以医疗业务为核心，而财务工作的重要性常被忽视。在这种背景下，成员单位普遍存在着一种观念，即只要能够保障资金安全，就足够应对日常运营需求。这种对资金管理的片面理解，导致成员单位普遍缺乏科学的资金管理意识。由于没有明确的战略规划，资金管理未能得到有效整合和优化，很容易引发一系列问题。如部分业务或项目可能因资金过剩而导致资源浪费；有些业务则可能因资金短缺而难以开展，从而影响整体运营效率。更为严重的是，缺乏统一的资金规划和预算制定，可能导致预算与实际需求存在较大偏差，难以有效监控和评估资金的使用情况。因为没有系统的资金管理和规划，Z 医疗集团可能难以识别和应对潜在的财务风险。

2. 资金审批流程烦琐低效。Z 医疗集团合并初期，由于实行法人代表的统一化管理，各成员单位财务人员均需遵循既定规程，每月定期将各类原始凭证在院区完成初步审批后，进一步提交至 Z 医疗集团进行报批。在 Z 医疗集团报批过程中仍需要经过业务中心和财务中心等多个部门的层层审核，同时还需要相关分管院领导及法人的最终审批。这种多环节、多层次的审批机制不仅流程烦琐，而且在实际操作中，常因无法一次性找齐所有审批人而导致审批周期过长，严重影响了工作效率。更为严重的是，各类原始资料在流转过程中会面临丢失的风险。此外，由于 Z 医疗集团采用统一法人代表的管理模式，若 Z 医疗集团在各项支付过程中未能有效履行监督职责，将给 Z 医疗集团带来巨大的管理风险。因此，如何建立一套科学、高效的审批流程，成为 Z 医疗集团经济管理工作中亟待解决的问题。

3. 资金监管不力。医疗机构相较于其他事业单位，所涉及的经济业务多样、资金流动频繁、账务核对复杂，故资金监管在医院运营中尤为重要。然而，目前，众多基层医疗机构在资金管理上还存在不足，不仅制度的有效性、规范性有所欠缺，而且缺少对现金流的分析与关注。在 Z 医疗集团成立之初，各成员单位各自进行收支管理，缺乏统一的管理体系，Z 医疗集团对资金的管控存在盲点。各成员单位应付账款账期不一致、付款时间不统一，尤其是集采带量药材款支付执行方面，缺乏有效的监管机制，这些问题都对 Z 医疗集团的资金安全构成了潜在威胁，同时，也可能影响医保考核结果的公正性和准确性。

三、财务管理中心的实践探索

为了更有效地推进 Z 医疗集团财务管理工作的深入开展，实现 Z 医疗集团财务管理规范化和集中化，财务管理中心以“八个集中”为核心理念，印发了《Z 医疗集团关于进一步规范成员单位财务管理工作的通知》，明确了 Z 医疗集团的财务管理、成本管理、预算管理、会计核算、资产管理、会计监督、资金管理和风险管控等核心职能（见图3）。以“财务管理一本账”“资金监管一张网”“资源共享一盘棋”为抓手，创新紧密型医疗集团经济管理模式，推动集团运营质量的显著提升。

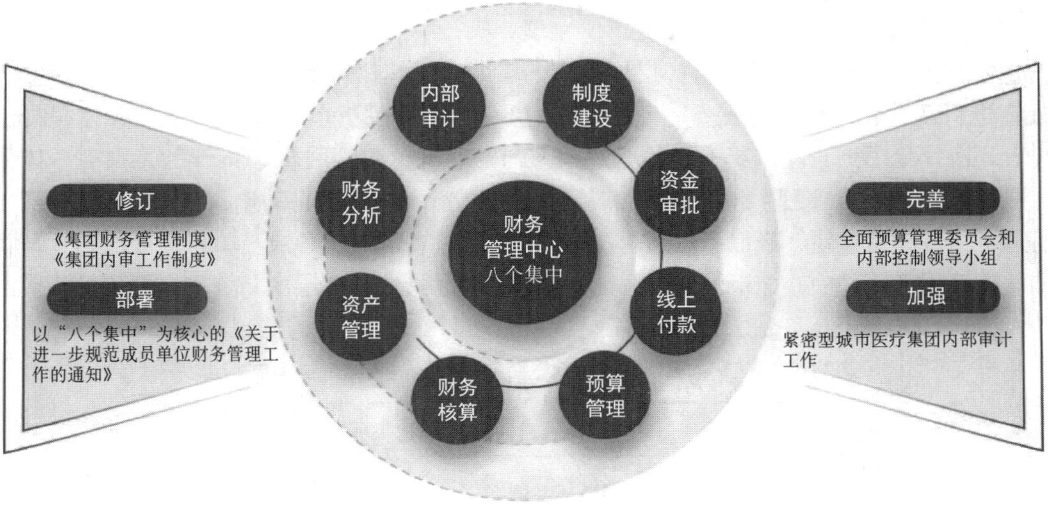

图3　财务管理中心“八个集中”

（一）统一财务管理制度

深入优化财务管理机制、严格规范财务行为准则、切实保障医疗集团资产的稳健增值以及显著提升资金运用效率是集中制度建设工作的核心思路。财务管理中心成立了Z医疗集团财务管理制度制定小组，由牵头医院财务科科长任组长，抽调各单位财务人员11人组成。在制度编制过程中，小组坚持以下基本原则：一是全面贯彻执行国家有关法律法规及财务规章制度；二是坚持厉行节约、勤俭办事业的工作方针；三是妥善处理发展需求与资金供给之间的平衡关系，注重国家、集体和个人三者利益的协调。

制度制定小组根据最新的财经法律法规要求，历时两个月对制度逐条逐项进行审查和修订，在充分听取各成员单位和小组成员意见和建议的基础上，完成了《Z医疗集团财务管理制度》修订工作。该制度共包含十三章内容，涵盖了总则、财务管理体制、财会机构与人员配置、预算管理、收入管理、支出管理、支出审批制度、成本与绩效管理、资产管理、财务报告与财务分析、财务监督、会计档案以及财务清算等内容。该制度从合理编制预算，统筹安排各项资金；依法组织收入，努力节约支出；加强经济核算和监督，提高资金使用效益；加强资产管理，防止国有资产流失四个维度保证Z医疗集团经济业务活动既合法合规又稳健高效。

（二）推行全面预算管理

Z医疗集团要求各成员单位从2021年开始，需依据医疗集团财务一体化管理的要求，扎实有效地开展全面预算工作。财务管理中心充分发挥其引领作用，紧密对接当地财政部门预算编制的最新要求，扎实开展预算管理。首先，在预算编制前，对成员单位开展年度预算编制与执行的专业培训。培训不仅涵盖了预算编制的基本原理与技巧，还深入解析了预算执行中的常见问题与应对策略，有效提升了成员单位财务人员的专业素养与实践能力。其次，在预算编制时，辅导成员单位根据牵头医院下达的预算目标和政策，结合其自身实际情况和预测条件，编制本单位的年度预算（见图 4）。再次，在预算整理与审核阶段，各成员单位将编制的预算上报给牵头医院，由牵头医院对上报的预算进行归集整理，形成 Z 医疗集团的年度总预算草案；审核后的总预算提交给 Z 医疗集团管理委员会通过后正式下达执行。最后，在预算执行过程中，明确各成员单位在预算执行中的责任和义务，将预算指标分解到具体的部门和岗位，确保预算执行的层层落实；定期对预算执行情况进行评估，根据评估结果对预算进行调整和优化（见图 5）。对于预算执行不力的成员单位或个人，采取相应的惩罚措施。Z 医疗集团为进一步提升预算管理效率与透明度，引入用友 NC6. 5 智慧财务一体化预算管理平台。该平台实现了预算编报的线上化、智能化与汇总的自动化，极大简化了预算申报流程，减少了人为差错，确保了数据的及时性与准确性。同时，各成员单位提交的预算草案将同步报送至财务管理中心、市卫健委及区卫健局备案，形成了多层次、全方位的监督体系。

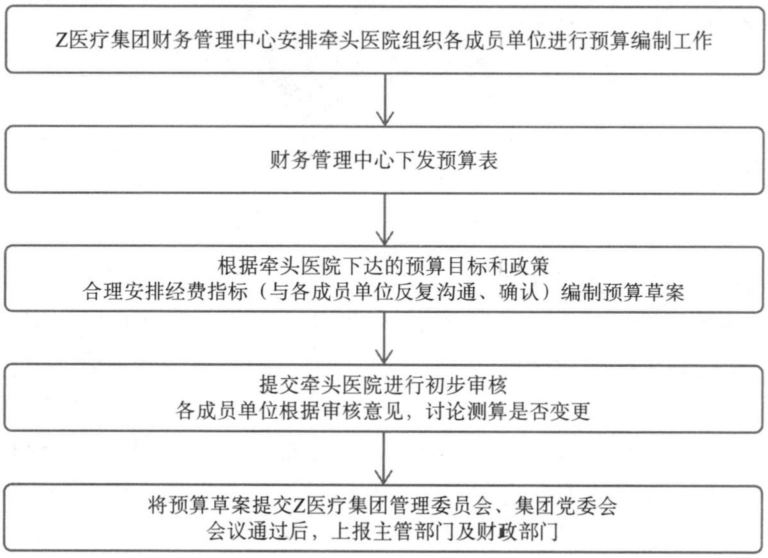

图 4　预算编制流程

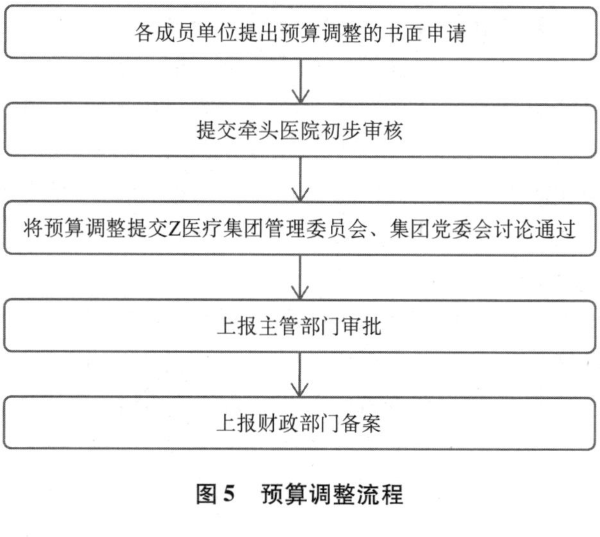

图 5　预算调整流程

财务管理中心建立健全预算执行的动态监控机制，定期对成员单位的预算执行情况进行深入剖析，及时发现并纠正偏差。通过全面掌握预算执行动态，为管理层提供决策支持，确保预算目标的顺利实现。针对预算执行过程中出现的问题，财务管理中心提出具体的改进建议与措施。各成员单位需根据反馈意见，有针对性地调整预算管理策略与执行方案，确保预算管理工作的持续优化与提升。财务管理中心对年度预算执行情况进行全面统计与分析，并形成详实的绩效评估报告。该报告作为评价各成员单位预算管理成效的重要依据，并适时向社会公布预算执行结果，接受公众监督。通过构建公开透明的绩效评估体系，形成有效的激励与约束机制，推动全面预算管理工作的深入开展。

（三）提高财务核算与分析质量

在财务管理层面，提高财务核算与分析质量是确保医疗集团财务稳健运行的关键所在。为此，Z 医疗集团财务管理中心采取了一系列措施，旨在推动财务管理向更加规范化、高效化的方向发展。

1. 没有规矩不成方圆。财务核算也是如此，会计科目合理设置、辅助项目正确核算以及账务处理的规范化是做好集中财务核算的基础。2019 年 1 月 1 日，各成员单位开始执行《政府会计制度——行政事业单位会计科目和报表》，财务管理中心组织成员单位财务人员认真学习制度，在《政府会计制度——行政事业单位会计科目和报表》规定的会计科目基础上，建立本集团会计主体的会计科目体系。具体内容包括：确定其所使用的会计科目的数量、级次、名称，以及每一个会计科目所包括的具体内容、记录和核算的方法与要求，以及各科目之间的联系。此外，财务管理中心还对各成员单位、收支项目、支出（经费）来源、支付对象等辅助核算内容，进行了清晰的界定和梳理。

2. 工欲善其事、必先利其器。财务管理中心摒弃了以往财务信息孤岛的陈旧模式，上线了 NC6.5 智慧财务一体化平台，牵头医院和成员单位均使用该系统进行账务处理。平台的报表数据中心实现了各成员单位财务模板的统一，包括资产负债表、收入费用表、医疗及公共卫生收入费用明细表、净资产变动表、基本数字及财务分析表、现金流量表、预算收入支出表等七张报表。每月末，报表数据中心会按时出具 Z 医疗集团、成员单位等多维度的合并报表，为管理层提供全方位的财务运营数据。

3. 加强交流培训和业务审核。各成员单位由于财务人员缺乏，经常出现从凭证制单、审核、记账到出具财务报表等一系列工作均由一人完成的情况。针对这一情况，财务管理中心组织成员单位财务人员每月进行会计账务互审、业务学习、交流培训，并做好相关记录和反馈工作。在互审过程中，特别关注各项收支业务中容易出错的、检查关注的、制度变更的、开展新业务等重点内容，组织财务人员对每项业务提供专业的指导意见，并集中讨论商定最佳处理方案。

4. 落实定期集中财务分析。财务分析在财务管理中占据着核心地位，其重要性不言而喻。财务管理中心定期开展集中财务分析，主要包括以下几种具体做法：

（1）数据集中管理。通过信息化系统，将各成员单位的财务数据整合到一个平台上，便于统一管理和分析。

（2）财务报表分析。定期生成各成员单位的财务报表，包括资产负债表、收入费用表和现金流量表，每月在财务管理中心集中进行比对分析。

（3）成本控制分析。分析各成员单位的成本结构，识别主要成本驱动因素，提出优化建议，从而提高资源利用效率。

（4）绩效评估分析。建立考核指标，定期评估各成员单位的财务绩效，促进资源的合理分配和使用。

（5）财务风险分析。识别潜在的财务风险，制定应对策略，确保Z医疗集团的财务健康。

（6）财务培训与交流。每月定期组织财务人员培训和交流，提高整体财务管理水平。

这些具体做法有助于实现Z医疗集团内部资源的有效配置和整体财务管理的优化。如对成员单位基本运营面貌的全面审视、财务状况的精细解剖，可揭示潜在风险与机遇；对收入构成的细致解析，可以优化收入结构；对支出安排的合理性评估，可以控制成本提升效益；对预算执行进程的动态跟踪，可以及时校正偏差；等等。

此外，财务分析还承担着识别并解决财务管理体系中存在问题的重要使命，通过深入剖析问题根源，提出针对性强、操作性高的改进措施，为财务管理体系的持续优化提供动力。在此过程中，各成员单位的财务人员扮演着至关重要的角色，需秉持高度的责任心与专业素养，确保财务报表数据的准确无误与全面完整，并严格按照既定的时间框架提交高质量的季度、半年度及年度财务分析报告，为财务分析工作的连续性与有效性奠定坚实基础。

财务管理中心作为Z医疗集团财务管理的中枢，其职责在于汇聚各成员单位的财务分析报告，进行系统性整合与深度分析，进而编制出全面反映Z医疗集团整体财务状况、经营成果及未来趋势的综合财务分析报告。这份报告不仅是Z医疗集团决策层制定战略规划、优化资源配置、评估经营绩效的重要参考依据，更是推动Z医疗集团实现可持续发展目标的数据基石与智力支持。因此，加强财务分析工作的规范化、专业化与信息化建设，对于提升Z医疗集团财务管理水平具有深远的意义。

（四）集团资金实行集中管理

资金是Z医疗集团运营的血液。财务管理中心通过深化资金集中管理，实现了资金计划的科学编制、资金监管的严密执行、Z医疗集团资金账户的规范管理和财会监督的有效落实等一系列资金集中管理目标，确保了Z医疗集团财务的稳健运行。

1. 资金计划“一张表”。Z医疗集团在编制资金计划时，以年初预算作为起点，紧密结合运营需求和发展目标，确保每个阶段的资金安排都合理且有效。在制订计划的过程中，充分考量了各科室和部门的具体需求，以及集团的整体战略导向，力求实现资金的最大化利用。在计划编制阶段，特别关注资金的合理分配问题，以确保各项业务的顺畅开展。同时，为降低运营成本，Z医疗集团设定成本控制目标，并实时追踪实际成本与预算成本之间的差距，以便及时作出调整。通过优化资源配置、削减非必要的支出以及提高运营效率等多种手段，可以有效控制成本，提高运营效益。资金计划不仅涵盖了人员成本、物资采购、运营成本等各个方面，还细化至具体项目和时间节点，确保计划的可行性与可操作性。为了保证资金计划的顺利实施，还加强了Z医疗集团内部各部门之间的沟通与协作。通过定期召开Z医疗集团财务会议，讨论资金计划的执行情况、分析存在的问题，共同商讨解决方案。通过上述步骤和建议的落实，财务管理中心编制出了一套既符合自身实际情况又满足发展需求的资金计划，为Z医疗集团的稳健发展提供了坚实的保障。

2. 资金监管“一张网”。Z医疗集团根据国家财经方针、政策及法规，结合成员单位有关规定，本着厉行节约、勤俭办事的原则，严格遵守费用开支范围、开支标准和资金使用规定，把好资金审批关。资金审批采用分级审批模式，根据成员单位业务范围和金额大小，分级确定审批人员，Z 医疗集团法人代表授权各成员单位院长一定的支出审批权限，对于重大经济活动必须经 Z 医疗集团院长办公会讨论通过。

自 2021 年 7 月 1 日起，为提升审批流程的效率，Z 医疗集团要求成员单位单项金额超过 1 万元的付款事项采用钉钉线上审批系统。成员单位根据各项支出取得相关原始凭证后填写付款凭单，列明付款事由、具体金额以及付款方式。经办人需在凭单上签字确认，由相关职能科室负责人审核无误后交由院长签字审批。随后，财务人员根据业务的归口分类，将各审批事项依次提交至 Z 医疗集团 16 大管理中心，各管理中心主任审批通过后汇总推送至分管院长，分管院长审核批准后，最终推送至 Z 医疗集团法人代表审批。

钉钉线上审批系统（见图 6）的引入，带来了三大显著便利：第一，审批资料全部实现电子化传阅，有效地避免了纸质资料遗失的风险。第二，线上审批极大地提升了工作效率，减少了人为传递和等待的时间，全流程审批的平均用时比原来缩短 2 天左右。第三，各管理中心在审批过程中，针对各自条线上的业务认真审核，严格把关，做到花钱必有效，无效必追责。

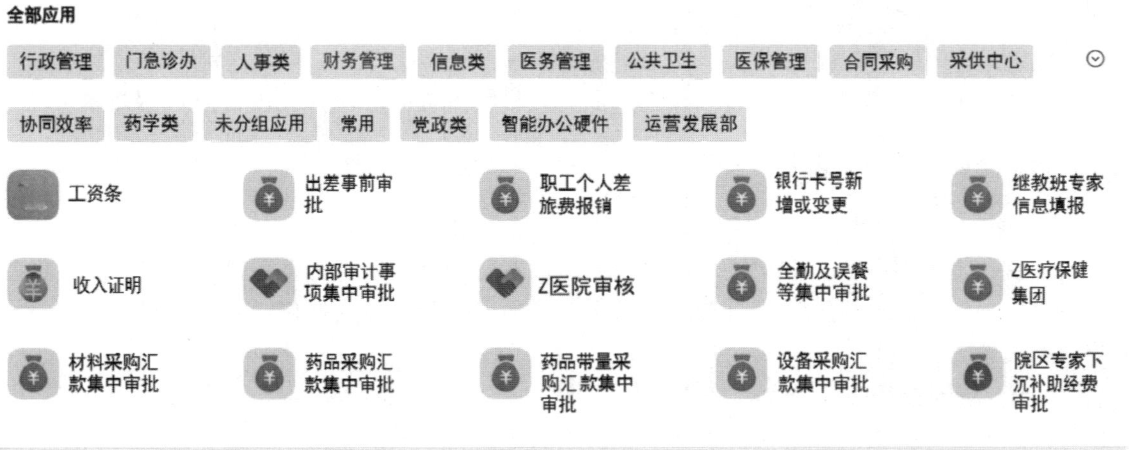

图 6　钉钉线上审批系统

3. 集团资金“一账户”。为切实推进集团资金的集中化管理，财务管理中心专门设立了 Z 医疗集团账户，旨在规范并优化支付流程。根据审批结果、资金规划以及带量集中采购的相关政策要求，所有成员单位的出纳人员将在固定的两天内，通过浙江省药械采购平台，利用 Z 医疗集团账户进行线上集中付款。付款完成后，相关人员还需严格执行登记工作，确保每一笔交易都有完整的记录。统一集团资金账户这一创新举措不仅保证了支付过程严格遵循国家法律法规和内部政策规定，而且在医疗保健领域凸显了其合规性和重要性。同时，在整个支付过程中，该做法满足了保护资金安全和降低其他潜在风险的内控要求。此外，Z 医疗集团还定期或不定期地对支付流程进行抽查和风险评估，确保流程的有效性、安全性和可持续性。

4. 财会监督“一准绳”。Z 医疗集团作为一个大型的经济体，其资金运营的财会监督尤为关键。这关乎 Z 医疗集团的健康发展和社会责任的积极履行。财会监督的核心目标在于确保Z医疗集团财务活动的合法性、合规性，推动资金运用的高效透明，从而有效防范财务舞弊和资金滥用行为的发生。在保障Z医疗集团的社会效益、优化经济运营、维护市场秩序以及保护患者的权益方面，财会监督发挥着不可替代的作用。为切实落实财会监督的各项要求，Z医疗集团采取了以下方法和手段：首先，Z医疗集团致力于建立完善的财会监督制度，通过制定详尽的财会监督流程和规范，确保监督工作的有序开展。其次，Z医疗集团充分发挥内部审计和内部控制的协同作用。集团设立了独立的内部审计科室，负责对财务活动进行定期或不定期的审计，及时发现并处理存在的问题。Z医疗集团还注重检查内部控制制度的健全性和有效性，通过定期评估内部控制的执行情况，提出改进建议，推动内部控制体系的持续优化。此外，还引入第三方审计机构，委托专业的会计师事务所对Z医疗集团的财务报表进行审计，提高财务报告的公信力。最后，Z医疗集团注重强化信息化建设，利用现代信息技术手段建立财会监督信息系统，实现财务数据的实时采集、分析和监控。

（五）资源共享“一盘棋”

Z医疗集团将协同共享的思想，运用在提升国有资产利用效率上。在探讨控制成本时，着重思考如何通过摊薄Z医疗集团整体成本、如何扩大受众范围，从而实现Z医疗集团效益最大化。为进一步深化Z医疗集团建设，提升基层医疗服务能力，Z医疗集团于2020年按照有关规范和标准，牵头组建了Z医疗集团消毒供应共享中心和无人机物流转运中心，实行一体化管理。Z医疗集团各成员单位所有复用器械、器具及物品，均纳入消毒供应共享中心进行清洗消毒灭菌等处理；同时，探索借助无人机物流提升Z医疗集团资产利用效率。

四、集团财务一体化管理成效

Z医疗集团从实践出发，通过构建智慧财务统一财务管理系统、实施Z医疗集团内一体高效运营、提升财务人员业财融合能力、推进成本管控落到实处等多项措施，构建了Z医疗集团财务一体化管理模式，为打造紧密型医疗集团财务管理模式提供了新的思路，并取得了较好的成效。

（一）统一业务接口平台，构建智慧财务

智慧财务作为提升医院资源利用效率的重要手段，在Z医疗集团得到了深入的实践与应用。Z医疗集团从价值创造的视角出发，深挖智慧财务的发展路径，不仅明确了决策层、管理层和执行层各自的职责和角色，还实现了业务管理和整体实力管理的全面跟踪和监察。智慧财务采用可视化管理模式，消除了管理中的盲区和死角，有效填补了管理漏洞。这一变革不仅显著提升了Z医疗集团的整体效率与效益，更增强了Z医疗集团可持续发展的内在动力和行业竞争力。

1. 统一业务接口平台。为构建并升级智慧财务平台，实现Z医疗集团内部牵头医院与成员单位之间业务应用系统的高效互联与数据共享，确保各类业务信息的实时交互。Z医疗集团构建业务接口平台，对接各成员单位的HIS数据。该平台将基础数据字典与各成员单位其他系统的基础数据字典保持一致，实现了数据的集中管理与统一分析，为智慧财务的顺利上线提供了数据支撑，为后续的业务决策和精细化管理奠定了坚实基础。

2. 构建统一支付对账平台。随着互联网技术的日新月异，传统的支付方式已经难以满足现代医疗机构的支付需求，因此，引入多样且便捷的在线支付方式显得尤为重要。如何为各种支付方式提供一体化的服务接口，成为亟待解决的问题。财务管理中心从2020年9月开始，与专业的软件开发团队紧密合作，根据内部控制的要求，共同研发了“Z 医疗集团统一支付及对账平台”（见图 7）。该平台完成了支付宝、微信、银行聚合支付等多种支付方式的对接，实现了各个支付方式的统一管理。更为重要的是，该平台还建立了一个统一的对账机制，能够与各成员单位信息系统、第三方支付系统（微信、支付宝、银联、银行等）实现交易数据的同步和三方自动对账。这一自动对账功能不仅为各成员单位提供了详细的单边账笔数和金额报告，还有助于财务人员快速查明单边账形成的原因并及时处理，从而极大地提升了财务对账的效率和准确性。

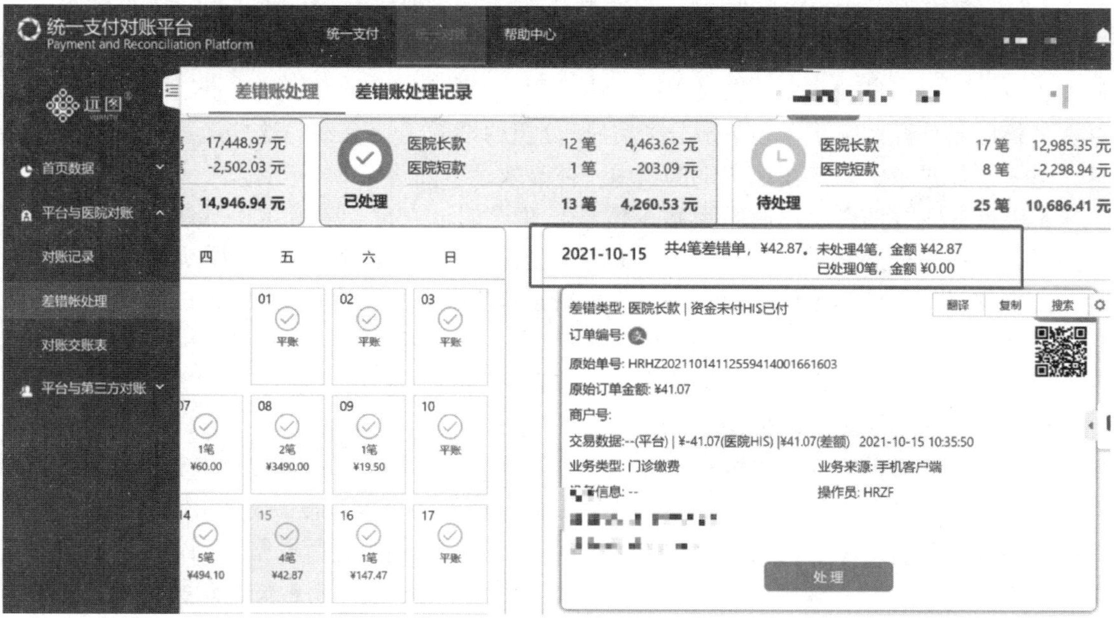

图 7　统一支付对账平台

3. 搭建可视化 Z 医疗集团数据舱。Z 医疗集团以成员单位数据仓库及数据可视化工具为基础，通过对分析结果的归纳筛选，采用简洁直观、操作简便、直达桌面的方式，构建了一个完整的、多用途的智能分析平台环境。通过对成员单位各个应用系统的业务数据进行汇聚、融合、挖掘、分析和展现，加大对 Z 医疗集团范围内信息资产的利用，提高信息分析的准确性、一致性、时效性；通过建立完善的业务数据指标分析模型和运营监控管理模式，对各成员单位运营状态进行实时监控和管理，为各成员单位经营管理和临床医疗提供及时、准确、科学的决策依据，提高了各成员单位的运营管理水平和核心竞争力。该平台以 Z 医疗集团实际管理场景为基础，以国家行业政策规范为依据，将 Z 医疗集团内业务数据与指标进行可视化分析处理，建立立体化的 Z 医疗集团运营方案，为 Z 医疗集团决策层提供各成员单位运营数据的监控与预警，为临床科室提供临床业务指标分析与跟踪服务，为职能管理部门提供业务主题的数据分析与管理场景，实现了业务流程和数据流向的标准化管理，打造了 Z 医疗集团领导、职能部门、科室主任三者间互联互通的一体化管理运营分析体系。

4. 打造集团成本管控体系。成本管控作为 Z 医疗集团提高资源利用效率的关键举措，在智慧财务体系建设中发挥着重要的作用。在实现科室成本、项目成本、病种成本等在各成员单位核算单元全覆盖的基础上，从 2021 年 2 月开始，财务管理中心逐月开展临床科室专用设备成本及效益分析，并将分析结果在Z医疗集团工作会议上进行通报，得到了各成员单位领导及临床科室的高度重视与广泛认可。此外，财务管理中心还针对临床核算单元的整体成本状况，通过编制详细的收入成本表进行盈亏分析，为Z医疗集团评价和调配人、财、物资源提供数据支撑。在此基础上，财务管理中心逐步构建了以业务活动相关性为核心，涵盖成本核算、成本分析、成本控制等多环节的全成本管控体系，确保了Z医疗集团成本管控工作的系统性、全面性和持续性。

（二）集团内实现高效运营

Z医疗集团进一步落实紧密型城市医联体建设，实现医疗、行政、信息、后勤统一管理。其中，医保管理中心建立了Z医疗集团成员单位医保门诊结余留用/超支分担绩效考核标准，以4个一级指标和8个二级指标考核成员单位的职工医保门诊签约按人头计费得分，根据考核结果公开、公平、公正地分配奖励/分担的绩效考核金额。这些流程优化措施的施行，进一步促进了Z医疗集团内部的集中一体高效运营。

A市是省内首批启动“健康大脑＋体系”建设的试点市，建成了市县统一的全民健康信息平台，通过推进电子健康档案和电子病历在省、市、县、乡、村五级高质量共享，实现大医院专家号源、住院床位、大型设备、药品面向基层全面开放。除此之外，Z医疗集团更是依托数字技术，创新打造了“医检互认”“影像云”“医后付”“双向转诊”等应用场景，使Z医疗集团内医疗资源面向多级用户实现普惠共享。

（三）财务人员业务能力得到提升

医疗集团成立前，成员单位普遍存在财务人员配备不足、财务管理意识和业务能力不强等问题。财务一体化之后，成员单位提高了对财务管理的重视程度，分管财务院领导定期、不定期召开财务管理中心大会，及时传达Z医疗集团会议精神，听取财务工作汇报，并布置下阶段工作重点。财务管理中心每月召开工作例会，成员单位财务人员畅所欲言，互通有无、取长补短，问题共商讨，困难共克服。为提升财务人员的职业素养，财务管理中心每年都会组织业务培训，倾心打造“集团经济运营大讲堂”品牌，并邀请省级医院财务专家、知名注册会计师来院授课。2023年，Z医疗集团成立了成员单位全面预算管理委员会和内部控制工作小组，自上而下地夯实风险管理和内部控制建设，对财务人员工作内容的合规性进行日常化监管。同时，以定期检查与不定期抽查相结合的形式开展内部监督，通过组织Z医疗集团内部成员单位交叉检查、联合纪检部门开展专项检查、邀请各成员单位的主管部门进行专项督导等方式，针对重点工作、难点工作、中心工作开展必要的检查。在发现问题实施分类整改的同时，进行风险识别，建立健全长效监督体系。

（四）成本管控落到实处

1. 带量采购从源头上降低成本。带量采购是管控医疗成本的重要手段。由于Z医疗集团除牵头医院外的其他成员单位体量较小，因此，药品、耗材和其他办公用品等采购成本普遍高于三甲医院，还伴随药品耗材采购品种不全、采购流标现象严重等问题。面对这种情况，Z医疗集团借助牵头单位三甲医院的优势，通过一体化管理，将各成员单位的采购需求纳入Z医疗集团集中招标，形成集团内带量采购，不仅降低了Z医疗集团整体成本，而且可以统筹Z医疗集团采购人员，从多次的分散采购转为少次的集中采购，在降低采购成本的同时降低人力成本。

2. 国有资产共享共用。建立Z医疗集团消毒供应共享中心和无人机物流转运中心，各成员单位共享共用，集中进行器械消毒。Z 医疗集团制定统一标准，互惠共享，控制院内感染。对于内部有能力完成的工作，如消毒灭菌等，取消相应的外包服务，并引入“内部结算价”的理念，在降低成员单位成本的同时摊薄牵头医院的辅助成本。在无人机物流转运年服务费不增加的情况下，将其服务共享至整个 Z 医疗集团，不仅较好地解决了高峰时期 Z 医疗集团成员单位间的物资转运问题，同时极大地提高了无人机物流转运效益，为降低集团整体成本开拓了新路径。

3. 优化消毒配送流程。消毒供应共享中心负责 Z 医疗集团各成员单位所有复用器械、器具、物品的清洗和消毒灭菌工作，各成员单位安排人员按规章制度，负责消毒后器械的安全运回与投入使用工作。各成员单位每天定时将污染器械密闭运送到消毒供应共享中心，消毒供应共享中心每次按器械接收单内容与成员单位进行面对面交接记录并签名。接收单一式两份，一份交成员单位，一份消毒供应共享中心保存（见图 8）。消毒供应共享中心对接收后的器械按《医院消毒供应共享中心管理规范》要求进行清洗、消毒、包装、灭菌、发放。通过设置消毒供应共享中心，Z 医疗集团统一了院感质控质量；通过共享无人机配送，降低了物流运输成本，提升了国有资产运营效率。

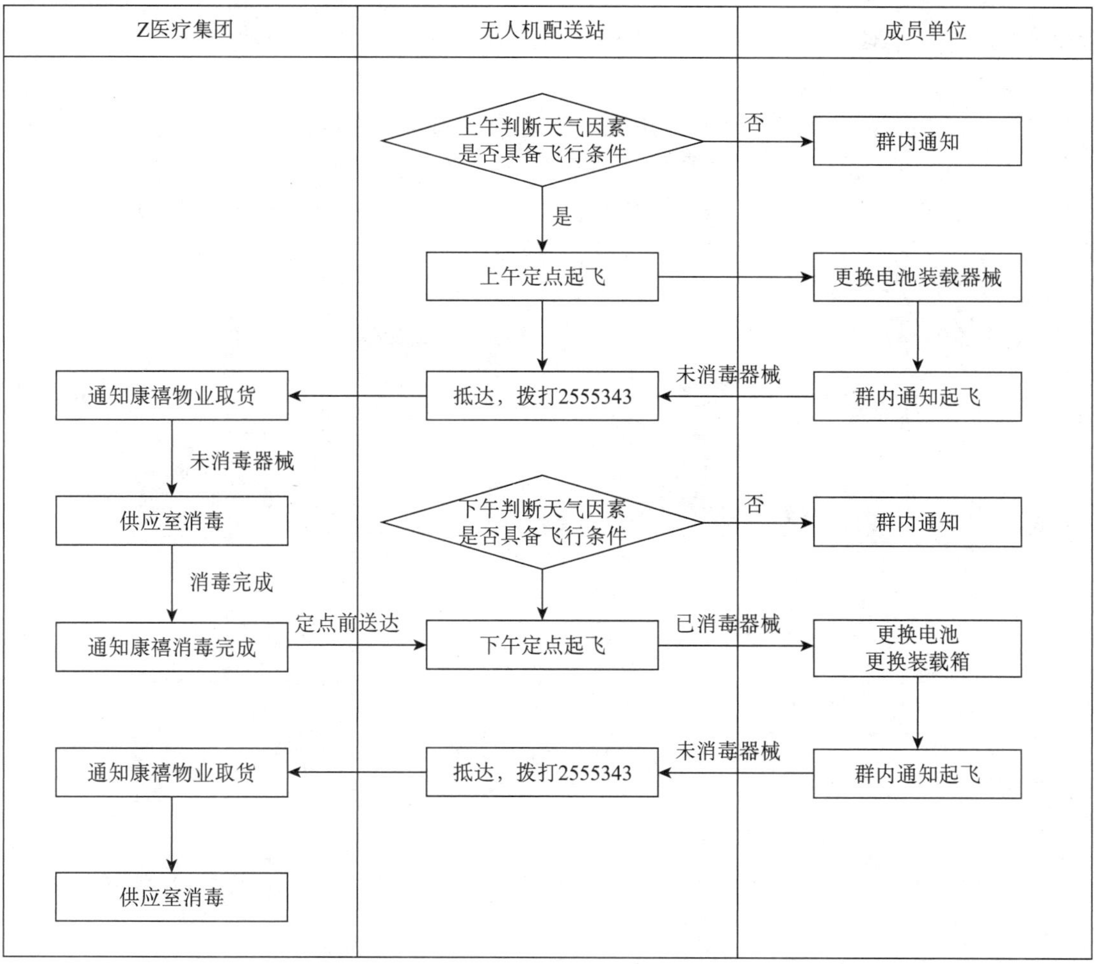

图 8 消毒供应共享中心配送流程

（五）各成员单位均取得长足的进步

1. 国考佳绩彰显 Z 医疗集团实力。在 2022 年度国家公立医院绩效考核中，A 市市级医院整体表现抢眼，A 等率高达 80%，标志着该市医疗质量与效率达到了国内领先水平。尤为突出的是，Z 医疗集团凭借其卓越的综合实力与医疗服务质量，在全国众多医院中脱颖而出，位列第 89 名，并荣获 A + 等次，彰显了其在医疗技术、管理效能及患者满意度等方面的显著优势。Z 医疗集团以全国市级公立医院排名第一的成绩荣获 2020—2021 年度“公立医疗机构经济管理年”活动优秀单位，并获国家卫生健康委的通报表扬。Z 医疗集团荣获 2020 年度、2022 年度、2023 年度全国医疗服务价格和成本监测与研究网络先进机构，所属科室荣获健康报社主办的 2021—2022 年度公立医院高质量发展先锋科室。

2. 基层卫生院服务效能显著提升。A 市在推动医疗资源下沉、增强基层医疗服务能力方面取得了显著成效。2023 年，基层就诊率攀升至 74. 24%，较 2016 年大幅提升 31. 1 个百分点，有效缓解了群众“看病难”问题。此外，A 市公立医院在控费减负方面也走在前列，住院及门急诊均次费用显著低于浙江省平均水平，分别低 22. 06% 和 11. 41%，切实减轻了患者经济负担，提升了医疗服务可及性与满意度。

3. 考核指标持续趋好。以 2018 年实际执行为基数，截至 2023 年年底，A 市 Z 医疗集团实现了医疗收入的快速增长，增长 50. 35%，年均增长稳定在 8. 5% 左右。Z 医疗集团内部，牵头医院三四类手术占比提升至 42. 88%，CMI 值增长 15. 2% 至 1. 0809，RW≥2 病例占比显著增加，反映出医疗服务难度与技术含量的提升。同时，平均住院日缩短 2. 28 天，医疗服务收入占医疗收入的比例上升 9. 24 个百分点，体现了医疗效率与服务质量的双重优化。成员单位在总资产、总收入等方面均实现了大幅度增长，总资产增长 155. 43%，年平均增长 20. 63%，为 Z 医疗集团整体发展注入了强劲动力（见图 9 至图 13）。

金额单位：万元

医疗收入	2019年	2020年	2021年	2022年	2023年
牵头医院	129308	118140	151243	170045	179255
增（降）幅度		-8.64%	28.02%	12.43%	5.42%
成员单位	12596	14468	15282	16184	17186
增长幅度		14.86%	5.63%	5.90%	6.19%

图 9　2019—2023 年牵头医院与成员单位医疗收入

1.CMI

牵头医院	CMI
2019年	0.9559
2023年	1.0809

2.RW≥2

牵头医院	RW≥2
2019年	6.81%
2023年	9.73%

3.平均住院日

牵头医院	平均住院日
2019年	7.12
2023年	5.79

4.医疗服务收入占比

牵头医院	医疗服务收入占比
2019年	31.24%
2023年	36.01%

图 10　2019—2023 年牵头医院与成员单位运营指标

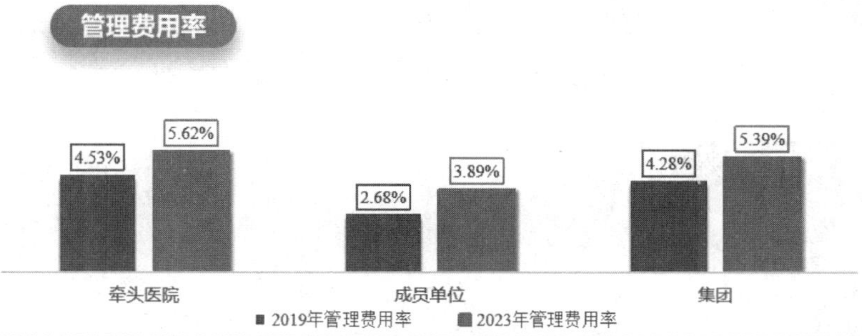

金额单位：万元

牵头医院	2019年	2023年
管理费用	6069.26	11203.51
总费用	133881.07	199226.50
管理费用率	4.53%	5.62%

成员单位	2019年	2023年
管理费用	562.08	1210.78
总费用	20987.48	31125.38
管理费用率	2.68%	3.89%

集 团	2019年	2023年
管理费用	6631.34	12414.28
总费用	154868.56	230351.88
管理费用率	4.28%	5.39%

图 11　2019—2023 年牵头医院与成员单位管理费用率

4. Z 医疗集团建设续写新篇章。2023 年 6 月，随着国家 6 部门联合发布《关于印发紧密型城市医疗集团试点城市名单的通知》，A 市被正式纳入全国 81 个紧密型城市医疗集团建设试点城市之列。A 市 Z 医疗集团以此为契机，进一步深化医药卫生体制改革，聚焦解决群众看病难、看病贵问题，提升政治站位，发挥自身优势，充分利用平台资源，加速实现从“以治病为中心”向“以人民健康为中心”的深刻转变，为构建健康中国贡献力量。

五、前景和展望

在当前医疗健康领域深刻变革的背景下，Z 医疗集团提出的资源共享“一盘棋”战略展现出了极为广阔的发展前景。此战略旨在通过精细化资源配置、服务质量的持续提升、服务范围的广泛拓展以及多方合作的深化加强，为民众编织一张更为紧密、高效的医疗保健服务

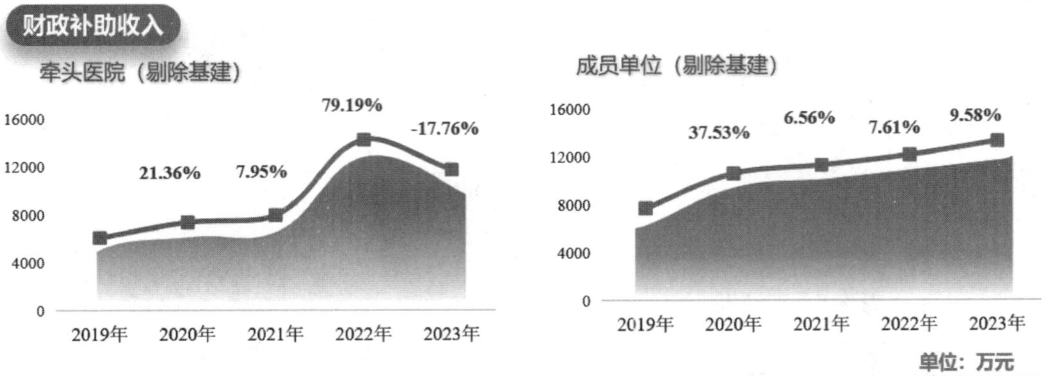

单位：万元

财政补助收入	2019年	2020年	2021年	2022年	2023年
牵头医院	54343	52359	13944	45116	31512
其中：基建	48279	45000	6000	30881	19805
牵头医院（剔除基建）	6064	7359	7944	14235	11707
成员单位	7687	10572	11266	15123	16284
其中：基建	0	0	0	3000	3000
成员单位（剔除基建）	7687	10572	11266	12123	13284

图 12　2019—2023 年牵头医院与成员单位财政补助收入

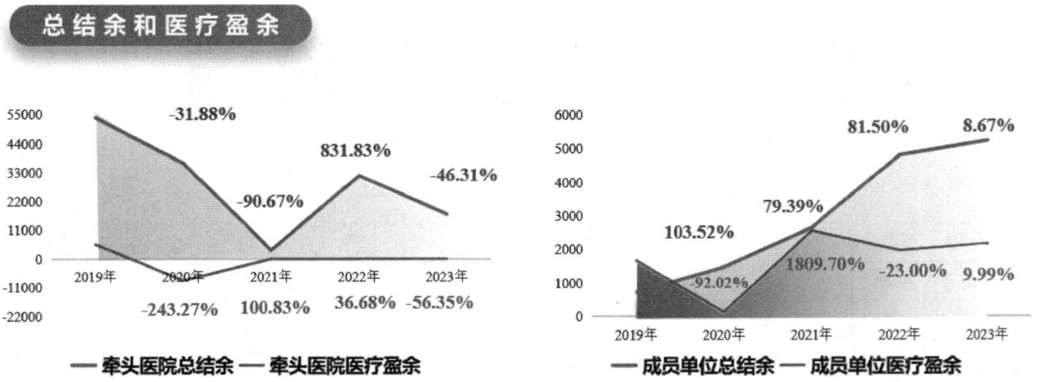

单位：万元

	2019年	2020年	2021年	2022年	2023年
牵头医院：总结余	53822.13	36662.83	3422.07	31887.94	17120.13
医疗盈余	5651.44	-8096.69	67.39	92.11	40.21
成员单位：总结余	725.63	1476.78	2649.16	4808.12	5224.86
医疗盈余	1678.35	133.93	2557.57	1969.34	2166.09

图 13　2019—2023 年牵头医院与成员单位总结余和医疗盈余

网，有力地推动医疗事业向高质量发展阶段迈进。尤为关键的是，财务一体化管理模式的持续优化与创新，不仅是响应 Z 医疗集团战略需求的重要举措，也是适应新时代医疗业务复杂性与市场变化的关键一环。未来，该模式应积极探索在风险管理、内部控制、绩效评估等关键管理领域的深度应用，以构建一个全方位、多层次的管理支持平台，显著提升 Z 医疗集团的风险抵御能力与财务稳健性。进一步通过完善财务一体化管理模式，不仅能够强化财务与业务之间的深度融合，促进医疗集团的数字化转型进程，还能够显著提升 Z 医疗集团的运营效率、竞争实力与创新能力。这一管理模式的最终愿景，是构建一个标准化、透明化、高效化的财务核算生态系统，为Z医疗集团战略决策提供坚实的数据支撑与风险管理屏障。展望未来，Z医疗集团将坚定不移地致力于财务一体化管理模式的持续优化与拓展，紧跟行业发展趋势与市场需求变化，积极拥抱数字化转型浪潮。同时，面对医疗行业资金监管日益增强的精准性与时效性要求，以及技术进步的双重驱动，Z医疗集团将不断强化技术创新与人才队伍建设，以科技赋能资金监管，提升监管效率与效果，确保资金安全，促进医疗资源的合理配置与高效利用。

作者：李凯霖　熊　飞
第一作者简介：李凯霖，湖州市中心医院财务科科长，高级会计师

德清县医共体财务管理中心建设实践与探索

【摘要】 目的：通过梳理德清县医共体作为试点单位，在成立初期面临的问题与挑战，总结其探索建设医共体财务管理中心的思路与成效，为其他单位及同行提供借鉴和启示。方法：通过实例分析，总结德清县医共体财务管理中心建设的经验。结果：通过实践与探索得出，医共体财务管理中心的规范化建设是保障县域医共体高效、健康、可持续运行的重要环节，可通过整合财务组织架构、统一财务管理制度、实行全面预算管理、搭建财务信息化平台等多项措施，构建高效的财务运营管理体系。展望：医共体财务管理中心要持续提高财务人员的综合素质，强化内部控制与财务监督，提升风险防范能力，并加快数字化转型，以保障医共体的稳健运营和健康发展。

2009 年，中共中央国务院发布《关于深化医药卫生体制改革的意见》，提出整合城市卫生资源；2017 年，国务院办公厅印发《关于推进医疗联合体建设和发展的指导意见》（国办发〔2017〕32 号），明确在县域主要组建医疗共同体；2019 年，浙江省财政厅和浙江省卫生健康委员会联合印发《关于加强县域医共体财务管理工作的意见》（浙财社〔2019〕59 号）明确，医共体要设立财务管理中心，该中心以牵头医院财务机构为基础组建，医共体成员单位原则上只设置报账员岗位，报账员由财务管理中心统一调配和管理。在国家相关政策的引领下，浙江省各县域医共体财务管理建设一直在探索中前行。2017 年，德清县作为浙江省首批 11 个县域医共体建设试点县之一，于同年 11 月整合全县医疗资源，组建武康健康保健集团（以下简称“W 集团”）和新市健康保健集团，并对医共体各成员单位实行财务集中同质化管理，取得了显著成效。

一、W 集团财务管理中心成立背景

（一）W 集团简介

W 集团由德清县人民医院、德清县中医院和 8 家基层卫生院组成（见图 1），经过组织架构重组后，统一医共体的机构设置，各成员单位取消原有法人代表，由牵头医院院长担任集团唯一法定代表人，实行人、财、物一体化管理。同时，在牵头医院开辟集团办公区域，设立人力资源、财务管理、社区管理、信息管理、教育培训 5 个管理中心，人员统一调配，实行集中办公。

（二）W 集团财务管理中心成立初期面临的问题

由于 W 集团管理组织构成的多样性，各成员单位成立时间长短不一、医疗业务侧重点不同、管理人员素质参差不齐等，导致财务管理中心成立初期，面临诸多的管理问题。

1. 财务管理目标不一致

医共体内各成员单位虽同属于非营利性医疗机构，在财务管理目标上都致力于提高资金使用效益和保障公益性，但县级医院面临更复杂的医疗环境和更高的财务管理要求，需要更

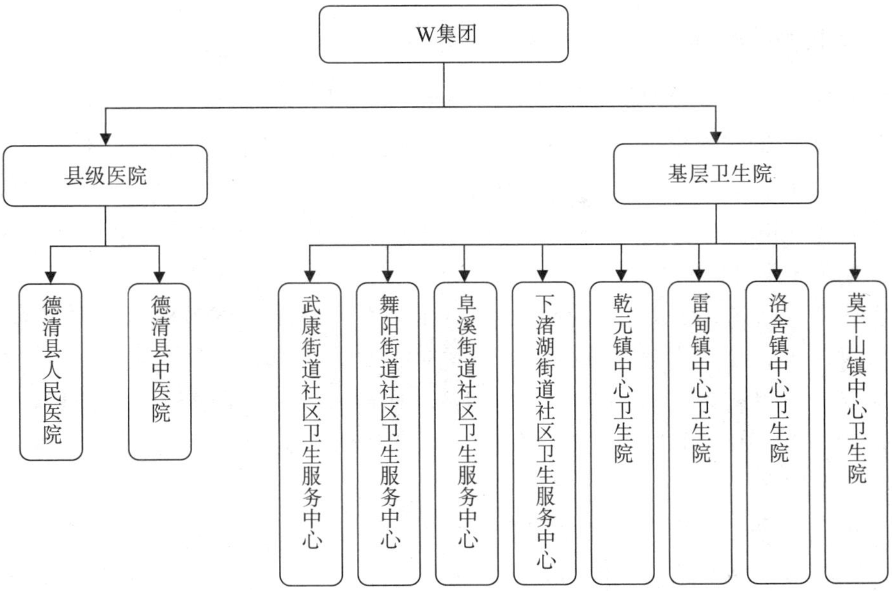

图 1 W 集团成员架构

注重社会效益和经济效益的统一，做好成本控制，确保生存与发展。而基层卫生院则侧重于财务核算的规范化和资金使用的合理性。

2. 财务管理标准不统一

虽然 2019 年政府会计制度的执行统一了医共体各成员单位的会计核算制度，但并未出台县级医院与基层卫生院财务管理制度如何统一的指导性文件或政策。医共体财务管理中心成立初期，由于县级医院与基层卫生院功能定位不同，在成本核算、收支管理、全面预算管理、资产管理等方面的管理要求也不一样，导致各成员单位之间的财务数据无法进行有效比较和分析，从而难以评估医共体真实的财务状况和经营效果。同时，缺乏统一的财务管理标准，给医共体内部的财务管理带来信息不一致、数据处理不准确等问题，对财务决策和风险控制产生了不利影响。

3. 财务人员整体素质偏低

财务管理中心成立初期，由于业务范围不断扩大，医共体财务人员大多缺乏集团财务管理的专业知识与管理经验，综合素质和管理能力良莠不齐，部分人员财务知识面狭窄，无法适应新型财务管理模式；部分人员分工不明确，重复性工作较多，导致工作效率较低。同时，财务人员大多局限于本职工作，与外部的沟通、协调能力较弱，碰到报销上的问题，不会宣讲政策，难以做好解释工作。

4. 财务管理信息基础薄弱

医共体各成员单位财务信息化建设投入和进程不一，无法有效地在各成员单位间建立财务信息共享、“一本账”会计核算和财务报告体系等，导致信息获取不及时、准确度不高，对医共体财务数据的及时性、完整性、准确性造成了直接的影响。此外，财务信息系统与业务系统存在数据“壁垒”，无法对医共体内各种业务系统漏洞进行前端覆盖与监控，一旦业务部门出现问题，W 集团财务管理中心难以迅速响应，将加大风险暴露程度。

二、W 集团财务管理中心建设实践

县域医共体要真正成为“利益共同体”，财务一体化建设是关键。面对医共体财务管理中心建设中的难点和痛点问题，W 集团重新梳理了各成员单位各项业务流程与管理制度，搭建了财务管理组织架构，制定统一的财务管理制度，在财务管理模式等方面实行有效整合，并组建一体化的信息管理平台，以此完善财务管理中心的建设。

（一）搭建财务组织架构

为了实现“基层首诊、双向转诊、疾慢分治、上下联动”的就医新格局，W 集团作为集县、乡、村三级医疗机构为一体的医疗共同体，综合考量医共体内各成员单位性质、职能、业务情况、管理能力等差异，在 W 集团成立初期，即对医共体财务管理架构进行重组，设立财务管理中心，对财务管理工作实行统一领导、统一制度、统一标准，统筹各成员单位财务资源，规范财务工作。

W 集团财务管理中心组织架构（见表 1），明确医共体主要负责人是医共体财务工作的第一责任人，对医共体各成员单位的财务工作实行统一领导，对财务活动的合法合规，会计工作和会计资料的真实性、完整性负责。W 集团财务管理中心未设置总会计师，财务分管领导由集团党委副书记担任，其主要职责是协助法定代表人管理集团财务工作。由牵头医院财务科科长担任财务管理中心主任，具体负责 W 集团财务管理工作。各成员单位日常经济业务活动由各单位负责人审核，重大事项由各单位负责人初审后递交医共体相关负责人、财务分管领导及医共体负责人审批。财务管理中心对整个经济业务活动中的合规性和合理性进行全流程监督与管理。

表 1　　W 集团财务管理中心组织架构

岗位	职责
集团院长	由牵头医院院长担任，集团实行党委领导下的院长负责制，推行行政扁平化和业务垂直化管理，承担本集团经济运行管理责任
集团财务分管院领导	由牵头医院副院长担任，工作内容覆盖集团财务管理中心的日常财务管理，协助集团院长做好经济运营和内部控制管理，并承担相应责任
财务管理中心主任	由牵头医院财务科科长担任，对财务管理中心成员和财务工作实行统一管理、集中核算、统筹运营负责，同时，为成员单位提供财务分析和经济管理服务

（二）整合财务管理制度

财务管理制度是各医共体成员单位应当遵循的重要规则，是开展财务活动的基本规范。医共体财务管理工作能够正常进行的前提条件是要有完善、合理、统一的财务管理制度。

W 集团财务管理中心成立之初的首要重点工作，就是梳理与整合县级医院与基层卫生院的财务管理制度与操作流程。德清县人民医院作为县域医共体的牵头医院和县域内龙头医院，既有来自外界、财政等多方面的监督监管，又有自身运营发展的管理要求，对于财务管理要求较为复杂与全面，相较基层卫生院财务管理制度更为细致与详实。财务管理中心以《政府会计制度——行政事业单位会计科目和报表》《医院财务制度》《基层医疗卫生机构财务制度》为参考，经过梳理整合，制定了包括《预算管理制度》《资金审批制度》《固定资产管理制度》等38项W集团财务管理制度，尤其是资金审批制度，明确了审批权限分级、管理分工及职责，规范了财务审批流程（见图2）。财务管理制度涵盖县乡两级医院，为医共体开展财务管理活动提供了统一的规定与准则。

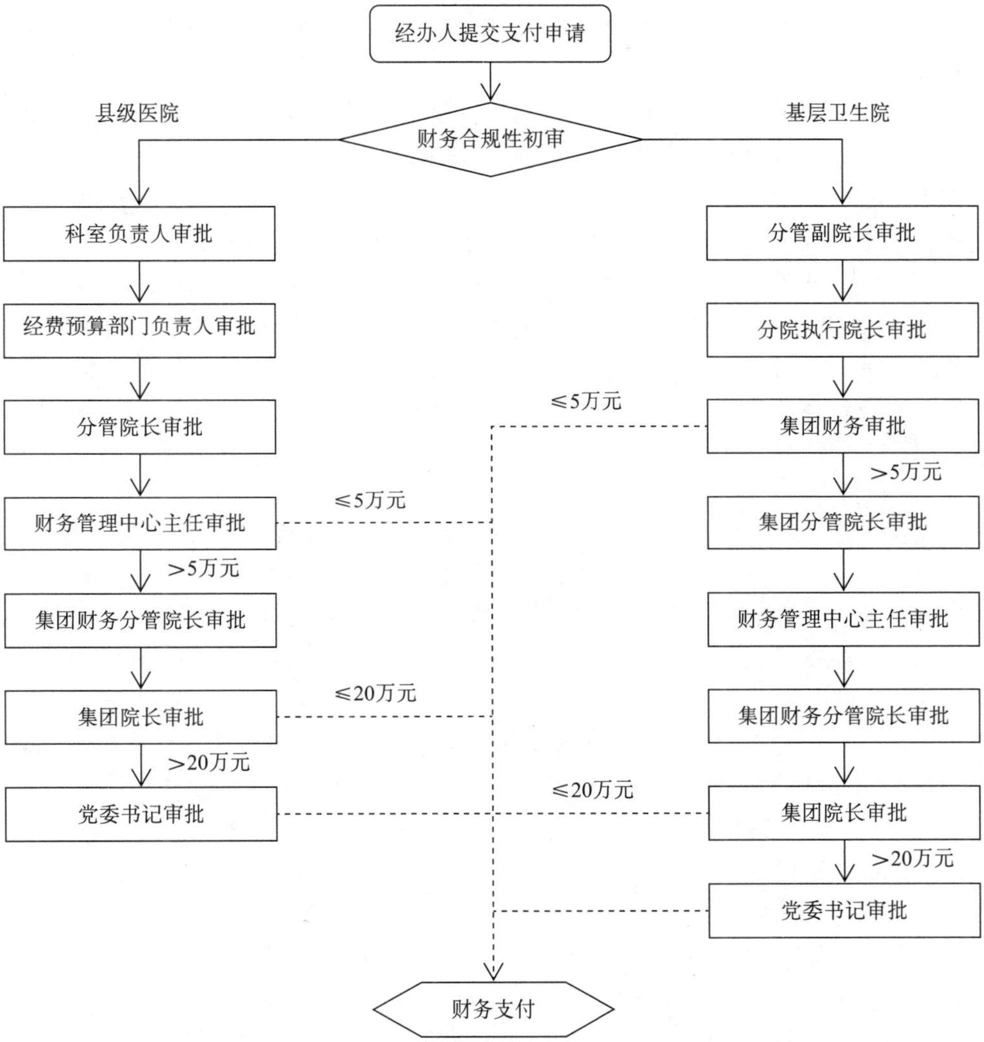

图2　W集团资金支付审批流程

规范统一的财务管理制度，强化对各成员单位的财务监督与管控，进一步加强了会计监督与内控控制管理。各成员单位严格按照财务支出管理制度审批相关支出会计资料，规范本单位支出管理及资金使用。2020—2022年，基层卫生院公务接待支出连续两年降幅超过30%，效果显著。按照固定资产管理制度的规定，为进一步提高国有资产使用效率，保障资产安全，W集团财务管理中心每年组织安排人员完成医共体75000万元固定资产盘点工作，并成立资产调剂中心，在医共体内将闲置设备调剂使用，每年为成员单位节省开支20万—30万元。

（三）合理配置财务人员

W集团财务管理中心成员由牵头医院及各成员单位财务人员组成，中心从各单位抽调财务人员集中办公，对各成员单位的会计核算工作实行分户核算，采取轮岗制度，交叉互审。各成员单位仍保留报账员，财务人员每周定期下基层对接财务工作。这种集中化的财务管理模式，打破了医共体内成员单位的界限，推动了医共体财务信息的高度集中统一，有效掌握了各成员单位的经营能力，加强了医共体内资源的有效整合。目前，财务管理中心共24人，设置14个岗位，涉及会计核算、预算管理、成本管理、绩效管理、资产管理、票据管理、档案管理等多个方面。

财务管理中心要保持高效运作，财务人员自身的专业素养提升十分重要。W集团财务管理中心定期对医共体财务人员进行业务能力培训，线下集中学习新的会计法规和相关政策，线上学习各类规章制度和文件，要求财务人员进一步了解医共体战略，从而保证财务管理制度能够切实有效地执行，切实提升医共体的财务管理水平。另外，财务管理中心还鼓励财务人员积极参加各类相关业务能力培训及会议，组织财务人员去上级医院进修学习，每年外出培训学习达20余次，平均每人每年外出培训1次，不断提升财务人员的专业能力。这种集中化的财务管理模式，进一步加快了财务管理人员向精细化管理会计的转型，使集团财务人员能及时更好地适应“信息化”财务管理时代的需求，发挥管理会计在医共体财务管理与领导层决策中的重要作用。

（四）实行资金统一管理

为了切实推进集团资金的集中化管理，W集团统一设置银行账户，开设W集团管理总账户，下设所有成员单位子账户。这有助于财务管理中心推进资金监测工作，掌握各成员单位的实时现金流，合理安排并灵活运用资金，提高资金利用率。同时，定期做好资金的管理使用分析，动态观察资金流动情况，及时发现医疗业务运营和资金运作中的问题，为管理层决策提供依据。

2021年12月，根据《财政国库管理制度改革试点方案》以及相关财政国库管理规定，W集团所有成员单位开设财政零余额账户，由W集团根据发展目标及业务需求统筹规划调拨财政资金使用指标，实现财政资金集中支付，进一步加强对财政资金的存放管理，提高资金安全性；规范使用财政资金，严控“三公”经费，确保专款专用，提高财政预算执行率；增强财政资金使用透明度，使整个收支过程都处于有效的监督管理之下。

借助集团资金的统筹管理，W集团以集团为单位进行集中招标采购（如药品、耗材、委托业务、软件系统、各类外包服务等），通过统一采购实现规模效益和协同效益，抱团采购“以量压价”，从源头上控制采购成本，实现资源的优化配置，从而提高资金的使用效率。

（五）推进全面预算管理

W集团财务管理中心以集团发展目标为导向，根据各成员单位实际和发展需求，在医共体内开展全面预算管理，使预算指标能够有序分解到各级责任中心和责任岗位，不仅实现院院有预算，还实现科科有预算、人人有指标。同时，预算管理人员实时监控预算执行情况，时刻关注预算管理工作，督导各部门合理、科学使用预算资金，让预算真正起到标杆的作用。

（1）健全预算组织体系。W集团成立预算管理委员会，在集团党委领导下，以牵头医院院长为组长，小组成员包括牵头医院各条线分管副院长、各成员单位院长等，并下设预算管理办公室（财务管理中心）。主要负责组织审查W集团预算管理制度、预算和决算草案，研究协调预算管理重大问题等工作。

（2）建立预算管理制度。财务管理中心按照全面预算管理要求，建立健全预算编制、审批、执行、调整、决算、分析和评价等一整套预算管理制度，规范业务流程和工作程序，明确管理内容和工作要求。

（3）统一预算编制软件。W 集团对所有成员单位预算编制软件进行了统一，由财务管理中心组织编制各成员单位年度预算（见图 3），通过“二上二下”的方式完成预算编制，确定最终预算数，提交职代会审议通过，上报主管部门批准。

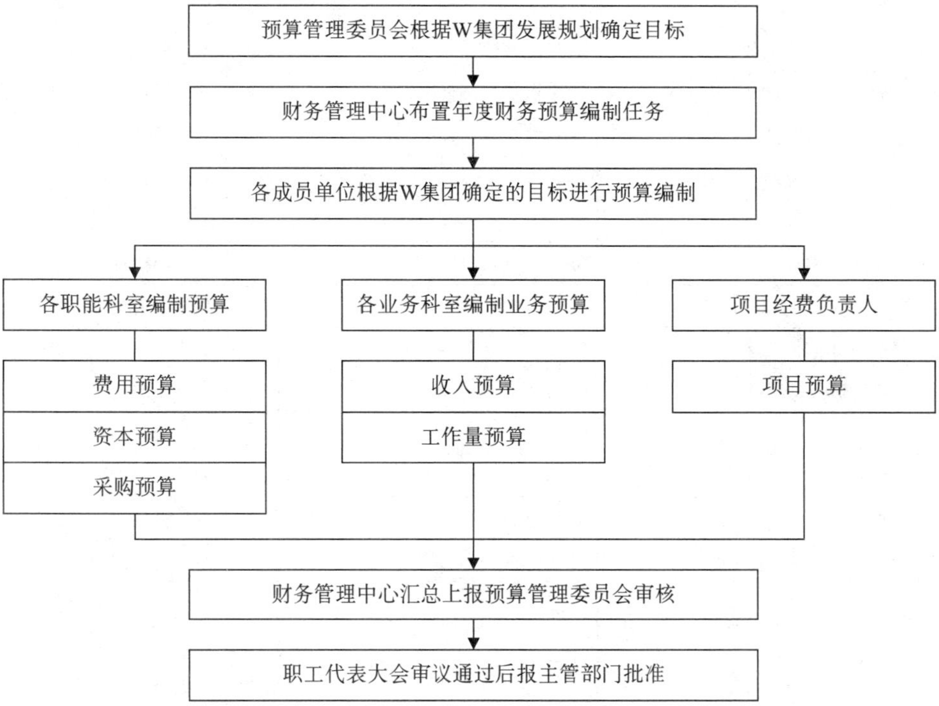

图 3 W 集团年度预算编制审批流程

（4）管控项目预算经费。采用 HRP 管理系统，线上走审批流程，选择预算部门、预算事项、资金来源等项目控制日常项目预算支出；在软件操作中，若选择错误或未编制预算或预算金额不足，会出现“无法提交”的字段提醒，将“无预算不支出”落到实处。

（5）落实预算执行分析。财务管理中心定期对各成员单位的预算执行情况进行统计分析，编写预算执行分析报告提交预算管理委员会，在分析中关注预算偏离事项，查找问题形成的原因，督促责任科室采取措施整改。

（6）完善监管考核机制。将预算执行指标纳入年度绩效考核指标，将考核结果在内网公示并运用至年度目标考核中，借此提高医共体内预算执行的公开度，将预算理念深入全体员工的意识。

（六）统一绩效考核方案

W 集团财务管理中心基于“一个方案”“两个层级”“三项考核”“四类分配”的总体思路，统一设计 W 集团绩效考核分配架构，建立以公益性为导向的“234”薪酬管理模式：

（1）一个方案：W 集团统筹制定一个管理方案。

（2）两个层级：一是县级医院，二是基层卫生院。

（3）三项考核：各层级独立配套三项考核，对 W 集团体系建设、服务能力、运行效率、社会责任和重要任务等方面进行综合考核，并细化区分县级医院和基层卫生院考核方向。县级医院采用 KPI、DRG 和费用控制等指标的考核；基层卫生院采用公共卫生、医疗能力和综合管理等指标的考核（见表 2）。

表 2　　W 集团三项考核指标

县级医院考核指标		基层卫生院考核指标			
KPI 指标	出院下转基层单位病人数	公共卫生	新建健康档案	医疗能力	基本药物采购品种比例
	四级手术术前 MDT 讨论完成率		健康档案规范管理维护		基本药物采购金额比例
	门诊电子病历书写规范		健康档案死亡登记		抗菌药物处方比例
	病案首页主诊断正确率		预防接种		科级质量管理
	病案首页主手术正确率		老年人流感疫苗免费接种		中医药服务量
	住院病历电子质控评分		新生儿上门访视		中医药技术
	基本药物使用金额比例		儿童保健建册		影像申请单书写规范
	住院患者静脉输液使用率		0—3 岁儿童健康管理		上传图像质量评价
	住院患者静脉输液每床日使用袋数		4—6 岁儿童健康管理		处方点评
	住院患者抗菌药物使用强度		高危儿、营养性疾病患儿管理		调剂管理
	医院感染漏报例次		婴幼儿养育照护服务		抗菌药物管理
	医保月度检查		早孕建册		药品管理
	医疗安全		产前检查		检验质量控制
	医技科室临床测评		产后访视	综合管理	基层卫生院医疗收入同比
	护理质控考核		产后 42 天检查		基层卫生院医疗服务收入占医疗收入的比例
	护理安全		高危孕产妇管理		门诊、住院医保总费用同比
DRG 指标	出院人数		高血压患者健康管理		门急诊人次同比
	平均住院天数		高血压高危患者健康管理		门急诊人次占辖区服务人口比
	住院手术量		糖尿病患者健康管理		基层卫生院医师人均担负诊疗人次同比
	四级手术台次		糖尿病高危患者健康管理		上转人次数/辖区服务人口数
	日间手术占择期手术比例		严重精神障碍患者管理		下转人次规范诊疗率
	微创手术台次		新建严重精神障碍患者管理		家签服务真实性
费用控制	医疗收入增幅		儿童中医药健康管理		慢病随访完成及时性
	门诊次均费用增幅		传染病和突发公共卫生事件报告		服务投诉
	门诊次均药品费用增幅		卫生监督协管		出院人数
	住院次均费用增幅		结核病患者筛查转诊		住院手术人次
	住院次均药品费用增幅		肺结核患者健康管理		家庭病床建床数

（4）四类分配：考核综合应用四类分配，即月度、季度、年度或单项考核分配。引导医共体各成员单位朝着精细化、长效化管理的方向迈进，推进县级医院和基层卫生院服务能力和高质量可持续发展能力的提高。

（5）定期考核：设立绩效考核组织，由 W 集团各职能部门对县级医院各科室及各基层卫生院进行定期考核，财务管理中心汇总考核结果，提交绩效考核管理领导小组审核，并将考核结果与月度、季度、年度、单项奖挂钩，发挥绩效考核的激励与导向作用。

（七）信息化助力财务管理

1. 搭建财务管理系统

W 集团于 2021 年 3 月上线 HRP 管理系统（见图 4），统一财务管理软件，以会计电子档案为切入点，打通“人、财、物”数据信息流。借助信息化手段，把 W 集团经济运行融入 HRP 系统管理，不断提高财务人员的工作效率，加速财务人员向管理会计的转型，在全面预算管理、全成本管理、内控管理、资产管理、绩效管理等各方面深入业财融合，全面提升医共体信息化经济运行管理水平。

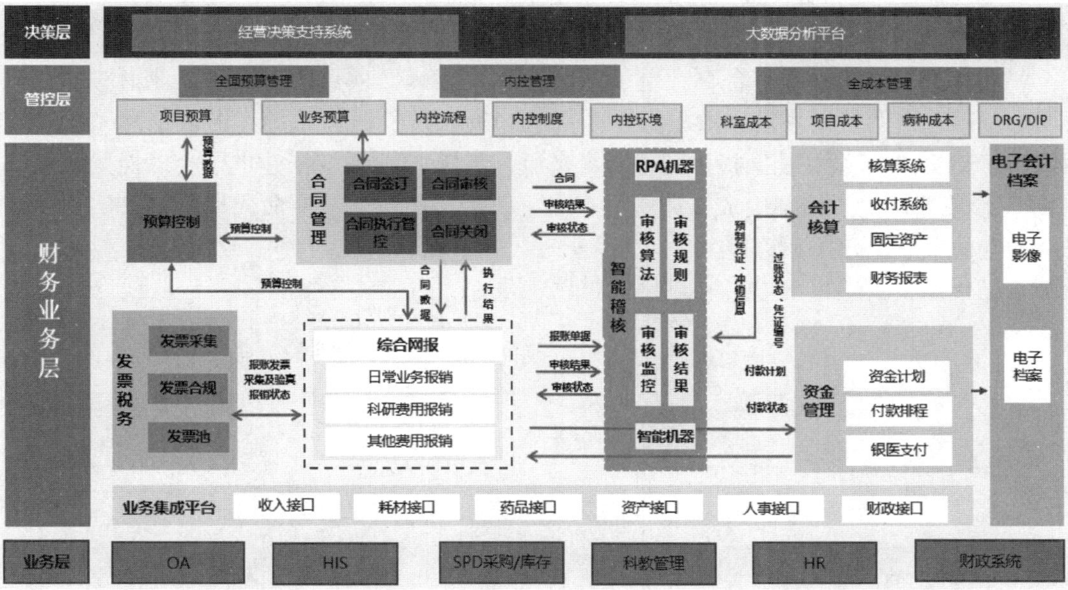

图 4　HRP 管理系统

2. 实施财务集中管理

W 集团借助 HRP 系统实施财务集中管理，在县级医院与基层卫生院之间分别设置管理权限，利用系统实现财务资源共享。医共体成员单位为独立核算的会计主体，设置独立账套，区别县级医院与基层卫生院的会计制度，各成员单位单独编制、报送独立财务报表，并对县级医院和基层卫生院编制合并财务报表。以牵头医院适用的会计制度为准，调整其他成员单位的财务报表，逐步实行医共体“一本账”报表体系，确保医共体财务数据的及时性、完整性、准确性。

3. 开启智能会计核算

W 集团 HRP 系统完成与前端业务系统（如成员单位信息系统、物资系统等）的对接后，会计信息系统的自动化处理功能大大节约了时间和人力成本，收入凭证、支出凭证、药耗物资出入库领用消耗凭证、薪资发放凭证等均可自动生成，W 集团报表出具时间可提前 5 天。同时，HRP 系统连通移动审批平台，凭证根据平台提交的费用相关项目（使用部门、预算部门、资金来源等）自动生成辅助项，账务核对更便捷，成本核算更精确。数据在各信息平台之间流转，减少了人为因素导致的错误和遗漏，实现了内部审计人工录入零差错。

4. 上线移动审批平台

2021 年 8 月，W 集团全面上线移动支付电子审批平台，通过系统实现事前审批与事中控制，建立覆盖事前、事中、事后的全流程管控体系，达到管理与效率的平衡。平台连通预算及报销流程，事前对预算指标、经费标准、审批权限等进行控制；事中监控预算执行情况，做到“无预算不支出、超预算不支出”，报销时根据差旅地点及相关信息管控差旅费开支标准。信息化将内部控制流程和关键点嵌入系统中，实现智能审核、预警、管控。同时，移动支付电子审批平台的推行，有效地规范了管控资金的使用，优化了审批流程，减少了中间环节，提高了审批效率。上线四个月就提交单据 5019 张，其中县级医院单据 3091 张、基层卫生院及社区单据 1928 张，真正实现了员工“最多跑一次”。

5. 构建电子会计档案

W 集团通过浙里办票平台 5 种电子凭证会计数据标准项目的上线，以业财一体化数据协同为基础，借助报销系统、浙里办票系统、物资系统、影像系统、医院信息系统、收入系统为 W 集团电子会计档案提供归档资料来源，依托 HRP 系统搭建电子会计档案系统（见图 5），形成会计电子档案生成、调阅、查看、归档、销毁的全生命周期管理，实现了会计资料的全面电子化归档和管理。

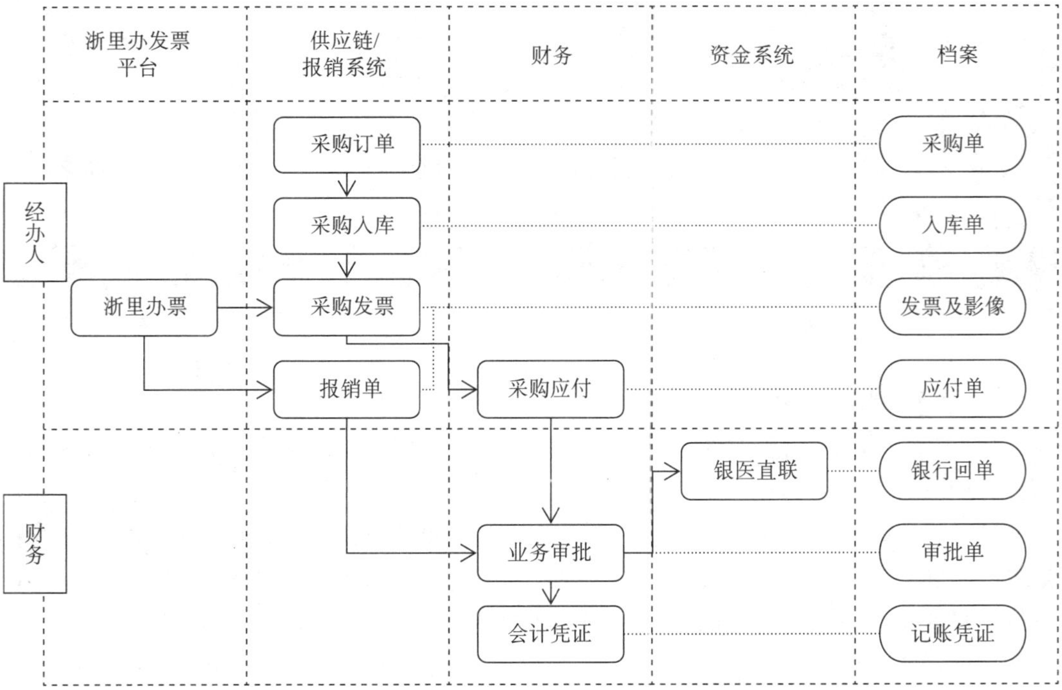

图 5 电子会计档案系统业务流程

6. 优化内部控制体系

W 集团通过与浙里办票平台集成，打通了税务与业财之间的关系，促进 W 集团电子凭证会计数据管理模式的改革。完成与“浙里办票”平台对接，在取得发票时可实时校验真伪及重复性；将合同系统与前端业务关联，可实时预警合同执行进度；建设银医直联，完成审批后可直接进行支付，提高支付效率，优化现金流。借助信息系统不断完善经济业务活动中的各个环节，实现 W 集团内控管理的程序化和常态化，进而提高管理质量和效率。

如今，W 集团所有经济支出业务都经由电子审批平台实现，完成审批的单据可通过系统自动生成凭证，并将审批中上传的附件内容转化为电子附件，可供相关人员在凭证系统中直接查看，后续随电子凭证同步存入会计电子档案。会计电子档案重塑了 W 集团电子凭证会计数据的管控模式，将凭证会计数据从线下转移到线上，简化了运营人员的工作量，促使财务从会计数据核对往业务稽核方向转变；简化人工归档操作步骤，提高了 90% 的工作效率；浙里办票平台的电子凭证会计数据具备来源合法、真实的特性，减少了以往会计数据在流转或存储时发生的人为篡改、丢失等风险，从而确保凭证会计数据的真实性和完整性；节约了财务人员查找并对外提供财务信息的工作量，实现了财务数据的快速处理和查询，也便于审计核查工作的开展，实现了真正意义的信息共享。财务电子信息的全面汇集，也倒推业财融合的进一步前置，将数字程序监督进一步嵌入各个运行风险点中，促进医共体财务管理模式从粗放式向精细化转变。

三、W 集团医共体建设取得的成效

在 7 年的实践探索中，W 集团始终坚持以人民健康为中心，在县域医共体建设过程中，不断推进分级诊疗模式，实现了医疗服务的优化配置和医疗资源的高效利用，提升了基层医疗服务能力，增强了县级医院的专科能力，确保了医共体运行的持续性和高效性，强化了 W 集团整体的经济管理水平和核心竞争力。

（一）实践成效

（1）医疗效益稳步提升。W 集团在医共体建设过程中，持续优化收支结构并追求合理的盈利空间，不断提高基层卫生院的医疗服务能力，加强县级医院的专科能力提升，以确保医共体运行的持续性和高效性。2023 年，W 集团医疗收入 103400 万元，较 2018 年（W 集团成立初）增长 18.22%，其中：基层卫生院医疗收入突破 16000 万元，较 2018 年增长 51.98%；医疗服务收入占医疗收入比例 34.85%，较 2018 年提高了 5 个百分点，其中：县级医院医疗服务收入占医疗收入比例 37.82%，较 2018 年提高了近 7 个百分点。

（2）分级诊疗成效显著。W 集团实行县域内检查检验结果互认共享，改变了以往基层卫生院检查拍片后到县级医院还要重复检查的问题，医共体成立至今累计为基层诊断影像心电 70 万份，“云胶片”节省 4500 余万元；推行全科－专科联合门诊及双向转诊医疗模式，促进“基层首诊、双向转诊、疾慢分治、上下联动”“小病在社区、大病进医院、康复回社区”的分级诊疗服务模式有效形成，2018—2023 年，基层卫生院上转患者 28936 人次，县级医院下转患者 3544 人次。

（3）职工薪酬逐年增长。W 集团充分发挥绩效指挥棒的作用，借助绩效调控引导医疗行为，使其符合医共体现行发展方向。绩效分配重点向临床一线、关键岗位、业务骨干倾斜，实现多劳多得、优绩优酬，依据县域地理位置向基层卫生院倾斜，形成人才良性流动，促进基层诊疗落到实处，加快推进卫生健康事业高质量发展。2018—2023 年，W 集团人均薪酬增长 22.43%，其中，县级医院增长 21.06%，基层卫生院增长 39.13%。

（二）管理成果

（1）2018 年，德清县获得国务院公立医院改革督察激励，被评为全国公立医院综合改革成效较为明显地区，成为浙江省唯一获表彰的县，并获得公立医院综合改革中央财政补助资金。

（2）2019 年 6 月，由浙江省卫生健康委员会主办的推进县域医共体建设专家座谈会在德清召开。同年，德清县被浙江省政府评为县域医共体建设工作成效明显县，连续 5 年获评浙江省公立医院综合改革评价优秀县。2021 年，德清县入选浙江省基层卫生健康综合试验区，德清县人民医院被中国慢病协同体评为慢病管理 + 融合先锋单位。

（3）2020 年，德清县人民医院被国家卫健委医政医改处评为年度改善医疗服务示范医院；2022 年，被授予第六届“县域榜样力量”医共体建设标杆奖；2023 年，被授予中国县域医院优秀品牌建设奖，获评“十佳智慧医共体”“十大卓越贡献单位”。

（4）2023 年 3 月，德清县人民医院评审通过“三级乙等综合医院”。

四、未来展望

就长期而言，紧密型县域医共体建设作为深化医药卫生体制改革的重要一环，仍需面临重重挑战，基层服务能力不足、医保政策引导作用不足、资源配置决策与执行难题、信息化建设滞后、人事编制和薪酬管理等问题仍亟待解决，需要政府、W 集团和社会各界共同努力，通过深化改革、完善政策和加强管理，推动县域医共体建设取得更大的成效。

医共体财务一体化建设作为保障医共体工作平稳运作的坚实基础，需要切实提高医共体财务人员素质和能力，充分发挥财务监管作用，规范经济行为，确保财务信息的真实性和准确性，从而有效预防和减少财务风险。同时，也需要加大 W 集团内控信息化建设的投入，强化业财实时融合，避免业务流转中对数据、功能的重复录入、重复履行，促进各成员单位之间的信息交流和合作，实现财务数据的互通互联，助力 W 集团高质量发展与数字化转型。

作者：潘斯其　李玲玲

第一作者简介：潘斯其，德清县人民医院，会计师

第二章

会计核算与经济运行管理能力整合

规范医共体会计核算口径的途径

【摘要】目的：为规范医共体成员单位会计核算口径，提高会计核算质量，确保会计凭证附件资料的完整性，编制印发了《〈规范医共体会计核算口径的途径〉的规定》。方法：由牵头医院财务管理中心负责，组织人员以《政府会计制度——行政事业单位会计科目和报表》《关于医院执行〈政府会计制度——行政事业单位会计科目和报表〉的补充规定》，以及《基层医疗卫生机构执行政府会计制度操作指南》等为政策依据，将医共体内日常发生的经济事项进行分类、归纳整理，并对每项收支活动从业务情形、凭证摘要、财务会计分录和预算会计分录、附件资料、备注等逐项进行文字描述，归集整理成《规范医共体会计核算口径的途径》，要求财务人员对照其中的具体要求进行会计核算。结论：规定经过实践检验和不断修正完善，核算内容基本覆盖了医共体各成员单位发生的所有常见的经济事项，为各成员单位提高会计核算质量、编制年度预算，做好成本与绩效管理奠定了扎实的基础，有力促进了医共体各成员单位财务同质化规范管理。

一、会计核算的要求

《规范医共体会计核算口径的途径》根据《政府会计制度——行政事业单位会计科目和报表》《基层医疗卫生机构执行政府会计制度操作指南》等相关会计制度，对医共体各成员单位的会计核算与账务处理作出明确的规定，列举的卫生院均为按照当地财政部门规定不执行“收支两条线”财务管理的基层医疗卫生机构。

（一）医共体财务管理中心账务处理流程

各医共体成员单位设置报账员，牵头医院设置财务管理中心，该中心设置会计、稽核会计和出纳岗位。报账员先按照原始凭证相关审核要求，初步审核本单位原始凭证，当原始凭证符合本单位资金审批规定，且完备审批手续后提交财务管理中心会计稽核；稽核无误后报账员编制记账凭证；财务管理中心会计审核记账凭证无误后，交由稽核会计审核；审核无误后，由财务管理中心出纳根据成员单位出纳和报账员，财务管理中心会计、稽核会计等分别签字后的网银支付清单办理授权支付（见图1）。

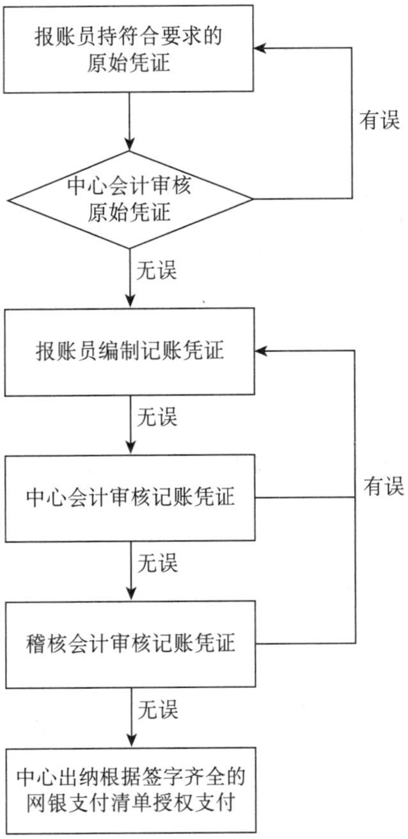

图1　医共体财务管理中心账务处理流程

说明：

①报账员不允许快递原始凭证。

②县级医院：付款金额≥5万元的付款凭证（不含日常工资薪金、日常托收、药品、医用耗材等），需要财务管理中心会计稽核并签字后交牵头医院领导签字。

基层卫生院：付款金额≥3万元的付款凭证（不含日常工资薪金、日常托收、药品、医用耗材等），需要财务管理中心会计稽核并签字后交牵头医院领导签字。

③网银支付清单由各县级医院/基层卫生院出纳编制，各县级医院/基层卫生院报账员须审核无误，将电子版发给各自的分管中心会计留底存档。

（二）会计科目的设置与使用

各成员单位实际发生的经济业务，须按照《政府会计制度——行政事业单位会计科目和报表》《关于医院执行〈政府会计制度——行政事业单位会计科目和报表〉的补充规定》《基层医疗卫生机构执行政府会计制度操作指南》等制度、书籍中关于会计处理方法的设置和使用会计科目的规定执行；收支科目的明细遵照《关于医院执行〈政府会计制度——行政事业单位会计科目和报表〉的补充规定》《关于基层医疗卫生机构执行〈政府会计制度——行政事业单位会计科目和报表〉的补充规定》的规定设置；其余明细科目在执行上述会计制度和补充规定的前提下设置；既要符合卫生主管部门统一核算口径，又要结合本单位的实际经济业务需要，保证会计指标口径一致、相互可比和会计处理方法的前后各期相一致。

（三）会计凭证的种类

会计凭证包括原始凭证（单据）和记账凭证，是具有法律效力的书面证明。

1. 原始凭证（单据）

原始凭证是在经济业务发生时，由经办人员取得或填制的载明经济业务的执行和完成情况的书面证明，是进行会计核算的原始资料和重要依据。

原始凭证（单据），要按制度规定做到报销手续齐全，审批人员要按照内部控制制度规定逐级审批签字。每张原始凭证正面要有用途、经手人、稽核人、审批人员字样；审核、审批等意见及签字须使用黑色或蓝色的墨水钢笔或签字笔。原始凭证（单据）的内容必须具备：购货单位名称；填制凭证的日期；业务品名、数量、单价和金额。字迹需清楚，大、小写金额要相符，不得涂改、挖补。

原始单据主要分为三种：票据、发票；外来收付款单据；自制单据。

（1）票据、发票：均要盖有财政或税务部门的票据监制章、收款单位财务专用章（或票据专用章）及收款人或收款单位名称。

（2）外来收付款单据：主要有银行、邮政、交通、铁路等行业业务收款凭证，各类报纸及书刊的订阅单等，这类票据要有提供单位的业务章。

（3）自制单据：本单位自行制作的各种发放清单，内容至少包含有制表人、审核人、审批人等签字。

凡购买实物的原始凭证（单据），要有验收入库单；支付款项的原始凭证（单据），要有收款单位或收款人字样。

一式多联的原始凭证（单据），应当注明各联的用途，只能以一联作为报销凭证，需用有复写功能的票据或单据套写（套打），加编序号。作废时应加盖“作废”戳记，并严格执行票据管理办法，不得随意撕毁。

发生退款时，需取得对方原始票据（单据）、或个人领款证明、或汇款银行凭据。

原始凭证（单据）遗失，遗失人应提供遗失情况说明，如遗失人为单位的，需在遗失情况说明上加盖单位财务专用章；由原单据提供单位查实情况，出具遗失证明（注明：收款项目、数量、金额、原收款单据编号等）并加盖单位财务专用章；也可以将原单据（发票）复印件作为附件，与遗失证明一并代作原始凭证；职工因公出差丢失单据的，原则上不予报销。

报销单据的粘贴整理：统一使用医共体财务管理中心提供的票据审批单，所附原始凭证（单据）根据经费来源渠道、支出内容和用途进行详细的分类并粘贴平整。票据审批单上应准确填写总金额的大小写（如报销金额小于发票金额时，需在票据审批单上填列实报金额）及所附原始凭证张数。

2. 记账凭证

记账凭证是由会计人员根据审核无误的原始凭证编制，并载明业务发生后应记入有科目名称、借贷方向和金额的书面证明，它是财务人员登记账簿的基本依据。

记账凭证应具备的基本内容：记账凭证的名称，填制记账凭证的单位名称，填制凭证的日期，凭证编号，经济业务内容摘要，会计科目（包括明细科目）的名称、借贷方向和金额，凭证所附原始凭证的张数，制单、审核、记账、财务主管等的签章。

填制记账凭证的注意事项：摘要栏要求以简练的文字，高度概括说明所附原始凭证的经济内容，便于审核、检查和查询；记账凭证必须连续编号，不得重号、漏号；一张原始凭证涉及几张记账凭证的，可把原始凭证附在一张主要的记账凭证后面，并在其他记账凭证上注明附有原始凭证的记账凭证编号；原始凭证保存在外单位的，应取得该单位提供的原始凭证分割单作为记账凭证附件；经上级主管部门批准开展的经济业务，应将批准文件作为记账凭证附件。如果批准文件需单独归档的，可采用复印件或在凭证上注明批准机关名称、日期和文件号；结账和更正错误的记账凭证可以不附原始凭证，但须在摘要栏内说明转账、更正的内容、原因和更正凭单的编号，并由制单人员签章和有关人员复核。

（四）会计凭证的审核

会计凭证的审核，是对原始凭证和记账凭证的审核。主要审核相关账务处理是否符合现行会计制度和财务管理制度，以及凭证填制的相关规定，确保会计核算的真实、准确、合规。审核要求如下：

1. 原始凭证的审核要求

（1）审核原始凭证所记载的经济业务内容是否符合财务制度、财经纪律和本单位规章制度等的规定，是否遵守财务制度和文件规定的开支标准。

（2）审核原始凭证填写的内容或附件是否完整，手续是否完备。具体包括所附合同、有关政府招标采购资料、验收入库单等是否齐全，审批手续是否符合本单位资金审批制度的规定。

（3）审核原始凭证的内容和数字是否真实，计算是否准确，大小写是否一致，有无刮擦、挖补、涂改和伪造的情形；对错误的更正是否符合规定，有关人员是否签名盖章等。

（4）对于内容不完整、手续不完备、数字有差错的原始凭证，财务人员要及时通知有关科室和经办人员补办手续或更正、重制。如发现有违反制度规定和弄虚作假的原始凭证，财务人员应拒绝受理，并及时向财务科长报告。

（5）电子发票的审核要求：电子发票作为会计原始凭证中一种新型的且运用越来越广泛的票据形式，在审核时需要特别注意以确保其合法性、真实性和安全性。第一，财务人员应通过全国增值税发票查验平台对电子发票信息进行查验，以确保发票的合法性和真实性。第二，在报销前财务人员应进行发票信息核对，主要注意开票日期、购买方信息、销售方信息、发票项目名称、发票金额等是否与经济实质符合，确保开票信息的准确无误。第三，注意保存电子发票原件：如果以电子发票的纸质打印件作为报销入账归档依据，必须同时保存打印该纸质件的电子发票原件。第四，财务人员注意采取措施防止同一张电子发票被重复报销，例如，建立电子发票报销登记台账或使用专业工具快速扫码查重，在有条件的情况下，可以建立电子发票的核验系统或者交互信息平台。

2. 记账凭证的审核要求

（1）审核记账凭证是否附有原始凭证，记账凭证的摘要内容与原始凭证的内容是否相符、金额是否相等，记账凭证上填写的附件张数与原始凭证的张数是否一致，原始凭证是否经过审核等。

（2）审核借方和贷方会计科目使用是否符合经济业务性质，是否符合相关会计准则与会计制度的规定，借贷方向的运用、填写的金额是否正确，会计科目处理前后是否一致。

（3）审核记账凭证中各项内容是否填写齐全，有关人员签章是否完备。

（4）审核中如发现记账凭证有错误，应及时退回制单人员，要求重新更正和填制正确的记账凭证。只有经过审核无误的记账凭证，会计人员才能据此记账。

（五）会计凭证传递及审核步骤

会计凭证的传递流程是指会计凭证从填制或取得开始，直至归档保管结束，在本单位各相关部门和人员之间的传递程序。

1. 会计凭证传递流程

会计凭证传递流程：填制凭证→稽核→出纳→记账→报表→装订归档。

2. 会计凭证审核步骤

（1）各经办科室按照本单位资金审批制度规定，将经批准开展的项目发生的费用，持发票、合同、验收单等完整、真实、合规的报销单据报单位会计稽核；各物资管理会计月底前上报购销存等相关报表数据。

（2）稽核会计须及时审核相关凭证，对合法性、合理性、真实性、正确性、完整性等进行全方位的审核；稽核岗负责支票签发的审核和盖章。

（3）出纳负责对票据张数、金额、相关单位等进行核对，确认无误后根据资金情况办理付款手续；负责及时将已经办理的收付凭单及相关附件转交制单岗。出纳如果办理付款时签发支票，应交稽核会计审核盖章。

（4）制单会计根据凭证审核要求进行审核，审核通过后编制记账凭证；制单岗及时输出已经审核、记账的凭证，做好整理工作。

（5）记账会计根据审核无误的凭证进行记账。

（6）报表会计按规定格式和要求，编报相关报表，汇总填制各类数据。

（7）会计档案管理员次月对上月的会计凭证按档案管理要求进行整理、装订、归档；负责借阅会计档案的相关配合及管理工作。

（六）会计账簿的设置

会计账簿是医共体各成员单位进行会计核算的基础工具，它能全面、系统、连续地记录单位的各项经济业务和会计事项。会计账簿须根据《中华人民共和国会计法》《会计基础工作规范》和《政府会计制度——行政事业单位会计科目和报表》的原则及规定，结合本单位会计核算业务的需要进行设置，以确保会计信息的准确可靠和完整。

1. 总分类账

根据总账会计科目设立账户，并按照会计科目的先后顺序排列，用来分类登记全部经济业务的总括资料。

2. 明细分类账

按照会计科目所属的子细目分类设户，根据记账凭单或所属原始凭证逐笔登记，用来分类记录某一具体经济业务，为其总账提供详细核算资料。明细分类账的账户格式主要有“三栏式明细账”“多栏式明细账”和“数量金额式明细账”，其中“数量金额式明细账”格式主要适用于各库存物资管理科室核算财产物资明细。

3. 日记账

鉴于绝大多数医共体成员单位已采用会计信息化，实行先审核后付款，自动生成“银行存款日记账”和“库存现金日记账”，根据实际需求，可同时手工登记银行存款日记账和库存现金日记账，其账户格式采用三栏式明细账。

4. 备查账簿

根据核算和管理的实际需要，对总分类账、明细分类账和日记账等账簿中不能详细反映的有关事项进行补充登记备查账簿，如固定资产和无形资产台账等。

（七）会计报表的种类和编制要求

会计报表是对会计主体财务状况、运行情况和现金流量等信息进行结构性表述的财务报告。各医共体成员单位应当以持续运行为前提，根据实际发生的经济业务或事项，按照政府会计制度等的规定对相关会计要素进行确认和计量，在此基础上编制会计报表。

1. 会计报表的种类

（1）按月上报资产负债表、收入费用表、医疗活动收入费用明细表、收入补充表、费用补充表、净资产变动表、现金流量表、基本数字表、财务分析表、成本报表、财务情况说明书。

（2）按年上报财务会计年报、预算会计年报、成本报表。

2. 会计报表的编制要求

（1）会计报表的编制须做到数字真实、计算准确、内容完整、说明清楚、报送及时。

（2）会计报表之间、报表各项目之间，凡有对应关系的数字，须做到相互一致。本期、上期报表之间有关的数字要做到互相衔接。

（3）对外报送的财务报告应加具封面、装订成册、加盖公章，封面上须注明名称，所属年度、月份、报出日期等，并经本单位法人、财务负责人、制表会计等签名或盖章。

（4）按照《政府会计制度——行政事业单位会计科目和报表》《关于医院执行〈政府会计制度——行政事业单位会计科目和报表〉的补充规定》定期、及时编制财务报告，保证会计信息的时效性。财务报告包括会计报表、会计报表附注和财务情况说明书。

二、规范会计核算口径实例

医共体成立初期，由于会计核算没有实行同质化管理，会出现相同经济业务在不同单位会计账务处理方法不一致，报销凭证附件资料不全，财务报表格式、内容及要素标准不一致等问题，直接影响到会计核算质量和财务数据的真实性与可比性。为此，由牵头医院财务管理中心负责，组织人员以相关会计制度等为政策依据，将医共体成员单位日常发生的经济事项进行分类、归纳与整理，并对每项收支活动从业务情形、凭证摘要、财务会计分录和预算会计分录、附件资料、备注等逐项进行书面描述，归集整理成《规范医共体会计核算口径的途径》，要求财务人员对照其中的要求进行会计核算。

（一）资产类

1. 固定资产

【业务情形 1】外购不需要安装的固定资产验收入库。

【凭证摘要】购 × ×（固定资产名称、数量）（入库单号）。

【会计分录】

（1）财务会计分录：

借：固定资产——设备

　　贷：应付账款——非建设项目应付账款——固定资产

（2）预算会计分录：

不做账务处理。

【附件资料】固定资产采购入库验收单（需由两人签字 + 验收日期 + 资产验收情况）、

固定资产管理系统中的资产卡片。

【业务情形2】支付外购不需要安装的固定资产款项。
【凭证摘要】付××单位：××（固定资产名称、数量）款（入库单号）。
【会计分录】
（1）财务会计分录：
借：应付账款——非建设项目应付账款——固定资产
　　贷：零余额账户用款额度/银行存款——自有存款
（2）预算会计分录：
借：事业支出——其他资金支出/财政拨款支出——其他资本性支出
　　贷：资金结存——零余额账户用款额度/货币资金
【附件资料】固定资产采购申请、增值税发票（注意：发票开票项目、金额与合同内容是否一致）、固定资产入库单、验收单、采购合同、银行回单。
【备注】若付款的相关固定资产为政府拨款相关经费购买的，预算会计分录借方为“事业支出——财政拨款支出”。

【业务情形3】接受捐赠不需要安装的固定资产。
【凭证摘要】收到××单位捐赠××（固定资产名称、数量）。
【会计分录】
（1）财务会计分录：
借：固定资产——设备（不需要安装）
　　贷：银行存款——自有存款（发生的相关税费、运输费等）
　　　　捐赠收入——设备物资（差额）
（2）预算会计分录：
借：其他支出（发生的相关税费、运输费等）
　　贷：资金结存——货币资金
【附件资料】捐赠物资入库单、捐赠合同、相关税费完税证明、运输费增值税发票、银行回单。

【业务情形4】接受捐赠的固定资产按照名义金额入账。
【凭证摘要】收到××单位捐赠××（固定资产名称、数量）。
【会计分录】
（1）财务会计分录：
借：固定资产——设备（名义金额）
　　贷：捐赠收入——设备物资
借：其他费用——其他
　　贷：银行存款——自有存款（发生的相关税费、运输费等）
（2）预算会计分录：
借：其他支出（发生的相关税费、运输费等）

贷：资金结存——货币资金

【附件资料】捐赠物资入库单、捐赠合同、相关税费完税证明、运输费增值税发票、银行回单。

【业务情形5】无偿调入固定资产。

【凭证摘要】收到××单位无偿调入××（固定资产名称、数量）。

【会计分录】

（1）财务会计分录：

借：固定资产——设备（不需要安装）

贷：银行存款——自有存款（发生的相关税费、运输费等）

无偿调拨净资产（差额）

（2）预算会计分录：

借：其他支出（发生的相关税费、运输费等）

贷：资金结存——货币资金

【附件资料】调拨物资入库单、相关税费完税证明、运输费增值税发票、银行回单。

【业务情形6】固定资产从验收入库当月开始计提折旧。

【凭证摘要】计提×月固定资产折旧。

【会计分录】

（1）财务会计分录：

2019年政府会计制度执行后验收入库固定资产：

借：业务活动费用/单位管理费用——固定资产折旧费

贷：固定资产累计折旧——设备

2019年政府会计制度执行前验收入库但未折旧完固定资产：

县级医院：

借：累计盈余——财政项目盈余/科教盈余/新旧转换盈余（由固定资产形成的经费来源决定）

贷：固定资产累计折旧——设备

基层卫生院：

借：累计盈余——医疗盈余

贷：固定资产累计折旧——设备

（2）预算会计分录：

不做账务处理。

【附件资料】资产总账、资产部门折旧情况统计表。

【备注】2019年政府会计制度执行之前验收入库未折旧完固定资产计提折旧会计处理，参照《关于医院执行〈政府会计制度——行政事业单位会计科目和报表〉的衔接规定》《关于基层医疗卫生机构执行〈政府会计制度——行政事业单位会计科目和报表〉的衔接规定》规定。

【业务情形 7】支付日常维修（护）费用，费用化处理。

【凭证摘要】付××单位：××（固定资产名称）维修/维保费。

【会计分录】

（1）财务会计分录：

借：业务活动费用/单位管理费用——商品和服务费用——维修（护）费

　　贷：银行存款——自有存款

（2）预算会计分录：

借：事业支出——其他资金支出/财政拨款支出——商品和服务支出——维修（护）费

　　贷：资金结存——货币资金

【附件资料】票据审批单、增值税发票、维保（护）费合同、维修清单、银行回单、维修验收合格单。

【业务情形 8】提前报废固定资产待批准前账务处理。

【凭证摘要】×年×月固定资产（固定资产数量）报废转入待处理财产损溢。

【会计分录】

（1）财务会计分录：

借：待处理财产损溢——待处理财产价值——固定资产（资产净值部分）

　　固定资产累计折旧——设备

　　贷：固定资产——设备

（2）预算会计分录：

不做账务处理。

【附件资料】固定资产月报表、报废单、报废固定资产折旧明细表。

【业务情形 9】提前报废固定资产报经批准后账务处理。

【凭证摘要】经批准报废固定资产（固定资产数量）。

【会计分录】

（1）财务会计分录：

借：资产处置费用——报废（资产净值部分）

　　贷：待处理财产损溢——待处理财产价值——固定资产

（2）预算会计分录：

不做账务处理。

【附件资料】固定资产月报表、报废单、报废固定资产折旧明细表、定点回收固定资产交接单、国有资产处置申报审批表、决策层会议执行单。

【业务情形 10】对外捐赠固定资产。

【凭证摘要】×年×月本单位捐赠××（固定资产名称、数量）。

【会计分录】

（1）财务会计分录：

借：资产处置费用——对外捐赠

固定资产累计折旧——设备

贷：固定资产——设备

银行存款——自有存款（发生的相关费用）

（2）预算会计分录：

借：其他支出（发生的相关费用）

贷：资金结存——货币资金

【附件资料】固定资产减少明细表、对外捐赠明细表、决策层会议执行单、捐赠合同、相关主管部门批准文件、接受固定资产捐赠单位收条、银行回单。

【业务情形 11】无偿调出固定资产。

【凭证摘要】×年×月无偿调出××（固定资产名称、数量）。

【会计分录】

（1）财务会计分录：

借：无偿调拨净资产

固定资产累计折旧——设备

贷：固定资产——设备

固定资产调拨过程中发生包装费、运费等：

借：资产处置费用——无偿调拨

贷：银行存款——自有存款

（2）预算会计分录：

借：其他支出（发生的相关费用）

贷：资金结存——货币资金

【附件资料】固定资产减少明细表、固定资产明细清单、资产无偿调拨处置审批单、决策层会议执行单、相关主管部门批准文件、接受固定资产捐赠单位收条、银行回单。

【业务情形 12】盘盈固定资产待批准前账务处理。

【凭证摘要】盘盈××（固定资产名称、数量）。

【会计分录】

（1）财务会计分录：

借：固定资产——通用设备等

贷：待处理财产损溢——待处理财产价值——固定资产

（2）预算会计分录：

不做账务处理。

【附件资料】固定资产盘点表。

【备注】盘盈固定资产入账金额，按如下顺序确定：①有关票据金额；②资产评估价值；③重置成本；④名义金额。

【业务情形 13】盘盈固定资产报经批准后账务处理。

【凭证摘要】盘盈××（固定资产名称、数量）报经批准后账务处理。

【会计分录】

（1）财务会计分录：

借：待处理财产损溢——待处理财产价值——固定资产

　　贷：以前年度盈余调整

（2）预算会计分录：

不做账务处理。

【附件资料】固定资产盘点表、报批申请单。

【业务情形 14】盘亏、毁损固定资产待批准前账务处理。

【凭证摘要】××（固定资产名称、数量）盘亏/毁损转入待处理财产损溢。

【会计分录】

（1）财务会计分录：

借：待处理财产损溢——待处理财产价值——固定资产

　　固定资产累计折旧——设备等

　　贷：固定资产——设备等

（2）预算会计分录：

不做账务处理。

【附件资料】固定资产盘点表。

【业务情形 15】盘亏、毁损固定资产报经批准后账务处理。

【凭证摘要】经批准盘亏/毁损××（固定资产名称、数量）。

【会计分录】

（1）财务会计分录：

借：资产处置费用——其他资产处置费用等

　　贷：待处理财产损溢——待处理财产价值——固定资产

（2）预算会计分录：

不做账务处理。

【附件资料】固定资产盘点表、报批申请单。

2. 无形资产

【业务情形 1】外购的无形资产，如软件、专利权、土地使用权、著作权等入库。

【凭证摘要】购建××（无形资产名称、数量）（入库单号）。

【会计分录】

（1）财务会计分录：

借：无形资产——软件/专利权/土地使用权/著作权等

　　贷：应付账款——非建设项目应付账款——无形资产

（2）预算会计分录：

不做账务处理。

【附件资料】无形资产采购入库验收单、固定资产管理系统中的资产卡片。

【业务情形 2】支付购建无形资产，如软件、专利权、土地使用权、著作权等。
【凭证摘要】付××单位：××（无形资产名称、数量）款（入库单号）。
【会计分录】
（1）财务会计分录：
借：应付账款——非建设项目应付账款——无形资产
　　贷：零余额账户用款额度/银行存款——自有存款
（2）预算会计分录：
借：事业支出——其他资金支出/财政拨款支出——其他资本性支出
　　贷：资金结存——零余额账户用款额度/货币资金
【附件资料】无形资产购建入库验收单、增值税发票、采购合同、银行回单。
【备注】若付款的相关无形资产为政府拨款相关经费购买的，预算会计分录借方为“事业支出——财政拨款支出”。

【业务情形 3】委托软件公司开发软件，按照合同约定预付开发费。
【凭证摘要】付××单位：××（软件名称、数量）×%预付款。
【会计分录】
（1）财务会计分录：
借：预付账款——非基建项目——其他
　　贷：零余额账户用款额度/银行存款——自有存款
（2）预算会计分录：
借：事业支出——其他资金支出/财政拨款支出——其他资本性支出
　　贷：资金结存——零余额账户用款额度/货币资金
【附件资料】票据审批单、收款收据、采购合同、银行回单。
【备注】若付款的相关软件为政府拨款相关经费购买的，预算会计分录借方为“事业支出——财政拨款支出”。

【业务情形 4】委托开发的软件交付使用，预留质保金后支付剩余或全部软件开发费用。
【凭证摘要】付××单位：××（软件名称、数量）×%尾款。
【会计分录】
（1）财务会计分录：
借：无形资产——软件等
　　贷：预付账款——非基建项目——其他
　　　　零余额账户用款额度/银行存款——自有存款
　　　　应付账款——非建设项目应付账款——其他（质保金）
（2）预算会计分录：
借：事业支出——其他资金支出/财政拨款支出——其他资本性支出
　　贷：资金结存——零余额账户用款额度/货币资金
【附件资料】票据审批单、增值税发票、采购合同、双方签署的软件整体验收合格证明、软件验收入库单、银行回单。

【备注】若付款的相关软件为政府拨款相关经费购买的，预算会计分录借方为“事业支出——财政拨款支出”。

【业务情形5】软件质保期满，双方再次验收合格后，支付剩余质保金。
【凭证摘要】退××单位质保金。
【会计分录】
（1）财务会计分录：
借：应付账款——非建设项目应付账款——其他
　　贷：零余额账户用款额度/银行存款——自有存款
（2）预算会计分录：
借：事业支出——其他资金支出/财政拨款支出——其他资本性支出
　　贷：资金结存——零余额账户用款额度/货币资金
【附件资料】银行回单、收据、票据审批单、采购合同、营业执照复印件、法人身份证复印件。
【备注】若付款的相关软件为政府拨款相关经费购买的，预算会计分录借方为“事业支出——财政拨款支出”。

【业务情形6】接受捐赠的无形资产，如软件、专利权、土地使用权、著作权等。
【凭证摘要】收到××单位捐赠××（无形资产名称、数量）。
【会计分录】
（1）财务会计分录：
借：无形资产——软件/专利权/土地使用权/著作权等
　　贷：银行存款——自有存款（发生的相关税费等）
　　　　捐赠收入——设备物资（差额）
（2）预算会计分录：
借：其他支出（发生的相关税费等）
　　贷：资金结存——货币资金
【附件资料】捐赠物资入库单、捐赠合同、相关税费完税证明、银行回单。

【业务情形7】无偿调入的无形资产，如软件、专利权、土地使用权、著作权等。
【凭证摘要】收到××单位无偿调入××（无形资产名称、数量）。
【会计分录】
（1）财务会计分录：
借：无形资产——软件等
　　贷：银行存款——自有存款（发生的相关税费等）
　　　　无偿调拨净资产（差额）
（2）预算会计分录：
借：其他支出（发生的相关税费等）
　　贷：资金结存——货币资金

【附件资料】调拨无形资产入库单、相关税费完税证明、银行回单。

【业务情形 8】每月摊销（当月开始计提）。
【凭证摘要】计提×月无形资产摊销。
【会计分录】
（1）财务会计分录：
2019 年政府会计制度执行后验收入库无形资产：
借：业务活动费用/单位管理费用——无形资产摊销费
　　贷：无形资产累计摊销——软件等
2019 年政府会计制度执行前验收入库但未摊销完无形资产：
县级医院：
借：累计盈余——财政项目盈余/科教盈余/新旧转换盈余（由无形资产形成的经费来源决定）
　　贷：无形资产累计摊销——软件等
基层卫生院：
借：累计盈余——医疗盈余
　　贷：无形资产累计摊销——软件等
（2）预算会计分录：
不做账务处理。
【附件资料】资产管理部门折旧（摊销）情况统计表。
【备注】2019 年政府会计制度之前验收入库未摊销完无形资产计提摊销会计处理，参照《关于医院执行〈政府会计制度——行政事业单位会计科目和报表〉的衔接规定》《关于基层医疗卫生机构执行〈政府会计制度——行政事业单位会计科目和报表〉的衔接规定》规定。

【业务情形 9】普通维修（护），直接费用化处理。
【凭证摘要】付××单位：××（软件名称）维修/维保费。
【会计分录】
（1）财务会计分录：
借：业务活动费用/单位管理费用——商品和服务费用——维修（护）费
　　贷：银行存款——自有存款
（2）预算会计分录：
借：事业支出——其他资金支出/财政拨款支出——商品和服务支出——维修（护）费
　　贷：资金结存——货币资金
【附件资料】票据审批单、增值税发票、维修（护）合同、维修清单、银行回单、维修确认或验收单。

【业务情形 10】无偿调出无形资产，如软件、专利权、土地使用权、著作权等。
【凭证摘要】×月无偿调出××（无形资产名称、数量）。

【会计分录】

（1）财务会计分录：

借：无偿调拨净资产

　　无形资产累计摊销——软件等

　　贷：无形资产——软件等

借：资产处置费用——无偿调拨

　　贷：银行存款——自有存款（发生的相关费用）

（2）预算会计分录：

借：其他支出（发生的相关费用）

　　贷：资金结存——货币资金

【附件资料】无形资产调出明细表、决策层会议执行单、无形资产明细清单、资产无偿调拨处置审批单、相关主管部门批准文件、银行回单。

【业务情形11】报废无形资产报经批准后账务处理。

【凭证摘要】报废××（无形资产名称、数量）报经批准后处理。

【会计分录】

（1）财务会计分录：

借：资产处置费用——其他资产处置费用等（残值部分）

　　无形资产累计摊销——软件等

　　贷：无形资产——软件等

（2）预算会计分录：

不做账务处理。

【附件资料】无形资产报损审批单、报损明细表、决策层会议执行单。

3. 在建工程

【业务情形1】房屋建筑物更新改造，将房屋建筑物转入改扩建时。

【凭证摘要】××房屋建筑物转入改建/扩建。

【会计分录】

（1）财务会计分录：

借：在建工程——建筑安装工程投资

　　固定资产累计折旧——房屋及构筑物

　　贷：固定资产——房屋及构筑物

（2）预算会计分录：

不做账务处理。

【附件资料】房屋建筑物入库验收单、累计折旧表、建设工程合同。

【业务情形2】新增基建项目建设期相关业务，结算并支付土地征用及迁移补偿费。

【凭证摘要】付××项目土地征用及迁移补偿费。

【会计分录】

（1）财务会计分录：

借：在建工程——待摊投资——土地征用及迁移补偿费

　　贷：零余额账户用款额度/银行存款——自有存款

（2）预算会计分录：

借：事业支出——财政拨款支出/其他资金支出——项目支出——××项目

　　贷：资金结存——零余额账户用款额度/货币资金

【附件资料】银行回单、票据审批单、自然资源所盖章出具的征收土地费用清单、财政票据。

【业务情形3】结算并支付设计费用。

【凭证摘要】付××公司：××项目设计费用。

【会计分录】

（1）财务会计分录：

借：在建工程——待摊投资——设计费

　　贷：零余额账户用款额度/银行存款——自有存款

（2）预算会计分录：

借：事业支出——财政拨款支出/其他资金支出——项目支出——××项目

　　贷：资金结存——零余额账户用款额度/货币资金

【附件资料】银行回单、票据审批单、合同、增值税发票。

【业务情形4】购买工程项目自用需安装的设备制作款（如闸门及启闭设备）/购买工程项目自用无需安装的固定资产/购买工程项目自用的未达到固定资产标准的工具用具备件 。

【凭证摘要】付××公司：××工程项目设备款。

【会计分录】

（1）财务会计分录：

借：在建工程——设备投资——在安装设备/不需安装设备/工具及器具

　　贷：零余额账户用款额度/银行存款——自有存款

（2）预算会计分录：

借：事业支出——财政拨款支出/其他资金支出——项目支出——××项目

　　贷：资金结存——零余额账户用款额度/货币资金

【附件资料】银行回单、票据审批单、采购设备申请单、合同、增值税发票、设备验收单、入库单等。

【业务情形5】开发××软件相关费用。

【凭证摘要】付××公司：××软件开发费用。

【会计分录】

（1）财务会计分录：

借：在建工程——其他投资——无形资产——软件

贷：零余额账户用款额度/银行存款——自有存款

（2）预算会计分录：

借：事业支出——财政拨款支出/其他资金支出——项目支出——××项目

贷：资金结存——零余额账户用款额度/货币资金

【附件资料】银行回单、票据审批单、采购软件申请单、合同、增值税发票、软件验收单、入库单等。

【业务情形6】按照合同支付工程。

【凭证摘要】支付××工程首付款/预付款。

【会计分录】

（1）财务会计分录：

借：预付账款——基建项目——预付工程款——××公司

贷：零余额账户用款额度/银行存款——自有存款

（2）预算会计分录：

借：事业支出——财政拨款支出/其他资金支出——项目支出——××项目

贷：资金结存——零余额账户用款额度/货币资金

【附件资料】增值税发票、票据审批单、建设工程合同、银行回单。

【业务情形7】按照进度结算并支付工程款时。

【凭证摘要】××汇××工程××费。

【会计分录】

（1）财务会计分录：

借：在建工程——建筑安装工程投资——建筑工程（能够直接形成资产的结算项目）

在建工程——待摊投资——临时设施费（不能直接形成资产的结算项目，如施工临时搭建的设施）

贷：零余额账户用款额度/银行存款——自有存款

（2）预算会计分录：

借：事业支出——财政拨款支出/其他资金支出——项目支出——××项目

贷：资金结存——零余额账户用款额度/货币资金

【附件资料】票据审批单、支付费用申报表、增值税发票、建设工程合同、银行回单。

【业务情形8】按照进度结算并支付工程管理用房进度款时。

【凭证摘要】××汇××工程管理用房款（进度区间）。

【会计分录】

（1）财务会计分录：

借：在建工程——建筑安装工程投资——建筑工程——管理用房

贷：零余额账户用款额度/银行存款——自有存款

（2）预算会计分录：

借：事业支出——财政拨款支出/其他资金支出——项目支出——××项目

贷：资金结存——零余额账户用款额度/货币资金

【附件资料】票据审批单、支付费用申报表、增值税发票、建设工程合同、银行回单。

【业务情形9】发生构成待摊投资的各类费用时，如应当分摊进入相关资产价值的各项费用和税金支出等。

【凭证摘要】××汇××工程××费。

【会计分录】

（1）财务会计分录：

借：在建工程——待摊投资

贷：零余额账户用款额度/银行存款——自有存款

（2）预算会计分录：

借：事业支出——财政拨款支出/其他资金支出——项目支出——××项目

贷：资金结存——零余额账户用款额度/货币资金

【附件资料】票据审批单、支付费用申报表、增值税发票、建设工程合同、银行回单。

【业务情形10】结转为建设项目配套而建成的、产权不归属本单位的专用设施或进场道路。

【凭证摘要】××工程基建转出投资。

【会计分录】

（1）财务会计分录：

借：在建工程——基建转出投资

贷：在建工程——建筑安装工程投资——建筑工程——进场道路/在建工程——设备投资

（2）预算会计分录：

不做账务处理。

【附件资料】基建转出投资相关明细、金额表格。

【业务情形11】编制项目竣工财务结算时，分摊待摊投资。

【凭证摘要】××工程待摊投资相关费用分配。

【会计分录】

（1）财务会计分录：

借：在建工程——建筑安装工程投资——建筑工程/安装工程/设备投资/基建转出投资

贷：在建工程——待摊投资

（2）预算会计分录：

不做账务处理。

【附件资料】待摊投资分配表。

【说明】待摊投资支出按合理比例分摊计入交付使用资产价值、转出投资价值，若项目一次竣工并投入使用，应采用实际分配率分摊。

实际分配率＝待摊投资明细科目余额/[建筑工程明细科目余额＋安装工程明细科目余

额 + 设备投资明细科目余额（除不需安装设备和工具器具金额）+ 基建转出投资明细科目余额］×100%

若项目分批建成投入使用，应采用概算分配率：

概算分配率 =（概算中各待摊投资项目的合计数 – 其中可直接分配部分）/（概算中建筑工程、安装工程和设备投资合计）×100%

【业务情形 12】工程竣工结算时，按照结算报告确认金额支付剩余工程款，按照合同规定比例留质保金。

【凭证摘要】支付 × × 工程 × × 费。

【会计分录】

（1）财务会计分录：

借：在建工程——建筑安装工程投资

　　贷：零余额账户用款额度/银行存款——自有存款

　　　　预付账款——基建项目——预付工程款

　　　　应付账款——建设项目应付账款——其他类型应付账款（质保金）

（2）预算会计分录：

借：事业支出——财政拨款支出/其他资金支出——项目支出—— × × 项目

　　贷：资金结存——零余额账户用款额度/货币资金

【附件资料】政府投资项目结算及竣工财务决算批复文件、增值税发票、票据审批单、收据、银行回单。

【业务情形 13】在建工程验收交付使用时。

【凭证摘要】×月 × × 房产入库。

【会计分录】

（1）财务会计分录：

借：固定资产——房屋及构筑物/设备/库存物品/无偿调拨净资产

　　贷：在建工程——建筑安装工程投资/设备投资/其他投资/基建转出投资

（2）预算会计分录：

不做账务处理。

【附件资料】基建工程资金明细表、建设单位资金平衡表、项目支出明细表、政府投资项目结算及竣工财务决算批复文件。

【业务情形 14】质保期满，凭再次验收合格单据退还质保金。

【凭证摘要】退 × × 单位 × × 工程质保金。

【会计分录】

（1）财务会计分录：

借：应付账款——建设项目应付账款——其他类型应付账款

　　贷：零余额账户用款额度/银行存款——自有存款

（2）预算会计分录：

借：事业支出——财政拨款支出/其他资金支出——项目支出——××项目

贷：资金结存——零余额账户用款额度/货币资金

【附件资料】收据、票据审批单、工程建设合同、营业执照复印件、法人身份证复印件。

4. 待摊费用

【业务情形1】发生待摊费用时。

【凭证摘要】××汇××年医疗责任险。

【会计分录】

（1）财务会计分录：

借：待摊费用——医疗责任险

贷：银行存款——自有存款

（2）预算会计分录：

借：事业支出——其他资金支出/财政拨款支出——商品和服务支出——其他商品和服务支出

贷：资金结存——货币资金

【附件资料】汇款通知单（票据审批单）、增值税发票、医疗责任险保险协议/合同、保险单、保单明细表。

【业务情形2】按照收益期限分期平均摊销时 。

【凭证摘要】分摊××月医疗责任险。

【会计分录】

（1）财务会计分录：

借：专用基金——医疗风险基金

贷：待摊费用——医疗责任险

（2）预算会计分录：

不做账务处理。

【附件资料】医疗责任险分摊明细表。

5. 坏账准备

【业务情形1】年末提取坏账准备。

【凭证摘要】计提坏账准备。

【会计分录】

（1）财务会计分录：

借：其他费用——坏账损失

贷：坏账准备——应收账款坏账准备

——其他应收款坏账准备

（2）预算会计分录：

不做账务处理。

【附件资料】计算过程清单、相关科目余额。

【备注】政府会计制度中对于坏账准备计提比例没有明确要求，故参考《浙江省医院财务制度》规定，计提坏账准备比例为：三级医院 4%，二级医院 3%，一级医院 2%。

【业务情形 2】当年医保剔除款和其他超过规定年限并确认无法收回的应收账款、其他应收款，经报批后转坏账准备。

【凭证摘要】核销 ××（经济业务）/ ××转坏账准备。

【会计分录】

（1）财务会计分录：

借：坏账准备——应收账款坏账准备/其他应收款坏账准备

　　贷：应收账款/其他应收款

（2）预算会计分录：

不做账务处理。

【附件资料】坏账明细清单、相关职能科室确认单、决策层会议执行单。

【业务情形 3】核销医疗纠纷往来挂账。

【凭证摘要】核销 ××年度医疗纠纷（××病人）。

【会计分录】

（1）财务会计分录：

借：坏账准备——其他应收款

　　贷：其他应收款——医疗纠纷垫付款

（2）预算会计分录：

不做账务处理。

【附件资料】医疗纠纷赔款账务处理说明书（领导签字）、医疗纠纷发生及理赔时的相关原始附件的复印件。

【业务情形 4】核销超过 3 年的医疗欠费挂账。

【凭证摘要】核销 ××年度医疗欠费。

【会计分录】

（1）财务会计分录：

借：坏账准备——应收账款准备

　　贷：应收账款——应收医疗款

（2）预算会计分录：

不做账务处理。

【附件资料】坏账明细清单、相关职能科室确认单、决策层会议执行单。

【业务情形 5】已核销不需上缴财政的应收款项后续收回时。

【凭证摘要】收回 ××应收款/其他应收款。

【会计分录】

（1）财务会计分录：

借：应收账款/其他应收款
　　贷：坏账准备——应收账款坏账准备/其他应收款坏账准备
借：银行存款——自有存款
　　贷：应收账款/其他应收款
（2）预算会计分录：
借：资金结存——货币资金
　　贷：非财政拨款结余——年初余额调整等/其他预算收入等
【附件资料】银行回单、原核销凭证、情况说明。

6. 应收及预付款项
【业务情形 1】本月发生应收在院病人医疗款。
【凭证摘要】本月在院病人医疗收入。
【会计分录】
（1）财务会计分录：
借：应收账款——应收在院病人医疗款
　　贷：事业收入——医疗收入——住院收入
（2）预算会计分录：
不做账务处理。
【附件资料】本月在院病人医疗费汇总表。

【业务情形 2】冲上月应收在院病人医疗款。
【凭证摘要】冲上月底止在院病人医疗收入。
【会计分录】
（1）财务会计分录：
借：应收账款——应收在院病人医疗款（红字冲回）
　　贷：事业收入——医疗收入——住院收入（红字冲回）
（2）预算会计分录：
不做账务处理。
【附件资料】上月在院病人医疗费汇总表、上月应收在院病人医疗收入凭证。

【业务情形 3】发生应收医疗款（门急诊/住院医保款）。
【凭证摘要】×日门急诊收入/住院收入。
【会计分录】
（1）财务会计分录：
借：应收账款——应收医疗款——应收医保款
　　贷：事业收入——医疗收入
（2）预算会计分录：
不做账务处理。
【附件资料】门急诊日报表/住院日报表。

【业务情形4】收回应收医疗款（门急诊医保款/住院医保款）。
【凭证摘要】收到×月××医保款。
【会计分录】
（1）财务会计分录：
借：银行存款——自有存款
　　应收账款——应收医疗款——医保剔除费用
　　贷：应收账款——应收医疗款——应收医保款
　　　　事业收入——医疗收入——结算差额
（2）预算会计分录：
借：资金结存——货币资金
　　贷：事业预算收入——医疗预算收入
【附件资料】医保申请拨付表、银行回单、医保平台数据核对表。

【业务情形5】发生应收医疗款（门急诊欠费/出院病人欠费）。
【凭证摘要】×日门急诊/住院收入（病人××欠费）。
【会计分录】
（1）财务会计分录：
借：应收账款——应收医疗款——门急诊欠费/出院病人欠费
　　贷：事业收入——医疗收入
（2）预算会计分录：
不做账务处理。
【附件资料】门急诊汇总表/住院汇总报表、门诊及住院收款员日报表和收入明细报表（核对发票人员和制表人签字）。

【业务情形6】收回应收医疗款（门急诊欠费/出院病人欠费）。
【凭证摘要】收回病人××门急诊欠费/住院欠费。
【会计分录】
（1）财务会计分录：
借：银行存款——自有存款
　　贷：应收账款——应收医疗款——门急诊欠费/出院病人欠费
（2）预算会计分录：
借：资金结存——货币资金
　　贷：事业预算收入——医疗预算收入
【附件资料】门急诊汇总报表/住院汇总报表、银行回单。

【业务情形7】发生应收医疗款（协作单位记账）。
【凭证摘要】×日门急诊收入/住院收入（协作单位记账）。
【会计分录】
（1）财务会计分录：

借：应收账款——应收医疗款——协作单位记账

　　贷：事业收入——医疗收入

（2）预算会计分录：

不做账务处理。

【附件资料】门急诊汇总报表/住院汇总报表、协作单位欠费明细表。

【业务情形8】收回应收医疗款（协作单位记账）。

【凭证摘要】收到××单位门诊/住院医药费。

【会计分录】

（1）财务会计分录：

借：银行存款——自有存款

　　贷：应收账款——应收医疗款——协作单位记账

（2）预算会计分录：

借：资金结存——货币资金

　　贷：事业预算收入——医疗预算收入

【附件资料】协作单位欠费明细表、银行回单。

【业务情形9】发生应收医疗款（体检）。

【凭证摘要】×日门急诊收入（体检）。

【会计分录】

（1）财务会计分录：

借：应收账款——应收医疗款——其他应收医疗款——体检中心

　　贷：事业收入——医疗收入

（2）预算会计分录：

不做账务处理。

【附件资料】门急诊日报表、体检中心工作量报表。

【业务情形10】收回应收医疗款（体检）。

【凭证摘要】收到××单位体检费。

【会计分录】

（1）财务会计分录：

借：银行存款——自有存款

　　贷：应收账款——应收医疗款——其他应收医疗款——体检中心

（2）预算会计分录：

借：资金结存——货币资金

　　贷：事业预算收入——医疗预算收入

【附件资料】银行回单（核对往来明细账）。

【业务情形11】发生应收医疗款（市民卡）。

【凭证摘要】×日门急诊收入（市民卡）。

【会计分录】

（1）财务会计分录：

借：应收账款——应收医疗款——其他应收医疗款——市民卡中心

　　贷：事业收入——医疗收入

（2）预算会计分录：

不做账务处理。

【附件资料】门急诊汇总报表、门诊及住院收款员日报表和收入明细报表（核对发票人员和制表人签字）。

【业务情形12】收回应收医疗款（市民卡）。

【凭证摘要】收到某地市民卡有限公司××月消费款。

【会计分录】

（1）财务会计分录：

借：银行存款——自有存款

　　贷：应收账款——应收医疗款——其他应收医疗款——市民卡中心

（2）预算会计分录：

借：资金结存——货币资金

　　贷：事业预算收入——医疗预算收入

【附件资料】银行回单（核对往来明细账）。

【业务情形13】提供科研、教学服务，按合同（协议）应向接受服务单位收取款项，对外出租房屋或场地等应收款项时，财务应在合同约定的收款期限确认收入。

【凭证摘要】××科教项目第几笔款项（收款周期）。

【会计分录】

（1）财务会计分录：

借：应收账款——其他应收账款

　　贷：事业收入——科教收入/租金收入等

（2）预算会计分录：

不做账务处理。

【附件资料】合同（协议）。

【业务情形14】收到【业务情形13】的款项时。

【凭证摘要】收到××科教项目第几笔款项（收款周期）。

【会计分录】

（1）财务会计分录：

借：银行存款——自有存款等

　　贷：应收账款——其他应收账款

（2）预算会计分录：

借：资金结存——货币资金
　　贷：事业预算收入——科教预算收入/其他预算收入等
【附件资料】合同（协议）、该项目或单位往来明细账、银行回单等。

【业务情形 15】根据购货、服务合同（协议）规定预付账款时。
【凭证摘要】××汇××预付款/付××单位：××预付款。
【会计分录】
（1）财务会计分录：
借：预付账款——非基建项目——其他
　　贷：银行存款——自有存款
（2）预算会计分录：
借：事业支出——其他资金支出/财政拨款资金——商品和服务支出
　　贷：资金结存——货币资金
【附件资料】付款审批单、收款收据、采购合同、银行回单等。
【备注】预算会计借方末级明细科目需根据实际业务确定。

【业务情形 16】所购物资或劳务及根据工程进度支付工程价款及备料款时。
【凭证摘要】××汇××款。
【会计分录】
（1）财务会计分录：
借：业务活动费用/单位管理费用——商品和服务费用/库存物品/固定资产/在建工程等
　　贷：预付账款——非基建项目——其他（相关预付账款的账面余额）
　　　　银行存款——自有存款（补付款项）
（2）预算会计分录：
借：事业支出——其他资金支出/财政拨款资金——商品和服务支出（补付款项）
　　贷：资金结存——货币资金
【附件资料】票据审批单、增值税发票、采购合同、银行回单。
【备注】财务会计借方具体科目，预算会计借方末级明细科目需根据实际业务确定。

【业务情形 17】当年预付账款退回。
【凭证摘要】××单位退回××预付款。
【会计分录】
（1）财务会计分录：
借：银行存款——自有存款
　　贷：预付账款——非基建项目——其他
（2）预算会计分录：
借：资金结存——货币资金
　　贷：事业支出——其他资金支出/财政拨款资金——商品和服务支出
【附件资料】收款收据、采购合同、银行回单。

【备注】预算会计贷方末级明细科目需根据实际业务确定。

【业务情形 18】以前年度预付账款退回。
【凭证摘要】××退回××单位预付款。
【会计分录】
（1）财务会计分录：
借：银行存款——自有存款
　　贷：预付账款——非基建项目——其他
（2）预算会计分录：
借：资金结存——货币资金
　　贷：非财政拨款结余/财政拨款结余——年初余额调整
【附件资料】收款收据、采购合同、银行回单。

【业务情形 19】对方单位要求先付款后提供发票，且发票跨月提供。
【凭证摘要】××预付××单位××款项。
【会计分录】
（1）财务会计分录：
借：预付账款/其他应收款
　　贷：银行存款——自有存款
（2）预算会计分录：
借：事业支出——其他资金支出/财政拨款资金——商品和服务支出
　　贷：资金结存——货币资金
【附件资料】付款通知单、付款审批单、银行回单。
【备注】预算会计借方末级明细科目需根据实际业务确定。

【业务情形 20】跨月收到【业务情形 19】的对方单位发票时。
【凭证摘要】收到××单位××事项发票。
【会计分录】
（1）财务会计分录：
借：业务活动费用/单位管理费用——商品和服务费用
　　贷：预付账款/其他应收款
（2）预算会计分录：
不做账务处理。
【附件资料】相关发票。
【备注】财务会计借方末级明细科目需根据实际业务确定。

【业务情形 21】定期对预付账款进行清理，如有确凿证据表明某笔预付账款不符合预付款项性质或因供货单位破产、撤销等原因无法收到所购货物时，应将预付账款转为其他应收款，再按照规定进行账户处理。

【凭证摘要】将逾期无法收回的预付款项转为其他应收款。

【会计分录】

（1）财务会计分录：

借：其他应收款——××单位

　　贷：预付账款——××单位

（2）预算会计分录：

不做账务处理。

【附件资料】情况说明、供货单位破产等证明、领导签字的购货明细表。

【备注】预付账款转入其他应收款前后的账龄可连续计算。

【业务情形22】医疗纠纷相关账务处理。

【业务情形22-1】发生医疗纠纷医院先行垫付款时。

【凭证摘要】病人××医疗纠纷赔偿款。

【会计分录】

（1）财务会计分录：

借：其他应收款——医疗纠纷垫付款

　　贷：银行存款——自有存款

（2）预算会计分录：

不做账务处理。

【附件资料】请示报告、法院判决书、调解协议书、收款人收条、委托代理合同等相关资料、银行回单。

【业务情形22-2】收到保险公司理赔款时。

【凭证摘要】收到纠纷病人××保险公司赔款。

【会计分录】

（1）财务会计分录：

借：银行存款——自有存款

　　贷：其他应收款——医疗纠纷垫付款

　　　　专用基金——医疗风险基金（差额部分）

（2）预算会计分录：

借：事业支出——其他资金支出——商品和服务支出（差额部分）

　　贷：资金结存——货币资金

【附件资料】保险公司纠纷理赔明细清单、银行回单。

【业务情形23】财务部门核定并借出备用金时。

【凭证摘要】××借备用金。

【会计分录】

（1）财务会计分录：

借：其他应收款——个人备用金（按借款人单人核算）

贷：库存现金——自有现金

（2）预算会计分录：

不做账务处理。

【附件资料】个人备用金借用申请表。

【业务情形 24】每年年底财务部门收回个人备用金时。

【凭证摘要】××交回备用金。

【会计分录】

（1）财务会计分录：

借：库存现金——自有现金

贷：其他应收款——个人备用金（按借款人单人核算）

（2）预算会计分录：

不做账务处理。

【附件资料】财务收据。

（二）收入类

1. 财政拨款收入

【业务情形 1】从财政部门取得的基本拨款收入。

【凭证摘要】收到××（汇款方）××补助款（文件字号）。

【会计分录】

（1）财务会计分录：

借：银行存款——自有存款

贷：财政拨款收入——财政基本拨款收入——医疗收入

（2）预算会计分录：

借：资金结存——货币资金

贷：财政拨款预算收入——一般公共预算财政拨款——基本支出

【附件资料】拨款文件、银行回单、非经营服务性收入票据。

【业务情形 2】从财政部门取得的项目拨款收入。

【凭证摘要】收到××（汇款方）××补助款（文件字号）。

【会计分录】

（1）财务会计分录：

借：银行存款——自有存款

贷：财政拨款收入——财政项目拨款收入——医疗收入

（2）预算会计分录：

借：资金结存——货币资金

贷：财政拨款预算收入——一般公共预算财政拨款——项目支出

【附件资料】拨款文件、银行回单、非经营服务性收入票据。

【业务情形 3】基层卫生院从财政部门取得与公共卫生活动相关的财政基本拨款收入。

【凭证摘要】收到××（汇款方）××补助款（文件字号）。

【会计分录】

（1）财务会计分录：

借：银行存款——自有存款

贷：财政拨款收入——财政基本拨款收入——公共卫生收入

（2）预算会计分录：

借：资金结存——货币资金

贷：财政拨款预算收入——一般公共预算财政拨款——基本支出

【附件资料】银行回单、非经营服务性收入票据、拨款文件。

【业务情形4】各基层卫生院从财政部门取得与公共卫生活动相关的财政项目拨款收入。

【凭证摘要】收到××（汇款方）××补助款（文件字号）。

【会计分录】

（1）财务会计分录：

借：银行存款——自有存款

贷：财政拨款收入——财政项目拨款收入——公共卫生收入

（2）预算会计分录：

借：资金结存——货币资金

贷：财政拨款预算收入——一般公共预算财政拨款——项目支出

【附件资料】银行回单、非经营服务性收入票据、拨款文件。

2. 非同级财政拨款收入

【业务情形】从非同级政府财政部门取得的经费拨款收入。

【凭证摘要】收到××（汇款方）××补助款/经费（文件字号）。

【会计分录】

（1）财务会计分录：

借：银行存款——自有存款

贷：非同级财政拨款收入——本级横向转拨财政款/非本级财政拨款

（2）预算会计分录：

借：资金结存——货币资金

贷：非同级财政拨款预算收入——专项资金收入/非专项资金收入

【附件资料】拨款文件、非经营服务性收入票据、银行回单。

【备注】从财政外的同级政府部门取得的横向转拨财政款，从上级或下级政府取得的经费拨款等，不包括本单位因开展科研活动、专业业务活动及其辅助活动取得的非同级财政拨款收入。

3. 事业收入

【业务情形1】本单位开展医疗服务活动及其辅助活动取得的收入。

【凭证摘要】×日门急诊收入/住院收入。

【会计分录】

（1）财务会计分录：

借：银行存款——自有存款/应收账款——应收医疗款等

　　贷：事业收入——医疗收入——门急诊收入/住院收入

（2）预算会计分录：

借：资金结存——货币资金

　　贷：事业预算收入——医疗预算收入

【附件资料】县级医院：银行回单、现金缴款单、信息系统门急诊/住院汇总报表（收费组长、收入会计、出纳签字）、信息系统门诊/住院收费员日报（核对发票人员和制表人签字）、作废发票、协作单位记账相关明细、基本避孕手术记账明细、各种单位或体检中心挂账记账明细（票据）、信息系统收费员每日现金出入院交款明细表（收费组长、出纳签字、现金封包个数需注明）、住院预缴款明细表、血透病人费用减免情况表等。

基层卫生院：门诊/住院收入月报汇总表、信息系统全院门诊/住院收入项目汇总报表、现金缴款单、收费员日报表、接种服务费核对表（公卫科提供）、药品差价挂出表、计划生育报销汇总表等。

【业务情形 2】取得开展科研、教学活动实现的收入。

【凭证摘要】收到××（汇款方）××款（文件字号）。

【会计分录】

（1）财务会计分录：

借：银行存款——自有存款

　　贷：事业收入——科教收入

（2）预算会计分录：

借：资金结存——货币资金

　　贷：事业预算收入——科教预算收入

【附件资料】科研项目或教学活动合同、非经营服务性收入票据、银行回单。

4. 捐赠收入

【业务情形】本单位接受其他单位或个人捐赠取得的收入。

【凭证摘要】收到××（汇款方）××捐赠物。

【会计分录】

（1）财务会计分录：

①接受捐赠的是货币资金：

借：银行存款——自有存款

　　贷：捐赠收入——货币资金

②接受捐赠的是物资（药品、耗材、低值易耗品等）、固定资产等非现金资产：

借：库存物品——药品等/固定资产等

　　贷：捐赠收入——设备物资

借：其他费用——其他（相关税费等支出）

贷：银行存款——自有存款

（2）预算会计分录：

①接受捐赠的是货币资金：

借：资金结存——货币资金

贷：其他预算收入——捐赠预算收入

②接受捐赠的是物资（药品、耗材、低值易耗品等）、固定资产等非现金资产：

借：其他支出（相关税费等支出）

贷：资金结存——货币资金

【附件资料】捐赠物资入库单、捐赠合同（协议）、相关税费完税证明、银行回单。

【备注】接受各救助基金捐助款项，指定用于约定范围内患者重大疾病费用的，通过“受托代理资产”科目核算。

5. 利息收入

【业务情形】取得的银行存款利息收入，包括活期存款和定期存款利息。

【凭证摘要】×月利息收入。

【会计分录】

（1）财务会计分录：

借：银行存款——自有存款

贷：利息收入

（2）预算会计分录：

借：资金结存——货币资金

贷：其他预算收入——利息预算收入

【附件资料】如定期存款利息收入需附财务人员复核表、银行回单。

6. 租金收入

【业务情形】经批准利用国有资产出租取得并按照规定纳入本单位预算管理的租金收入。

【凭证摘要】收到××单位租金（租赁发票号）。

【会计分录】

（1）财务会计分录：

借：银行存款——自有存款

贷：租金收入

应交增值税

（2）预算会计分录：

借：资金结存——货币资金

贷：其他预算收入——租金预算收入

【附件资料】房屋租赁合同、租赁发票、银行回单。

【备注】①收取租金要与合同上的租赁期保持一致，汇款方要与银行回单或承租人保持一致，医院要提供租赁发票。②房屋租金应按规定上缴国库或财政专户，通过“应缴财政款”科目核算。

7. 其他收入（取得除上述收入以外的各项收入，以下列举常见的情形）。

【业务情形1】现金盘点发现有溢余。

【凭证摘要】现金盘盈收入。

【会计分录】

发现时：

（1）财务会计分录：

借：库存现金

　　贷：待处理财产损溢——待处理财产价值

（2）预算会计分录：

借：资金结存——货币资金

　　贷：其他预算收入——非专项资金收入

批准后：

（1）财务会计分录：

借：待处理财产损溢——待处理财产价值

　　贷：其他收入——其他（无法查明原因）

　　　　其他应付款（应支付给有关人员或单位）

（2）预算会计分录：

不做账务处理。

【附件资料】现金盘点表、情况说明、现金缴款单。

【业务情形2】无法偿还应付及预收款项。

【凭证摘要】核销××公司应付及预收款项。

【会计分录】

（1）财务会计分录：

借：应付账款/预收账款/其他应付款等

　　贷：其他收入——其他

（2）预算会计分录：

不做账务处理。

【附件资料】原应付及预收款项凭证资料、调账说明。

【业务情形3】食堂收入。

【凭证摘要】×月食堂收入。

【会计分录】

（1）财务会计分录：

借：银行存款——自有存款/其他货币资金——在途资金

　　贷：其他收入——食堂收入

（2）预算会计分录：
借：资金结存——货币资金
　　贷：其他预算收入——非专项资金收入
【附件资料】食堂月报表、银行回单。

【业务情形4】培训收入。
【凭证摘要】收到××培训费（增值税发票号）。
【会计分录】
（1）财务会计分录：
借：银行存款——自有存款
　　贷：应交增值税
　　　　其他收入——培训收入
（2）预算会计分录：
借：资金结存——货币资金
　　贷：其他预算收入——非专项资金收入
【附件资料】培训文件、参会人员签到表、增值税发票、银行回单。

（三）费用类

1. 工资福利费用
【业务情形1】计提并支付在职/聘用人员工资。
【凭证摘要】计提/支付×月在职/聘用人员工资。
【会计分录】
（1）财务会计分录：
①计提时：
借：业务活动费用/单位管理费用——工资福利费用
　　贷：应付职工薪酬——基本工资等
②实际发放时：
借：应付职工薪酬——基本工资等
　　贷：银行存款——自有存款
（2）预算会计分录：
借：事业支出——其他资金支出/财政拨款资金——工资福利费用
　　贷：资金结存——货币资金
【附件资料】工资计提表（制表人、审核人、领导签字）、科室工资汇总表、银行回单。
【备注】按人员所在科室列支业务活动费用或单位管理费用。

【业务情形2】计提并支付在职/聘用人员养老保险等。
【凭证摘要】计提/支付×月在职/聘用人员养老保险等。
【会计分录】
（1）财务会计分录：
①计提时：

借：业务活动费用/单位管理费用——工资福利费用
　　贷：应付职工薪酬——养老保险等
②实际支付时：
借：应付职工薪酬——养老保险等
　　贷：银行存款——自有存款
（2）预算会计分录：
借：事业支出——其他资金支出/财政拨款资金——工资福利费用
　　贷：资金结存——货币资金
【附件资料】票据审批单、社会保险费缴费申报表、税收电子缴款书、银行回单。
【备注】按人员所在科室列支业务活动费用或单位管理费用。

【业务情形3】计提并支付在职/聘用人员住房公积金。
【凭证摘要】计提/支付×月在职/聘用人员住房公积金。
【会计分录】
（1）财务会计分录：
①计提时：
借：业务活动费用/单位管理费用——工资福利费用
　　贷：应付职工薪酬——住房公积金
②实际支付时：
借：应付职工薪酬——住房公积金
　　贷：银行存款——自有存款
（2）预算会计分录：
借：事业支出——其他资金支出/财政拨款资金——工资福利费用
　　贷：资金结存——货币资金
【附件资料】票据审批单、公积金缴存结算对账单、公积金科室分摊表、银行回单。
【备注】按人员所在科室列支业务活动费用或单位管理费用。

【业务情形4】计提并支付在编职工住房公积金补贴。
【凭证摘要】计提/支付×月在编职工住房公积金补贴。
【会计分录】
（1）财务会计分录：
①计提时：
借：业务活动费用/单位管理费用——工资福利费用——购房补贴
　　贷：应付职工薪酬——购房补贴
②实际支付时：
借：应付职工薪酬——购房补贴
　　贷：银行存款——自有存款
（2）预算会计分录：
借：事业支出——其他资金支出/财政拨款资金——工资福利费用

贷：资金结存——货币资金

【附件资料】票据审批单、公积金补贴缴存结算对账单、公积金补贴科室分摊表、银行回单。

【备注】按人员所在科室列支业务活动费用或单位管理费用。

2. 办公费

【业务情形】支付日常办公用品、书报杂志、配钥匙、刻章、扩印费、接待用茶叶等费用，支付转账支票、现金支票等票据工本费。

【凭证摘要】××汇××单位××费用/××报××费用。

【会计分录】

（1）财务会计分录：

借：业务活动费用/单位管理费用——商品和服务费用——办公费

贷：银行存款——自有存款

（2）预算会计分录：

借：事业支出——其他资金支出/财政拨款资金——商品和服务支出——办公费

贷：资金结存——货币资金

【附件资料】票据审批单、增值税发票、明细清单、银行回单。

3. 印刷费

【业务情形】为开展业务、管理活动发生的印刷费。

【凭证摘要】××汇××单位××印刷费/××报××印刷费。

【会计分录】

（1）财务会计分录：

借：业务活动费用/单位管理费用——商品和服务费用——印刷费

贷：银行存款——自有存款

（2）预算会计分录：

借：事业支出——其他资金支出/财政拨款资金——商品和服务支出——印刷费

贷：资金结存——货币资金

【附件资料】票据审批单、增值税发票、明细清单、银行回单。

4. 咨询费

【业务情形】为开展业务、管理活动发生的各类咨询费。

【凭证摘要】××汇××单位咨询费/××报××单位咨询费。

【会计分录】

（1）财务会计分录：

借：业务活动费用/单位管理费用——商品和服务费用——咨询费

贷：银行存款——自有存款

（2）预算会计分录：

借：事业支出——其他资金支出/财政拨款资金——商品和服务支出——咨询费

贷：资金结存——货币资金

【附件资料】票据审批单、增值税发票、相关合同资料、银行回单。

【备注】根据财预〔2024〕67 号文件财政部关于印发《2025 年政府收支分类科目》的通知，自 2025 年 1 月 1 日起，咨询费科目取消，支付给个人的咨询费计入“劳务费”科目。

5. 手续费

【业务情形】为开展业务、管理活动发生的各类手续费。

【凭证摘要】×月××手续费。

【会计分录】

（1）财务会计分录：

借：业务活动费用/单位管理费用——商品和服务费用——手续费

贷：银行存款——自有存款

（2）预算会计分录：

借：事业支出——其他资金支出/财政拨款资金——商品和服务支出——手续费

贷：资金结存——货币资金

【附件资料】票据审批单、银行回单。

6. 水费

【业务情形】为开展业务、管理活动发生的水费。

【凭证摘要】×月水费。

【会计分录】

（1）财务会计分录：

借：业务活动费用/单位管理费用——商品和服务费用——水费

贷：银行存款——自有存款

（2）预算会计分录：

借：事业支出——其他资金支出/财政拨款资金——商品和服务支出——水费

贷：资金结存——货币资金

【附件资料】票据审批单、增值税发票、银行回单、相关职能科室核对确认单。

7. 电费

【业务情形】为开展业务、管理活动发生的电费。

【凭证摘要】×月电费。

【会计分录】

（1）财务会计分录：

借：业务活动费用/单位管理费用——商品和服务费用——电费

贷：银行存款——自有存款

（2）预算会计分录：

借：事业支出——其他资金支出/财政拨款资金——商品和服务支出——电费

贷：资金结存——货币资金

【附件资料】票据审批单、增值税发票、银行回单、相关职能科室核对确认单。

8. 邮电费

【业务情形】为开展业务、管理活动发生的信函、包裹、货物等物品的邮寄费及电话费、电报费、传真费、网络通讯费等。

【凭证摘要】×月电话费/××报邮寄费等。

【会计分录】

（1）财务会计分录：

借：业务活动费用/单位管理费用——商品和服务费用——邮电费

贷：银行存款——自有存款

（2）预算会计分录：

借：事业支出——其他资金支出/财政拨款资金——邮电费

贷：资金结存——货币资金

【附件资料】票据审批单、增值税发票、明细清单、银行回单、相关职能科室核对确认单。

9. 物业管理费

【业务情形】为开展业务、管理活动发生的保洁服务费、安保费、绿化费、花木租用费、垃圾清运费、医疗废弃物处置费、电梯运行维护费（外包给物业公司负责）。

【凭证摘要】××汇××单位保洁服务费/安保费/绿化费等（标注期限）。

【会计分录】

（1）财务会计分录：

借：业务活动费用/单位管理费用——商品和服务费用——物业管理费

贷：银行存款——自有存款

（2）预算会计分录：

借：事业支出——其他资金支出/财政拨款资金——物业管理费

贷：资金结存——货币资金

【附件资料】票据审批单、增值税发票、相关合同资料、银行回单、费用清单、物业考核条款、人员考勤表、职能科室核对确认单。

10. 差旅费

【业务情形】职工国（境）内出差发生的住宿费、交通费、伙食补助费、杂费、对口帮扶地区疗休养往返大交通、公共交通意外保险费等。

【凭证摘要】××报××差旅费。

【会计分录】

（1）财务会计分录：

借：业务活动费用/单位管理费用——商品和服务费用——差旅费

贷：银行存款——自有存款

（2）预算会计分录：

借：事业支出——其他资金支出/财政拨款资金——差旅费

　　贷：资金结存——货币资金

【附件资料】差旅费报销单、会议通知、事前审批单、各类交通费及住宿费发票、银行回单。

【备注】出差结束后一个月内办理报销手续。

11. 因公出国（境）费用

【业务情形】医院公务出国（境）的国际旅费、住宿费、国外城市间交通费、伙食补助费、杂费、培训费等支出。

【凭证摘要】××报因公出国（境）××费用。

【会计分录】

（1）财务会计分录：

借：业务活动费用/单位管理费用——商品和服务费用——因公出国（境）费用

　　贷：银行存款——自有存款

（2）预算会计分录：

借：事业支出——其他资金支出/财政拨款资金——因公出国（境）费用

　　贷：资金结存——货币资金

【附件资料】差旅费报销单、出境任务批准文件（参加上级组织的公务活动需附上级通知）、经济来源表、委托合同、财政收款收据、银行回单。

12. 维修（护）费

【业务情形】医院日常开支的固定资产（不包括车船等交通工具）修理和维护费用，网络信息系统运行与维护费用。

【凭证摘要】××汇××单位××维修（护）费（标注期限）。

【会计分录】

（1）财务会计分录：

借：业务活动费用/单位管理费用——商品和服务费用——维修（护）费

　　贷：银行存款——自有存款

（2）预算会计分录：

借：事业支出——其他资金支出/财政拨款资金——维修（护）费

　　贷：资金结存——货币资金

【附件资料】票据审批单、维修清单、维修验收（确认）单、增值税发票、银行回单、维修事前申请。

13. 租赁费

【业务情形】租赁办公用房、宿舍、专用通讯网、其他设备等方面的费用支出。

【凭证摘要】××汇××单位××租赁费（租赁期限）。

【会计分录】

（1）财务会计分录：

借：业务活动费用/单位管理费用——商品和服务费用——租赁费
　　贷：银行存款——自有存款
（2）预算会计分录：
借：事业支出——其他资金支出/财政拨款资金——租赁费
　　贷：资金结存——货币资金
【附件资料】票据审批单、相关合同资料、租赁发票、银行回单。

14. 会议费

【业务情形】医院在会议期间按规定开支的住宿费、伙食费、会议场地租金、交通费、文件印刷费、医药费等。

【凭证摘要】××汇××单位××会议费等。

【会计分录】

（1）财务会计分录：
借：业务活动费用/单位管理费用——商品和服务费用——会议费
　　贷：银行存款——自有存款
（2）预算会计分录：
借：事业支出——其他资金支出/财政拨款资金——会议费
　　贷：资金结存——货币资金

【附件资料】票据审批单、事前审批单、会议通知、参会人员签到表、增值税发票、银行回单、会议结算单、消费明细清单等原始单据、政府采购资料（如成交通知书）。

15. 培训费

【业务情形】为开展业务、管理活动发生的各类培训费，包括本单位内自行开展培训的各种相关费用、职工外出培训费（培训中首尾两天产生的住宿、交通、公杂伙食补助一律放差旅费核算）、党员培训活动费、党员书籍报刊学习辅导资料等。

【凭证摘要】××报××培训费。

【会计分录】

（1）财务会计分录：
借：业务活动费用/单位管理费用——商品和服务费用——培训费
　　贷：银行存款——自有存款
（2）预算会计分录：
借：事业支出——其他资金支出/财政拨款资金——培训费
　　贷：资金结存——货币资金

【附件资料】事前审批单、培训通知、增值税发票、银行回单、票据审批单等。

16. 公务接待费

【业务情形】为开展业务、管理活动发生的各项公务接待费（含外宾接待）。

【凭证摘要】××报××公务接待费。

【会计分录】

（1）财务会计分录：
借：业务活动费用/单位管理费用——商品和服务费用——公务接待费
　　贷：银行存款——自有存款
（2）预算会计分录：
借：事业支出——其他资金支出/财政拨款资金——公务接待费
　　贷：资金结存——货币资金
【附件资料】票据审批单、公务接待审批单（预算、接待清单、陪同人员清单）、派出单位公函或公务接待电话通知单、增值税发票、银行回单。

17. 专用材料费
【业务情形1】为开展业务活动发生的药品消耗费。
【凭证摘要】×月西药/中药消耗/配方支出。
【会计分录】
（1）财务会计分录：
借：业务活动费用——商品和服务费用——专用材料费——药品费
　　贷：库存物品——药品
（2）预算会计分录：
不做账务处理。
【附件资料】西药（库）房/中药（库）房月报表。

【业务情形2】为开展业务活动发生的卫生材料消耗费。
【凭证摘要】××科室领用卫生材料。
【会计分录】
（1）财务会计分录：
借：业务活动费用——商品和服务费用——专用材料费——卫生材料费
　　贷：库存物品——卫生材料
（2）预算会计分录：
不做账务处理。
【附件资料】材料物资系统月报表，库房会计核对确认表。

【业务情形3】为开展业务活动发生的其他材料消耗费。
【凭证摘要】××科室领用其他材料。
【会计分录】
（1）财务会计分录：
借：业务活动费用——商品和服务费用——专用材料费——其他材料费
　　贷：库存物品——其他材料
（2）预算会计分录：
不做账务处理。
【附件资料】材料物资系统月报表，库房会计核对确认表。

18. 劳务费

【业务情形1】支付给个人的劳务费用，如临时聘用人员报酬、钟点工工资、稿费、翻译费、咨询费（自2025年1月1日起）等。

【凭证摘要】×月外聘专家劳务费。

【会计分录】

（1）财务会计分录：

借：业务活动费用/单位管理费用——商品和服务费用——劳务费

　　贷：其他应交税费——应交个人所得税

　　　　银行存款——自有存款

（2）预算会计分录：

借：事业支出——其他资金支出/财政拨款资金——商品和服务支出——劳务费

　　贷：资金结存——货币资金

【附件资料】票据审批单、劳务费明细表、劳务费增值税发票、银行回单。

【备注】根据财预〔2024〕67号文件财政部关于印发《2025年政府收支分类科目》的通知，自2025年1月1日起，劳务费科目仅核算支付给个人的劳务费且咨询费并入该科目核算。

【业务情形2】外院医生/专家坐诊、评审产生的劳务费。

【凭证摘要】×月××专家劳务费/评审费。

【会计分录】

（1）财务会计分录：

借：业务活动费用/单位管理费用——商品和服务费用——劳务费

　　贷：其他应交税费——应交个人所得税

　　　　银行存款——自有存款

（2）预算会计分录：

借：事业支出——其他资金支出/财政拨款资金——商品和服务支出——劳务费

　　贷：资金结存——货币资金

【附件资料】票据审批单、劳务费明细表、劳务费增值税发票、银行回单、专业技术职称证明，相关职能科室核对确认单。

【备注】若为外院医生/专家坐诊劳务费用，建议列支业务活动费用；若为专家评审产生的劳务费，建议列支管理费用。

【业务情形3】医共体下沉专家劳务费（此业务情形仅针对基层卫生院）。

【凭证摘要】×月医共体下沉专家劳务费。

【会计分录】

（1）财务会计分录：

借：业务活动费用——商品和服务费用——劳务费

　　贷：其他应交税费——应交个人所得税

　　　　银行存款——自有存款

（2）预算会计分录：

借：事业支出——财政拨款资金——商品和服务支出——劳务费

　　贷：资金结存——货币资金

【附件资料】付款申请单、劳务费明细表、劳务费增值税发票、银行回单、医共体总院发的下沉专家文件或名单。

【备注】在医共体建设资金中列支。

19. 委托业务费

【业务情形】为开展业务、管理活动发生的委托外单位办理业务支付的委托业务费。

【凭证摘要】××汇××单位×月委托业务费。

【会计分录】

（1）财务会计分录：

借：业务活动费用/单位管理费用——商品和服务费用——委托业务费

　　贷：银行存款——自有存款

（2）预算会计分录：

借：事业支出——其他资金支出/财政拨款资金——商品和服务支出——委托业务费

　　贷：资金结存——货币资金

【附件资料】票据审批单、委托业务费明细、增值税发票、银行回单。

20. 工会经费

【业务情形1】计提工会经费。

【凭证摘要】计提×月工会经费。

【会计分录】

（1）财务会计分录：

借：业务活动费用/单位管理费用——商品和服务费用——工会经费

　　贷：其他应付款——其他（工会费）

（2）预算会计分录：

不做账务处理。

【附件资料】工会经费计提表。

【业务情形2】工资中代扣工会经费（个人部分）。

【凭证摘要】×月工资中代扣工会费。

【会计分录】

（1）财务会计分录：

借：业务活动费用/单位管理费用——工资福利费用——基本工资等

　　贷：其他应付款——其他（工会费）

（2）预算会计分录：

不做账务处理。

【附件资料】工会经费计算清单。

【业务情形 3】××年工会经费转入本单位工会账户/上缴区卫健局。
【凭证摘要】××年工会经费转入本级工会/××年工会经费上缴上级工会。
【会计分录】
（1）财务会计分录：
借：其他应付款——其他（工会费）
　　贷：银行存款——自有存款
（2）预算会计分录：
借：事业支出——其他资金支出/财政拨款资金——商品和服务支出——工会经费
　　贷：资金结存——货币资金
【附件资料】付款申请单、上缴工会经费明细清单、工会收据、银行回单。

21. 福利费
【业务情形 1】计提在编职工餐费补贴。
【凭证摘要】计提×月在编职工餐费补贴。
【会计分录】
（1）财务会计分录：
借：业务活动费用/单位管理费用——商品和服务费用——福利费
　　贷：其他应付款——食堂应付款
（2）预算会计分录：
不做账务处理。
【附件资料】职工餐费补贴计提表、食堂月报、相关职能科室核对确认单。
【备注】伙食补助计提金额注意不超过当地财政限额。

【业务情形 2】支付职工疗休养费用。
【凭证摘要】××汇××单位职工疗休养费用。
【会计分录】
（1）财务会计分录：
借：业务活动费用/单位管理费用——商品和服务费用——福利费
　　贷：银行存款——自有存款
（2）预算会计分录：
借：事业支出——其他资金支出/财政拨款资金——商品和服务支出——福利费
　　贷：资金结存——货币资金
【附件资料】票据审批单、疗休养合同、增值税发票、银行回单、相关职能科室核对确认单。
【备注】疗休养开支标准注意不得超过当地财政限额。

【业务情形 3】支付职工冬令夏令及劳保用品费用（根据上级文件及时调整）。
【凭证摘要】××汇××单位职工劳保用品等费用。
【会计分录】

（1）财务会计分录：

借：业务活动费用/单位管理费用——商品和服务费用——福利费

　　贷：银行存款——自有存款

（2）预算会计分录：

借：事业支出——其他资金支出/财政拨款资金——商品和服务支出——福利费

　　贷：资金结存——货币资金

【附件资料】票据审批单、购货合同、增值税发票、员工领取福利签字单、相关职能科室核对确认单。

【业务情形4】离退休人员慰问支出。

【凭证摘要】离退休人员××费用。

【会计分录】

（1）财务会计分录：

借：单位管理费用——商品和服务费用——福利费

　　贷：银行存款——自有存款/库存现金——自有现金

（2）预算会计分录：

借：事业支出——其他资金支出/财政拨款资金——商品和服务支出——福利费

　　贷：资金结存——货币资金

【附件资料】票据审批单、慰问明细表、银行回单、决策层会议执行单、慰问文件/政策依据。

【备注】退休福利费注意不得超过当地财政限额。

【业务情形5】其他未包括在上述科目对个人和家庭的补助支出，如职工困难补助、亡故慰问、住院慰问等。

【凭证摘要】××职工困难补助款。

【会计分录】

（1）财务会计分录：

借：业务活动费用/单位管理费用——商品和服务费用——福利费

　　贷：银行存款——自有存款

（2）预算会计分录：

借：事业支出——其他资金支出/财政拨款资金——商品和服务支出——福利费

　　贷：资金结存——货币资金

【附件资料】退休职工困难补助发放表、银行回单、决策层会议执行单。

22. 公务用车运行维护费

【业务情形】医院按规定保留的公务用车燃料费、维修费、过桥过路费、保险费、税费、年检费等支出。

【凭证摘要】××报/汇××车辆油费等。

【会计分录】

（1）财务会计分录：

借：业务活动费用/单位管理费用——商品和服务费用——公务用车运行维护费

贷：银行存款——自有存款

（2）预算会计分录：

借：事业支出——其他资金支出/财政拨款资金——商品和服务支出——公务用车运行维护费

贷：资金结存——货币资金

【附件资料】票据审批单，相关合同资料，车辆油费充值记录表，公务用车维修结算单及工时费、材料费纸质清单，保单，增值税发票，银行回单，相关职能科室核对确认单。

23. 税金及附加费用

【业务情形】按照税法规定，计提开展业务活动发生的城市维护建设税、教育费附加、地方教育附加、车船税、房产税、城镇土地使用税、印花税、消费税等。

【凭证摘要】计提/缴纳×月城市维护建设税等。

【会计分录】

（1）财务会计分录：

借：单位管理费用——商品和服务费用——税金及附加费用

贷：其他应交税费——应交城市维护建设税等

借：其他应交税费——应交城市维护建设税等

贷：银行存款——自有存款

（2）预算会计分录：

借：事业支出——其他资金支出/财政拨款资金——商品和服务支出——税金及附加费用

贷：资金结存——货币资金

【附件资料】票据审批单、纳税申报表、银行回单、完税证明。

24. 其他商品和服务支出

【业务情形 1】为开展业务、管理活动发生的洗涤费。

【凭证摘要】支付××单位×月洗涤费。

【会计分录】

（1）财务会计分录：

借：业务活动费用/单位管理费用——商品和服务费用——其他商品和服务支出——洗涤费

贷：银行存款——自有存款

（2）预算会计分录：

借：事业支出——其他资金支出/财政拨款资金——商品和服务支出——其他商品和服务支出

贷：资金结存——货币资金

【附件资料】票据审批单、洗涤费明细表、增值税发票、银行回单、相关职能科室核对确认单。

【业务情形 2】为开展业务、管理活动发生的天然气费。

【凭证摘要】支付××单位×月天然气费。

【会计分录】

（1）财务会计分录：

借：业务活动费用/单位管理费用——商品和服务费用——其他商品和服务支出——燃气燃料费

贷：银行存款——自有存款

（2）预算会计分录：

借：事业支出——其他资金支出/财政拨款资金——商品和服务支出——其他商品和服务支出

贷：资金结存——货币资金

【附件资料】票据审批单、天然气明细表、增值税发票、银行回单、相关职能科室核对确认单。

【业务情形 3】支付社会团体组织会员费、诉讼费、仪器鉴定费、档案代理费、审计费、广告宣传费、离退休人员公用经费、劳务派遣人员工资社保等。

【凭证摘要】支付××单位×月××费等。

【会计分录】

（1）财务会计分录：

借：业务活动费用/单位管理费用——商品和服务费用——其他商品和服务支出——其他

贷：银行存款——自有存款

（2）预算会计分录：

借：事业支出——其他资金支出/财政拨款资金——商品和服务支出——其他商品和服务支出

贷：资金结存——货币资金

【附件资料】票据审批单、相关费用清单、合同（协议）、增值税发票、银行回单。

25. 对个人和家庭的补助费用

【业务情形 1】离退休人员活动费用报销。

【凭证摘要】离退休人员××活动费等。

【会计分录】

（1）财务会计分录：

借：单位管理费用——对个人和家庭的补助费用——离休费/退休费

贷：银行存款——自有存款

（2）预算会计分录：

借：事业支出——其他资金支出——对个人和家庭的补助——离休费/退休费

贷：资金结存——货币资金

【附件资料】离退休人员退休活动费用明细表、相关职能科室核对确认单、决策层会议执行单、银行回单。

【业务情形2】按规定开支烈士遗属、牺牲病故人员遗属一次性和定期抚恤金，伤残人员的抚恤金，离退休人员等其他人员的各项抚恤金。

【凭证摘要】发放××抚恤金。

【会计分录】

（1）财务会计分录：

借：单位管理费用——对个人和家庭的补助费用——抚恤金

贷：银行存款——自有存款

（2）预算会计分录：

借：事业支出——其他资金支出/财政拨款资金——对个人和家庭的补助——抚恤金

贷：资金结存——货币资金

【附件资料】抚恤金发放表、相关文件、银行回单、相关职能科室核对确认单。

【业务情形3】按规定开支的优抚对象生活补助费，单位职工和遗属生活补助，因公负伤等住院治疗、住疗养院期间伙食补助费，长期赡养人员补助费等。

【凭证摘要】×月××遗属生活补助等 。

【会计分录】

（1）财务会计分录：

借：单位管理费用——对个人和家庭的补助费用——生活补助

贷：银行存款——自有存款

（2）预算会计分录：

借：事业支出——其他资金支出/财政拨款资金——对个人和家庭的补助——生活补助

贷：资金结存——货币资金

【附件资料】遗属生活补助发放表、相关文件、银行回单、相关职能科室核对确认单。

【业务情形4】按规定开支精简退职老弱残职工救济费。

【凭证摘要】×月××职工救济费。

【会计分录】

（1）财务会计分录：

借：单位管理费用——对个人和家庭的补助费用——救济费

贷：银行存款——自有存款

（2）预算会计分录：

借：事业支出——其他资金支出/财政拨款资金——对个人和家庭的补助——救济费

贷：资金结存——货币资金

【附件资料】××职工救济费发放表、相关文件、银行回单、相关职能科室核对确认单。

【业务情形 5】在职职工、职工子女、离退休人员医疗费补助。

【凭证摘要】××年度在职职工/职工子女/离退休人员医疗费补助。

【会计分录】

（1）财务会计分录：

借：业务活动费用/单位管理费用——对个人和家庭的补助费用——医疗费补助

　　贷：银行存款——自有存款

（2）预算会计分录：

借：事业支出——其他资金支出/财政拨款资金——对个人和家庭的补助——医疗费补助

　　贷：资金结存——货币资金

【附件资料】医疗费补助明细表、相关文件、银行回单、相关职能科室核对确认单。

【业务情形 6】上述未包括的其他对个人和家庭的补助支出，如子女幼托费等。

【凭证摘要】××年子女幼托费。

【会计分录】

（1）财务会计分录：

借：业务活动费用/单位管理费用——对个人和家庭的补助费用——其他对个人和家庭的补助支出

　　贷：银行存款——自有存款

（2）预算会计分录：

借：事业支出——其他资金支出/财政拨款资金——对个人和家庭的补助——其他对个人和家庭的补助支出

　　贷：资金结存——货币资金

【附件资料】子女幼托费明细表、幼儿园收费单据、银行回单。

【备注】①职工子女入幼儿园可凭幼儿园收费单据按每人每月 125 元标准报销，每年最高不超过 10 个月。②幼托费原则上由父母双方单位各承担一半，一方无经济来源的凭无经济来源证明在另一方单位报销。（具体限额标准按当地政策执行）

26. 计提专用基金

【业务情形】按照一定比例计提医疗风险基金。

【凭证摘要】计提××年医疗风险基金。

【会计分录】

（1）财务会计分录：

借：业务活动费用——计提专用基金——医疗风险基金

　　贷：专用基金——医疗风险基金

（2）预算会计分录：

不做账务处理。

【附件资料】医疗风险基金计提表。

27. 固定资产折旧费

【业务情形】为履职或开展业务活动、管理活动计提的固定资产折旧费。

【凭证摘要】计提×月固定资产折旧。

【会计分录】

（1）财务会计分录：

借：业务活动费用/单位管理费用——固定资产折旧费

　　贷：固定资产累计折旧——设备等

（2）预算会计分录：

不做账务处理。

【附件资料】固定资产系统资产类别总表、每月固定资产折旧计提表、资产管理部门折旧（摊销）情况统计确认表。

28. 无形资产摊销费

【业务情形】为履职或开展业务活动、管理活动计提的无形资产摊销费。

【凭证摘要】计提×月无形资产摊销。

【会计分录】

（1）财务会计分录：

借：业务活动费用/单位管理费用——无形资产摊销费

　　贷：无形资产累计摊销——软件等

（2）预算会计分录：

不做账务处理。

【附件资料】固定资产系统资产类别总表、每月无形资产摊销计提表、资产管理部门折旧（摊销）情况统计确认表。

29. 资产处置费用

【业务情形1】转销被处置资产账面价值（如固定资产提前报废）。

【凭证摘要】×月固定资产提前报废。

【会计分录】

（1）财务会计分录：

借：资产处置费用——报废

　　贷：待处理财产损溢——待处理财产价值——固定资产

（2）预算会计分录：

不做账务处理。

【附件资料】固定资产月报表、报废单、报废明细表、定点回收资产交接单、国有资产处置申报审批表、决策层会议执行单。

【业务情形2】处置资产过程中发生相关费用（如无偿调出固定资产）。

【凭证摘要】×月无偿调出××（固定资产名称、数量）。

【会计分录】

（1）财务会计分录：
借：资产处置费用——无偿调拨
　　固定资产累计折旧——设备
　　贷：固定资产——设备
　　　　银行存款——自有存款（发生的相关费用）
（2）预算会计分录：
借：其他支出——其他资金支出（发生的相关费用）
　　贷：资金结存——货币资金
【附件资料】固定资产减少明细表、固定资产明细清单、资产无偿调拨处置审批单、决策层会议执行单、相关主管部门批准文件、银行回单。

30. 其他费用
【业务情形1】支付的利息费用。
【凭证摘要】×月利息费用。
【会计分录】
（1）财务会计分录：
借：其他费用——利息费用
　　贷：应付利息
借：应付利息
　　贷：银行存款——自有存款
（2）预算会计分录：
借：其他支出
　　贷：资金结存——货币资金
【附件资料】银行回单、票据审批单、相关职能科室核对确认单。

【业务情形2】本单位发生的罚没支出。
【凭证摘要】支付××罚款/××滞纳金等。
【会计分录】
（1）财务会计分录：
借：其他费用——罚没支出
　　贷：银行存款——自有存款
（2）预算会计分录：
借：其他支出
　　贷：资金结存——货币资金
【附件资料】票据审批单、罚款单、罚款情况说明、银行回单。

【业务情形3】本单位发生的食堂支出。
【凭证摘要】×月食堂库存物品支出。
【会计分录】

（1）财务会计分录：

借：其他费用——食堂支出

贷：库存物品——食堂物品

（2）预算会计分录：

不做账务处理。

【附件资料】食堂月报表（制表人、审核人、领导签字）、食堂库存明细表、库房会计核对确认表。

【业务情形4】本单位发生的其他相关费用（如支付赔款）。

【凭证摘要】支付××赔款。

【会计分录】

（1）财务会计分录：

借：其他费用——其他

贷：银行存款——自有存款

（2）预算会计分录：

借：其他支出

贷：资金结存——货币资金

【附件资料】赔款说明、银行回单、票据审批单。

31. 其他交通费用

【业务情形】涉及车改事业单位在编在岗工作人员公务出行交通费。

【凭证摘要】××报××月交通费。

【会计分录】

（1）财务会计分录：

借：业务活动费用/单位管理费用——商品和服务费用——其他交通费用

贷：银行存款——自有存款

（2）预算会计分录：

借：事业支出——其他资金支出/财政拨款资金——商品和服务支出——其他交通费用

贷：资金结存——货币资金

【附件资料】①驾驶私家车出行的：公务出行审批单、开展公务活动的文件、工作任务单或者其他公务出行证明、公里数截图、公示资料。②乘坐公共交通工具（不含出租车）：公共交通票据、公务出行审批单、开展公务活动的文件、工作任务单或者其他公务出行证明、公示资料。

（四）库存相关类

1. 取得库存物品

【业务情形1】外购库存物资验收入库。

【凭证摘要】×月西药/中药/卫材/低值易耗品/总务材料入库。

【会计分录】

（1）财务会计分录：

借：库存物品——药品/卫生材料/低值易耗品/其他材料

　　贷：应付账款——非建设项目应付账款——药品款/卫生材料款/其他物资款

（2）预算会计分录：

不做账务处理。

【附件资料】药品、材料入库汇总表、入库单（需要至少由两人签字）。

【备注】①购买零星办公用品，可直接列支。②购买大宗物资发生的运杂费，计入库存物资成本。

【业务情形 2】接受捐赠的库存物资。

【凭证摘要】××单位××捐赠物资入库。

【会计分录】

（1）财务会计分录：

借：库存物品——药品等

　　贷：银行存款——自有存款（相关税费）

　　　　捐赠收入——设备物资

（2）预算会计分录：

借：其他支出（相关税费）

　　贷：资金结存——货币资金

【附件资料】捐赠物资入库单、捐赠合同、相关税费完税证明、银行回单。

【备注】捐赠的库存物资入账金额先按买入价格；若无，则按市场同类物品的价格；若无市场同类物品的价格可按评估价；若都没有，则按照名义金额入账。

【业务情形 3】无偿调入的库存物资。

【凭证摘要】××单位××无偿调入物资入库。

【会计分录】

（1）财务会计分录：

借：库存物品——药品等

　　贷：银行存款——自有存款（相关税费）

　　　　无偿调拨净资产

（2）预算会计分录：

借：其他支出（相关税费）

　　贷：资金结存——货币资金

【附件资料】调拨物资入库单、相关税费完税证明、银行回单。

【备注】无偿调入的库存物资入账金额先按买入价格；若无，则按市场同类物品的价格；若无市场同类物品的价格可按评估价；若都没有，则按照名义金额入账。

2. 发出库存物资

【业务情形 1】开展业务活动，或后勤科室、单位内部活动领用。

【凭证摘要】×月西药/卫生材料/低值易耗品/总务材料领用。

【会计分录】

（1）财务会计分录：

借：业务活动费用/单位管理费用——商品和服务费用——西药费/卫生材料费/低值易耗品/其他材料费

　　贷：库存物品——药品/卫生材料/低值易耗品/其他材料

（2）预算会计分录：

不做账务处理。

【附件资料】药品/卫生材料费/低值易耗品/其他材料出库汇总单、明细清单。

【业务情形2】经批准无偿调出库存物资。

【凭证摘要】×月无偿调出××物资。

【会计分录】

（1）财务会计分录：

借：无偿调拨净资产

　　贷：库存物品——药品等

借：资产处置费用——无偿调拨

　　贷：银行存款——自有存款（相关费用）

（2）预算会计分录：

借：其他支出（相关税费）

　　贷：资金结存——货币资金

【附件资料】库存物资减少明细表、物资无偿调拨处置审批单、决策层会议执行单、相关主管部门批准文件、银行回单。

【备注】调出的库存物资按照账面余额入账，银行存款和预算会计的其他支出金额都是归属于本单位的相关费用实付金额。

3. 定期盘点库存物资

【业务情形1】盘盈库存物资。

【凭证摘要】××库存物资盘盈/报批后处理。

【会计分录】

（1）财务会计分录：

借：库存物品——药品等

　　贷：待处理财产损溢——待处理财产价值——库存物品

经批准后：

借：待处理财产损溢——待处理财产价值——库存物品

　　贷：单位管理费用——商品和服务费用（借方红字）

（2）预算会计分录：

不做账务处理。

【附件资料】库存物资盘点表、报批申请单（需库房会计核对确认签字）。

【备注】待处理财产损溢科目年末应处理完毕，无余额。

【业务情形 2】盘亏、毁损、过期库存物资。
【凭证摘要】××库存物资盘亏/毁损/报批后处理。
【会计分录】
（1）财务会计分录：
借：待处理财产损溢——待处理财产价值——库存物品
　　贷：库存物品——药品等
经批准后：
借：资产处置费用——其他资产处置费用
　　贷：待处理财产损溢——待处理财产价值——库存物品
（2）预算会计分录：
不做账务处理。
【附件资料】库存物资盘点表、报批申请单（需库房会计核对确认签字）。
【备注】待处理财产损溢科目年末应处理完毕，无余额。

（五）各项税类

1. 应交增值税
【业务情形 1】销售应税产品或提供应税服务（如收到实习费、消毒费）。
【凭证摘要】××交实习费/消毒费（增值税发票号）。
【会计分录】
（1）财务会计分录：
借：银行存款——自有存款/库存现金——自有现金（实际收到的含税金额）
　　贷：其他收入
　　　　应交增值税
（2）预算会计分录：
借：资金结存——货币资金（实际收到的含税金额）
　　贷：其他预算收入——非专项资金收入
【附件资料】实习费缴纳单、消毒费明细清单、增值税发票、银行回单。

【业务情形 2】销售应税产品或提供应税服务（如收到租金）。
【凭证摘要】收到××单位××时间段租金（增值税发票号）。
【会计分录】
（1）财务会计分录：
借：银行存款——自有存款等（实际收到的含税金额）
　　贷：租金收入
　　　　应交增值税
（2）预算会计分录：
借：资金结存——货币资金（实际收到的含税金额）
　　贷：其他预算收入——租金预算收入
【附件资料】房屋租赁合同、租赁发票、银行回单。

【业务情形 3】缴纳增值税。
【凭证摘要】×月增值税。
【会计分录】
（1）财务会计分录：
借：应交增值税
　　贷：银行存款——自有存款
（2）预算会计分录：
借：事业支出——其他资金支出/财政拨款资金——税金及附加费用
　　贷：资金结存——货币资金
【附件资料】票据审批单、增值税完税证明、银行回单、税收电子缴款书。

【业务情形 4】减免增值税。
【凭证摘要】×月减免增值税。
【会计分录】
（1）财务会计分录：
借：应交增值税
　　贷：业务活动费用/单位管理费用等（借方红字）
（2）预算会计分录：
不做账务处理。
【附件资料】票据审批单、增值税减免证明。

2. 其他应交税费
【业务情形 1】按照税法规定计提并缴纳城市维护建设税。
【凭证摘要】计提/缴纳×月城市维护建设税。
【会计分录】
（1）财务会计分录：
借：单位管理费用——商品和服务费用——税金及附加费用
　　贷：其他应交税费——应交城市维护建设税
借：其他应交税费——应交城市维护建设税
　　贷：银行存款——自有存款
（2）预算会计分录：
借：事业支出——其他资金支出/财政拨款资金——商品和服务支出——税金及附加费用
　　贷：资金结存——货币资金
【附件资料】票据审批单、完税证明、税收电子缴款书、银行回单。

【业务情形 2】按照税法规定计提并缴纳教育费附加。
【凭证摘要】计提/缴纳×月教育费附加。
【会计分录】

（1）财务会计分录：
借：单位管理费用——商品和服务费用——税金及附加费用
　　贷：其他应交税费——应交教育费附加
借：其他应交税费——应交教育费附加
　　贷：银行存款——自有存款
（2）预算会计分录：
借：事业支出——其他资金支出/财政拨款资金——商品和服务支出——税金及附加费用
　　贷：资金结存——货币资金
【附件资料】票据审批单、完税证明、税收电子缴款书、银行回单。

【业务情形3】按照税法规定计提并缴纳地方教育附加。
【凭证摘要】计提/缴纳×月地方教育附加。
【会计分录】
（1）财务会计分录：
借：单位管理费用——商品和服务费用——税金及附加费用
　　贷：其他应交税费——应交地方教育附加
借：其他应交税费——应交地方教育附加
　　贷：银行存款——自有存款
（2）预算会计分录：
借：事业支出——其他资金支出/财政拨款资金——商品和服务支出——税金及附加费用
　　贷：资金结存——货币资金
【附件资料】票据审批单、完税证明、税收电子缴款书、银行回单。

【业务情形4】按照税法规定计提并缴纳车船税。
【凭证摘要】计提/缴纳×月车船税。
【会计分录】
（1）财务会计分录：
借：单位管理费用——商品和服务费用——税金及附加费用
　　贷：其他应交税费——应交车船税
借：其他应交税费——应交车船税
　　贷：银行存款——自有存款
（2）预算会计分录：
借：事业支出——其他资金支出/财政拨款资金——商品和服务支出——税金及附加费用
　　贷：资金结存——货币资金
【附件资料】票据审批单、完税证明、税收电子缴款书、银行回单。

【业务情形5】按照税法规定计提并缴纳房产税。
【凭证摘要】计提/缴纳×月房产税。

【会计分录】

（1）财务会计分录：

借：单位管理费用——商品和服务费用——税金及附加费用

　　贷：其他应交税费——应交房产税

借：其他应交税费——应交房产税

　　贷：银行存款——自有存款

（2）预算会计分录：

借：事业支出——其他资金支出/财政拨款资金——商品和服务支出——税金及附加费用

　　贷：资金结存——货币资金

【附件资料】票据审批单、完税证明、税收电子缴款书、银行回单。

【业务情形6】按照税法规定缴纳印花税。

【凭证摘要】缴纳×月印花税。

【会计分录】

（1）财务会计分录：

借：单位管理费用——商品和服务费用——税金及附加费用

　　贷：银行存款——自有存款

（2）预算会计分录：

借：事业支出——其他资金支出/财政拨款资金——商品和服务支出——税金及附加费用

　　贷：资金结存——货币资金

【附件资料】票据审批单、完税证明、税收电子缴款书、银行回单。

【备注】印花税直接通过费用科目核算，不通过应交税费科目核算。

【业务情形7】按照税法规定计提并缴纳城镇土地使用税。

【凭证摘要】计提/缴纳×月城镇土地使用税。

【会计分录】

（1）财务会计分录：

借：单位管理费用——商品和服务费用——税金及附加费用

　　贷：其他应交税费——应交城镇土地使用税

借：其他应交税费——应交城镇土地使用税

　　贷：银行存款——自有存款

（2）预算会计分录：

借：事业支出——其他资金支出/财政拨款资金——商品和服务支出——税金及附加费用

　　贷：资金结存——货币资金

【附件资料】票据审批单、完税证明、税收电子缴款书、银行回单。

【业务情形8】按照税法规定计提并缴纳环境保护税。

【凭证摘要】计提/缴纳×月环境保护税。

【会计分录】

（1）财务会计分录：

借：单位管理费用——商品和服务费用——税金及附加费用

　　贷：其他应交税费——应交环境保护税

借：其他应交税费——应交环境保护税

　　贷：银行存款——自有存款

（2）预算会计分录：

借：事业支出——其他资金支出/财政拨款资金——商品和服务支出——税金及附加费用

　　贷：资金结存——货币资金

【附件资料】票据审批单、完税证明、税收电子缴款书、银行回单。

【业务情形9】按照税法规定在发放工资时代扣个人所得税。

【凭证摘要】×月在职人员等工资中代扣个人所得税。

【会计分录】

（1）财务会计分录：

借：应付职工薪酬——基本工资等

　　贷：其他应交税费——应交个人所得税

　　　　银行存款——自有存款

（2）预算会计分录：

借：事业支出——其他资金支出/财政拨款资金——工资福利费用

　　贷：资金结存——货币资金

【附件资料】科室工资汇总表、工资明细表、银行回单、相关职能核对确认单。

【业务情形10】按照税法规定在发放专家劳务费时代扣个人所得税。

【凭证摘要】代扣专家劳务费个人所得税。

【会计分录】

（1）财务会计分录：

借：业务活动费用/单位管理费用——商品和服务费用——劳务费

　　贷：其他应交税费——应交个人所得税

　　　　银行存款——自有存款

（2）预算会计分录：

借：事业支出——其他资金支出/财政拨款资金——商品和服务支出——劳务费

　　贷：资金结存——货币资金

【附件资料】票据审批单、劳务费明细表、劳务费增值税发票、银行回单。

【业务情形11】按照税法规定代缴个人所得税。

【凭证摘要】缴纳×月个人所得税。

【会计分录】

（1）财务会计分录：

借：其他应交税费——应交个人所得税

贷：银行存款——自有存款

（2）预算会计分录：

借：事业支出——其他资金支出/财政拨款资金——税金及附加费用

贷：资金结存——货币资金

【附件资料】票据审批单、个人所得税纳税申报表、税收电子缴款书、银行回单。

（六）结转类

1. 月末结转

【业务情形1】结转医疗盈余。

【凭证摘要】结转医疗收入/费用。

【会计分录】

（1）财务会计分录：

借：财政拨款收入——财政基本拨款收入——医疗收入/事业收入——医疗收入/上级补助收入/附属单位上缴收入/经营收入/非同级财政拨款收入——医疗收入/投资收益/捐赠收入/利息收入/租金收入/其他收入

贷：本期盈余——医疗盈余——医疗盈余

借：本期盈余——医疗盈余——医疗盈余

贷：业务活动费用——医疗费用/单位管理费用/经营费用/资产处置费用/上缴上级费用/对附属单位补助费用/所得税费用/其他费用（经费来源为基本支出的部分）

（2）预算会计分录：

不做账务处理。

【业务情形2】结转医疗项目盈余。

【凭证摘要】结转医疗项目收入/费用。

【会计分录】

（1）财务会计分录：

借：财政拨款收入——财政项目拨款收入

贷：本期盈余——医疗盈余——财政项目盈余

借：本期盈余——医疗盈余——财政项目盈余

贷：业务活动费用——医疗费用/单位管理费用/经营费用/资产处置费用/上缴上级费用/对附属单位补助费用/所得税费用/其他费用（经费来源为医疗项目支出的部分）

（2）预算会计分录：

不做账务处理。

【业务情形3】结转科教盈余。

【凭证摘要】结转科教收入/费用。

【会计分录】

（1）财务会计分录：

借：事业收入——科教收入

　　贷：本期盈余——科教盈余

借：本期盈余——科教盈余

　　贷：业务活动费用——科教费用

（2）预算会计分录：

不做账务处理。

【业务情形4】基层卫生院结转公共卫生盈余。

【凭证摘要】结转公卫收入/费用。

【会计分录】

（1）财务会计分录：

借：财政拨款收入——财政基本拨款收入——公共卫生收入/事业收入——公共卫生收入/非同级财政拨款收入——公共卫生收入

　　贷：本期盈余——公共卫生盈余——公共卫生盈余

借：本期盈余——公共卫生盈余——公共卫生盈余

　　贷：业务活动费用——公共卫生费用（经费来源为基本支出的部分）

（2）预算会计分录：

不做账务处理。

【业务情形5】基层卫生院结转公共卫生项目盈余。

【凭证摘要】结转公卫项目收入/费用。

【会计分录】

（1）财务会计分录：

借：财政拨款收入——财政项目拨款收入——公共卫生收入

　　贷：本期盈余——公共卫生盈余——公共卫生项目盈余

借：本期盈余——公共卫生盈余——公共卫生项目盈余

　　贷：业务活动费用——公共卫生费用（经费来源为公卫项目支出的部分）

（2）预算会计分录：

不做账务处理。

2. 年末结转

（1）财务会计部分：

【业务情形1】年末无偿调拨净资产转入累计盈余。

【凭证摘要】年末无偿调拨净资产转入累计盈余。

【会计分录】

借：无偿调拨净资产

　　贷：累计盈余——医疗盈余

【备注】“无偿调拨净资产”科目年末结转后无余额。

【业务情形 2】年末结转基本医疗盈余。

【凭证摘要】医疗盈余转盈余分配。

【会计分录】

县级医院：

借：本期盈余——医疗盈余

　　贷：本年盈余分配——转入累计盈余

基层卫生院：

借：本期盈余——医疗盈余

　　贷：本年盈余分配——提取奖励基金（本期医疗盈余 × 提取奖励基金规定比例）

　　　　本年盈余分配——转入累计盈余（剩余部分）

【备注】基层卫生院的本年医疗盈余经稽核会计、总审核核对确认，同时提交相关卫生院院长签字确认后，按比例转入“本年盈余分配——提取奖励基金”，奖励基金的计提比例按当地财政限额执行。

【业务情形 3】本年盈余分配转入累计盈余。

【凭证摘要】年末结转本年盈余分配。

【会计分录】

县级医院：

借：本年盈余分配——转入累计盈余

　　贷：累计盈余——医疗盈余

基层卫生院：

借：本年盈余分配——提取奖励基金（本期医疗盈余 × 提取奖励基金规定比例）

　　　　　　　　——转入累计盈余（剩余部分）

　　贷：专用基金——奖励基金

　　　　累计盈余——医疗盈余——医疗盈余

【业务情形 4】基层卫生院公共卫生盈余分配转入累计盈余。

【凭证摘要】公共卫生盈余转盈余分配。

【会计分录】

借：本期盈余——公共卫生盈余

　　贷：本年盈余分配——提取奖励基金（本期公卫盈余 × 提取奖励基金规定比例）

　　　　　　　　　　——转入累计盈余（剩余部分）

【业务情形 5】基层卫生院本年公共卫生盈余分配转入累计盈余。

【凭证摘要】年末结转本年公共卫生盈余分配。

【会计分录】

借：本年盈余分配——提取奖励基金（本期公卫盈余 × 提取奖励基金规定比例）

　　　　　　　　——转入累计盈余（剩余部分）

　　贷：专用基金——奖励基金

　　　　累计盈余——公共卫生盈余——公共卫生盈余

【业务情形6】财政医疗项目盈余转累计盈余。

【凭证摘要】财政医疗项目盈余转累计盈余。

【会计分录】

借：本期盈余——医疗盈余——财政项目盈余

　　贷：累计盈余——医疗盈余——财政项目盈余

【备注】累计盈余核算内容包括：①单位历年实现的盈余扣除盈余分配后滚存的金额；②因无偿调入调出资产产生的净资产变动额；③因以前年度盈余调整产生的净资产变动额；④按照规定上缴、缴回、单位内部调剂结转结余资金产生的净资产变动额。

【业务情形7】基层卫生院公卫项目盈余转累计盈余。

【凭证摘要】公卫项目盈余转累计盈余。

【会计分录】

借：本期盈余——公共卫生盈余——财政项目盈余

　　贷：累计盈余——公共卫生盈余——财政项目盈余

【业务情形8】年末结转以前年度盈余调整。

【凭证摘要】以前年度盈余调整转累计盈余。

【会计分录】

县级医院：

本科目是借方余额时：

借：累计盈余

　　贷：以前年度盈余调整

本科目是贷方余额时：

借：以前年度盈余调整

　　贷：累计盈余

基层卫生院：

本科目是借方余额时：

借：累计盈余——医疗盈余——医疗盈余（需调整金额剩余部分）

　　专用基金——奖励基金（需调整金额×提取奖励基金规定比例）

　　贷：以前年度盈余调整

本科目是贷方余额时：

借：以前年度盈余调整

　　贷：累计盈余——医疗盈余——医疗盈余（需调整金额剩余部分）

　　　　专用基金——奖励基金（需调整金额×提取奖励基金规定比例）

【备注】“以前年度盈余调整”科目年末结转后无余额。

【业务情形9】年末结转科教盈余。

【凭证摘要】科教盈余转累计盈余。

【会计分录】

借：本期盈余——科教盈余
　　贷：累计盈余——科教盈余

（2）预算会计部分：
财政拨款项目结转、财政拨款结余相关：
【业务情形 1】结转财政拨款预算收入。
【凭证摘要】本年财政拨款预算收入结转。
【会计分录】
借：财政拨款预算收入——一般公共预算财政拨款——基本支出
　　贷：财政拨款结转——本年收支结转——基本支出结转
借：财政拨款预算收入——一般公共预算财政拨款——项目支出
　　贷：财政拨款结转——本年收支结转——项目支出结转

【业务情形 2】结转事业支出中的财政拨款资金。
【凭证摘要】本年事业支出结转。
【会计分录】
借：事业支出——财政拨款支出（经费来源为人员经费和日常公用经费支出的部分）
　　贷：财政拨款结转——本年收支结转——基本支出结转
借：事业支出——财政拨款支出（经费来源为财政专项经费支出的部分）
　　贷：财政拨款结转——本年收支结转——项目支出结转

【业务情形 3】财政拨款结转内部明细结转。
【凭证摘要】财政拨款结转内部明细结转。
【会计分录】
借：财政拨款结转——本年收支结转——基本支出结转
　　贷：财政拨款结转——累计结转——基本支出结转
借：财政拨款结转——本年收支结转——项目支出结转
　　　　　　　　——年初余额调整/归集调入/归集调出/归集上缴/单位内部调剂
　　贷：财政拨款结转——累计结转——项目支出结转

【业务情形 4】财政拨款结转转入财政拨款结余。
【凭证摘要】财政拨款结转转入财政拨款结余。
【会计分录】
借：财政拨款结转——累计结转——基本支出结转
　　贷：财政拨款结余——结转转入——基本支出结转

【业务情形 5】财政拨款结余内部明细结转。
【凭证摘要】财政拨款结余内部明细结转。
【会计分录】

借：财政拨款结余——结转转入——基本支出结转

——年初余额调整/归集上缴/单位内部调剂

贷：财政拨款结余——累计结余——基本支出结转

非财政拨款结转、非财政拨款结余相关：

【业务情形1】年末，将除财政拨款收支、经营收支以外的非同级财政拨款专项资金本年收支转入非财政拨款结转。

【凭证摘要】非财政拨款专项收支结转。

【会计分录】

借：事业预算收入——科教预算收入（经费来源为专项经费的部分）

——公共卫生预算收入（经费来源为专项经费的部分）

非同级财政拨款预算收入——专项资金收入等

贷：非财政拨款结转——本年收支结转

借：非财政拨款结转——本年收支结转

贷：事业支出——科教资金支出（经费来源为专项经费的部分）

——非财政其他专项支出

其他支出——非财政其他专项支出

【业务情形2】年末，将“事业预算收入”科目本年发生额中的非专项资金收入、其他预算收入和非同级财政拨款预算收入中的非专项资金收入转入其他结余。

【凭证摘要】非专项各预算收入结转。

【会计分录】

借：事业预算收入（经费来源为非专项资金的部分）

其他预算收入——非专项资金收入

非同级财政拨款预算收入——非专项资金收入

贷：其他结余

【业务情形3】结转事业支出中的其他资金和其他支出。

【凭证摘要】其他资金支出结转。

【会计分录】

借：其他结余

贷：事业支出——其他资金支出

其他支出——其他资金支出

【业务情形4】其他结余转入非财政拨款结余分配。

【凭证摘要】其他结余转入非财政拨款结余分配。

【会计分录】

借：其他结余

贷：非财政拨款结余分配——转入非财政拨款结余

【业务情形5】非财政拨款结余分配结转。
【凭证摘要】非财政拨款结余分配结转。
【会计分录】
县级医院：
借：非财政拨款结余分配——转入非财政拨款结余
　　贷：非财政拨款结余——累计结余
基层卫生院：
借：非财政拨款结余分配——转入非财政拨款结余
　　贷：非财政拨款结余分配——提取奖励基金（金额与财务会计的奖励基金一致）
　　　　非财政拨款结余——累计结余（金额倒挤）

【业务情形6】基层卫生院非财政拨款结余内部明细结转至奖励基金。
【凭证摘要】年末结余（奖励基金）。
【会计分录】
借：非财政拨款结余分配——提取奖励基金
　　贷：专用结余——奖励基金

【业务情形7】非财政拨款结转内部明细结转。
【凭证摘要】非财政拨款结转内部明细结转。
【会计分录】
借：非财政拨款结转——本年收支结转
　　　　　　　　　——年初余额调整/缴回资金、项目间接费用或管理费
　　贷：非财政拨款结转——累计结转

【业务情形8】非财政拨款结转转入非财政拨款结余。
【凭证摘要】非财政拨款结转转入非财政拨款结余。
【会计分录】
借：非财政拨款结转——累计结转
　　贷：非财政拨款结余——结转转入

【业务情形9】非财政拨款结余内部明细结转。
【凭证摘要】非财政拨款结余内部明细结转。
【会计分录】
借：非财政拨款结余——年初余额调整/项目间接费用或管理费
　　　　　　　　　——结转转入
　　贷：非财政拨款结余——累计结余

附件：行政、事业单位会计档案保管期限（见表1）

表 1　　行政、事业单位会计档案保管期限

序号	档案名称	保管时间	备注
一	会计凭证		
1	各种会计凭证	30 年	包括：原始凭证、记账凭证和传票汇总表
2	财政预算拨款凭证和其他会计凭证		包括：拨款凭证和其他会计凭证
二	会计账簿		
1	日记账	30 年	
2	总账	30 年	
3	明细分类、分户账或登记簿	30 年	
4	所属单位固定资产卡片		固定资产报废清理后保管 5 年
三	财务会计报告		
1	综合财务报告		所属单位报送的保管 2 年
2	所属单位财务报告	永久	所属单位报送的保管 2 年
3	所属单位决算	永久	所属单位报送的保管 2 年
4	所属单位会计月、季度报表	10 年	所属单位报送的保管 2 年
四	其他会计资料		
1	银行存款余额调节表	10 年	
2	银行对账单	10 年	
3	会计档案移交清册	30 年	
4	会计档案保管清册	永久	
5	会计档案销毁清册	永久	
6	会计档案鉴定意见书	永久	

作者简介：汪彤，杭州市萧山区楼塔镇社区卫生服务中心，会计师

专家点评

规范会计核算口径是实行同质化财务管理的基础

《规范医共体会计核算口径的途径》是一篇详细指导医疗共同体（以下简称“医共体”）进行会计核算的专业文章，体现了最新的医疗财务管理和会计法规要求，不仅涵盖了会计核算的基本要求，还提供了大量的实例和详细的会计分录，以帮助读者理解和应用。

从内容上看，文章分为两大部分：首先，介绍了会计核算的一般要求，包括账务处理流程、会计科目设置、凭证管理、账簿设置及报表编制等基础内容。其次，文中通过192种经济业务情形和206笔会计分录，详细地展示了如何在实际工作中应用这些规则，具体包括资产类、收入类、费用类、库存相关类、各项税类、结转类的业务处理。

从特征上看，文章兼具全面性、实用性、针对性，几乎覆盖了所有与医共体会计核算相关的方方面面，确保读者能够获得一个系统的知识体系；其中不仅有理论介绍，更有大量具体的操作实例，有助于读者将所学应用于实际工作当中；医共体的财务管理是一个复杂且多维度的过程，涉及不同医疗机构之间的资源整合、协同运作以及统一管理，文章针对医共体这一特殊类型的医疗机构，解决其特有的财务管理问题，为实现医共体各成员单位财务同质化管理迈出了可喜的一步。

作为一名对医疗财务有一定了解的读者，《规范医共体会计核算口径的途径》给我留下了深刻的印象。它不仅能指导会计人员进行账务处理，还是医院管理者学习财务管理的重要参考资料。文中详尽的实例分析和清晰的操作步骤使得复杂的会计原理变得易于掌握。此外，文章还强调了合规性和标准化的重要性，对于提高医共体的财务透明度和服务质量具有重要意义。

总的来说，《规范医共体会计核算口径的途径》一文具有非常重要的参考价值，尤其适合正在寻求提升内部会计核算水平的医共体使用，相信它将成为医共体会计核算工作的重要资料。

温州医科大学附属第二医院副院长、正高级会计师　蔡战英

医共体经济运行管理制度

【摘要】目前，我国医共体建设仍处于探索阶段，牵头医院与医共体各成员单位之间由于历史背景、人力资源配置、发展阶段和业务侧重点差异，以及管理者能力和水平参差不齐，在经营管理理念和同质化管理上不能“同频道”发声，严重阻碍了医共体建设的推进。为增强牵头医院对医共体各成员单位经济运行管理与监督的力度，确保财务收支真实、完整、准确，提高资金使用效益和会计信息质量，防范财务风险的发生，由牵头医院财务管理中心负责，邀请相关职能科室负责人参与，编者根据医共体特征，制定了《医共体经济运行管理制度》。在编写过程中，我们对每一项制度从管理要求、管理内容上细化、实化、标准化，以增强制度的可操作性。经实践检验与反复修改完善，该制度贴合管理实际，可操作性强，对规范医共体成员单位的经济行为，提升经济管理水平和能力具有重要作用。

为实现医共体各成员单位经济运行顺畅和财务同质化管理，加强对各成员单位的财务管理与监督，确保财务信息真实、安全、完整，促进医共体各成员单位健康、可持续发展，施行统一、规范的经济运行管理制度非常必要。为此，我们探索由牵头医院财务管理中心负责，相关职能科室负责人参与，研究制定了《医共体经济运行管理制度》，共包括 24 个独立的管理制度。

一、支出审批制度

医院支出审批制度规范的范围包括：业务支出、投资支出、采购支出、往来款项支出，以及转移支付等一切支出业务。根据经济活动特性和管理要求，又可分为一般费用支出类事项、采购支出类事项、“三重一大”支出类事项、基建支出事项等。医院各项费用支出的开支标准和范围，应遵守国家有关财经法规、上级主管部门及医院的各项管理规定。

（一）支出审批要求

应当符合与支出业务相关的法律、行政法规、国家统一的财务会计制度和内部控制规范的要求；应当体现医院业务活动和管理的特点与要求；应当明确支出审批制度的组织领导及归口管理科室，全面规范医院各项支出业务申请、审批和支付各环节的管理要求，以及所涉及的关键岗位和职责，保证支出业务安全、有序地进行；应当制定科学、合理、便于操作和执行的支出审批制度。

（二）支出审批的内容

1. 支出申请。在支出业务达到支付条件时，及时提交支出申请，并提供真实、完整、准确的支出申请依据和原始凭证，确保申请与依据和原始凭证的一致性。

2. 预算控制。对支出申请业务有无预算及预算是否满足要求进行审核，保证各项业务支出按批准预算执行。

3. 业务审核。各业务科室负责人对授权范围内的支出申请依据和原始凭证的真实性、完整性和准确性等进行审核。

4. 财务审核。确认各项支出合法、合规，付款情况与约定（合同）相符，原始凭证合法有效、齐全完整，支出依据充分、金额填写准确。

5. 分管院领导审批。根据授权规则和授权额度对支出事项进行审批，对审批事项的必要性、程序完整性、合法性承担审批责任。

6. 院长审批。对达到或超过一般费用支出起点，或经医共体总院决策层会议讨论决定的重大支出项目进行审批。

7. 办理支付。出纳对报销凭证的真实性和完整性、报销金额的准确性，以及审批程序的完整性进行确认，达到制度规定要求后完成报销支付。

二、内部会计管理制度

医院内部会计管理制度规范的范围包括：医院财务会计管理的领导体制、组织架构、财务会计部门工作职责、岗位设置及岗位说明书、会计核算组织形式、会计信息化建设、内部财务会计管理制度建设和财务监督等。医院在制定内部会计管理制度时，应遵循《中华人民共和国会计法》（2024 年修订）、《会计基础工作规范》（2019 年修订）等法规的相关规定。

（一）内部会计管理要求

应当符合法律、行政法规、国家统一的财务会计制度和内部控制规范的要求；应当体现医院业务活动和管理特点、要求，并与医院组织管理体系相匹配；应当全面规范医院财务管理领导体制、财务管理组织架构、财务科工作职责、岗位设置及岗位职责、会计核算和会计信息化建设、内部财务会计管理制度建设和财务监督等会计管理各项工作，保证会计工作有序进行；应当制定科学、合理、便于操作和执行的内部会计管理制度。

（二）内部会计管理的内容

1. 院长或授权分管财务院领导。对医院会计工作全面负责，领导财务科、会计人员及其他人员遵照会计法开展财务会计工作，对会计资料的真实性、完整性负责。

2. 分管财务院领导。协助院长加强对医院经济活动和财务活动的管理，参与经济决策，组织医院预算编制和实施；组织领导医院会计工作，确保会计信息真实、完整；组织开展对医院经济活动的监督和分析评估；提出医院财务会计岗位设置、专业人员配备方案，经医院决策层会议决定后实施。

3. 财务科长（财务负责人）。在院长或分管财务院领导的领导下具体实施医院会计工作；组织制定医院财务管理制度和财务人员岗位职责并落实执行；具体组织医院预算编制并严格执行，定期分析预算执行情况；加强资产监督管理，防止国有资产流失；组织对医院经济活动进行分析，挖掘增收节支潜力，参与医院经济决策；对会计岗位设置、人员配备、职务聘任等提出建议，组织对会计人员的培训与考核。

4. 会计审核岗位。协助制定审核相关制度；审核各类收入、支出合规性和正确性；审核票据管理规范性等；审核会计凭证、会计账簿和财务会计报告真实性、完整性等。

5. 出纳。办理现金收付及银行（网银）结算业务，保管现金、有关印章和空白支票等。

三、全面预算管理制度

全面预算管理制度规范的范围包括：医院的业务、财务、筹资、投资等一切经济活动，以及人、财、物各方面的预算管理，具体包括业务预算、投资预算、筹资预算、财务预算等。

（一）全面预算管理要求

应当符合《中华人民共和国预算法》以及与预算管理相关的法律、行政法规、国家统一的财务会计制度和内部控制规范的要求；应当体现医院业务活动和管理特点与要求；应当根据制度规范中所涉及的所有业务，分类规范各项业务的具体流程；结合每一业务流程，明确和规范每一具体业务流程的关键点、关键岗位和对应的职责权限；针对业务流程，确定各项业务的主要风险点，并提出有效的风险防范措施，包括但不限于授权、审核、审批、不相容岗位分离等；应当制定科学、合理、便于操作和执行的全面预算管理制度。

（二）全面预算管理的内容

1. 预算布置。根据医院的发展战略、年度目标任务，确定预算编制原则、要求、方法、程序、主要内容等，及时布置年度预算编制任务。

2. 预算编制。各职能科室要在熟悉政策法规、医院发展战略，掌握科室业务财务历史数据和同行情况的前提下，进行充分调研后，结合科室业务目标与实际情况，及时做好预算编制前的准备工作。根据战略目标年度计划，收集相关资料，采用科学方法及时编制预算，做到内容完整、项目细化、数据准确。对于基建项目和大型设备购置，在编制前要进行可行性论证。

3. 预算平衡。遵循“以收定支、收支平衡、统筹兼顾”的原则，结合政策形势、经济发展趋势以及医院目标和科室实际，通过院领导专题会议、重点科室面谈等形式，削减非必须支出，严控费用支出预算，最终达到预算平衡。

4. 预算审批。根据医院发展战略、年度目标任务，最终确定年度预算目标，提交职工代表大会审议通过并确定年度预算方案；医院确定的年度预算方案需上报上级主管部门审批。

5. 预算下达。根据批准的年度预算方案，采用科学的方法将预算指标进行分解并下达到相关职能科室、各项经济活动及各个岗位，确保预算目标与医院整体目标保持一致和平衡。

6. 预算执行和审核。各业务管理科室根据工作任务需要，在下达的预算指标范围内申请和执行预算，严禁超预算、无预算列支费用；预算审核岗根据岗位职责和权限，及时对预算申请和执行进行审核。

7. 预算监控和分析。预算工作小组对预算执行情况进行动态监控和分析，及时发现预算偏差，协调相关科室查找分析原因，并提出整改意见和建议，确保预算目标完成。

8. 预算追加和调整。业务管理科室根据预算执行情况和工作任务变化情况，及时申请预算追加或预算调整；预算工作小组要根据职责、权限和程序，加强沟通协调，及时进行预算审核、提出审议意见并提交预算管理委员会审批通过。

9. 预算考核和评价。预算工作小组要及时、准确地编报各业务管理科室、各项目预算执行情况报告，并对预算执行情况进行考核和评价；预算管理委员会负责审批预算执行情况和绩效考核情况，并对考核结果进行反馈，确保考核结果的运用。

四、收入管理制度

医院收入管理制度规范的范围包括：财政拨款收入、事业收入、上级补助收入、附属单位上缴收入、经营收入、非同级财政拨款收入、投资收益、捐赠收入、利息收入、租金收入及其他收入。医院收入的确认条件及会计处理，应符合《政府会计准则——基本准则》（中华人民共和国财政部令第 78 号）和《政府会计制度——行政事业单位会计科目和报表》（财会〔2017〕25 号）等文件中的相关条款规定。

（一）收入管理要求

应当符合与收入业务相关的法律法规、政府会计准则及内部控制规范的要求；应当体现医院业务活动和管理的特点与要求；应当明确收入业务管理的组织领导及归口管理科室，明确所涉及关键岗位的职责权限，以保证收入业务安全有序进行；应当制定科学、合理、便于操作和执行的收入管理制度。

（二）收入管理的内容

1. 收入业务审批。按照会计准则、制度要求，根据收费许可或有关事项准备报送审批的相关资料；按医院财务制度规定完成收入事项的业务审批流程；按规定需上级主管部门审批的事项，向上级主管部门报批。

2. 会计审核。对收入事项的合规性及原始凭证的合理性、准确性、完整性进行审核。

3. 收费与开票。收费人员核对前置审核程序是否已完成；在被授权的收费业务范围内，根据已完成审核/审批的收费通知单进行收费结算；根据收费业务类型，开具收据、发票。

门急诊/住院收费组长负责每日生成收费汇总日报表，与每位收费人员日报表进行核对，核对无误后将原始凭证移交财务科指定岗位；对病人医疗欠费情况分别向相关职能科室负责人报告。

4. 收费确认。相关岗位人员对收入事项的办理进行确认。

5. 账务处理。会计核算人员根据票据记账联和银行回单，按照政府会计制度的要求进行账务处理；票据管理人员将已使用或作废的票据和缴款凭证（按顺序和金额）进行核对后核销；会计档案管理员按期整理、装订会计凭证等会计资料，集中归档管理。

（三）内部控制对收入的要求

合理设置收入业务相关岗位，明确岗位职责权限，确保不相容岗位相互分离，形成制衡机制。主要不相容岗位包括：收款与会计核算岗位；收款与会计档案保管岗位；票据使用与票据核销岗位等。禁止由一人办理收入业务的全过程。

医院在指定银行开设的基本账户，作为单位的收入账户。医院的所有收入（包括财政补助收入、医疗收入、其他收入等）都应及时缴存，不得坐支、私存或存入其他账户。财政补助收入入账前，需在银行回单后附相关文件。

医院收入结账时间为每月最后一天的 24 点。收入会计应将现金缴款单与门急诊、住院收入汇总表整理核对（门急诊收费统计数据应与门急诊收入汇总表、住院收费统计数据应与住院收入汇总表一致），审核无误后入账。

五、支出管理制度

医院支出管理制度规范的范围包括：事业支出、经营支出、上缴上级支出、对附属单位补助支出、投资支出、债务还本付息支出和其他支出。医院支出业务的归口管理要求与相关岗位职责权限的规定，应遵循《行政事业单位内部控制规范（试行）》（财会〔2012〕21号）、《会计基础工作规范（2019年修订）》（中华人民共和国财政部令第98号）等文件中的相关条款规定。

（一）支出管理要求

应当符合《中华人民共和国预算法》等与支出业务相关的法律、行政法规、国家统一的财务会计制度和内部控制规范的要求；应当体现医院支出业务活动和管理特点与要求；应当明确支出业务的开支范围、标准和管理要求，全面规范医院各项支出业务流程，以及所涉及的关键岗位和职责，保证支出业务经济、安全、高效、有序进行；应当明确支出业务中的主要风险点和防范措施；应当制定科学、合理、便于操作和执行的支出管理制度。

（二）支出管理的内容

1. 支出经费申请。根据科室业务活动需要，提出经费支出申请，填写经费支出报销审批单，根据医院支出审批程序，走逐级审批流程。

2. 支出业务审核。对所属支出业务申请的必要性、真实性、准确性等进行审核。

3. 财务审核。对经过业务审核的支出申请，进行程序合规性、资料完整性和真实性等审核。

4. 领导审批。对分管科室的支出申请进行业务必要性、程序合规性审批。

5. 决议审批。对“三重一大”项目的必要性、可行性、合规性、真实性等进行集体决议，经院长签批后执行。

6. 支出报销申请。根据审批结果填写支出报销单据；将支出申请审批结果与相关单据、合同等资料提交财务付款审核。

7. 财务审核并付款。审核审批程序的合规性；审核开支标准与范围是否符合预算要求；审核原始凭证的真实性、完整性；审核金额计算、支付方式、收款单位等信息是否正确；经复核确认无误后办理款项支付业务。

（三）支出明细项目的管理要求

财务人员应认真、细致地审核各项支出项目，审核支出是否在年度预算控制额度内，是否按照审批权限的范围审批签字，签批手续是否齐全，原始凭证各栏目是否填写完整和合规；对非转账业务鼓励使用银行卡（公务）结算，严格控制现金报销比例。各项经费支出需附相关附件，强化审核、审批的痕迹管理。其中，“三公经费”支出的过程审核尤其重要。

1. “三公经费”支出

（1）公务接待费。包括医院内部审批单、对方单位公函、接待清单（包括接待对象的单位、姓名、职务和公务活动项目、时间、场所、费用等内容）、餐饮发票；如涉及外宾接待的，还包括但不限于住宿发票、交通发票等。审核是否同城接待、陪同人数是否符合规定、餐费是否超标、是否附有派出单位公函、是否提前填报公务接待审批单、消费清单内容是否合规等。公务接待严格控制陪餐人数和工作餐标准，按照《浙江省党政机关国内公务接待管理办法》和《浙江省机关工作人员差旅费管理规定》执行。

（2）因公临时出国（境）。包括医院内部审批单、因公临时出国经费预算审核表、出国任务批件（含日程）、因公临时出国经费结算表、护照（包括签证和出入境记录）复印件、因公临时出国使用外汇相关凭据，以及国际旅费和国外城市间交通费原始凭证、各种需分摊费用的原始凭证或复印件等。

（3）公务用车购置及运行费。发生购置及运行费用时需附：医院内部审批单、燃油充值记录表、车辆购置发票、保险发票、停车发票、过路过桥发票、洗车发票、ETC 发票等。要重点审核车辆修理费支出是否附有修理费清单并加盖修理厂（公司）公章，修理厂（公司）是否为投标中标单位，修车内容是否合规、合理等。

2. 会议费支出

包括医院内部审批单、会议服务定点采购协议、专家讲课费清单、会议审批文件、会议通知及实际参会人员签到表、定点会议场所等会议服务单位提供的费用明细等。

3. 培训费支出

包括医院内部审批单、培训服务定点采购协议、专家讲课费清单、培训计划审批文件（如有）、培训通知、实际参训人员签到表、培训机构出具的收款票据、费用明细等。

发放专家讲课费具体要求：

（1）超过 300 元/课时，须附职称、职级证明。

（2）讲课费按实际发生的学时计算，每半天同一场次培训合计不得超过 4 课时，每课时不低于 45 分钟。

（3）如培训仅有讲课费支出的，需按照培训费文件的规定要求附事前、事后审批表，培训通知，实际签到表等相关资料。

（4）要求授课老师提供增值税发票，项目名称为劳务费，并由医院代缴其个人所得税。

4. 差旅费支出

需填制差旅费报销单，附出差事先审批单、学术会议通知、城市间交通票据、公杂费发票、保险发票、住宿发票等；参加上级主管部门举办会议和培训发生的差旅费支出，还需附会议、培训通知（文件）。

5. 工资、福利费支出

应严格按照国家标准执行，包括但不限于《国务院办公厅转发人力资源社会保障部 财政部关于调整机关事业单位工作人员基本工资标准和增加机关事业单位离退休人员离退休费三个实施方案的通知》（国办发〔2015〕3 号）、医院工资福利等人员经费管理相关规定。需附发放清单，清单注明项目名称、姓名、数量、金额、经手人（制表人）及分管院领导批示、银行打款记录。

医院发放在编人员和编外人员伙食补助、离退休福利费等支出标准，应执行当地财政部门的相关规定。

6. 劳务费支出

劳务费支出管理应遵循《财政部关于印发〈中央财政科研项目专家咨询管理办法〉的通知》（财科教〔2017〕128 号）、医院支付劳务费等文件的规定。需附医院内部发放审批单、个人开具的劳务费发票、职称（职级）证明等；发放培训讲课劳务费还应附事前审批表、培训通知、人员签到表等。

7. 购买服务及委托业务支出

购买服务支出包括维持医院日常运行所支付的物业管理费、设备维修（护）费等。委托业务支出包括医院因业务需要对外委托的检验检测费用与材料加工费用等。

购买服务及委托业务支出应遵循《政府采购货物和服务招标投标管理办法》（中华人民共和国财政部令第 87 号）、《财政部关于推进和完善服务项目政府采购有关问题的通知》（财库〔2014〕37 号）、医院购买服务及委托业务支出管理等文件的规定。需附医院内部审批单、政府采购确认书、中标通知单、购买服务协议、增值税发票等。

8. 专项经费支出

开支范围应根据经费性质及预算做相应规范。由上级部门下达的专项经费，应严格遵循上级文件对各项经费的管理办法，管理办法包括但不限于《中共中央办公厅 国务院办公厅印发〈关于进一步完善中央财政科研项目资金管理等政策的若干意见〉》（中办发〔2016〕50 号）、医院专项经费支出管理相关的政策及规定。需附医院内部审批单、专项经费预算及其他相关票据等。

9. 办公用品、保安用品、维修材料及低值易耗品购置支出

需附购物发票和购物清单及各库房入库单，购物清单需注明具体物资的数量、单价和金额（清单上要盖供货方公章、有验收人签名）。

10. 大型修缮费支出

需附有修缮合同（内容要完整）、维修发票、预算或修缮清单以及竣工验收决算书等。

11. 基本建设支出

按进度付款时，需附合同副本（内容要完整），经工程监理（跟踪审计）、医院基建科确认的付款金额，与付款金额相等的发票，财务科按合同规定的付款方式支付。

工程竣工结算时，需附工程概（预）算和经财政部门审核批复的工程结算书，或第三方审计机构出具的工程结算审计报告；财务附工程支付清单，清单上注明已支付的日期、金额及凭证号；施工单位提供剩余工程款项的发票（含质保金），财务科预留质保金后付款。

12. 政府采购项目支出

医院在公共资源交易平台（含电子卖场）采购的项目（包括货物、服务、工程），坚持应进必进公共交易平台原则，按照每年公布的浙江省政府采购目录和限额标准以及 × × 区公共资源交易目录等有关规定，根据不同采购项目、不同采购金额、不同资金来源采用相应采购方式。采购时需附《政府采购合同书》《政府采购送货验收单》及增值税发票，并按照采购合同规定的付款方式进行付款。

13. 公务用车油费支出

救护车采用充值卡加油，由医务科通过核对加油卡对账单进行审核确认；公务车油费，由党政办通过核对加油卡对账单进行审核确认；油费发票送财务科逐级审批后转账支付。

14. 房屋租赁费支出

需附房屋租赁合同、增值税发票、房内物品明细清单等。

15. 绩效及奖金的发放

需按照医院相关制度规定附批复文件和发放清单（发放明细单及考核清单由财务科专人保管存档）。

16. 工会经费拨付

行政拨付工会：按照工会会员基本工资的2%代扣后，定期拨缴工会账户。

医院工会上缴上级工会：需填制付款凭证，并附工会经费申请单、收款收据，经财务审核确认后付款。

17. 职工疗休养费支付

需提供双方签订的合同、承办单位开具的增值税发票、行程和参加疗休养人员名单，经医院工会经办人和工会主席双审核签字后，由财务科转账支付。

18. 大额开支

除医院制度规定正常开支的工资、福利费、加班费、误餐费、水电费、进修培训费、药品、卫生材料、医疗纠纷、事故赔偿款或政府采购等费用以外的，单项金额超过100000元以上的资金，须经过医院决策层会议集体讨论通过后，由院长审批后支付，并同时在支出发票上签署意见。

（四）内部控制对支出的要求

根据支出业务的类型和不相容岗位分离的原则，合理设置支出业务相关岗位及岗位职责权限，确保支出岗位相互制约与监督。

六、成本管理制度

医院成本管理制度规范的范围包括：成本管理的组织架构，成本管理的业务流程、关键岗位及职责，成本管理的主要方法，成本管理的主要内容（包括成本规划与计划、成本控制、成本核算、成本分析与考核），成本管理的信息化系统建设与功能要求等。医院要明确成本核算的具体内容，应遵循《政府会计准则——基本准则》（中华人民共和国财政部令第78号）、《政府会计制度——行政事业单位会计科目和报表》（财会〔2017〕25号）等文件中的相关条款规定。

（一）成本管理要求

应当符合与医院成本管理相关的法律、行政法规和国家统一的财务会计和管理制度的要求；应当体现医院业务活动和成本管理的特点和要求；应当明确成本管理流程、方法和管控措施，确保成本核算内容完整，成本计算及时、准确，为医院成本管理和上级主管部门决策提供可靠的信息；应当明确成本管理中的主要风险点和管控措施；应当制定科学、合理、便于操作和执行的管理制度。

（二）成本管理的内容

1. 编制年度成本规划与业务计划

根据业务/职能科室发展需要，按照医院发展规划，编制医院年度成本计划；业务/职能科室负责人对年度成本规划与业务计划的可行性、合理性及数据的可靠性进行审核；分管院领导对业务/职能科室的分项和汇总年度成本规划与业务计划的可行性、合理性等进行审核并批准。

2. 成本控制

对医院成本进行全过程控制：（1）成本事前控制：明确成本事前控制的内容、路径、流程和方法，建立成本计划和成本费用预算管理制度等；（2）成本事中控制：制定与成本形成过程相关的各成本项目明细控制流程，如DRG成本控制，并通过信息化手段，加强成本的事中控制，提高控制效率与效果；（3）成本事后控制：明确成本事后控制的主要程序和方法，采用成本比较分析、成本考核与评价等方法，反映成本管理成效，并与奖惩措施挂钩。

3. 成本核算

（1）确定医院成本核算对象。根据编制完成的年度成本规划与业务计划，确定成本核算对象，并设置相对应或匹配的成本核算单元，如医院总成本核算、科室全成本核算、医疗服务项目成本核算等。

（2）明确成本核算方法。明确医院总成本、科室全成本、医疗服务项目成本等各成本对象费用归集的方法和途径，合理制定费用分摊标准，优化成本核算流程。

（3）确定成本报表种类。根据医疗行业和上级主管部门，以及医院管理的需要，明确成本核算报表的种类、核算内容及报表的报送使用规定。

4. 成本分析

（1）确定成本分析方法。如按照分析目的和要求不同，分为全面分析、局部分析和专题分析；按照指标比较方法不同，分为比较分析法、结构分析法、趋势分析法、因素分析法和量本利分析法等。

（2）分析检查成本计划完成情况。明确检查的内容、流程、方法及时间要求等。

（3）分析成本差异形成的原因。包括分析成本规划、业务计划与实际执行结果之间存在的差异，寻求缩小差异的途径和方法，确定日常管控的重点环节，提出成本管控的方案等。

5. 成本考核与评价

（1）建立考核指标体系。可参照医疗行业内通用指标，或根据医院管理实际确定专门的考核指标，其目标值参照本科室历史水平和行业同规模医院相同科室的水平。

（2）确定成本考核方法。可采用定性评价法和定量评价法，通过效率指标，保证考核结果的公正与合理。

（3）反馈考核评价结果。要求业务/职能科室限期向成本管理办公室提交成本考核与评价结果报告，且与科室的奖惩挂钩，使考核工作发挥应有的作用。

6. 成本管理信息化

（1）注重成本管理信息化投入，开发成本核算系统要集成会计核算系统、薪资系统、物资系统、耗材的 SPD 系统、医院信息系统等多个业务系统。每一个业务系统与成本核算系统之间的对应关系至少涉及两种，一种是系统之间最小核算单元的对应，另一种是系统间数据项目的对应。这是实现成本核算数据追溯的基础，也是业财融合的关键。

（2）尽可能从源头上取数，避免重复输录的人为差错。

（3）数据要共享互通，实现对成本的实时核算、分析与控制。

七、科研项目经费管理制度

医院科研项目经费管理制度规范的范围包括：纵向经费、横向经费、配套经费、临床药物试验经费等。医院科技专项资金管理应遵循《浙江省科技发展专项资金管理办法》（浙财科教〔2019〕7 号）文件中的相关条款规定。

（一）科研项目经费管理要求

应当符合与科研项目经费相关的法律、行政法规、国家统一的财务会计制度和内部控制规范的要求；应当体现医院业务活动、管理特点与要求；应当明确科研项目经费的组织领导及归口管理科室，全面规范医院科研项目经费立项、经费使用等各环节的管理要求，以及涉及的关键岗位和职责，坚持“放管服”结合，规范经费管理，明确科研项目经费支出要求、报销流程，提高管理效率；应当明确科研项目经费管理中的主要风险点和防范措施；应当制定科学、合理、便于操作和执行的管理制度。

（二）科研项目经费管理的内容

1. 立项。建立健全科研项目经费管理责任制和监督机制；负责科研项目经费管理有关政策、制度的制定、贯彻执行及宣传、培训；明确相关职能科室和项目负责人的职责权限；加强对科研项目经费的监督与检查；严格保管专用章或公章，规范用章；组织项目申报、验收，按规定组织重大项目中期评估。

2. 科研项目经费支出。编制科研项目经费预算和决算；按制度规定或要求使用科研项目经费；及时填报科研项目经费使用信息。

3. 科研项目经费预算执行分析与调整。财务科指导、审核科研项目经费预算编制；定期对项目经费预算执行情况进行分析，及时将预算执行情况反馈给项目负责人。为维护预算的严肃性，项目经费预算一般不予调整；特殊原因确需调整的，按规定报有权限的单位或上级主管部门审批后执行。

4. 科研项目经费核算、财务管理。财务科负责科研项目经费的转拨审核、经费使用、分析、结算、结转等工作；审核科研项目经费的使用；负责科研项目经费的专款专用、独立核算。

5. 财务报销。按开支标准、审批程序规定填写科研项目经费报销单，后附发票原件、自制原始凭证（劳务费发放表等），以及必要的附件（合同、会议相关资料等），并由经办人和科研项目负责人签字。对公支出、对个人支出，均需经审核、逐级签批后方能报销。

6. 科研资产管理。课题经费购置的资产属于国有资产，其使用权和产权归医院，需纳入医院的固定资产账户核算与管理，项目负责人需严格执行国有资产管理和使用规定；资产的处置按国家的有关规定执行，防止国有资产流失。

7. 结题、验收、审计、结余经费。按照规定时限和程序组织开展项目验收，有明确应用要求的，在科研项目验收后不定期组织成果应用情况的现场抽查、后期评估；根据科研项目类别及完成情况，对结余资金采取不同的处理方法；根据科研项目经费额度大小实施外部或内部审计。

8. 科研项目经费监督与绩效评价。确定监督评价的归口管理科室和具体实施科室，按照科研项目经费管理规定及国家或医院有关财务管理制度使用科研项目经费；加强对科研项目经费的监督和检查，健全科研项目经费使用管理的监督和约束；协同科研项目经费内、外部审计检查工作；依据任务书在科研项目期末进行综合绩效评价。围绕科研项目目标、研究内容、研究主要指标等完成情况、预算执行情况、经费使用的合规性、有效性、相关性、及时性等进行监督评价。

八、资金结算管理制度

医院资金结算管理制度规范的范围包括：医院与其他单位或个人之间发生的所有货币资金收付业务，此外，还应包括医院账户间的资金归集和调拨。医院通过非金融机构进行的货币资金转移业务，包括：支付宝、微信等网络支付、预付卡、银行卡收单等结算方式，应遵循《非金融机构支付服务管理办法》（中国人民银行令〔2010〕第2号）、《关于公立医院开展网络支付业务指导意见的通知》（国卫办财务发〔2018〕23号）等文件中的相关条款规定。

（一）资金结算管理要求

应当符合《中华人民共和国票据法》《支付结算办法》等资金结算业务相关的法律、法规及内部控制规范的要求；应当体现医院业务活动和管理特点及要求；应当明确资金结算业务的组织领导及归口管理科室，规范医院各种资金结算方式的管理要求，明确资金结算岗位的职责、权限，以保证资金结算业务安全、有序地进行；应当制定科学、合理、便于操作和执行的管理制度。

（二）资金结算管理的内容

1. 结算方式的选择。根据资金结算申请内容及相关法规的适用范围，选择、确认适合的结算方式。某些结算方式的选择，如网络支付等，必须经过前期评估及审批。

2. 资金结算。核对结算申请的审核/审批是否完整；在被授权的资金结算业务范围内，根据已完成审核/审批的结算申请及结算方式要求，进行资金结算操作；对资金结算操作进行权限内复核。

（三）网络安全要求

按照国家网络安全法和有关部门要求的技术标准，建设网络支付信息系统；建立网络支付故障应急机制，保证数据的完整性；根据医院信息化管理制度及具体操作规范，合理设置各岗位操作权限，确保网络支付原始数据不被修改，保证数据的真实性。

转账支付。单据上要注明收款人全称（需与发票盖章单位一致）、开户银行及账号。汇入个人账户的，需提供授权书。

公务卡刷卡支付。需附购物发票与刷卡小票（刷卡小票需提供复印件）。

九、货币资金管理制度

医院货币资金管理制度规范的范围包括：库存现金、银行存款、零余额账户用款额度、其他货币资金等，其中：其他货币资金包含银行汇票存款、银行本票存款、信用卡存款、支付宝、微信、POS机、聚合支付及其他各种类型结算方式的资金。医院支付宝、微信、POS机等第三方平台资金账务处理，应符合《政府会计准则制度解释第1号》（财会〔2019〕13号）文件中的相关条款规定。

（一）货币资金管理要求

应当符合与货币资金业务相关的法律、行政法规、国家统一的财务会计制度和内部控制规范的要求；平台结算业务开展前，应对政策导向、自身条件、前期投入、合作方资质、业务量、业务成本及系统风险等方面进行充分评估；流程设计要符合医院业务特点和管理要求；信息处理方法应符合相关规范、物理系统及数据库安全保护严密，可有效保障会计信息的完整性、真实性和安全性；应当明确医院货币资金业务收付、存放等各环节的管理要求；应当针对货币资金收付、存放流程，确定有效的风险防范措施，包括但不限于授权、审核/审批、不相容岗位分离、核查控制等；应当制定科学、合理、便于操作和执行的货币资金管理制度。

（二）货币资金管理的内容

1. 开户。根据实际需要，提出开设银行账户和第三方平台资金账户的申请，由医院财务科统一办理开户和使用。

2. 审批。根据《医院资金审批制度》规定的权限，逐级进行审批，属于“三重一大”事项的，需经医院决策层会议讨论决定。

3. 存放。需要招标的公款存放项目，按规定报上级主管部门统一招标或根据授权自行组织招标；招标完成后或不需要招标的项目，与中标（开户）银行签署协议，按协议规定进行公款存放。

4. 收回。核实定期及通知存款开户证实书（存单）真实性；做好开户证实书登记、保管，防止丢失、被盗、逾期；按规定及时支取到期的存单；根据协议核对收益是否准确。

（三）货币资金管理的相关要点

货币资金包括现金、银行存款、零余额账户用款额度以及支付宝、微信、市民卡、聚合支付、POS 机等第三方平台账户的资金。

（1）现金管理。包括现金库存限额、缴款时限、使用范围、盘点等。

（2）银行存款管理。包括银行账户的开设、变更和撤销，银行存款的结算，定期存款存放等。

（3）零余额账户用款额度管理。包括零余额账户的开设，财政国库支付令的签发，对账管理等。

（4）第三方平台账户资金管理。做好支付宝、微信、市民卡、聚合支付、POS 机等第三方平台账户的资金结算管理和对账管理。

（5）退费资金结算管理。对纳入第三方平台账户的退费资金结算，按医院通用退费流程，可在所有结算单元（人工窗口、自助结算、护士台）办理，原则上应当原路返还，无法原路返回的，应当经过必要的审批程序并获同意后方可执行。

货币资金管理的基本要求如下：

（1）每日做好现金盘点，确保其安全和完整。

（2）确定专人每天对支付宝、微信、市民卡、POS 机等第三方平台账户资金与医院信息系统进行核对；完善与第三方平台账户的资金报表，保证各数据间勾稽关系准确，满足随时查询的需要。

（3）加强印章、密钥及密码管理，严禁一人保管资金结算业务所需的全部印章、密钥或支付密码，必要时设置资金结算分级复核权限；妥善保管法人章、网银密匙、财政数字证书、银行空白票据、收款票据等，严格按规定用途使用。

（4）定期和不定期对出纳、收费人员进行抽盘现金。

（5）每月银行存款账面余额要与银行对账单核对；第三方平台账户余额要与财务账核对；核对后分别编制银行存款、第三方平台账户余额调节表，并由其他财务人员进行复核。未达账项要及时查明原因并进行清理，原则上不得超过一个月。

（6）每月要核对银行对账单、银行总账、日记账，审核是否账实相符、账账相符。

货币资金管理的具体要求如下：

（1）实行保密制度，相关人员要严格账户名和密码管理，不得挪作他人使用，不得向外单位或个人出借货币资金。

（2）现金统一由财务科收取，并开具由财政部门监制的收款票据。

（3）门诊收费处和住院收费处收取的现金必须当日存入银行（具体根据银行缴款时间规定），并注明款项来源，不得坐支。财务科应定期或不定期对现金缴存情况进行检查。

（4）库存现金要根据国家规定实行限额管理，不得白条抵库，如需要调整单位现金限额，应向开户银行提出申请。

（5）现金的使用必须符合国家《现金管理暂行条例》规定。医院对外经济往来、到外地采购物资所需款项，除限额内允许支付现金外，其他一律应通过银行办理转账结算。

（6）医院从开户银行提取现金，应当写明用途，不得违规套用现金。

（7）医院应加强对现金的内部控制，库存现金要做到日清月结，做到账账和账款相符。医院法人及财务科要监督备用金的安全使用，不定期抽查备用金使用情况。一旦发现有私用备用金的行为，除给予相应处分外，还要将其调离所在岗位。对于因工作需要领用备用金的，应定期进行核对，每年年终结清，次年重新核定备用金数额及办理借用手续，确保资金完整无缺。

（8）资金结算业务凭证，包括网络支付业务对账记录和账目核对等资料，应当按照会计档案管理要求保存。

十、存货管理制度

医院存货管理制度规范的范围包括：医院开展业务活动及其他活动中未耗用或出售而储存的资产，如药品、卫生材料、其他材料、低值易耗品等物品，以及未达到固定资产标准的用具、装具、动植物等。医院存货管理和核算，应遵循《会计基础工作规范》（2019 年修订）、《政府会计准则——基本准则》及《政府会计准则第 1 号——存货》等文件中的相关条款规定。

（一）存货管理要求

应当符合与存货业务相关的法律、行政法规、国家统一的财务会计制度和内部控制规范的要求；应当体现医院业务活动和管理特点及要求；应当明确归口管理科室及相关岗位职责，规范存货在采购、验收、入库、保管、领用、处置和核算各业务环节的流程；应当制定科学、合理、便于操作和执行的存货管理制度。

（二）存货管理的内容

1. 采购申请。使用科室结合用药情况编制申购药品清单，提交科室负责人审核后向药剂科申报药品采购需求；使用科室根据卫生材料及总务耗材需求编制申购清单，提交科室负责人审核后，向相关供货科室申请采购。

相关供货科室收集各业务科室、药房、医生的建议，遵循“计划采购、定额管理、加速周转、保证供应”的原则，合理制定医院用药计划并报分管院领导批准后，编制或更新用药目录；供货科室根据药品、卫生材料及其他耗材的实际使用情况和使用科室的临时需求，按照“计划采购、定额定量供应”办法管理，提出并填写药品、卫生材料及其他耗材的采购单，提交相关供货科室负责人审核。

2. 组织采购。药品采购人员需认真执行有关药品招标采购政策，在浙江省两定机构医疗保障信息平台上进行药品集中采购；卫生材料采购人员需认真执行耗材阳光采购政策，确保线上采购率指标达标，线下采购需严格执行政府采购相关规定组织采购；其他耗材采购人员需严格执行政府采购相关规定组织采购。

3. 验收入库。各库房收到供货商送来的物资后，应按验收程序对入库物资数量、质量把关，核对物资名称、规格、剂型、数量、金额、批号等是否与实际物资一致，核对物资是否在有效期内，需要冷藏保存的是否做到冷链配送等；需将验收合格的物资在系统中以进价作入库处理，同时将相关验收凭证提交采购人员审核签字。对验收不合格的物资，则向相关供货科室汇报后交由相关采购人员联系供应商进行退货、换货处理；严格履行存货验收程序，对存货进行分类验收管理，并编制和审核入库报表。

相关供货科室负责人需审核药品、卫生材料是否按采购价入库，存货入库报表与相关凭证是否相符。

4. 登记台账并付款。库房会计根据入库单、验收报告、送货发票等相关验收资料，对入库货品登记总账；对形成的应收、预付款项进行审核、核对、记账；财务科根据医院相关制度进行货款支付。

5. 存货保管与盘点。库房管理人员需考虑部分存货的特殊性进行妥善保管，对特殊药品需限制性接触；需综合考虑使用科室的需求及仓库的存储量，确定合理的存货仓储量，并对存货的库存量设置警戒点；根据存货的储存要求对存货进行妥善储存；定期检查存货的仓储状态，重点关注有无到期、有无霉变、毁损，发现异常情况及时上报并处理，对滞销存货等不能解决的问题，要及时报请相关库房负责人处理。

库房管理人员根据制度要求每月对存货进行清查盘点，库房会计对存货进行监盘，盘点完成后编制盘存汇总表，对盘点差异及差异形成的原因进行分析，签字确认后提交库房负责人、药剂科主任、分管院领导审核签字，重大亏损需上报医院决策层集体讨论。

6. 盘点审批。库房负责人对提交的盘存汇总报告、滞销存货汇总报告等进行审核，并提出处理意见，金额较大的，还需提请分管院领导或医共体总院决策层会议集体讨论。

7. 记账。库房管理人员按库房负责人审核完毕或医院决策层会议集体讨论通过的报告结果登记台账；财务人员根据审批后的盘存汇总表、滞销存货汇总表的处理意见进行相应的会计处理。

8. 存货领用申请。各使用科室、药房根据医疗服务开展的需要，提出存货领用申请，提交所在科室负责人审批；对已申领的存货及时提供给患者使用，对已申领未使用的备货需妥善保管，定期清理盘点。

9. 存货领用申请审核。使用科室、相关供货科室负责人审批存货领用申请。

10. 存货领用出库。各库房管理人员及时接受并审批业务科室的申领业务，实耗实销，在物资系统中作出库处理，定期检查存货使用情况，检查业务科室有无对存货造成浪费；使用科室将出库用到患者的药品、卫生材料计入其账单内，出院时一并结算。

11. 月末对账。财务科会计根据各库房提供的出库报表进行账务处理；月末与各库房会计提供的报表进行账账核对，并形成核对记录。

（三）存货项目明细管理

医院应建立健全药品、卫生材料、低值易耗品等管理制度，明确相关人员职责。不得由会计、出纳及药品会计兼任库房物资负责人，对库存物资管理应建立健全出入库制度，完善库存物资内控制度，保证账账相符、账实相符。

1. 药品管理。药品，是指医院在医疗活动过程中一经使用，即全部消耗，价值全部转移到患者的物品。医院对药品进行分类管理，一般分为西药、中药饮片（中草药）、疫苗等。

（1）药品管理。要严格执行《中华人民共和国药品管理法》、药品价格政策和职工基本医疗保险制度的有关规定，并遵循“计划采购、定额管理、加速周转、保证供应”的原则。

（2）药品采购。在保证医疗业务活动正常需要条件下，尽量节约资金占用；做好验收工作，把好质量关；认真做好药品采购价的审核工作，降低采购成本。

（3）药品储存。建立完整的盘点制度。药库药品每月进行清查盘点；药房药品应每月盘点后结出余额，与财务科总账保持账账相符，如账实发生差异，要查明原因，按照审批权限进行处理。对于精麻毒放药品，要遵守相关管理规定，每日盘点。

（4）药品出入库。药品验收入库，应根据随货同行联所列品名、规格、数量、单价认真点收，对无采购计划、不符合规定的不予验收。验收合格后，及时在药品管理系统做药品入库；药品出库时，要打印“药品出库单”一式二份，药库和领用科室各持一份。月末，药品会计将药房及其他各科室领用的“出库单”分类汇总，编制“药品进出存汇总表”交财务科进行核对和账务处理。

（5）药房药品管理。药房要正确计算处方销售额并与药品收款额核对相符。应做到“金额管理、数量统计、实耗实销”。药房会计每月末应及时编制“药房药品进销存月报表”交财务科进行账务处理。

（6）药品调价、报废药品应按规定及时处理。收到药品调价通知，药库、药房要及时清点调价药品现存数量，并编制“药品调价情况说明”，送财务科进行账务处理。报废时，对于药品破损应查明原因，根据会计制度的相关规定进行处理。

（7）中草药进销差价。中草药统一按购入价进行核算，其购入价与零售价的差额为进销差价。

2. 卫生材料（其他材料）管理。卫生材料是指医院在向病人提供医疗服务过程中，一次性使用的医用物品，如脱脂棉、纱布、一次性针筒、输液器等。在预防院内感染的前提下，为节省卫生资源和减轻病人负担，以及简化管理手续，对可回收循环使用数次的物品，如橡胶管等，在习惯上也视同卫生材料管理。

（1）卫生材料采购。由需求科室根据业务需要量提出采购计划，报科室负责人、分管院领导审批同意后由招采中心办理。凡属招标采购的必须严格按规定执行。

（2）卫生材料储存。须由仓库保管员验收入库，入库的材料首先要查验有关证件是否齐全有效，然后查验质量是否符合要求，数量是否正确。对紧急使用或手术现场选择型号、规格的植入性医疗器械，可以临时由招采中心确认有资格的厂商直接提供使用，但在手术后必须及时填写植入医疗器械使用验收单，与发票一起作为验收入库的凭据，并将所有资料作为病人病历档案一起完整保存。

（3）卫生材料领用。必须指定专人（科主任或护士长）负责领用卫生材料。每月终了由库房会计汇总编制“材料进销存月报表”，财务科根据月报表数据进行账务处理。

3. 低值易耗品管理。低值易耗品是指医院单位价值低或使用期限相对固定资产较短，在使用过程中保持其原有实物形态基本不变，不能作为固定资产核算，易于损坏，需要经常补充和更新的物品。如医疗用品、办公用品、文娱体育用品、炊事用品、其他用品等。可根据单位价值和使用年限结合医院实际情况区分。

（1）低值易耗品分类。低值易耗品分为医用和通用两类，分别归属设备科、总务科管理。

（2）低值易耗品摊销。低值易耗品实行一次性摊销，个别价值较高或领用、报废相对集中的采用五五摊销法。

（3）低值易耗品报废。低值易耗品报废收回的残值，计入其他收入。

（4）低值易耗品清查盘点。库房管理员定期清点，对盘盈、盘亏情况应查明原因，按规定履行报批程序后再进行账务调整。

（四）存货管理的具体规定

1. 物资采购需合理制定储备定额标准，按供应计划组织订货和采购，使库存物资的数量、质量、规格、型号、性能符合业务活动的需要，防止盲目采购，造成积压、浪费；尽可能做到零库存。

2. 物资验收要准确及时，重点要验质验量，对不符合合同规定的，应当及时向供货单位提出赔偿、退货或换货要求。

3. 凡经检验合格的物资，应在系统中录入物资验收单。领用库存物资应由科室请领后根据实际存货出库，出库单一式二份，一份仓库保管留底，一份交领用科室存查。

4. 每月月末，财务人员需督促库房会计及时打印核对西药/中草药供货单位报表，西药/中草药领用统计表，药品入、出库单（入库单和销售清单金额一致），药品差价统计表，标注入、出库附件张数，填写“药品材料出入库及成本结算备查表”，送财务科入账。

5. 物资应定期进行盘点，年终必须进行全面盘点清查，保证账实相符。对于盘盈、盘亏、变质、毁损等情况，应当及时查明原因，根据管理权限报经批准后及时进行处理。盘盈的，按照确定的入账成本，贷记“待处理财产损溢”科目；盘亏、变质、毁损的，按照待处理库存物资的账面余额，借记“待处理财产损溢”科目。

十一、固定资产管理制度

医院固定资产管理制度规范的范围，是指医院为满足自身开展业务活动或其他活动需要而购置的，使用年限超过一年（不含一年）、单位价值在规定标准以上，并在使用过程中基本保持原有物质形态的资产，一般包括：房屋及构筑物、专用设备、通用设备等。固定资产单位价值在 1000 元以上（其中：专用设备单位价值在 1500 元以上），有些单位价值虽未达到规定标准，但使用年限超过一年（不含一年）的大批同类物资，也纳入固定资产管理。医院涉及固定资产的配置、使用、处置、评估、清查、管理等具体内容时，应遵循《事业单位国有资产管理暂行办法》（中华人民共和国财政部令第 36 号）及《财政部关于进一步规范和加强行政事业单位国有资产管理的指导意见》（财资〔2015〕90 号）等文件中的相关条款规定。

（一）固定资产管理要求

应当符合与固定资产管理相关的法律、行政法规、国家统一的财务会计制度和内部控制规范的要求；应当体现医院固定资产配置、采购、使用、处置等业务活动的特点和要求，分类规范各项业务的具体流程；应当结合固定资产管理相关流程，确定和规范固定资产各业务的关键岗位，保证相关业务安全、有序进行；应当制定科学、合理、便于操作和执行的固定资产管理制度。

（二）固定资产管理的内容

1. 配置审批。根据使用科室业务需要，按照国家有关法律法规、规章制度规定和医院预算计划，对单项价值在10万元及以上的专用设备进行可行性分析，经设备管理委员会讨论后确定。

2. 采购计划编制及采购。根据批准的采购预算和计划，按照政府采购有关规定及医院采购管理办法组织采购。

3. 验收入库。在固定资产到货后，根据使用科室申请流程单、医院决策层会议执行单、合同、有归口管理职能科室和使用科室共同签字的验收报告、购货发票等资料办理入库手续。

4. 审核付款。根据付款申请，对照付款条件，审核付款资料并根据合同/协议约定付款。

5. 使用、保管。按规定办理固定资产领用手续，按照医院要求妥善保管本科室领用的固定资产，完成定期清查盘点及做好日常维护工作。

6. 维修（维护）。固定资产主要管理科室定期检查固定资产使用情况，做好资产维修（维护）记录。

7. 绩效评价。对固定资产使用状况进行综合或单项分析，考核固定资产利用率及经济效益和社会效益。

（三）固定资产盘点结果的处理

医院应按规定建立固定资产分类账、明细账及卡片，明确相关人员职责，定期对固定资产进行清查盘点，并与财务科核对本期数，根据清查盘点结果填制《科室固定资产清查报告单》。

1. 固定资产盘盈：经上级主管部门批准后按同类固定资产价值或重置完全价值增加固定资产，并对以前年度盈余调整。

2. 固定资产盘亏及毁损：应查明原因，属于自然灾害等特殊情况造成的，按规定程序报经批准后核销；属于责任事故或管理问题而造成重大损失的，应追究相关人员的责任。按规定审批程序报经上级主管部门批准，扣除变价收入、保险公司和过失人的赔偿后，冲减固定资产和累计折旧。

十二、基本建设全过程财务管理制度

医院基本建设全过程财务管理制度规范的范围，是指医院所涉及的建设项目，包括使用各级预算资金及医院自筹资金的新建、迁建、改扩建、大型修缮改造以及应当纳入基本建设管理的所有工程项目。基本建设全过程财务管理包括：项目立项、工程设计、工程采购招标、工程施工、工程变更与资金结算、工程竣工结算和财务决算等阶段。医院制定基本建设财务管理制度应遵循《基本建设财务规则》（中华人民共和国财政部令第81号）、《公立医院内部控制管理办法》（国卫财务发〔2020〕31号）、《关于进一步加强公立医院内部控制建设的指导意见》（财会〔2023〕31号）等文件中的相关条款规定。

（一）基本建设全过程财务管理要求

应当符合与基本建设相关的法律、行政法规、国家统一的基本建设财务管理规范和相关内部控制规范的要求；应当明确基本建设项目财务管理的组织领导及归口管理科室；应当明确业务流程，针对基本建设全过程财务管理制度规范范围中所涉及的所有业务，分类规范各项业务的具体业务流程；应当结合每一个基本建设项目流程，确定和规范每一个具体业务流程的关键环节、关键岗位和对应的职责权限；应当制定科学、合理、便于操作和执行的基本建设全过程财务管理制度。

（二）基本建设全过程财务管理的内容

1. 立项准备。基建科应根据医院发展需要及上级主管部门的安排，提出基本建设项目需求及建设计划；与相关科室和人员讨论立项的充分性、必要性；与财务科讨论项目的资金安排等；听取临床科室的相关需求。

2. 工程设计。基建科与设计单位沟通，要求提出2—3个设计方案。组织设计单位与后期使用科室、院感科进行沟通，听取相关科室意见，尽可能在控制预算的基础上，满足各方需求；要对设计单位进行管理，定期考核。

3. 工程施工管理。基建科管理施工现场，负责与设计单位、施工单位、监理单位及设备材料供应单位等进行联系、沟通；做好基本建设项目的进度、质量、安全监督、检查等管理工作，严防违章、违规操作，杜绝各类安全事故的发生；做好工程质量、进度和材料、设备的验收把关工作。

4. 工程变更管理。基建科严格控制施工变更，对施工现场的变更要充分论证必要性、可行性和经济性；有权限的审批人要严格按照权限对施工变更进行审批，审查施工变更的合理性。

5. 资金结算管理。基建科负责发起工程款支付申请，准备相应工程款付款资料，提交完整的申请付款资料后进入审批环节。财务科审核工程进度款的支付，判断单据来源是否合法，资料是否齐全，内容是否真实、完整，审批流程是否规范，审批手续是否齐全；审核金额计算、支付方式、收款单位等信息是否正确；对不正确、不完整的原始凭证，退还给基建科经办人员更正后，再进行审核。医院决策层会议根据“三重一大”制度，对制度规定金额以上的大额资金支付进行审议。

6. 工程财务竣工结算。财务科要协同基建科及时办理工程竣工结算，协同基建科办理工程移交手续；在基建科的配合下编制工程竣工财务结算报表。财务科要不定期对医院基建工程进度和资金使用情况进行专题分析，及时反馈工程进度款支付和项目概算执行情况，对发现的异常问题，及时上报有关领导予以处理。

十三、无形资产管理制度

医院无形资产管理制度规范的范围，是指医院购置的没有实物形态的可辨认的非货币资产，包括专利权、商标权、著作权、土地使用权、非专利技术、不构成相关硬件不可缺少组成部分的应用软件及其他财产权利等。医院做好无形资产的日常管理，应遵循《中华人民共和国促进科技成果转化法》（2015年修订）、《事业单位国有资产管理暂行办法》（中华人民共和国财政部令第36号）及《财政部关于进一步规范和加强行政事业单位国有资产管理的指导意见》（财资〔2015〕90号）等文件中的相关条款规定。

（一）无形资产管理要求

应当符合与无形资产管理相关的法律、行政法规、国家统一的财务会计制度和内部控制规范的要求；应当体现医院无形资产管理活动的特点和要求；应当明确无形资产的归口管理职能科室，制定科学、合理、便于操作和执行的管理规范，明确关键岗位和职责，规范各业务环节的流程。

（二）无形资产管理的内容

1. 无形资产购置。医院新增无形资产，应充分考虑业务发展需要与实际可能，实行计划管理。各相关职能科室需按财政要求编制采购计划，单项价值在 10 万元以上无形资产购置还应进行可行性论证，报医院决策层会议讨论通过后列入年度预算，凡属招标采购的，须经有关部门批准后按政府采购有关规定执行。

2. 无形资产验收入库。医院新增的无形资产必须验收入库，入库前，由信息科联合使用科室对入库无形资产进行验收，根据使用科室申请流程单、医院决策层会议执行单、合同，凭信息科和使用科室共同签字的验收报告与购货发票等资料办理入库手续。

3. 无形资产出库。无形资产入库以后，应根据使用范围出库到信息科或直接出库到使用科室。

4. 无形资产处置。确实不能满足使用要求的无形资产，由使用科室提出报废申请，填写报废理由，信息科技术人员进行评估鉴定，经信息科主任审核后，报分管院领导同意，然后按下列情况进行处理：

（1）无形资产报废经主管部门审批同意后报财政部门审批备案。

（2）无形资产调拨、变卖应报主管部门或财政部门审批，按国家有关规定办理产权变更或转让手续，并妥善处理档案资料。

5. 无形资产清查。资产管理部门应对在用无形资产经常进行局部轮查，每年一次全面清查，对盘盈、盘亏的无形资产，应查明原因，报请有关部门审批后，进行账务调整，做到账实相符。

6. 无形资产账务管理。由财务科设置无形资产总分类账，控制无形资产总额；资产管理部门设置无形资产明细账，进行数量、金额核算，并做好无形资产具体使用科室的备查账。财务科每月与资产管理部门无形资产账户进行核对，要求账账相符、账卡相符。与管理科室财产账户进行核对，要求账账相符、账卡相符。

7. 月末对账。财务人员对无形资产按月计提摊销并进行账务处理；根据已审核完成的资产处置报表等资料进行记账；根据库房会计提供的报表进行账账核对，并形成核对记录。

十四、债权管理制度

医院债权是指医院在开展医疗业务活动和其他活动过程中，由于提供医疗服务、销售药品、采购招标等行为，与其他单位或个人发生经济往来时形成的应收和预付的各种款项。医院债权管理制度规范的范围包括：应收在院病人医疗款、应收医疗款、预付账款、财政应返还资金、押金及履约保证金等其他应收款。医院债权的管理、处置等，应遵循《事业单位国有资产管理暂行办法》（中华人民共和国财政部令第 36 号）及《财政部关于进一步规范和加强行政事业单位国有资产管理的指导意见》（财资〔2015〕90 号）、《公立医院内部控制管理办法》（国卫财务发〔2020〕31 号）、《关于进一步加强公立医院内部控制建设的指导意见》（财会〔2023〕31 号）等文件中的相关条款规定。

（一）债权管理要求

应当符合与债权业务相关的法律、行政法规和国家统一的财务会计制度和内部控制规范的要求；应当体现医院业务活动和管理的特点和要求；应当明确债权管理的归口管理科室，全面规范债权管理要求，对债权发生、确认核算、催收、账龄分析、处置、报告等实行闭环管理，明确关键岗位和职责，按规范各业务环节的流程有序进行；应当制定科学、合理、便于操作和执行的债权管理制度。

（二）债权管理的内容

1. 债权发生。业务科室根据业务需要申请债权；财务人员负责债权经济性审核；债权审批人员负责债权发生的决策审批；财务人员负责债权确认及会计核算、坏账计提。

2. 确认核算。财务人员负责债权催收，承担债权催收的主体责任；定期清查核对债权，做好账龄分析。

3. 债权处置。业务科室做好债权处置及有关责任追究；财务人员负责债权合规性、流程合理性审核；债权审批人员负责债权处置的决策审批。

4. 债权报告。财务人员负责做好债权相关情况报告。

十五、负债管理制度

医院负债管理制度规范的范围包括：确定本制度规范的范围、内容及要求；明确制度的组织领导及归口管理科室；制定制度所规范的经济业务流程、关键点、主要风险点及应对防范措施等。医院对负债的定义及规定负债业务定期核对要求时，应遵循《政府会计准则第8号——负债》（财会〔2018〕31号）、《会计基础工作规范（2019年）修订》（中华人民共和国财政部令第98号）等文件中的相关条款规定。

（一）负债管理要求

应当符合与负债业务相关的法律、行政法规和国家统一的财务会计制度和内部控制规范的要求；应当体现医院业务活动和管理的特点和要求；应当全面规范医院各项债务申请、审批、支付和核对清理等各环节的管理要求，明确负债管理的归口管理科室，保证负债业务安全、有序地进行；应当制定科学、合理、便于操作和执行的负债管理制度。

（二）负债管理的内容

1. 债务申请。明确举借债务手续，做好债务需求评估与论证，举借债务需经医院决策层会议集体研究决定。

2. 债务审批。明确应付、暂收和预收款项的相关审批规定，如应付、暂收和预收款项支付申请与审批权限；充分考虑医院规模和可持续发展等因素，按规定报上级主管部门会同财政部门审批后举借债务。

3. 债务支付。规范核算和管理举借债务资金，严格按照批复的融资计划举借债务，不得超额且需要按规定用途使用债务资金，做好还本付息安排，资金使用及偿还需要按规定审批程序进行审批，当负债金额发生变化时，应及时进行账务处理。

4. 债务核对清理。明确应付、暂收和预收款项的分类管理和定期核对制度，如按债务性质分类管理，建立定期核对清理制度。

（三）负债内部控制要求

规范医院负债业务流程，明确业务环节，分析负债风险，确定风险点，加强风险控制，确保各项负债业务活动符合内部控制规范的基本要求。

十六、绩效考核分配管理制度

医院绩效考核分配管理制度规范的范围包括：明确绩效考核分配的目标、原则；明确绩效考核分配的组织机构设置及相关职责；设定绩效考核指标，确定绩效核算和分配方法；明确绩效分配方案的审批流程；明确绩效分配方案的评价与申请变更绩效分配方案的审批流程。医院关于绩效分配方案的制定、审批等流程，应遵循浙江省人力资源和社会保障厅、浙江省财政厅《关于加强省直事业单位绩效考核的指导意见》（浙人社发〔2013〕109 号）、《国务院办公厅关于印发〈深化医药卫生体制改革 2024 年重点工作任务〉的通知》（国办发〔2024〕29 号）有关条款的规定。医院制定的绩效考核分配方案要广泛征求意见，经过职工代表大会讨论通过后方可执行；医院的绩效考核分配方案要在医院内公示公开，保障绩效考核工作公正透明。

（一）绩效考核分配管理要求

应当符合与绩效业务相关的法律法规、国家政策和内部控制规范的要求；应当体现医院绩效管理的特点和要求，明确绩效分配方案的制定、实施、评价与变更等业务，分类规范具体业务流程；应当明确绩效考核分配的组织架构、归口管理科室、关键岗位和职责，保证绩效考核分配管理规范有序进行；应当开展绩效业务主要风险点自查，有针对性地提出防范措施，包括但不限于授权、审核、审批、不相容岗位分离等；应当制定科学、合理、便于操作和执行的管理制度。

（二）绩效考核分配管理的内容

1. 方案制定。绩效分配方案是医院管理的重要组成部分，要全面收集、学习医改相关政策文件，严格按照政策要求制定方案；要充分调研临床业务情况，根据“多劳多得、优绩优酬”原则制定方案；要做好绩效相关成本分析，科学设置成本控制指标；指导并督促科室做好二次分配，明确科内分配的基本原则；要发挥绩效分配的激励和导向作用，充分调动职工的积极性，提高职工的满意度和认同感，助力医院高质量发展。

2. 方案实施。明确绩效相关数据的提供科室与上报时间，以及绩效发放时间；正确划分绩效核算与分配科室，做到收入与支出归集、费用分摊、利益分享口径一致；明确绩效方案与考核指标的核算方法；财务科要做到绩效分配核算与复核岗位相互分离，提高方案执行的准确性；要分析、比较科室取得的绩效与分配结果是否正相关，发现异常情况要溯源追踪。

3. 方案评价与调整。定期评价绩效方案适用性，实时关注医改和绩效相关新政的出台，结合医院发展战略，及时调整方案；财务人员要定期回顾、检测绩效方案的合理性；对科室申请绩效方案变更的合理诉求，财务人员要认真测算，提供两个及以上调整方案，完备确认、审批手续，经批准后方可执行，确保绩效分配方案调整流程合规。

十七、采购管理制度

采购是指以合同方式有偿取得货物、工程和服务，包括采购申请、采购实施、采购验收、采购支付、采购监督等内容。医院采购管理制度规范的范围包括：采购业务的组织架构及岗位职责；采购的组织形式、采购方式与限额标准；采购工作流程及审批权限；采购信息发布的相关规定；采购合同的订立与履行；采购验收及资金支付；采购纪律及监督。医院执行政府采购，应遵循《中华人民共和国政府采购法（2014 年修订）》（中华人民共和国主席令第 68 号）、《中华人民共和国政府采购法实施条例》（中华人民共和国国务院令第 658 号）等文件中的相关条款规定。

（一）采购管理要求

应当符合与采购业务相关的法律、行政法规和国家统一的财务会计制度和内部控制规范的要求；应当体现医院业务活动和管理的特点和要求；应当明确采购管理的归口管理科室，全面规范采购申请、采购审批、采购实施、采购合同签订、采购验收、采购支付等环节的管理，明确所涉及的管理岗位和职责，保证采购业务安全、有序进行；应当制定科学、合理、便于操作和执行的采购管理制度。

（二）采购管理的内容

1. 采购申请。使用科室根据采购预算指标及本科室工作计划提出采购申请，编制《采购申请单》；如属超预算采购事项，要先按照规定追加预算后再按采购制度执行。采购需求的职能科室负责采购项目的立项论证、技术可行性和购置需求论证。

2. 采购审批。使用科室负责人审核本科室的采购申请是否符合工作计划和实际要求，是否存在重复或错误需求；相关职能科室负责人审批使用科室提出的采购申请。

3. 采购实施。招采中心根据相关职能科室及使用科室提供的技术参数和使用需求，编制标书、召开招标前审查会议；发布采购信息，包括招标方式、招标项目、投标截止时间及标书投递地点、开标时间与地点等内容；组织开标、评标、定标等，也可委托招标代理机构实施招标。

4. 采购合同签订。招采中心负责人或其授权人牵头组织合同的洽谈、拟定，并就采购合同发起合同预审，预审通过后进入合同管理系统，进行线上会签流程，经招采中心及相关分管院领导会签后，生成《合同会签确认单》。

5. 采购验收。采购项目到货或履行后，由相关职能科室组织使用科室、招采中心及供应商（生产厂家）共同参与验收，必要时组建验收小组，邀请相关领域技术专家参与，严格按照相关实施细则或管理办法的规定实施验收工作；完成验收后，填写《验收报告单》，经验收小组成员签字后，报相关职能科室负责人确认。招采中心要协助职能科室和使用科室做好货物的安装、调试、验收工作；内审室监督检查采购合同的履约情况；各使用或职能科室建立对供应商的评价机制。

6. 采购支付。财务人员审核采购合同付款条款；根据合同、发票、验收证明、入库单等相关资料，按照医院资产管理和财务报销等规定，办理采购付款。

十八、会计信息管理制度

医院会计信息管理制度规范的范围包括：医院通过会计核算实际记录或科学预测，以财务决算报告、财务分析等多种形式向上级主管部门、债权人或其他信息使用者定期（月度、季度、半年、年度）公布财务预算执行情况和财务状况、经营成果、现金流量等信息。医院涉及会计信息账务处理的，应遵循《中华人民共和国会计法》（2024 年修订）、政府会计准则、《会计基础工作规范》（2019 年修订）、《会计档案管理办法》等文件中的相关条款规定。

（一）会计信息管理要求

应当符合与会计信息管理业务相关的法律、行政法规、国家统一的财务会计制度和内部控制规范的要求；应当体现医院会计信息业务活动和管理特点与要求；应当全面规范会计信息产生、处理、沟通与反馈、集成与共享、报告、公开、监督与审计等环节的管理要求，以及所涉及的关键岗位和职责权限，保证业务安全、有序进行；应当明确会计信息产生、处理、沟通与反馈、集成与共享、报告、公开、监督与审计等业务的主要风险点和风险防范措施；应当制定科学、合理、便于操作和执行的管理制度。

（二）会计信息管理的内容

1. 会计原始信息生成。确保交易或事项的真实，确保原始凭据的真实性、完整性和及时性；对财务科反馈的信息予以确认。

2. 会计信息收集与处理。对各种内部会计信息和外部会计信息进行收集；严格遵循会计相关法律、法规进行账务处理。建立会计账务处理程序和会计信息原始记录制度，明确会计核算组织形式、科目设置、凭证填制审核、账簿登记、报表编制、归档等程序及原始记录的生成、填制、收集、传递与审核等要求，确保会计信息基础数据的真实性、完整性和及时性。

3. 会计信息审核或审批。审核会计信息的真实性、完整性、准确性；对向外公开、报送的会计信息予以审批。

4. 相关信息沟通和反馈。定期将相关信息在医院下属科室、业务环节之间，以及医院与外部客户、供应商、中介机构的监督部门之间进行沟通和反馈。对于沟通过程中发现的问题，及时报告并加以解决。

5. 重要信息沟通。重要信息应当及时传递给医院决策层。

6. 会计信息数据库。定期对会计信息进行备份；定期对会计信息支持系统进行维护。

7. 会计信息披露。定期公开医院相关会计信息，主动接受社会监督，提高医院经济运行透明度，做到公开内容真实、公开程序规范。

8. 会计信息监督与审计。定期检查会计信息管理全过程的薄弱环节，形成反舞弊机制，将财务决算报告和信息披露等方面存在的虚假记载、误导性陈述或重大遗漏等作为反舞弊工作的重点。要明确监督与审计的内容、方式与要求，确保会计信息的真实性与完整性。

（三）对数据库操作的规定

未经特别授权，任何人不得直接对财务数据库进行操作，包括修改或删除原记录；所有对数据进行的操作处理，均需留下可查找、可追溯的痕迹，确保数据处理过程符合计算逻辑和会计相关制度的规定；系统生成的各种报表，操作人员无权修改；如遇程序差错等系统原因，应由操作人员、信息科人员或维护人员共同书面说明原因并签章，报财务科长审核确认后再作调整，确保最终输出的数据能真实、准确地反映医院业务的原貌。

十九、财务与决算报告制度

医院财务与决算报告制度规范的范围包括两部分：第一部分，财务报告制度规范的范围：年度终了，医院以权责发生制为基础，在财务会计核算生成数据的基础上，报送反映医院会计主体某一特定日期的财务状况和某一会计期间的运行情况和现金流量等信息的文件，包括会计报表、会计报表附注、财务情况说明书等内容；第二部分，决算报告制度规范的范围：年度终了，财务以收付实现制为基础，在预算会计核算生成数据的基础上，报送综合反映医院会计主体年度预算收支执行结果的文件，包括基础数据表、填报说明、分析评价表和年度综合财务分析报告。医院制定财务与决算报告编制与审核、报送、使用等具体规定时，应遵循《政府会计准则——基本准则》（中华人民共和国财政部令第78号）、《部门决算管理制度》（财库〔2013〕209号）、《公立医院预决算报告制度暂行规定》（国卫办财务发〔2015〕17号）、《浙江省医院财务制度实施办法》（浙财社〔2011〕199号）等文件中的相关条款规定。

（一）财务与决算报告管理要求

应当符合与财务和决算报告业务相关的法律、行政法规、国家统一的财务会计制度和内部控制规范的要求；应当体现医院财务与决算报告编制、审核、报送、使用等业务流程的管理要求，所涉及的关键岗位和职责权限，确保财务与决算报告业务科学、有序地进行；应当明确财务与决算报告编制、审核、报送、使用的主要风险点和风险防范措施；应当制定科学、合理、便于操作和执行的财务与决算报告管理制度。

（二）财务与决算报告管理的内容

财务与决算报告管理的内容包括：财务会计（预算会计）核算、财务会计（预算会计）审核、结账、财务报表（预算报表）编制等。

1. 财务会计（预算会计）核算。财务会计核算以权责发生制为基础，预算会计以收付实现制为基础，两者进行“平行记账”分别核算。

2. 财务会计（预算会计）审核、结账。财务人员对财产物资、债权、债务等进行全面清查盘点，同时按照政府会计准则要求，审核会计核算情况，并办理结账。

3. 财务报表（预算报表）编制。财务人员根据财务会计（预算会计）结账依据，定期编制财务报表（预算报表），并以财务报表为基础编制财务报告，以预算报表为基础编制财务决算报告。

二十、资产报告制度

医院资产报告制度规范的范围包括：反映医院年度资产占用、使用、变动等情况的文件，如资产报表、填报说明和分析报告。医院资产报告制度涉及资产报告的编制、审核、使用等内容时，应遵循《中华人民共和国会计法》（2024年修订）、《财政部关于进一步规范和加强行政事业单位国有资产管理的指导意见》（财资〔2015〕90号）、《财政部关于印发〈行政事业单位国有资产年度报告管理办法〉的通知》（财资〔2017〕3号）、《事业单位国有资产管理暂行办法》（中华人民共和国财政部令第36号）等文件中的相关条款规定。

（一）资产报告管理要求

应当符合与资产报告业务相关的法律、行政法规、国家统一的财务会计制度和资产报告管理的要求；应当体现医院资产报告业务活动和管理的特点与要求；应当全面规范资产报告的编制、审核、报送、使用等各环节的管理要求，所涉及的关键岗位和对应的职责权限，确保资产报告安全、有序进行；应当明确资产报告编制、审核、报送、使用等业务的主要风险点和风险防范措施；应当制定科学、合理、便于操作和执行的资产报告管理制度。

（二）资产报告管理的内容

1. 资产报告的编制。在做好资产清查盘点、资产系统结账的基础上，进行财务结账。

确保账实相符、账账相符、账表相符、账证相符，并编制资产报告。

2. 资产报告的审核。核对编制范围是否全面完整，是否存在漏报和重复编报；核对编制方法是否符合国家财务、会计制度和资产管理制度的规定，是否符合资产报告的编制要求；核对编制内容是否真实、准确、完整；核对本期资产报告与同期财务报告同口径数据是否一致，数据差异是否合理合规；核对资产报表填写说明和分析报告是否符合资产报告管理办法规定。

3. 资产报告的报送。资产报告编制、审核、审批完毕后，须经编制人员、相关资产管理科室负责人和医院法人审查、签字并加盖单位公章后，于规定时间内按财务隶属关系逐级上报。

4. 持续质量改进。要充分有效地利用资产云系统和资产报告数据资料，全面、动态地掌握医院国有资产占用、使用、变动等情况；建立和完善资产与预算有效结合的激励和约束机制，同时，将资产报告数据作为建立和完善资产配置标准体系的重要基础；根据资产报告反映的情况，结合其依法履行职能和医院发展的需要，合理提出新增资产配置需求，严格控制资产增量；将资产报告数据作为医院利用国有资产对外投资、出租出借，以及处置国有资产的重要依据；有效利用资产报告数据，加强对大型仪器、设备等资产的共享、共用和公共研究平台的建设工作。

二十一、财务分析制度

医院财务分析制度规范的范围包括：依据预算指标，会计核算、统计资料，以及通过调查研究等获得的财务数据及医疗相关的非财务数据，对医院财务状况、经营成果、财务风险等情况进行分析总结的文件，如对医院资产、负债、收入、成本、费用、结余、资金、医疗运行等情况所做的综合分析或专题分析等。医院财务分析制度涉及财务报表分析、财务分析报告撰写和使用等内容，应遵循《事业单位财务规则》（中华人民共和国财政部令第 108 号）、《会计基础工作规范》（2019 年修订）、《公立医院预决算报告制度暂行规定》（国卫办财务处〔2015〕17 号）、《浙江省医院财务制度实施办法》（浙财社〔2011〕199 号）等文件中的相关条款规定。

（一）财务分析制度管理要求

应当符合与财务分析业务相关的法律、行政法规、国家统一的财务会计制度和内部控制规范的要求；应当体现医院财务分析业务活动和管理的特点与要求；应当全面规范医院报表分析、报告撰写与使用等各环节的管理要求，所涉及的关键节点、关键岗位和对应的职责权限，确保财务分析业务科学、有序进行；应当明确报表分析、报告撰写与使用的主要风险点和风险防范措施；应当制定科学、合理、便于操作和执行的财务分析管理制度。

（二）财务分析制度管理的内容

1. 财务报表分析前期准备。明确财务分析目标，制定财务分析工作方案；收集、整理和核实财务分析所需要的资料，包括财务数据与非财务数据。

2. 财务报表分析。对财务报表进行分析，做到重点突出、方法科学。

3. 财务分析报告撰写。财务人员要注重敬业精神的培养和理论素养的提高，注重知识结构的更新和业务能力的锻炼，注重优良文风的养成和写作经验的积累，勤于思考，善于学习，在财务报表分析的基础上，及时撰写财务分析报告，做到内容真实及完整，数据准确、内容详略得当。

4. 财务报告使用。遵循 PDCA 的管理模式，持续做好财务分析报告的质量改进与提高。

二十二、会计档案管理制度

医院会计档案管理制度规范的范围包括：医院在进行会计核算过程中接收或形成的，记录和反映医院经济业务事项的，具有保存价值的文字、图表等各种形式（电子、纸质）的会计资料，如会计凭证、会计账簿、财务会计报告及其他会计资料。医院在制定会计档案的归档、移交、销毁等具体规定时，应遵循《会计档案管理办法》（中华人民共和国国家档案局令第 79 号）文件中的相关条款规定。

（一）会计档案管理要求

应当符合《中华人民共和国档案法》《会计档案管理办法》等与会计档案业务相关的法律、行政法规、国家统一的财务会计制度和内部控制规范的要求；应当符合医院会计档案业务活动和管理的特点与要求；应当明确会计档案管理制度的组织领导和归口管理科室，落实会计档案业务申请、审批和执行的全流程管理要求，确保各环节岗位设置合理、职责明确、流程清晰；应当明确会计档案业务中的主要风险点和风险防范措施；应当制定科学、合理、便于操作和执行的会计档案管理制度。

（二）会计档案管理的内容

1. 会计档案归档。财务科按照归档范围和归档要求，定期将应当归档的会计资料整理立卷，并编制会计档案保管清册；负责会计档案移交前的临时保管工作。

2. 会计档案移交。财务科定期整理临时保管期限届满的会计档案，按照国家档案管理的有关规定与会计档案管理科室办理移交手续，并编制会计档案移交清册。综合档案室接受财务科移交的会计档案，对照移交清册做好清点核查工作。

3. 会计档案管理。综合档案室妥善保管会计档案，确保会计档案存放环境符合安全性、保密性等要求，防止毁损、散失和泄密；对会计档案进行分类管理，编制会计档案清册，并定期清点核对；定期对电子会计档案的储存载体及技术环境进行检测，对电子会计档案进行分类备份。

4. 会计档案借阅。综合档案室按要求对会计档案借阅（查阅、复制、借出）申请进行审核，做好档案借阅与归还时的清点、检查和登记工作，对未按时归还的会计档案及时催收，对未按要求使用会计档案的行为进行追责。

5. 会计档案保管期限。会计档案的保管期限分为永久、定期两类。定期保管期限一般分为 10 年和 30 年。会计档案的保管期限，从会计年度终了后的第一天算起。

6. 会计档案的鉴定与销毁。由财务科和内审室指定人员，协助综合档案室负责对保管期限届满的会计档案进行销毁前的鉴定，并出具鉴定意见；经鉴定可以销毁的会计档案，应当按照以下程序销毁：

（1）综合档案室编制会计档案销毁清册，列明拟销毁会计档案的名称、卷号、册数、起止年度、档案编号、应保管期限、已保管期限和销毁时间等内容。

（2）医院法人、党政办负责人、财务科长、综合档案室经办人等在会计档案销毁清册上签署意见。

（3）综合档案室负责组织会计档案销毁工作，并与财务科共同派员监销。监销人在会计档案销毁前，应当按照会计档案销毁清册所列内容进行清点核对；在会计档案销毁后，应当在会计档案销毁清册上签名或盖章。

（4）电子会计档案的销毁还应当符合国家有关电子档案的规定，并由综合档案室、财务科和信息科共同派员监销。

（5）会计档案保管期满但未结清债权债务的会计凭证和涉及其他未了事项的会计凭证不得销毁，纸质会计档案应当单独抽出立卷，电子会计档案单独转存，保管到未了事项完结时为止。

（6）单独抽出立卷或转存的会计档案，应当在会计档案鉴定意见书、会计档案销毁清册和会计档案保管清册中列明。

（7）因撤销、解散、破产或其他原因而终止的单位，在终止或办理注销登记手续之前形成的会计档案，应当按照国家档案管理的有关规定处置。

二十三、票据管理制度

医院票据管理制度规范的范围：从内容上分主要包括财政部门统一监制的医疗收费票据、收款收据、行政事业单位往来款票据及按规定用于医院资金往来或非医疗且非税收结算的票据；税务部门统一监制的收费票据；医院购买的其他收款票据。从形式上分包括纸质票据和电子票据。医院在使用和管理医疗收费票据时，应遵循《医疗收费票据使用管理办法》（财综〔2012〕73 号）、《关于进一步明确非营利性医疗机构申领医疗收费票据有关问题的通知》（财综〔2017〕67 号）等文件中的相关条款规定。

（一）票据管理要求

应当符合与票据业务相关的法律、行政法规、国家统一的财务会计制度和内部控制规范的要求；应当符合医院票据业务活动和管理的特点与要求；应当明确票据管理制度的组织领导和归口管理科室，落实票据业务申请、审批和执行的全流程管理要求，确保各环节岗位设置合理、职责明确、流程清晰；应当明确票据业务中的主要风险点和风险防范措施；应当制定科学、合理、便于操作和执行的票据管理制度。

（二）票据管理的内容

1. 票据购置。财务科要明确不同类别的票据（含电子票据）的申购或印制流程，包括但不限于相应的申购权限及审批环节。票据管理员要根据票据使用需求，提出票据购置申请，按要求购置或组织印制各类票据；财务科长负责票据购置申请的审核。

2. 票据验收。票据管理员负责票据的验收，对购入或自行印制的票据进行验收入库并做好相关登记工作，确保票据的合规性、连续性。

3. 票据保管。明确票据管理员在各票据流转环节中的具体工作，需要通过具体的方法确保票据的安全及使用顺畅。包括但不限于登记各类票据的购置、领用、核销、销毁、结存等情况，定期清点核对各类票据的库存数，按期编报票据明细报表，年终必须对票据进行清理盘存，确保账实相符。财务科要明确各类票据的保管年限及保管要求；明确票据遗失、损毁的处理流程及责任追究办法。

4. 票据的领用和登记。明确票据领用人的范围、领用条件、领用流程及领用登记要素；票据管理员要设置票据购置、领用账簿，按收费员姓名建立明细账，详细记录收费票据领用日期、起止号码及注销情况；使用电脑程序控制，对收费员在用票据情况进行动态监控。

5. 票据使用。明确票据开具、复核的具体流程，规范票据使用人、票据复核人和票据管理员在票据使用流程中的工作要求。明确票据需按照顺序号使用，不得拆本；不得违规转让、出售、代开、买卖票据；不得擅自扩大票据使用范围，开具虚假票据；加强票据使用的复核，对各类票据的使用情况进行动态管理和随机抽查，发现问题及时报告并查明原因。

6. 票据作废或重置。财务科要明确票据使用人作废或重置票据的流程与要求，尤其是医疗收款票据的作废或重置的相关规定及处理流程，明确票据使用人及票据管理员在该类票据业务中应采取的风险防范措施。

7. 票据稽核与核销。财务科要建立票据稽核岗位责任制，明确稽核职责及流程，定期对票据使用人收入入账情况进行稽核，及时核销票据；票据管理员要设置票据稽核备查登记簿，对稽核结果及差错等情况作必要的记录。

8. 票据销毁。明确不同类型票据存根的保管年限及销毁要求，明确超过保管年限且符合销毁要求的票据存根的销毁流程，包括但不限于票据销毁前的审核审批及对票据销毁的监销要求。加强票据销毁前的授权审批控制，按要求对票据进行分类销毁。

二十四、内部财务监督制度

医院内部财务监督制度规范的范围包括：制度制定的目的、依据和适用范围；内部财务监督的组织架构与岗位职责；内部财务监督的方式、方法，范围与内容，工作要求与责任。医院在制定内部财务监督制度时，应遵循《中华人民共和国会计法》（2024 年修订）、《行政事业单位内部控制规范（试行）财会〔2012〕21 号》、《会计基础工作规范（2019 年）修订》（中华人民共和国财政部令第 98 号）等文件中的相关条款规定。

（一）内部财务监督管理要求

应当符合《中华人民共和国会计法》等相关的法律、行政法规、国家统一的财务会计制度和内部控制规范关于内部财务监督的要求；应当体现医院业务活动和管理的特点与要求；应当明确内部财务监督的组织领导和归口管理科室，全面规范医院财务监督的方式与方法、范围与内容、工作要求等；应当明确内部财务监督的主要风险点和风险防范措施；应当制定科学、合理、便于操作和执行的内部财务监督制度。

（二）内部财务监督管理的内容

内部财务监督人员对医院各项财务活动的合规性、合法性及会计核算真实性、完整性等按照不同的业务具体开展情况进行监督；应当实行事前监督、事中监督、事后监督相结合，日常监督与专项监督相结合，做好监督与评价工作。

1. 制度管理。对内部控制制度、岗位责任制（含不相容岗位）、财务信息披露制度等是否建立健全、是否执行到位等进行监督与评价。

2. 预算管理。事前做好预算编报审核；事中做好预算调整审核；事后做好决算审核、预算绩效考核、预算管理评价等工作。

评价预算编制的可靠性与准确性；评价预算审批、执行的合规性；评价决算与绩效评价的准确性与真实性等。

3. 收支管理。评价收支范围与内容的完整性；评价收支业务审批的合规性、依据的真实性、核算的正确性；评价举债的严谨性与合规性；评价债务对账与清偿的及时性与真实性等。

4. 政府采购管理。评价采购预算与计划的科学性、合理性；评价采购方式与过程的合规性；评价合同财务条款与招标文件的相关性；评价采购项目验收的完整性、全面性等。

5. 资产管理。对多种结算方式对账平台、货币资金、固定资产、无形资产、对外投资、应收账款在资产管理中的岗位设置、配置、使用、处置方面的合规性、合理性，以及数据的正确性等进行全面评价。

6. 基本建设项目管理。评价立项与审批环节的合规性；评价工程设计与概预算的真实性、完整性、准确性；评价工程采购招标、工程变更与资金结算环节的合规性；评价工程验收与竣工结算，以及工程项目财务决算的合规性、及时性等。

7. 合同管理。评价合同订立环节财务主要条款的合理性、合法性、完整性；评价合同结算的规范性与依据的完整性等。

8. 会计信息质量。对会计账簿的逻辑性，会计凭证及相关资料运用的完整性、合规性、准确性和一致性进行监督与评价。

作者简介：徐君花，杭州市萧山区第一人民医院财务科科长，高级会计师

读懂财务语言是掌控医院经济命脉的钥匙

【摘要】目的：浙江省财政厅、浙江省卫生健康委员会联合下发的《关于加强县域医共体财务管理工作的意见》提出，“构建‘一本账’财务报告体系”。本文通过对财务报告解读方法的探索，以促进医共体内部财务一体化和同质化管理工作的顺利开展。方法：本文采用名词解释、指标分析、流程画图、列表展示、案例说明等方法，运用通俗易懂的语言对资产负债表、收入费用表、净资产变动表、现金流量表、基本数字表等财务报表阅读与运用的方法进行说明；对医疗机构运营管理相关指标进行释义；对库存物资、成本管理、房屋投入产出分析等八类医疗机构财务工作中经常遇到的事项进行案例解析。结论：财务报表解读能力的提升有助于医共体各成员单位管理者建立财务思维，增强经营管理能力。医共体建设需要提升各级成员单位财务人员的专业水平，学好财务语言、重视财务分析，是开展医疗机构财务管理的必修课。

一、财务报表概述

财务报表是反映单位财务状况、经营成果和现金流量情况的报表。它是由财务人员将单位在一定时期内发生的日常零星、分散的经济业务，根据一定的会计规则（国家、行业等）和会计制度，按照既定的表格和种类，进行核算、汇总、归集、分配并综合反映的财务报告，以便各类报表使用者了解和掌握单位的经济活动情况及其效益。医疗机构应当至少在财务报表显著位置披露下列内容：一是报表主体名称；二是报告日或财务报表涵盖的会计期间；三是人民币金额单位；四是若是合并财务报表，应当予以标明。

（一）医疗机构财务报表介绍

医疗机构的财务报表包括资产负债表、收入费用表、净资产变动表、现金流量表、基本数字及财务分析表等，而收入补充表和费用补充表构成了医疗活动收入费用明细表，它是对收入费用表的补充和详细说明（见图1）。

1. 医疗机构财务报表的三大逻辑切入点：一是从财务的角度看，盈利质量、资产质量和现金流量是系统、有效地分析财务报表的三大逻辑切入点。二是任何财务报表，只有在这个逻辑框架中进行分析，才不会发生重大的遗漏和偏颇；同时，盈利质量、资产质量和现金流量是相互关联的。三是盈利质量的高低受资产质量和现金流量的直接影响。如果资产质量低下，计价基础没有夯实，报告再多的盈余都是不准确的。

2. 医疗机构财务报表的作用：能全面系统地揭示医疗机构一定时期的财务状况、经营成果和现金流量，有利于管理者及时了解本单位各项指标的完成情况，评价管理人员的运营业绩，及时发现问题，调整经营方向，制定措施改善经营管理水平，提高经济效益，为经济预测和决策提供依据；有利于各级管理人员了解医疗机构的经济运行情况；有利于投资者、债权人和其他利益相关者了解和掌握医疗机构的财务状况、经营成果和现金流量等情况，分

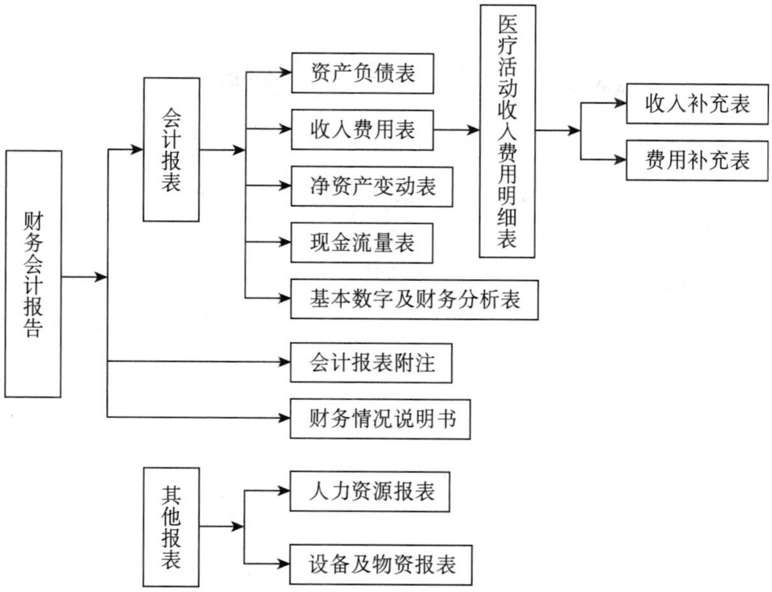

图1　财务会计报告的构成

析盈利能力、偿债能力、投资收益、发展前景等，为投资、贷款和经济交往提供决策依据；有利于满足卫生、财政、税务、市场监督、审计等部门对医疗机构的管理与监督。

3. 有价值的财务报表系统应具备的功能：能提供医疗市场信息；能分析成本构成因素；能与医疗机构其他管理系统相衔接；符合成本与效益原则；具有对外报告的功能。

4. 会计核算规则：是由一个记账方法、两个等式、四个假设、六个要素、八个原则、若干个会计科目等组成，其具体内容包括：

（1）一个记账方法：借贷记账法。

（2）两个等式：资产 = 负债 + 所有者权益；有借必有贷，借贷必相等。

（3）四个假设：会计主体、持续经营、会计分期、货币计量。

（4）六个要素：资产、负债、净资产、收入、费用、盈余。

（5）八个原则：①可靠性原则：要求医疗机构应当以实际发生的交易或者事项为依据进行确认、计量和报告，如实反映符合确认和计量要求的各项会计要素及其他相关信息，保证会计信息真实可靠、内容完整。②相关性原则：要求医疗机构提供的会计信息应当与财务报告使用者的经济决策需要相关，有助于财务报告使用者对医疗机构过去、现在和未来的情况作出评价或者预测。③可理解性原则：要求医疗机构提供的会计信息应当清晰明了，便于财务报告使用者理解和使用。④可比性原则：分为纵向可比和横向可比，纵向可比是指一家医疗机构在不同时期发生的相同或者相似的经济事项，应当采用一致的会计政策，不得随意变更；横向可比是指不同医疗机构在同一会计期间发生的相同或者相似的经济事项，应当采用统一规定的会计政策，确保会计信息口径一致、相互可比，以使不同医疗机构按照一致的确认、计量和报告要求提供有关会计信息。⑤实质重于形式原则：要求医疗机构应当按照日常运行的经济实质进行会计确认、计量和报告，不仅仅以经济事项的法律形式为依据。⑥重要性原则：要求医疗机构提供的会计信息应当反映与医疗机构财务状况、经营成果和现金流量有关的所有重要经济事项。⑦谨慎性原则：要求医疗机构对经济事项进行会计确认、计量和报告时保持应有的谨慎，不应高估资产或者盈余、低估负债或者费用。⑧及时性原则：要求医疗机构对已经发生的经济事项，应当及时进行确认、计量和报告，不得提前或者延后。

（6）若干个会计科目：按照《政府会计制度——行政事业单位会计科目和报表》和《关于医院执行〈政府会计制度——行政事业单位会计科目和报表〉的补充规定》设置。

（二）资产负债表

资产负债表是反映医疗机构某一时点财务状况的报表。它体现的是从成立并记账的那天开始的资产情况、负债情况和净资产情况，是一张一直持续累计的静态时点报表，这里的“时点”通常是月末、季末和年末；报表内的项目按流动性大小排列（见表1）。

表1 **资产负债表** 会政财01表

编制单位： ______年____月____日 单位：元

资　产	期末余额	年初余额	负债和净资产	期末余额	年初余额
流动资产：			流动负债：		
货币资金			短期借款		
短期投资			应交增值税		
财政应返还额度			其他应交税费		
应收票据			应缴财政款		
应收账款净额			应付职工薪酬		
预付账款			应付票据		
应收股利			应付账款		
应收利息			应付政府补贴款		
其他应收款净额			应付利息		
存货			预收账款		
待摊费用			其他应付款		
一年内到期的非流动资产			预提费用		
其他流动资产			一年内到期的非流动负债		
流动资产合计：			其他流动负债		
非流动资产：			流动负债合计：		
长期股权投资			非流动负债：		
长期债券投资			长期借款		
固定资产原值			长期应付款		
减：固定资产累计折旧			预计负债		
固定资产净值			其他非流动负债		
工程物资			非流动负债合计：		
在建工程			受托代理负债		
无形资产原值			负债合计：		

续表

资　产	期末余额	年初余额	负债和净资产	期末余额	年初余额
减：无形资产累计摊销					
无形资产净值					
研发支出					
公共基础设施原值					
减：公共基础设施累计折旧（摊销）					
公共基础设施净值			净资产：		
政府储备物资			累计盈余		
文物文化资产			财政项目盈余		
保障性住房原值			医疗盈余		
减：保障性住房累计折旧			科教盈余		
保障性住房净值			新旧转换盈余		
长期待摊费用			专用基金		
待处理财产损溢			权益法调整		
其他非流动资产			无偿调拨净资产*		
非流动资产合计：			本期盈余*		
受托代理资产			净资产合计：		
资产总计			负债和净资产总计		

注：“*”标识项目为月报项目，年报中不需列示。

1. 负债和净资产：是医疗机构获得资产的两种方式，如医疗机构赊账5万元用于购买卫生材料，即总资产增加5万元，负债增加5万元；如医疗机构本期盈余5万元，即总资产增加5万元，净资产增加5万元。

2. 资产按流动性大小，可以分成流动资产和非流动资产，计算公式：

资产总计 = 流动资产合计 + 非流动资产合计

（1）医疗机构的存款有多少：看“货币资金”项目。

医疗机构存款 = 库存现金 + 银行存款 + 存放于第三方平台的资金（如支付宝、微信、银行卡、云闪付、聚合支付、POS机等）。

（2）医疗机构应收回的钱有多少：

医疗机构应收回的钱 = 应收账款 + 预付账款 + 其他应收款

应收账款净额 = 应收账款 − 应收账款坏账准备

预付账款 = 采购金额应付账款。其中：采购金额是指医疗机构购买商品或服务的金额。

其他应收款净额 = 其他应收款 − 其他应收款坏账准备

（3）医疗机构库存物资有多少：看“存货”项目。

医疗机构的存货有：药品、卫生材料、棉纺织用品、医疗用品、办公用品、维修材料、清洁消毒用品等。

（4）医疗机构建造或购买房屋、采购设备耗用了多少资金：看非流动资产项目下的

"固定资产原值"项目。

固定资产包括：房屋及构筑物、设备、家具和用具、图书和档案等。

(5) 医疗机构应支付的款项内容（见表2）：

表2　　医疗机构应支付的款项内容

报表项	报表项内容
应付职工薪酬	在编人员和长期聘用人员应付未付的基本工资、津贴补贴、绩效奖金、社会保险费、住房公积金、年终奖等。
应付账款	应付给供应商的钱，包括：建设项目和非建设项目应付款。建设项目应付款是指应付器材款、工程款和其他类型应付款项；非建设项目应付款是指因为账期原因产生的应付未付的款项。
预收账款	指预收住院病人医疗款和提供科研、教学服务按合同（协议）约定的预收款项。
其他应付款	设备、工程尾款、履约保证金、质量保证金等。
应缴财政款	按规定应当上缴国库或财政专户的款项，包括：出售、报废、毁损资产取得的收入净额、不动产租赁收入、疫苗接种服务费和药品二次议价款等。
应交增值税/其他应交税费	应交未交的相关税费，如增值税、城市维护建设税、教育费附加、房产税、城镇土地使用税、车船税、个人所得税等。

(6) 待处理财产损溢：是过渡性会计科目。如挂在该科目的事项在当年未能处理完毕，应在12月31日前将挂账金额转回原科目，次年初再行挂账，直至处理完毕。

(7) 待摊费用：已经支付，但需要在一年或一年以内逐月进行分摊的费用。如：1月支付全年的保险费36万元，除1月应列支3万元费用外，其余33万元则应列入"待摊费用"科目，在以后月份列支费用。

(8) 预提费用：当期应列支为费用，但医疗机构财务尚未收到完备的支付依据。如：12月医疗机构发生电费开支，因供电部门未提供发票，医疗机构财务需将12月电费进行预提。

3. 资产负债表分析的目的：一是是否"健康"——了解医疗机构经济运行是否健康；二是是否"超重"——了解医疗机构是否欠银行或供应商太多的钱；三是是否"贫血"——账面上现金和现金等价物是否过低；四是"新陈代谢"是否正常——存货或应收账款周转是否过慢。

(三) 收入费用表

收入费用表是反映医疗机构在一定会计期间运行情况的报表，反映其在某一会计期间内发生的收入、费用及当期盈余情况（见表3）。

表3　　收入费用表　　会政财02表

编制单位：　　______年___月　　单位：元

项　目	本月数	本年累计数
一、本期收入		
(一) 财政拨款收入		

续表

项　目	本月数	本年累计数
其中：政府性基金收入		
其中：财政基本拨款收入		
财政项目拨款收入		
（二）事业收入		
其中：医疗收入		
科教收入		
（三）上级补助收入		
（四）附属单位上缴收入		
（五）经营收入		
（六）非同级财政拨款收入		
（七）投资收益		
（八）捐赠收入		
（九）利息收入		
（十）租金收入		
（十一）其他收入		
二、本期费用		
（一）业务活动费用		
其中：财政基本拨款经费		
财政项目拨款经费		
科教经费		
其他经费		
（二）单位管理费用		
其中：财政基本拨款经费		
财政项目拨款经费		
科教经费		
其他经费		
（三）经营费用		
（四）资产处置费用		
（五）上缴上级费用		
（六）对附属单位补助费用		
（七）所得税费用		
（八）其他费用		
三、本期盈余		
其中：财政项目盈余		
医疗盈余		
科教盈余		

1. 收入费用表中各收入项目组成如下：

（1）总收入：为财政拨款收入、事业收入、上级补助收入、附属单位上缴收入、经营收入、非同级财政拨款收入、投资收益、捐赠收入、利息收入、租金收入和其他收入相加之和。

（2）财政拨款收入：为财政基本拨款收入和财政项目拨款收入之和。

（3）事业收入：为门急诊医疗收入、住院医疗收入、结算差额、科研项目收入和教学项目收入之和。

（4）捐赠收入：医疗机构接受其他单位或个人捐赠所取得的收入。

（5）租金收入：医疗机构房屋出租收入或利用国有资产出租取得的其他租金收入。

（6）利息收入：指医疗机构收到银行支付的活期、定期存款和协定存款的利息收入。

（7）其他收入：为培训收入、食堂收入、停车场收入以及上述（1）—（6）项收入中未包含的各项收入之和。

2. 本期盈余：为财政项目盈余、医疗盈余和科教盈余之和。

（1）财政项目盈余 = 财政项目拨款收入 − 财政项目拨款经费支出。

（2）医疗盈余 =（财政基本拨款收入 + 门急诊医疗收入 + 住院医疗收入 + 结算差额
+ 租金收入 + 捐赠收入 + 利息收入 + 其他收入 + 上级补助收入
+ 附属单位上缴收入 + 经营收入 + 非同级财政拨款收入 + 投资收益）
−（财政基本拨款经费支出 + 其他经费支出 + 资产处置费用
+ 所得税费用 + 其他费用 + 上缴上级费用 + 对附属单位补助费用
+ 经营费用）。

（3）科教盈余 = 科教收入 − 科教经费支出。

3. 业务活动费用：是指医疗机构为实现其职能目标，依法履职或开展医疗服务及其辅助活动所发生的各项费用。包括：计提的医疗、科研、教学人员的薪酬，列支的医疗、科研、教学人员的日常公用经费、药品费、卫生材料费等。

4. 单位管理费用：是指医疗机构行政及后勤管理部门开展管理活动发生的各项费用。主要包括管理人员的人员经费、办公室租金、水电费、零星办公设备购置和维护费用、培训费用、诉讼费以及由医疗机构负担的离退休人员经费等。

业务活动费用和单位管理费用的主要区别在于性质和用途不同。业务活动费用是直接与医疗机构的业务活动相关的费用，而单位管理费用是与医疗机构的日常管理活动相关的费用。

5. 业务活动费用和单位管理费用

维度 1：财政基本拨款支出、财政项目拨款支出、科教经费支出和其他经费支出。

维度 2：工资福利费用、对个人和家庭的补助费用、商品和服务费用、固定资产折旧费、无形资产摊销费、计提专用基金等。

6. 资产处置费用：是指医疗机构经批准处置资产时发生的费用，包括转销的被处置资产价值及在处置过程中发生的相关费用或处置收入小于相关费用形成的净支出。

7. 所得税费用：医疗机构负担企业所得税纳税义务所产生的费用，是费用类科目。

8. 其他费用：是指在一定范围内，除了已经明确分类和列出的费用之外的所有费用。

9. “三公经费”：是由因公出国（境）费用、公务用车购置及运行费和公务接待等费用。

（四）净资产变动表

净资产变动表是反映医疗机构年度内净资产项目变动情况的报表，其全面反映了某一会计年度内构成净资产各项目的增减变动情况（见表4）。

表4　　**净资产变动表**　　会政财03表

编制单位：　　______年　　单位：元

项目	本年数				上年数			
	累计盈余	专用基金	权益法调整	净资产合计	累计盈余	专用基金	权益法调整	净资产合计
一、上年年末余额								
二、以前年度盈余调整（减少以“-”号填列）								
三、本年年初余额								
四、本年变动金额（减少以“-”号填列）								
（一）本年盈余								
（二）无偿调拨净资产								
（三）归集调整预算结转结余								
（四）提取或设置专用基金								
其中：从预算收入中提取								
从预算结余中提取								
设置的专用基金								
（五）使用专用基金								
（六）权益法调整								
五、本年年末余额								

1. 净资产变动表：包括累计盈余、专用基金、权益法调整、无偿调拨净资产、本年盈余等内容，可以让报表使用者了解净资产变动的原因。

（1）净资产：是医疗机构开展医疗、教学、科研活动的物质基础，是形成医疗机构资产的基本来源，也是资产总计扣除负债合计后的净额。它属于医疗机构享有支配权的资产。

（2）净资产合计 = 资产总计 - 负债合计。

2. 成本计算方法：有先进先出法、个别计价法、月末一次加权平均法、移动加权平均法等。

（1）先进先出法：是按先购入的存货先出货这样一种存货实物流转假设为前提，对发出存货进行计价。

（2）个别计价法：是按发出存货具体项目的实物流转与成本流转之间的联系，逐一辨认各批发出存货和期末存货所属的购进批别，分别按其购入时所确定的单位成本计算各批发出存货和期末存货的成本。

（3）月末一次加权平均法：是指以当月全部进货数量加上月初存货数量作为权数，去除当月全部进货成本加上月初存货成本，计算出存货的加权平均单位成本，以此为基础计算当月发出存货的成本和期末存货成本的一种方法。

（4）移动加权平均法：是指以每次进货的成本加上原有结存存货的成本，除以每次进货数量与原有库存存货数量之和，据以计算加权平均单位成本，作为在下次进货前计算各次发出存货成本的依据。

3. 计提专用基金：是指按照规定提取或设置的具有专门用途的净资产。

4. 计提年终奖金：是指根据年度业绩和员工表现，预先估计并提取年终奖的金额，以便于在年末或次年年初进行发放。这种做法主要取决于医疗机构的管理政策和会计处理政策。

5. 费用摊销：费用摊销是一种会计处理方式，用于将某些需要长期摊销的费用分摊到各个受益期间，以更加真实地反映医疗机构在每个时期的成本和盈余状况。

6. 关注人为因素对盈余的影响：

（1）成本结转方法：如购买同一件商品，第一次购买时是10元一个，第二次购买时是12元一个，当主观上希望盈余变多时，人们可能会按10元一个结转成本。

（2）折旧计算方法：平均年限法或者工作量法。

（3）当期费用不计提，造成盈余虚增。

（4）费用摊销：需要做摊销处理的费用，应按该项费用对应的所属期进行摊销，不得全额一次列支费用，否则，会造成本年盈余失真。

（五）现金流量表

现金流量表是反映医疗机构年度内资金流入和流出情况的报表。现金流量表的编制原则为收付实现制，该表便于报表使用者及时了解医疗机构盈余的质量（见表5）。

表5　　现金流量表　　会政财04表

编制单位：　　_____年　　单位：元

项　目	本年金额	上年金额
一、日常活动产生的现金流量：		
财政基本支出拨款收到的现金		
财政非资本性项目拨款收到的现金		
事业活动收到的除财政拨款以外的现金		
收到的其他与日常活动有关的现金		
日常活动的现金流入小计		
购买商品、接受劳务支付的现金		
支付给职工以及为职工支付的现金		
支付的各项税费		
支付的其他与日常活动有关的现金		
日常活动的现金流出小计		
日常活动产生的现金流量净额		
二、投资活动产生的现金流量：		
收回投资收到的现金		

续表

项　目	本年金额	上年金额
取得投资收益收到的现金		
处置固定资产、无形资产、公共基础设施等收回的现金净额		
收到的其他与投资活动有关的现金		
投资活动的现金流入小计		
购建固定资产、无形资产、公共基础设施等支付的现金		
对外投资支付的现金		
上缴处置固定资产、无形资产、公共基础设施等净收入支付的现金		
支付的其他与投资活动有关的现金		
投资活动的现金流出小计		
投资活动产生的现金流量净额		
三、筹资活动产生的现金流量：		
财政资本性项目拨款收到的现金		
取得借款收到的现金		
收到的其他与筹资活动有关的现金		
筹资活动的现金流入小计		
偿还借款支付的现金		
偿付利息支付的现金		
支付的其他与筹资活动有关的现金		
筹资活动的现金流出小计		
筹资活动产生的现金流量净额		
四、汇率变动对现金的影响额		
五、现金净增加额		

1. 现金流量表主要从三个方面来反映医疗机构的现金流量情况，包括日常活动产生的现金流量、投资活动产生的现金流量和筹资活动产生的现金流量。分别体现了医疗机构的盈利能力、投资活动开展能力和筹集资金的能力。另外，现金流的创造能力也是守住医疗机构风险的底线，综合反馈了医疗机构的盈利质量和生存风险。

（1）日常活动产生的现金流量：主要分为财政非资本性拨款收到的现金，事业活动收到的除财政拨款以外的现金，其他非资本性活动收到的现金以及为购买商品，接受劳务支付的现金，支付给职工以及为职工支付的现金，支付税费，其他非资本性支出所支付的现金。

（2）投资活动产生的现金流量：主要分为对外投资或收回投资产生的现金流量、取得投资收益收到的现金、购买和处置固定资产或无形资产产生的现金流量净额，以及其他与投资活动相关的现金流量。

（3）筹资活动产生的现金流量：主要分为财政资本性项目拨款收到的现金、其他筹集方式收到的现金、偿还借款、支付利息，以及支付的其他与筹资活动有关的现金流量。

2. 现金流量表的架构：现金流入量 − 现金流出量 = 现金流量净额。

3. 三种活动现金流量组合情况（见表6）。

表6 三种活动现金流量组合情况可能性分析

序号	日常活动	筹资活动	投资活动	分析结果
1	-	+	+	经营恶化，靠借贷或卖固定资产维持
2	-	-	+	经营危机，靠变卖固定资产还债和维持
3	-	+	-	借债维持，尚在投资，要看项目前景
4	-	-	-	快速扩张，资金吃紧，财务风险巨大
5	+	+	+	经营现金好，但保守，资金可能浪费
6	+	-	+	赚钱还债，降低风险，在贷款利率较低的情况下偏保守，易错失商业机会
7	+	+	-	扩张期，投融资依存，看项目
8	+	-	-	偿债同时投资，防止经营恶化

注：“+”代表现金净流量为正数，“-”代表现金净流量为负数。

（六）基本数字及财务分析表

基本数字及财务分析表是反映医疗机构定员定额执行情况及主要管理指标的报表。它能够准确反映医疗机构的规模、人员配置情况及运行状况，这些信息对于了解医疗机构的运作情况、资源配置以及财政预算执行情况具有重要意义（见表7）。

表7 基本数字及财务分析表

编制单位： ______年____月 单位：元

项目	单位	本月数	累计数	项目	单位	本月数	累计数
一、人员及职工收入情况				出院者占用总床日数	日		
编制总额	人			诊疗人次数	次		
其中：事业编制	人			其中：门急诊人次数	次		
报备员额	人			体检人次数	次		
在职职工人数	人			出院人数	人		
其中：编内在职人数	人			体检收入	元		
编外在职人数	人			三、次均费用			
教学编制人员	人			每门急诊人次平均收费水平（不含体检）	元		
离休人员数	人			其中：药品费	元		
退休人员数	人			每床日平均收费水平	元		
编内在职人均工资性收入	元			其中：药品费	元		
编外在职人均工资性收入	元			卫生材料费	元		
二、床位及工作量				每出院人次平均医药费用	元		
编制床位	张			其中：药品费	元		
期末实际开放床位	张			卫生材料费	元		
实际开放总床日数	日			四、负债及偿债能力			
实际占用总床日数	日			基建设备借款	万元		

续表

项　目	单位	本月数	累计数	项　目	单位	本月数	累计数
其中：基本建设借款	万元			医疗服务收入占医疗收入比例	%		
设备购置借款	万元			药品收入占医疗收入比例（不含中药饮片）	%		
资产负债率	%			药品收入占医疗收入比例	%		
流动比率	%			卫生材料收入占医疗收入比例	%		
速动比率	%			检查检验收入占医疗收入比例	%		
五、效率、效益分析				百元医疗收入的医疗费用（不含药品收入）	元		
在职职工平均门急诊人次	人			百元医疗收入消耗卫生材料（不含药品收入）	元		
在职职工平均住院床日	床日			医疗成本费用率	%		
在职职工平均业务收入	元/人			七、财政项目拨款收入（年报）			
每床位占用固定资产	元/张			财政项目拨款收入总额	万元		
其中：专用设备	元/张			其中：基本建设	万元		
百元固定资产医疗收入（不含药品收入）	元			设备购置	万元		
出院者平均住院天数	天			学科建设	万元		
病床使用率	%			人才培养	万元		
病床周转次数	次			公共卫生服务	万元		
总资产周转率	%			其他补助	万元		
总资产增长率	%						
净资产增长率	%						
固定资产净值率	%						
管理费用率	%						
六、收入（支出）结构分析							
财政拨款收入占总费用比例	%						

1. 主要分析指标

（1）每门急诊人次平均收费水平（不含体检）：该指标既属于社会效益指标，又属于经济效益指标，反映每一个门急诊病人承担的医药费用水平，一般不宜过高。

$$\text{每门急诊人次平均收费水平(不含体检)} = \frac{\text{门急诊医疗收入} - \text{体检收入}}{\text{门急诊人次}}$$

（2）每床日平均收费水平：该指标反映每一个在院病人每日平均支付的医药费用水平。

$$\text{每床日平均收费水平} = \frac{\text{住院医疗收入}}{\text{实际占用总床日数}}$$

（3）每出院人次平均医药费用：该指标属于限额指标，应确保合理诊治、合理用药，以减轻病人不必要的经济负担。

$$每出院人次平均医药费用=每床日平均收费水平\times出院者平均住院天数$$

（4）资产负债率：该指标表示在医疗机构资产总额中，有多少资产是通过借债取得的。一般来说，医疗机构资产负债率越低，说明以负债取得的资产越少。但从经营的角度看，资产负债率低，说明医疗机构还有运用外部资金的空间；而资产负债率过高，说明医疗机构资金不足，可能存在偿债风险。因此，医疗机构资产负债率要处于合理稳健状态，如超过70%，发出预警信号，要引起高度重视。

$$资产负债率=\frac{负债合计}{资产总计}\times100\%$$

（5）流动比率和速动比率：两个指标都是反映短期偿债能力的，但速动比率在资产的流动性上比流动比率要求更高。一般情况下，流动比率的公认标准值为2∶1，速动比率为1∶1，但因为行业的不同会有所差异。

$$流动比率=\frac{流动资产}{流动负债}\times100\%$$

$$速动比率=\frac{流动资产-存货-预付账款}{流动负债}\times100\%$$

（6）在职职工平均门急诊人次：该指标反映医疗机构门急诊量的负荷程度，从一个层面反映病人对医疗机构的满意程度和对医疗技术的认可，也体现每位在职职工的工作效率。

$$在职职工平均门急诊人次=\frac{门急诊人次数}{平均在职职工人数}$$

（7）在职职工平均住院床日：该指标反映医疗机构收治住院病人的负荷程度，从一个层面反映病人对医疗机构的满意程度和对医疗技术的认可，也体现每位在职职工的工作效率。

$$在职职工平均住院床日=\frac{实际占用总床日数}{平均在职职工人数}$$

（8）在职职工平均业务收入：该指标是医疗机构职工创造价值的体现，它反映职工劳动效率高低程度以及可以被挖掘的职工潜力。

$$\begin{aligned}\begin{matrix}在职职工\\平均业务收入\end{matrix}&=\frac{总收入-财政拨款收入-上级补助收入-附属单位上缴收入}{平均在职职工人数}\\&=\frac{医疗收入+科教收入+利息收入+租金收入+捐赠收入+其他收入}{平均在职职工人数}\end{aligned}$$

（9）每床位占用固定资产：是指每张病床所占用的固定资产总额。这一指标反映医疗机构固定资产的配置情况，特别是病床这一关键医疗设施的固定资产投入情况。

$$每床位占用固定资产=\frac{期末固定资产净值}{实际开放床位数}$$

（10）百元固定资产医疗收入（不含药品收入）：该指标反映医疗机构平均每百元固定资产产生的医疗收入，反映固定资产的利用效率。

$$百元固定资产医疗收入(不含药品收入)=\frac{医疗收入-药品收入}{固定资产净值}\times100$$

（11）出院者平均住院天数：反映医疗资源利用情况和总体医疗服务质量，是集中表现医院管理、效率和效益较重要且敏感的指标。

$$出院者平均住院天数=\frac{出院病人占用总床日数}{出院病人总人数}$$

（12）病床使用率：该指标反映病床的一般负荷情况和病床的利用效率，从一个层面反映医疗机构的工作效率和管理水平。

$$病床使用率=\frac{实际占用总床日数}{实际开放总床日数}\times 100\%$$

（13）病床周转次数：该指标从每张病床的有效利用程度方面说明病床的工作效率，从某种程度上反映医疗机构的工作效率和医疗质量。

$$病床周转次数=\frac{出院人次数}{平均开放床位数}$$

（14）总资产周转率：反映总资产的价值回收、转移与利用效果。该指标越高，说明医疗机构在资产管理、成本核算和控制费用等方面取得的成效越大。

$$总资产周转率=\frac{本年收入-财政拨款收入}{平均总资产}\times 100\%$$

（15）总资产增长率：是医疗机构本年资产增长额同年初资产总额的比率，反映医疗机构本期资产规模的增长情况。

$$总资产增长率=\frac{期末总资产-期初总资产}{期初总资产}\times 100\%$$

（16）净资产增长率：反映医疗机构全年净资产的发展速度与增长规模，该指标越高，表明医疗机构获利能力越强，能够增强投资者的信心。

$$净资产增长率=\frac{本年净资产增加额}{年初净资产额}\times 100\%$$

（17）固定资产净值率：是指固定资产原值扣除其累计折旧额后的余额即固定资产折余价值与固定资产原值的比率。它是反映医疗机构全部固定资产平均新旧程度的指标。

$$固定资产净值率=\frac{固定资产净值}{固定资产原值}\times 100\%$$

（18）管理费用率：反映医疗机构总体管理水平，降低该指标的途径是减少管理费用开支或减少管理人员，引导医院“减员增效”，提高工作效率和管理水平。

$$管理费用率=\frac{单位管理费用}{业务活动费用+单位管理费用}\times 100\%$$

（19）财政拨款收入占总费用比例：反映医疗机构财力资源的补偿渠道和国家的补偿比例，也反映医疗机构的自给能力。

$$财政拨款收入占总费用比例=\frac{财政拨款收入}{业务活动费用+单位管理费用}\times 100\%$$

（20）医疗服务收入占医疗收入比例：反映医疗机构收入结构，从侧面反映医院所在地区医疗服务价格的合理性，尤其是在政策规定取消药品和耗材加成，降低大型医用设备检查治疗价格，合理调整体现医务人员技术劳务价值的医疗服务价格的背景下尤为必要。

$$\begin{matrix}医疗服务收入\\占医疗收入比例\end{matrix}=\frac{医疗收入-卫生材料收入-药品收入-检查收入-化验收入}{医疗收入}\times 100\%$$

（21）药品收入占医疗收入比例（不含中药饮片）：它是限额指标，对控制“以药养医”，遏制药品购销中的不正之风，减轻病人负担有着重要的意义。

$$药品收入占医疗收入比例(不含中药饮片)=\frac{药品收入-中药饮片收入}{医疗收入}\times 100\%$$

（22）卫生材料收入占医疗收入比例：该指标反映在医疗收入中卫生材料的占比情况，从一个侧面反映医疗机构卫生材料使用及管理水平，占比越小，说明医疗机构卫生材料管控越有成效。

$$卫生材料收入占医疗收入比例=\frac{卫生材料收入}{医疗收入}\times 100\%$$

（23）检查检验收入占医疗收入比例：该指标反映在医疗收入中检查检验的占比情况。医疗机构要规范医生的医疗服务行为，做到检查检验结果互认，降低病人不必要的检查检验费用支出，合理控制检查检验收入占比。

$$检查检验收入占医疗收入比例=\frac{检查收入+化验收入}{医疗收入}\times 100\%$$

（24）百元医疗收入的医疗费用（不含药品收入）：该指标反映医疗机构取得每百元医疗收入花费的医疗支出，该指标越高，表明花费的医疗费用越大，会影响获利能力。

$$\begin{matrix}百元医疗收入的医疗费用\\(不含药品收入)\end{matrix}=\frac{业务活动费用+单位管理费用-药品费}{医疗收入-药品收入}\times 100$$

（25）百元医疗收入消耗卫生材料（不含药品收入）：该指标反映医疗机构每百元医疗收入中卫生材料成本的含量，该指标越高，表明卫生材料用量越大，会影响获利能力。

$$百元医疗收入消耗卫生材料(不含药品收入)=\frac{卫生材料费}{医疗收入-药品收入}\times 100$$

（26）医疗成本费用率：是医疗机构在一定时期成本费用总额与医疗收入的比率，说明医疗机构每创造 1 元的医疗收入所消耗的成本费用，体现了医疗收支的效率。

$$医疗成本费用率=\frac{业务活动费用+单位管理费用}{医疗收入}\times 100\%$$

2. 财务分析是在月度结账后，财务人员对财务数据以及相关数据进行归集整理，采用一系列专门的分析技术和方法，复盘医疗机构的经营情况，发现存在的问题；财务人员围绕问题进行关键信息的筛选，对筛选出的信息加以标注、索引或形成专题报告；或建立预测模型来量化展现问题持续所造成的影响，并推动问题的解决；在确定问题解决方案并且落实执行后，财务人员需要跟踪解决方案的执行情况，评价解决方案是否有效。更多地是通过制度的执行、流程审批以及形成数据的变化等情况，来考察问题是否已得到真正的解决。

3. 财务分析报告并不仅仅是财务每月例行的一项常规性工作，更是财务管理的一种重要工具。

（1）财务人员在撰写财务分析报告前，需要有清晰的框架和分析思路，要收集财务分析所需要的资料，包括财务数据和非财务数据。要根据财务分析目标，制定财务分析工作方案，收集、整理和核实财务分析所需要的资料。单凭报表的数据往往是不够的，要求分析人员平时要做大量的数据统计工作，对分析的项目按性质、用途、类别、区域、责任人，按月度、季度、年度进行统计，建立台账，以便在编写财务分析报告时有据可查。

（2）对财务报表进行分析，要做到重点突出、方法科学。报告撰写时要做到层次分明、内容完整：一是提要段。概括医疗机构的综合情况，让财务报告接受者对医疗机构财务分析说明有一个总括的认识。二是说明段。对医疗机构运营及财务现状进行介绍。该部分要求文字表述恰当、数据引用准确。对经济指标进行说明时可适当运用绝对数、比较数及复合指标数。特别要关注本单位当前运作上的重点，对重要事项要单独反映。三是分析段。对本单位运营情况进行分析研究。在表述方法上，可采用条文式叙述，也可穿插表格说明；分析既可纵向对比，也可横向比较；要有理有据，细化分解各项指标，善于运用表格、图示，突出表达分析的内容。四是评价段。作出财务说明和分析后，对于运营情况、财务状况、盈利业绩，从财务角度给予公正、客观的评价和预测。财务评价不能运用似是而非、可进可退、左右摇摆等不负责任的语言，评价要从正面和负面两方面进行，既可以单独分段进行，也可以将评价内容穿插在说明部分和分析部分。五是建议段。财务人员在对医疗运营、投资决策进行分析后形成意见和看法，特别是对运营过程中存在的问题，要提出具有针对性、可操作性的改进建议。

（3）在对财务报表分析的基础上，及时撰写财务分析报告。报告行文要尽可能流畅、通顺、简明、精练，避免口语化、长而不实。

（4）相关人员要对财务报告进行审阅，多人、多层面把关，保证财务报告质量。

财务分析报告的编制，并不能体现财务分析工作的全部价值，如何利用财务数据向管理层反馈问题解决的办法，需要财务人员将精力转移到财务分析报告之后，利用沟通和协调来推动各相关科室解决实际问题，让各级管理层能够发现和看到财务分析提供的价值，增强各层级对于财务分析工作的重视，充分发挥财务诊断医疗机构管理的“听诊器”作用，观察医疗机构运行状况“显微镜”之功能，为医疗机构管理决策提供数据支撑（见图2）。

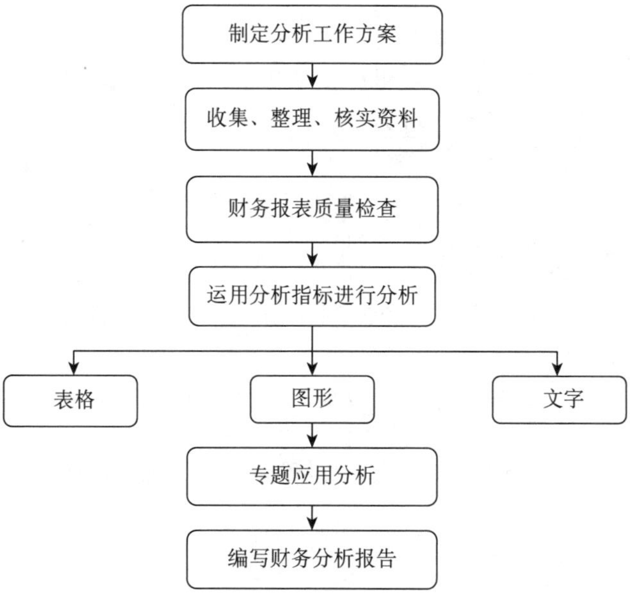

图2 财务分析报告编写流程

二、与医疗机构运营管理相关的指标及释义

随着医疗市场竞争日趋激烈，医疗机构面临的挑战将更为严峻，要充分发挥财务管理的职能作用，树立业财融合的财务管理理念，在坚持医疗机构公益性和社会效益第一的前提

下，理好财、用好财，以保持医疗机构的生存和发展。同时，要加强与同级医疗机构间各种业务及经济指标的比较，分析优势所在，找出与先进水平之间的差距，确定管理与改进目标，提高核心竞争能力。

（一）效率效益指标

1. 流动资产周转率：在一定时期内，流动资产周转次数越多，表明以相同的流动资产完成的周转额越多，流动资产利用效果越好。

$$流动资产周转率=\frac{业务收入}{流动资产平均余额}$$

2. 库存物资周转率：库存物资占用的资金越少，则库存物资积压的风险越小，医疗机构的变现能力以及资金的使用效率也就越好，库存物资的管理水平就越高。

$$库存物资周转率=\frac{医疗成本}{库存物资平均余额}$$

3. 固定资产周转率：一般情况下，固定资产周转率高，表明医疗机构固定资产利用充分、投资得当、固定资产结构合理，能充分发挥效率。

$$固定资产周转率=\frac{业务收入}{固定资产平均余额}$$

4. 应收账款周转率：应收账款周转率高，表明收账迅速；应收账款账龄较短，资产流动性强，短期偿债能力强，能减少坏账发生的概率。

$$应收账款周转率=\frac{业务收入}{应收账款平均余额}$$

5. 科研经费增长率：该指标反映医疗机构科研经费投入的增长比率，是医疗机构重视科研的经济投入指标，该指标越高，表明科研经费增长速度越快，反之，则越慢。

$$科研经费增长率=\frac{本年科研经费增加额}{上年科研经费支出}\times 100\%$$

6. 固定资产增长率：该指标反映医疗机构规模的发展及医疗技术手段的更新程度。

$$固定资产增长率=\frac{本年净增固定资产原值}{年初固定资产原值}\times 100\%$$

7. 不良资产比率：该指标反映资产的利用效率，在一定程度上体现生产资料的运营能力。

$$不良资产比率=\frac{未批准医保剔除数+逾期无法收回病人欠费+未处理财产损失}{资产原值总额}\times 100\%$$

8. 人均科研收入：该指标反映医疗机构在科技创新方面的整体产出水平，从一个侧面反映医疗机构可持续发展的潜力。

$$人均科研收入=\frac{科研收入}{平均在职职工人数}$$

9. 人员支出占业务支出比例：是衡量医疗机构落实习近平总书记“两个允许”重要指示精神，改善职工收入情况及医疗机构支出结构变化，维护公益性、调动积极性、保障可持续性运行新机制的指标。医疗机构要合理确定医务人员收入水平，建立动态调整，向临床一线、业务骨干、关键岗位及支援基层和有突出贡献的人员倾斜的薪酬机制。

$$人员支出占业务支出比例=\frac{人员支出}{业务支出}\times 100\%$$

（二）医疗费用控制指标

控制医疗费用的不合理增长，减轻社会的负担和压力，是医疗机构应尽的社会责任，是构建和谐社会的重要内容。医疗机构应最大限度地满足人民群众日益增长的医疗保健需求，严格执行医保相关政策，采取多角度、多层次的方法对医疗费用控制情况进行评价。

1. 抗菌药物使用强度：该指标反映不同年度的用药动态和用药结构，DDD 值越大，说明该药的使用频率越高。三级综合医院住院患者抗菌药物使用强度不超过 40DDDs，口腔医院不超过 40DDDs；肿瘤医院不超过 30DDDs；儿童医院不超过 20DDDs；精神病医院不超过 5DDDs；妇产医院不超过 40DDDs。

$$抗菌药物使用强度=\frac{本年度住院患者抗菌药物消耗量(累计\ DDD\ 数)}{同期收治患者人天数}\times 100$$

收治患者人天数 = 出院患者人次数 × 出院患者平均住院天数

2. 平均每张处方药品费：该指标反映医生对病人的用药情况，指标不宜过高，应相对合理，以满足病人“少花钱、治好病”的愿望。

$$平均每张处方药品费=\frac{药品收入}{处方总数}$$

3. 辅助用药收入占药品收入的比例：该指标直接反映医疗机构辅助用药使用情况，倒逼医疗机构主动减少辅助用药使用。限制辅助用药的终极目的是临床控费，促进合理用药。

$$辅助用药收入占药品收入的比例=\frac{辅助用药收入}{药品收入}\times 100\%$$

（三）经济效益指标

1. 总资产收益率：该指标反映资产的综合利用效果，有助于引导医疗机构加强成本核算，控制不必要的成本支出。

$$总资产收益率=\frac{本期盈余}{平均资产总额}\times 100\%$$

2. 编内在职职工人均工资性收入：是指在职职工通过各种途径得到的全部劳动报酬，包括从事科研、教学、多点执业等得到的劳动收入。

$$\begin{matrix}编内在职职工\\人均工资性收入\end{matrix}=\frac{编内在职职工基本工资+津贴补贴+奖金+伙食补助+绩效工资}{编内在职职工平均人数}$$

3. 净资产盈余率：该指标反映资本运营的综合效果，一般认为，净资产盈余率越高，自有资本获取收益的能力越强，运营效益越好。

$$净资产盈余率=\frac{本期盈余}{平均净资产}\times 100\%$$

（四）DRG 管理指标

随着 DRG 支付方式在全国范围内的实施，患者医疗费用的压力直接转化为医院的成本压力。医疗机构需要规范医疗流程、约束医疗行为，主动控制病种成本，优化医疗收入结构。而医务人员深入学习、理解、掌握医保政策的精髓，是做好 DRG 费用管控的关键。

1. DRG 组数：代表治疗病例所覆盖疾病类型的范围，体现医疗服务的广度。假设在某一时间段内，某医疗机构的住院病例经过 DRG 分组器的运算可以分入 k 个 DRG 组，那么这个医疗机构的“DRG 组数”即为“k”。每个 DRG 组代表了一组具有相似病情、治疗方式和资源消耗特征的病例，出院病例覆盖的DRG组数越多，说明这个医疗机构能够提供的医疗服务范围越广。

2. DRG相对权重（RW）：根据医疗费用越高消耗的资源越多，病情相对越严重的总体思路，计算每个DRG组相对地区均次费用的权重，综合反映各DRG组的疾病严重程度和资源消耗情况。数值越高，反映该病组的资源消耗越高，反之，越低。

$$某DRG相对权重（RW）=\frac{该DRG病例的均次费用}{本地区所有病例的均次费用}。$$

根据《浙江省省级及杭州市基本医疗保险住院费用DRGs点数付费实施细则（试行）》的规定，某DRG病组基准点数＝某DRG病组权重（RW）×100。

3. DRG总权重：是医疗机构收治所有DRG入组病例的权重总和，反映了医疗机构住院服务总量，是体现医疗机构服务能力的重要指标之一。

$$DRG总权重=\sum（某DRG病组权重\times某医疗机构该DRG病组病例数）$$

决定RW值的因素：一是疾病组一级护理占总住院天数的比例，反映该疾病组的复杂程度。二是疾病组的死亡率，反映该疾病的危重程度。三是疾病组的平均住院天数，反映该组疾病诊治占用人力资源情况。四是疾病组的均次费用，反映该组疾病诊治占用资源情况。

4. 病例组合指数（CMI值）：是衡量医疗服务技术难度的重要指标，CMI值越高，一定程度上表明医院治疗病例的技术难度越高。

$$病例组合指数（CMI值）=\sum\frac{各病例的DRG权重}{该医院病例总数}\times100$$

5. 费用消耗指数：反映治疗同类疾病所花费的费用效率。医疗机构治疗某类疾病的均次住院费用越高，该医疗机构的费用消耗指数值越大。

$$费用消耗指数=\frac{\sum\frac{某医疗机构该病组住院均次费用}{地区全部医疗机构该病组住院均次费用}\times某医疗机构该病组病例数}{某医疗机构总病组病例数}$$

用“C”代表费用消耗指数：C＝1，表示医疗机构的均次住院费用与全市（地区）的平均水平相当；C＞1，表示医疗机构治疗同类疾病所需费用高于全市（地区）的平均水平；C＜1，表示医疗机构治疗同类疾病所需费用低于全市（地区）的平均水平。

6. 时间消耗指数：反映治疗同类疾病所花费的时间效率。医疗机构治疗某类疾病的例均住院时间越长，该医疗机构的时间消耗指数的值越大。

$$时间消耗指数=\frac{\sum\frac{某医疗机构该病组平均住院日}{地区全部医疗机构该病组平均住院日}\times某医疗机构该病组病例数}{某医疗机构总病组病例数}$$

用“T”代表时间消耗指数：T＝1，表示某医疗机构的均次住院时间与全市（地区）的平均水平相当；T＞1，表示某医疗机构治疗同类疾病所需时间高于全市（地区）的平均水平；T＜1，表示某医疗机构治疗同类疾病所需时间低于全市（地区）的平均水平。

7. 低风险组病例死亡率：考核年度运用DRG分组器测算产生低风险组病例，其死亡率是指低风险组病例死亡病例数占低风险组全部病例数的比例（见表8）。

$$低风险组病例死亡率=\frac{低风险组死亡病例数}{低风险组全部病例数}\times100\%$$

表 8　　住院病人基于 DRG 死亡风险分级及评分

分　组	评分	分值描述
零风险组	0 分	表示归属于该 DRG 的病例没有出现死亡病例
低风险组	1 分	表示住院病人病死率低于负一倍标准差
中低风险组	2 分	表示住院病人病死率在平均水平与负一倍标准差之间
中高风险组	3 分	表示住院病人病死率在平均水平与正一倍标准差之间
高风险组	4 分	表示住院病人病死率高于正一倍标准差

如果“低风险组”和“零风险组”的病例发生死亡，意味着死亡原因很可能不在疾病本身而在临床过程。提示临床或管理过程中可能存在问题，需要对该类死亡病例进行深入分析，找出临床诊疗或管理过程中存在的具体问题以及潜在风险，有针对性地制定解决方案。

8. 差异系数：是根据医疗机构等级、历史发生费用、个人负担水平、CMI 值、人头人次比进行设定。在差异系数中，根据浙医保发〔2024〕40 号文件规定：医院等级权重不低于 50%，历史发生费用权重不高于 30%，CMI 值不低于 3%（见表 9）。

表 9　　差异系数及分值描述

<table>
<tr><th>等　级</th><th>系数</th><th>分值描述</th></tr>
<tr><td>三级甲等</td><td>1.05</td><td rowspan="6">①在每 100 点中：三甲 105 点，三乙 92 点，二者差距：13 ×60% =7.8（点）。
②计算历史发生费用、个人负担水平、CMI 值权重和人头人次比是会变动的；计算差异系数是取前三年的数据，也就是说，这个差异系数会发生变动。</td></tr>
<tr><td>三级乙等</td><td>0.92</td></tr>
<tr><td>二级甲等</td><td>0.91</td></tr>
<tr><td>二级乙等</td><td>0.91</td></tr>
<tr><td>其他</td><td>0.91</td></tr>
<tr><td>社区医院</td><td>0.85</td></tr>
</table>

9. 高倍率病例：是指能入组，但住院总费用高于本 DRG 均次费用一定倍数及以上的费用过高病例。高倍率病例按以下规则分档设置：

（1）在基准点数小于等于 100 点的 DRG 中，住院总费用大于等于该 DRG 均次费用 3 倍的病例。

（2）在基准点数大于 100 点且小于等于 300 点的 DRG 中，住院总费用大于等于该 DRG 均次费用 2 倍的病例。

（3）在基准点数大于 300 点的 DRG 中，住院总费用大于等于该 DRG 均次费用 1.5 倍的病例。

（4）高倍率病例追加点数 = 该 DRG 基准点数 × 追加倍数

$$\text{追加倍数} = \frac{\text{该病例总费用} - \text{不合理医疗费用}}{\text{该 DRG 住院均次费用}} - \text{该 DRG 上限裁剪倍率}$$

10. 低倍率病例：是指能入组，但住院总费用低于本 DRG 均次费用 0.4 倍及以下的费用过低病例。低倍率病例按住院过程不完整病例规定执行。

$$\text{某低倍率病例拨付点数} = \frac{\text{该病组实际发生的 DRG 医疗总费用}}{\text{某病组地区次均费用}} \times \text{该病组基准点数}$$

11. 点值：会浮动变化，对医保结算金额直接产生影响。

点值 = 每个点数的价值

$$年度点值 = \frac{统筹区年度\ DRG\ 费用结算总额}{统筹区年度总点数}$$

12. DRG 点数：由统筹区医保部门以全统筹区为单位进行计算，基准点数以历史发生的合理费用数据为主要依据，体现不同 DRG 病组之间医疗服务价值的相对权重。

$$各\ DRG\ 的基准点数 = \frac{该\ DRG\ 病组住院均次费用}{全部\ DRG\ 病组均次费用} \times 100$$

$$各床日\ DRG\ 基准点数 = \frac{该床日付费标准}{全部\ DRG\ 住院均次费用} \times 100$$

住院过程中完整病例的 DRG 点数 = DRG 基准点数 × DRG 差异系数

床日病例总点数 = 床日基准点数 × 病例住院天数

三、医疗机构可采取的管控措施

随着国家医疗保障信息标准化建设和 DRG 付费改革的顺利推进，医疗机构运营管理越来越受到各级管理者的重视。医疗机构应通过全面提升运营管理实效，搭建运营分析平台，将临床业务活动中产生的大数据按照管理要求进行归集、转换，并规范统计口径和提取方式；要求医务、医保、质控、病案、财务等职能科室，对医疗服务数据进行专业化处理，使原本杂乱的数据形成结构化分布，在此基础上进行数据分析和挖掘，从而为医疗机构决策提供高质量的数据分析支持。同时，要针对数据分析发现的问题，采用创新医疗模式、优化收入结构、精细成本核算、完善薪酬绩效等措施，不断拓展优质服务供给、加强成本控制、增加激励措施，促进医疗机构运营管理朝着精细化、科学化和现代化方向发展。

（一）加强库存物资管理

为规范开展各项医疗活动，有效管理好库存物资，维护国家财产安全、完整，充分发挥其使用效益，医疗机构必须制定《库存物资管理制度》，明确制度规范的范围、内容及要求，并在日常管理中严格执行，做到有法可依、有章可循。

1. 库存物资储备量管控的必要性。做好库存物资储备量的管理，可以减少因库存积压造成的物品过期、变质等浪费；减少医疗机构仓储面积、储存设施配备和库管人员；减少流动资金占用和“天灾人祸”的影响；加速库存物资周转，提高资产使用效率。

2. 把控好库存物资储备量。医疗机构应根据各项物资的特性及使用情况进行物资储备，即储备量需考虑物资的价值，在一定时期的使用量、效期、通用程度及市场供应情况等。对价格高、使用量不大、对效期有严格要求的专业物资，应严格控制采购与库存量；对价格不高、使用量大、对效期没有严格要求的通用物资，可综合考虑医疗机构过往的实际使用量和量价关系，进行采购与储备；对紧俏物资，可根据未来 3 个月的预计用量进行储备；对市场供应充裕的物资，可采用零库存的管理方式。

3. 物资采购管控。应根据全年的采购预算来执行；对于超预算或无预算的物资采购，应在预算追加审批通过后执行；对于非集采的物资，价值在院内规定的标准以上的，应采用按品种类别集中招标或竞争性谈判等方式进行；在合同签订过程中，医疗机构应组织多科室协同审批合同流理，共同对合同内容进行把关；物资在能够满足使用功能的前提下，应避免个人好恶而进行重复采购。

4. 做好库存物资管理。医疗机构的批量物资应先做入库再行领用；同一仓库的同类物资尽可能放置在同一位置，便于集中管理；物资领用可采用先进先出法，先消耗批号在前或入库时间在前的物资，避免物资过期或陈旧；库存物资应跟据实际需用量领用，避免以领代支，不利于成本管理；库存物资应定期盘点，发现账实不符时，尽快查明原因，采取应对措施，堵住漏洞。

（二）加强成本管理

成本按性态划分，可分为固定成本和变动成本，其对医疗机构成本预测、决策、分析，特别是对控制和寻求降低成本途径有重要作用（见图 3）。

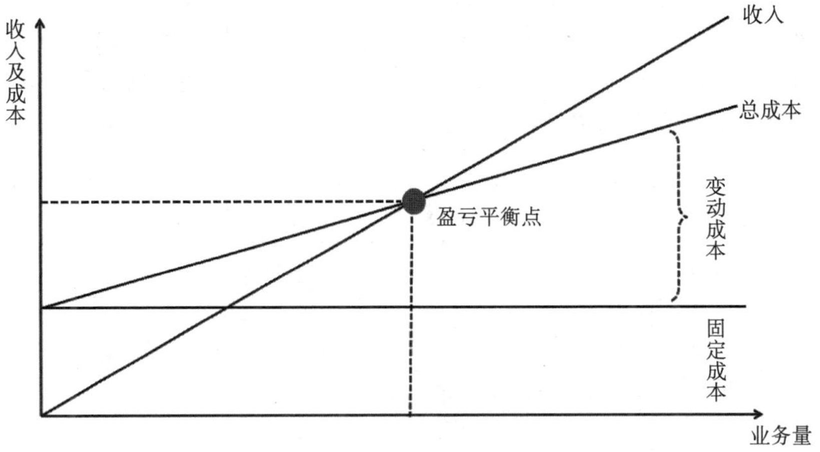

图 3　收入、成本与业务量的关系

1. 固定成本：是指在一定期间和一定业务范围内，成本总额相对固定，不受业务量变化影响的成本。如：固定资产折旧、职工工资。

2. 变动成本：是指成本总额随着业务量的变动而成相应比例变化的成本。

固定成本和变动成本加在一起，就是医疗机构经营发生的成本。在经济运行过程中，如果固定成本占比太高，经营风险就会加大。因此，一定要管控好固定成本，增强抗风险的能力。

表 10 的数据显示：CT 设备的利用率和月均收入成正比，而单位成本递减，成本收益率提高。说明在医疗机构固定成本不变、医疗需求保持不变的前提下，减少病人预约等候时间，提高设备使用效率，医疗机构可实现社会效益和经济效益的同步提高。

表 10　　CT 设备运行情况分析

年度	月均检查（人次）	月均成本（万元）	月均收入（万元）	成本收益率（%）	单位成本（元）
2022	2262	50.67	53.05	4.70	224.01
2023	2400	51.49	56.15	9.05	214.54

（三）对房屋投入产出进行分析

某医疗机构从 2021 年 9 月份新病房大楼投入使用以来，各核算单元发现在床位收入增加的同时，承担的房屋折旧费、水电气费明显高于老病房大楼。有些护理单元由于床位使用率不高，每月床位收入还不够弥补应分摊的成本，反响很大。为此，财务人员对病房大楼一个楼层的投入产出进行了分析：

1. 护理单元每月成本支出明细组成：设备折旧 9139 元、水电气 16341 元、房屋折旧 3628（29761×12.19%）元（12.19%为床位收入占非药品耗材住院收入的比率）、保洁人员费用 6522 元、护理人员（12 人）整理床位成本 9508 元、管理费用分摊 5269 元、公用材料消耗 1500 元，共计 51907 元。

2. 每床日变动成本：医疗废弃物处置费 3.3 元、洗涤费 1.82 元、卫生材料消耗费 4.5 元。

3. 新病房大楼每楼层设定病床 60 张，其中：特需床位 5 张、特惠床位 6 张，若病人入住率达到 100%，则床位收入为 104400 元/月，均次床位收费 58 元/床日。进一步计算得出：每月保本工作量为 1053.84 床日，每月保本床位收入为 61123 元，则每月保本床位收入占全部床位收入比例达到 58.55%时，恰好是收支保本点（见图 4）。

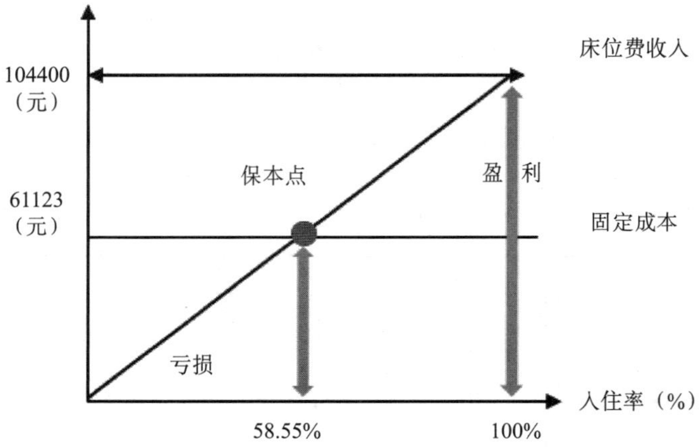

图 4 床位收入与入住率的比例关系

（四）缩短平均住院天数

平均住院天数是指在一定时期内每一出院病人平均住院时间的长短，它是评价医疗机构效率和效益、医疗质量和技术水平，衡量医疗机构医疗服务质量和管理水平的一项重要指标。某医院在当地享有很好的声誉，病人要排队等候很久方能住院。由于病床紧张，病人不能及时入院治疗，有可能延误病情或错过最佳治疗时期。对医院而言，由于平均住院天数延长，导致病床更趋紧张，减少了病人收治容量，使有限的医疗资源得不到有效利用，社会效益和经济效益都受到影响。为此，某医院推广微创手术、创口粘合处理等医疗技术；改善医疗服务模式，病人入院前尽可能在门诊做好必要的化验和检查，入院后即可进行治疗和手术；对于风险较小的手术采用“日间手术”，并不断扩大病种。同时，该院通过抓取病人住院期间和每日住院费用的变化情况并进行分析，揭示住院费用高峰期和回落期的分布状态，论证住院期间的有效性，有针对性地采取措施缩短平均住院天数。

病人在一个住院期间，住院日一般分为高效住院日、低效住院日和无效住院日。高效住院日一般指病人的有效诊断、手术、治疗期间，其医疗费用发生额高，与摊销医疗成本后的结余成正比；低效住院日和无效住院日一般指病人的准备期和治愈康复后期，医疗费用发生额与摊销医疗成本后的结余成反比。外科手术治疗的高峰期通常集中在第3天和第4天，为高效住院日；而首日和次日为术前准备期，为低效住院日；第5—7天甚至更长期间，住院费用递减回落，一般是术后抗感染期或其延长期，为低效住院日或无效住院日。

如果某医院能剔除无效住院日，减少低效住院日，就能相应缩短平均住院天数。

外科疾病的住院期间平均为7天，如果医技围着临床转，管理措施有效，就能在保证医疗质量的前提下，缩短至4天，甚至3天。这意味着某医院在病床总量不变的状况下，可以多收治病人。某医院2023年年末实际开放床位1600张，平均住院天数5.75天，每出院人次平均医药费用10000元。如果2024年平均住院天数下降0.4天，就可以多收治7594个病人，增加住院收入7594万元（见图5）。

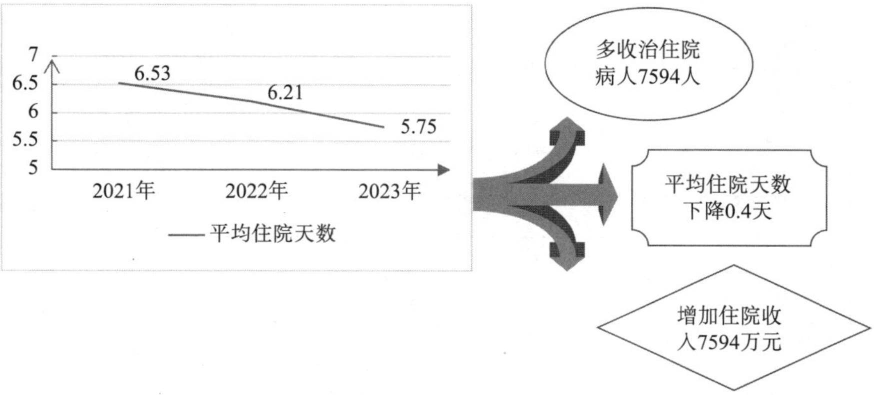

图5　缩短平均住院天数带来“两个”效益的提高

（五）科室做好病组费用控制

随着国家深化医改工作的推进，分级诊疗、药品和耗材零差价率、医保支付方式改革等成为医改工作的重点。改革的核心内容就是把原有的项目付费方式变更为同类病种打包、包干的支付模式，让医疗机构与医务人员内部进行行为调节，促使医疗机构通过规范医疗资源的使用，将治疗总费用控制在医保限额之内，从而达到抑制医疗费用过快增长的目的。

某医院为使科主任带头学好医保管理相关知识，组织医保知识分享交流会，有的科主任介绍了科室建立全过程医疗成本管控的经验，即事前：明确医疗服务项目成本核算路径，强化成本预算，引导科室注重医疗成本管理；事中：优化以“价值医疗”为核心的诊疗流程，控制药品和耗材不合理使用带来的医疗成本增加；事后：注重成本效益分析，将成本管控指标纳入绩效管理中，牢固树立业务科室人员成本意识，合理控制医院运营成本。有的科主任介绍了所在科室在病组费用控制方面总结出四步走方式：第一步：病情评估；第二步：DRG分组评估；第三步：对医疗过程中产生的费用按收费类别明细进行评估，汇总形成该病组医疗总费用（见表11）；第四步：形成专科简易临床路径，明确检查项目、药品名称和用药时间、手术方式、拔管时间、出院时间等（见图6）。这些成功经验为某医院做好病组费用管理发挥了积极的作用。

表 11　　某病人病组医疗费用汇总

序号	收入项目	数量	单价	金额
1	检查材料费			
2	检查费			
3	化验材料费			
4	化验费			
5	卫生材料费			
6	西药费			
7	诊疗费			
8	手术材料费			
9	手术费			
10	床位费			
11	特护费			
12	麻醉材料费			
13	麻醉费			
14	治疗费			
15	护理费			
16	输氧费			
17	其他费			
合计				

图 6　专科简易临床路径

（六）对病例类型构成情况进行分析

浙江省从 2021 年开始，在次年四月份前清算医疗机构上一年 DRG 费用，清算结果有喜有忧，有的医疗机构拿到奖励，有的医疗机构因综合评价不合格被扣除 5% 质量保证金。某医院拿到 2023 年医保清算结果后，组织医保办、医务科和财务科，对医保清算结果进行复盘，统计列表反映清算年度医疗总费用、核拨金额、病例总点值、费用差额、年度质量考核奖惩金额、累计拨付金额、除外费用、最终费用差额等各项数据（见表12）。

表12　　某医院2023年度病例类型构成情况分析

统计时间：2024年6月30日　　金额单位：万元

序号	病例类型	例数	占全部病例比例（%）	医疗总费用	医保拨付金额	费用差额
1	床日付费	396	93.12			
2	单议病组病例	6	93.85			
3	低倍率病例	5490	92.06			
4	高倍率病例	2648	73.97			
5	正常病例	53882	105.11			
合　计		62422	96.22			

表12是2023年度省、市医保完成对医疗机构的汇算清缴后，某医院根据汇算清缴结果，自行进行医院层面医保拨付费用和病例类型构成情况的分析。通过对62422份病例的分析，医院发现如果想盈余最大化，一定要减少高倍率、低倍率病例，增加正常病例数量；同时，要梳理床日付费情况，除入住重症监护室病人按病组费用结算外，对损伤康复、功能康复、老年病康复、术后康复等病人可采用床日付费管理。

（七）做好病人欠费管理

为保证医疗机构收入的正常实现和安全完整，防止资产遭受不必要的损失，医疗机构应根据本单位实际制定《医疗欠费管理制度》。某医院该制度的核心内容主要有：

1. 病人入院诊治，医生应根据病情在住院许可证上估计预缴款金额。一般医保在线结算病人预缴款不低于3000元，自费病人预缴款不低于5000元。

2. 为严格控制病人欠费，当病人预缴款使用≥80%时，采用短信自动提醒病人："您的余额不足，请及时续费，以免影响医疗救治"；当病人预缴款出现负数时，系统自动冻结该病人账户，医院按分级授权管理原则，对欠费记账权限有如下规定：（1）科主任和护士长可为病人解锁2000元以下的欠费记账权限；（2）当病人欠费>2000元≤5000元时，须由相关科室主任在《在院病人医疗欠费情况说明》上签字同意，上报医务科主任审批通过后方可解锁；（3）当病人欠费>5000元≤20000元时，由医务科上报医务分管院领导审批通过后方可解锁；（4）当病人欠费>20000元≤50000元时，由医务分管院领导上报院长审批通过后方可解锁；（5）当病人欠费金额>50000元时，须经医院决策层会议审议通过后方可解锁。

3. 财务科内要设置病人欠费管理员岗位，负责每天统计医疗欠费超过2000元（监护室10000元）而医院信息系统中费用仍在增加的在院病人信息，将该信息通知病人所在科室科主任或护士长，由他们积极向病人或家属催款。

（八）对医疗设备综合效益进行分析

医疗机构申购新医疗设备，必须参考同类设备的效益情况，对其必要性、科学性、实用性进行充分论证和审核，在规范设备采购程序和节约资金的前提下，采购适用的医疗设备。同时，财务人员可选择医疗机构高投入的设备，兼顾抢救设备，特别是选择有代表性的设备，从社会效益指标和经济效益指标进行重点评价。社会效益指标：主要反映诊断和治疗的病例数量。可将每年诊治的病例人数，作为单台设备以及医疗机构设备总数所产生的社会效益。经济效益指标：主要是计算设备使用率和利润率。

如某医院白血病实验室购入流速细胞仪及配件，总投资77.67万元，该设备主要用于白血病、肿瘤免疫诊断及分析。白血病实验室2023年总收入151.64万元，其中95%收入为流速细胞仪创收（144.06万元）；该设备年折旧按20%计提，折旧额为14.75（77.67×95%÷5）万元，同时，流速细胞仪需要一台电离心机作为辅助。电离心机金额12.20万元，提供50%的工作量给流速细胞仪，年折旧1.22万元；该设备运行需要配备3名工作人员，年人员经费34.46万元；年试剂消耗费用41.21万元，白血病实验室其他支出（办公设施折旧、水电气消耗、公务费、辅助费用、管理费用等）35.74万元，根据收入配比原则，该设备年其他支出为33.95万元。计算静态投资回收期和动态投资回收期（设基准投资利润率为10%）。

年现金流入量 = 151.64 × 95% = 144.06（万元）

年现金流出量 = 34.46 + 41.21 + 33.95 = 109.62（万元）

年现金净流量 = 144.06 − 109.62 = 34.44（万元）

$$\text{投资回收期} = \frac{\text{原始投资总额}}{\text{年现金净流量}} \times 100\%$$

$$= (77.67 \times 95\% + 12.20 \times 50\%) \div 34.44 = 2.32\ (\text{年})$$

$$\text{投资利润率} = \frac{\text{年利润}}{\text{原始投资总额}} \times 100\%$$

$$= 34.44 \div 79.89 = 43.11\%$$

当前，我国县域医共体建设仍处于探索阶段，医疗机构精细化管理对各成员单位管理者提出了更高的要求。因此，管理者要将业务管理与经济管理相融合，将经济管理各项要求融入医疗机构核心业务流程和质量控制各环节，努力实现社会效益与运行效率的有机统一，以及医疗机构治理体系和管理能力现代化。

作者简介：李黎，杭州市萧山区第一人民医院，高级会计师

第三章

全面预算管理与成本控制能力整合

锚定管理路径　为医共体全面预算管理整合赋能

【摘要】目的：为促进医共体各成员单位间高质量融合发展，本文以瑞安医共体为例，研究探讨医共体预算管理整合的路径。方法：通过实地调查、经验总结等，梳理出县域医共体预算管理整合现状和发展面临的困境，针对预算整合难点，提出符合医共体发展规律的预算整合目标和具体实施路径。结论：瑞安医共体借助整体治理和系统思维，有计划地建立健全“优化组织、确立目标、重塑流程、搭建平台、考评绩效”五项预算管理整合关键路径，可有效解决当下医共体预算实施“合力不足、体系不全、监管不强”的问题，并在提升医共体预算管理效能、推进合作共赢、提升运营能力与实现利益共享等方面取得了显著成效。瑞安医共体的成功探索，为县域医共体建立标准化的预算整合流程，实施智能化预算管理提供了新的方法和思路。

为全面贯彻党的二十大精神，落实新时代党的卫生与健康工作方针，2023 年，国务院在县域医共体建设的基础上，进一步提出“全面推进紧密型县域医疗卫生共同体建设”的目标。构建紧密型县域医共体是新医改背景下的一次全新尝试，它通过打造县级医院、基层卫生院和村卫生室紧密结合的三级联动机制，促进县域内医疗资源的均衡配置和合理利用。在紧密型县域医共体建设过程中，预算工作的开展有助于推动医共体各成员单位共同战略目标的实现，提升医共体整体抗风险能力。当前，医共体预算管理整合尚处于探索阶段，各地实践中虽有成效但难点仍然颇多。瑞安在紧密型县域医共体建设中对预算管理整合的关键路径进行了探索和实践，并取得了一定的成效，可供参考或借鉴。

一、瑞安医共体概述

（一）瑞安医共体简介

瑞安医共体成立于 2017 年 12 月，属于浙江省首批试点医共体建设单位。其以三级甲等综合性医院为牵头医院，分别整合东、中、西部片区 3 家县级医院和 17 家基层卫生院，形成地域跨度大、成员单位数量多、组织形式多样的医共体组织（见图 1）。在组织架构重组后，瑞安医共体各成员单位取消原有单位法定代表人，由牵头医院院长担任医共体唯一法定代表人，在人、财、物等资源上形成统一管理、责任共担、利益共享的医疗服务体系。截至2023年年末，瑞安医共体实际开放床位3100张，在职职工6900余名，门急诊人次738万人次，出院人数12.65万人次，年总收入逾42亿元。

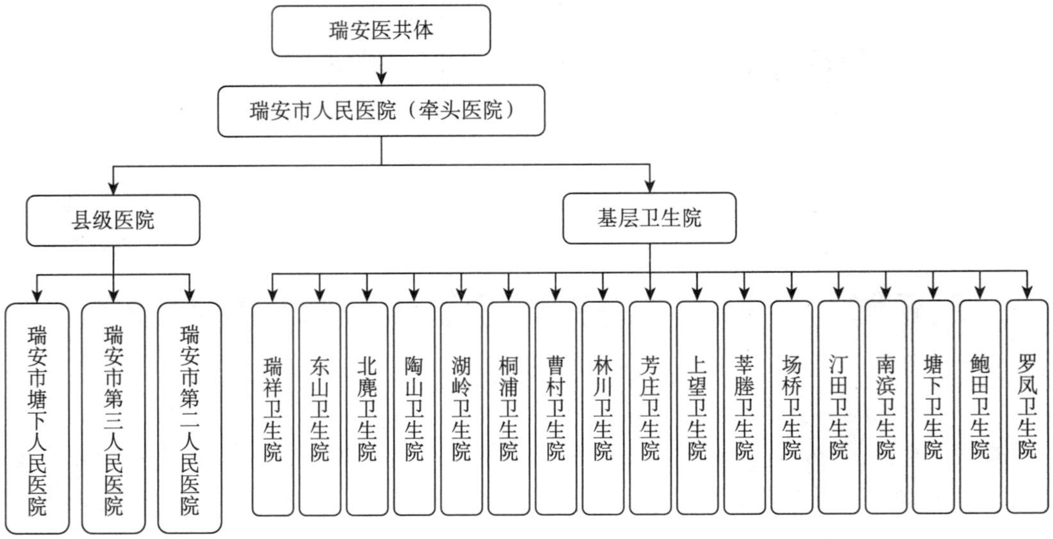

图1　瑞安医共体组织架构

瑞安医共体财务管理中心设在牵头医院，在全面预算管理方面主要负责以下工作：

1. 组织召开年度预算布置会议，明确各成员单位在规定时间内，按要求提供经决策层会议讨论通过的年度财务预算草案。

2. 汇总审核各成员单位年度预算基础数据，归集整理后形成瑞安医共体年度财务预算草案，上报瑞安医共体决策层会议和职工代表大会审议通过，并提交上级主管部门批复。

3. 在医共体年度财务预算报经上级主管部门批准后，提出分解和下达各成员单位年度财务预算指标草案，经医共体决策层会议批准后，将年度财务预算管理指标下达给各成员单位，要求在核定的预算指标范围内执行。

4. 做好预算指标日常执行的监督，及时反馈各成员单位预算执行情况，沟通协调预算管理中出现的问题和解决方法。要求各成员单位报账员接受财务管理中心统一管理，负责承接各项预算工作指派任务，做好承上启下和沟通衔接工作。

（二）合并初期预算管理存在的主要问题

合并初期，财务管理中心负责制定医共体全面预算管理制度，开展预算报表合并与预算执行分析工作，满足医共体财务“一本账”的管理要求。但在实际运行过程中，仍面临诸多困难与不足，亟待解决。

1. 预算管理集团化意识淡薄。县域医疗机构多年来习惯于服从卫健部门的行政隶属管理，虽通过政策文件组建了医共体，但新的管理体系尚未理顺，局部还存在牵头医院不能管，成员单位不服管的现象。牵头医院与各成员单位间缺乏有效的双向沟通协调机制，集团化的预算管理理念和意识薄弱，致使医共体预算整合仅仅实现了各成员单位预算编报数据的简单汇总，难以形成管理合力。

2. 预算管理集团化组织不健全。医共体预算管理职责主要由财务管理中心承担，财务管理中心设立在牵头医院，存在医共体与牵头医院预算组织相混淆的现象。财务管理中心只在牵头医院有需要时，召开医共体预算管理会议，没有形成定期议事决策机制，部分成员单位的预算管理诉求没有得到及时沟通与解决。

3. 预算管理集团化经验缺乏。县级医院与基层卫生院业务发展侧重点和执行的会计制度存在一定的差异，各成员单位财务人员素质参差不齐，没有集团化的财务管理经验，难以形成专业化的医共体预算管理队伍。另外，多数成员单位只保留报账员，财务管理经验不足，业务配合度低，难以肩负起本单位规范预算管理工作的重任。

4. 预算管理信息化基础薄弱。除财政预算一体化系统外，医共体还未建立起统一的预算管理信息平台，各成员单位的预算工作以手工、线下处理为主，集团化的预算编报、审批、调整、评价等管理工作实效性较差。同时，牵头医院还不能实时、系统地掌握各成员单位预算编报、执行、调整等情况，无法有效执行监督和考核工作。

5. 预算管理考评不完善。医共体财务管理中心除完成上级主管部门指派的年度预算编制任务外，还未建立起符合自身实际的集团化预算绩效考核方案和指标。牵头医院对各成员单位的预算管理以指导和培训为主，没有硬性考核指标和奖惩措施，考核方式随意，缺乏约束力，难以发挥预算绩效的反馈和激励作用。

二、医共体预算管理整合路径及实践

为提升医共体服务能力和资源统筹效益，改变各成员单位之间合力不足的现状，瑞安医共体财务管理中心借助整体治理和系统思维，有计划地建立以“优化组织、确立目标、重塑流程、搭建平台、考评绩效”为主要工作内容的预算管理整合路径，以实现医共体财务管理中心预算管理一体化目标。

（一）优化组织，营造预算整合管理环境

医共体组织具有公共性的价值属性、多元参与主体的合理角色定位和多个权力中心的民主协商诉求等特征，单一成员单位的管理模式已不适应医共体协同治理的需求，这就要求医共体各成员单位之间通过协作整合，形成新的组织系统，产生“1 +1 >2”协同效应。

1. 医共体预算管理组织架构。2018 年年初，瑞安医共体财务管理中心建立了预算管理组织架构并逐步完善（见图 2）。

2. 医共体预算管理人员组成及职责

（1）医共体职工代表大会，是医共体预算管理的最高表决机构，由医共体各成员单位领导班子成员、工会委员、正式职工代表及列席代表组成，主要负责表决审议医共体年度预（决）算方案、医共体预算绩效考核评价方案等。

（2）医共体决策层，是医共体预算管理的决策机构，由各成员单位党委书记、委员代表组成，主要负责确定医共体发展战略和年度运营计划；选举产生医共体预算管理委员会代表；审议年度预（决）算草案、预算调整草案、预算绩效考核评价方案等。

（3）医共体预算管理委员会，是医共体预算管理的议事机构，由各成员单位的院领导班子成员组成。主要负责下达经上级主管部门批复的年度预算方案；审议年度预（决）算草案、预算调整草案、预算管理制度、关键预算目标、预算绩效考核评价方案；审议期中预算执行报告，对预算执行情况提出指导意见；组建预算绩效考核组，落实预算绩效考评工作等。

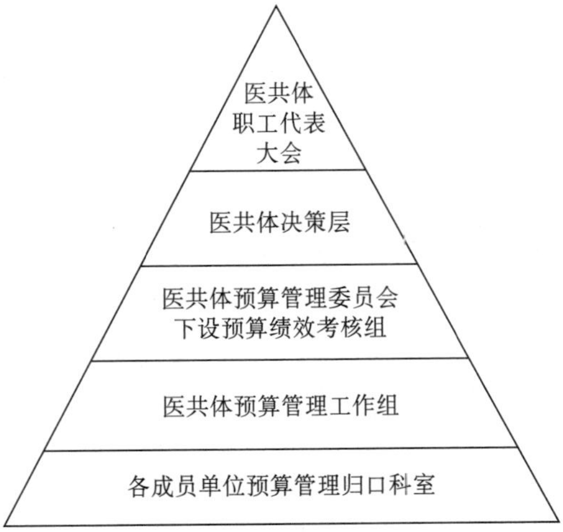

图2 瑞安医共体预算管理组织架构

（4）医共体预算管理工作组，是医共体预算管理的常设机构，由财务管理中心人员和各成员单位职能科室负责人组成。主要负责：①审议各成员单位年度预算草案，权衡各成员单位个别利益与医共体共同利益的关系，形成医共体年度预算草案，编制年度预算调整草案，并提交医共体预算管理委员会讨论；②拟定预算管理制度和预算绩效考核方案；③医共体年度预算按规定逐级审议批准后，向各成员单位分解下达年度预算指标草案；④做好日常预算执行情况的监督，督促各成员单位及时采取措施纠偏，完善预算监督与考核机制等。

（5）各成员单位预算管理归口科室，在医共体预算管理工作组的指导下，主要负责收集和上报本单位的预算基础数据及落实日常性的预算执行工作，确保实现上级下达的各项预算目标，并接受预算管理工作组对预算工作的日常监督和考核。各成员单位报账员担负着承上启下的任务，做好与预算相关的沟通与衔接。

医共体预算管理委员会，作为预算管理组织中的重要机构，起到承上启下的作用。每季度召开委员会会议，促进多方沟通和信息反馈，有效履行和落实职责，并在医共体预算组织架构的基础上，开展常态化、系统性的预算管理培训，提高医共体相关预算人员的专业胜任能力，营造良好的医共体预算管理整合环境。

（二）确立目标，发挥预算战略导向作用

虽然医共体各成员单位有着不同的预算目标，但“保障收支平衡、体现医疗价值”是各成员单位追求的共同目标。党的十八大以来，基层卫生院在软硬件方面已有较大提升，但县域群众异地就医的情况仍在持续增加。通过县域医共体建设，留住群众在本地就医，基层完成公共卫生、疾病预防和常见病、多发病的治疗，牵头医院完成对大病、疑难疾病的救治，以实现小病不出乡、大病不出县的分级诊疗目标。为实现这一目标，瑞安医共体预算管理委员会从收入预算、支出预算、运营能力、服务能力和发展能力维度对医共体业务量增长、收费控制、结构优化、服务效率、医保管理等方面分别制定了针对县级医院和基层卫生院的预算管理指标，发挥调控年度运营方向的作用。如为减少不必要的药品和卫生材料支出，完成医疗成本控制目标，瑞安医共体牵头医院每年将药品收入占医疗收入比例和百元医疗收入消耗卫生材料作为关键指标来进行监测和控制。

在目标值的设定上，瑞安医共体秉持谨慎性和合理性原则，防止出现目标值过高或过低现象，削弱指标的导向性（见表1）。

表1　瑞安医共体关键预算管理指标

指标维度	关键预算目标名称	目标值	适用范围
收入预算	每门急诊人次平均收费水平增长率（%）	按县域医保政策要求	医共体、县级医院、基层卫生院
	每出院人次平均医药费用增长率（%）	按县域医保政策要求	医共体、县级医院、基层卫生院
	医疗收入增长率（%）	≤10%	医共体、县级医院、基层卫生院
	医疗服务收入占医疗收入比例（%）	≥30%	医共体、县级医院、基层卫生院
支出预算	人员支出占业务支出比重（%）	≥38%	医共体、县级医院、基层卫生院
	药品收入占医疗收入比例（%）	逐年下降	医共体、县级医院、基层卫生院
	百元医疗收入消耗卫生材料（元）	逐年下降	医共体、县级医院、基层卫生院
服务能力	医师日均负担诊疗人次数（次）	逐年提高	医共体、县级医院、基层卫生院
	医师日均负担住院床日数（张）	逐年提高	医共体、县级医院、基层卫生院
	每万服务人口基本公共卫生服务当量（人）	逐年提高	医共体、基层卫生院
	基层家庭医生签约服务人群覆盖率（%）	≥46%	医共体、基层卫生院
运营能力	医保总额包干结余率（%）	≥0	医共体
	本期盈余（元）	≥0	医共体、县级医院、基层卫生院
	资产负债率（%）	≤30%	医共体、县级医院、基层卫生院
	总资产增长率（%）	≥0	医共体、县级医院、基层卫生院
发展能力	基层医疗卫生机构就诊率（%）	≥65%	医共体
	县域内就诊率（%）	≥90%	医共体
	门急诊人次增长率（%）	≥2%	医共体、县级医院、基层卫生院
	出院人数增长率（%）	≥2%	医共体、县级医院、基层卫生院
	牵头医院下转患者数量占比（%）	逐年提高	医共体、县级医院
	基层医院上转患者数量占比（%）	逐年提高	医共体、基层卫生院

财务管理中心在医共体关键预算指标的框架下，结合历史数据及各成员单位业务特点，制定符合实际的预算编制指导大纲。一方面，收入预算紧紧围绕医共体发展战略和运营实际设定，综合运用财务指标和非财务指标，用于指导各成员单位落实自身可持续发展目标；另一方面，支出预算以保障人员薪酬待遇为出发点，在人员经费上做加法，在药品、卫生材料等运行支出上做减法，以保证医共体财务收支平衡，不出现赤字预算。其中，以县域为单位的医保总额包干“结余留用、超支分担”的奖惩机制，是推动医共体各成员单位在医保管理上从“单打独斗”走向“合作共赢”的重要抓手。医共体统一关键预算指标，既能避免同业无序竞争，又能形成利益共享的协同机制，使各成员单位的工作目标和努力方向紧扣医共体经营战略和发展规划。

（三）重塑流程，形成预算管理闭环

流程管理是促进预算管理从“制度化”走向“标准化”的重要环节。瑞安医共体通过重新设计全面预算管理流程，形成一个“事前预警、事中监督、事后评价”的控制闭环，确保从预算编制到执行控制的每一个环节都能得到有效监测和追踪，从而提升医共体运营的稳定性和效率。

1. 预算编制阶段。每年 10 月初，由医共体预算管理工作组启动下一年度的预算编制工作。在保持公益性及摆正社会效益和经济效益关系的基础上，预算管理工作组按照“以收定支、收支平衡、统筹兼顾、保证重点、不编赤字预算”的原则编制年度财务预算。

（1）预算编制流程：①由医共体决策层召集各成员单位主要领导商议医共体次年的发展战略和运营管理目标；②由医共体预算管理委员会召集各成员单位领导班子、财务分管领导、财务管理中心及相关职能科室负责人协商、确定各成员单位预算编制方针及关键预算指标，各成员单位执行院长确认关键预算指标和重大经费安排；③预算管理工作组召集各成员单位报账员及参与预算编制的相关职能科室负责人，布置年度预算编制工作，对预算编制方法和具体要求进行统一和落实，并将审议通过的预算指标下达给各成员单位；④各成员单位报账员针对下达的关键预算指标，收集填报各项预算基础数据，并上报给预算管理工作组审议；⑤预算管理工作组根据各成员单位上报的预算数据和反馈意见，经平衡协调后，汇编成医共体年度预算草案，提交给医共体预算管理委员会审议；⑥医共体预算管理委员会在保重点运营支出的前提下，审议各成员单位申请的大型房屋修缮和设备购置等资本性支出预算。若会议对医共体年度预算草案有修改意见的，返回预算管理工作组重新修改，直至审议通过；⑦医共体预算草案分别上报医共体决策层和医共体职工代表大会讨论通过后，上报财政和卫健主管部门批复。

（2）预算编制内容：预算管理工作组将医共体所有的业务活动、财政项目补助、投融资活动等都归集到年度预算编制系统中。重点是设立医共体预算项目库，将相同项目统一设置编码和名称，让医共体成员单位共享共用。对特殊项目，个别设置和使用。目前，瑞安医共体预算项目库已拥有公用性项目 100 余项，个性化项目 60 余项。通过预算项目库，医共体可统筹安排预算项目资金，提高预算编制效率和资金使用效益，且能满足在预算审批和分析过程中对各成员单位相同预算项目进行横向对比的需求。

2. 预算执行阶段。各成员单位依据预算目标，组织实现收入、控制支出，预算管理工作组对各成员单位预算执行情况进行监督、纠偏和提出改进措施或建议。预算执行和控制水平的高低，直接关系到医共体整体预算目标能否实现。根据归口管理原则，预算管理工作组将批复后的年度预算及各项关键预算指标分解下达给各成员单位，要求做到“无预算不支出”，并监督和检查各成员单位预算责任落实情况。

（1）瑞安医共体将工作量、每门急诊人次平均收费水平、每出院人次平均医药费用等指标纳入医共体预算指标管理系统，数据每日更新；将预算指标执行情况定期向医共体预算管理部门和成员单位汇报，以利于及时调整管理策略，保障预算收入目标的实现。

（2）支出预算主要通过预算系统与财务审批系统联合控制，费用报销与专项预算额度的核减同步进行。

（3）在关键预算指标，特别是控费指标执行方面，瑞安医共体牵头医院先后出台《医共体控制药品、卫生材料占比奖惩管理办法》《重点监控药品跟踪管理工作方案》《关于优

先使用一致性评价仿制药的通知》和《合理使用高值耗材医嘱点评制度》等一系列管理制度和办法，加强对辅助用药、抗菌药物使用强度和高值耗材的监测和控制，并通过预算指标管理系统，把各项控费指标分解落实到每一诊疗组和每一位医生。被考核对象通过登录系统，直接获取控费完成情况信息，并根据系统反馈结果作出医疗行为调整，从而达成医共体控费预算目标。

3. 预算分析调整阶段。预算管理工作组定期组织人员分析医共体及各成员单位的预算执行情况，并编写预算执行分析报告，定期向医共体预算管理部门和成员单位汇报。当某成员单位预算执行出现较大偏差时，预算管理工作组及时反馈，深究差异形成原因，指导采取措施纠偏止损，并监督相关整改措施落到实处，确保实现年度预算目标。

预算管理工作组结合各成员单位资金流量变化，制定了《医共体预算调整管理办法》，明确各成员单位在年度预算额度内，拥有自主管理权，只需按月提供预算执行报表和大额资金（≥10 万元）使用情况，报预算管理工作组备案。如某成员单位预算经费不足，无法满足日常运营需求，需进行预算调整时，应按照不同的经费额度和事项内容进行逐级审批。瑞安医共体的预算调整一般在每年 10 月进行集中审议与批复。

预算调整按分级授权进行流转与审批：①当某成员单位需要追加或调剂≤10 万元的预算时，需经过本单位领导班子审议通过，提交预算管理工作组审查。预算管理工作组针对上报的申请资料，认真复核各申请单位实际预算使用情况及预算调整申请事由是否充分合理，并出具预算调整确认书；如不通过，则返回原申请单位。②当某成员单位追加或调剂 >10 万元≤30 万元的预算，或突破原有项目及新增预算事项时，除满足条件①的审批流程外，还需上报医共体预算管理委员会审议通过，再由预算管理工作组出具预算调整确认书下达执行。③当某成员单位追加或调剂 >30 万元的预算时，除了满足条件①和②的审批流程外，还需逐级上报到医共体决策层会议审议通过，再由预算管理工作组出具预算调整确认书下达执行。

（四）搭建平台，构建预算智能管理中心

瑞安医共体各成员单位地域分布半径 50 千米，海域分布半径 70 千米，为提高管理效能，在预算管理流程标准化的基础上，依托信息化平台，构建了预算智能管理中心，以满足医共体内部经济数据实时传递、目标共享及智慧化管理的需求（见图 3）。通过信息化改造，将预算规则嵌入到整个经济运行环节，实现与各成员单位 HIS 系统、OA 系统、采购系统、资产管理系统、会计账务处理系统、报销系统等平台的互联互通。大大减少了重复性工作的人力投入，缩短了审批时间，提高了工作效率。同时，系统加强对关键审批节点和超预算范围事项的控制，从而最大限度地规避预算外事项带来的财务风险，充分发挥信息对预算管理全流程的监控作用，确保医共体预算目标和经营计划的顺利实现。如瑞安医共体将预算控制嵌入到智能预算管理系统，在采购和费用控制环节，分别设置各成员单位审批权限和额度预警提示信息，超额预算则无法提交申请。当申请人提交经费报销申请时，系统自动校验预算，并冻结对应的预算额度，待付款结算后，完成预算额度的自动核销，或在驳回提单时释放预算额度，达到实时预算控制的目的。同时，电脑端和手机端数据同步更新，满足了医共体各成员单位之间的信息共享和协同管理需要。

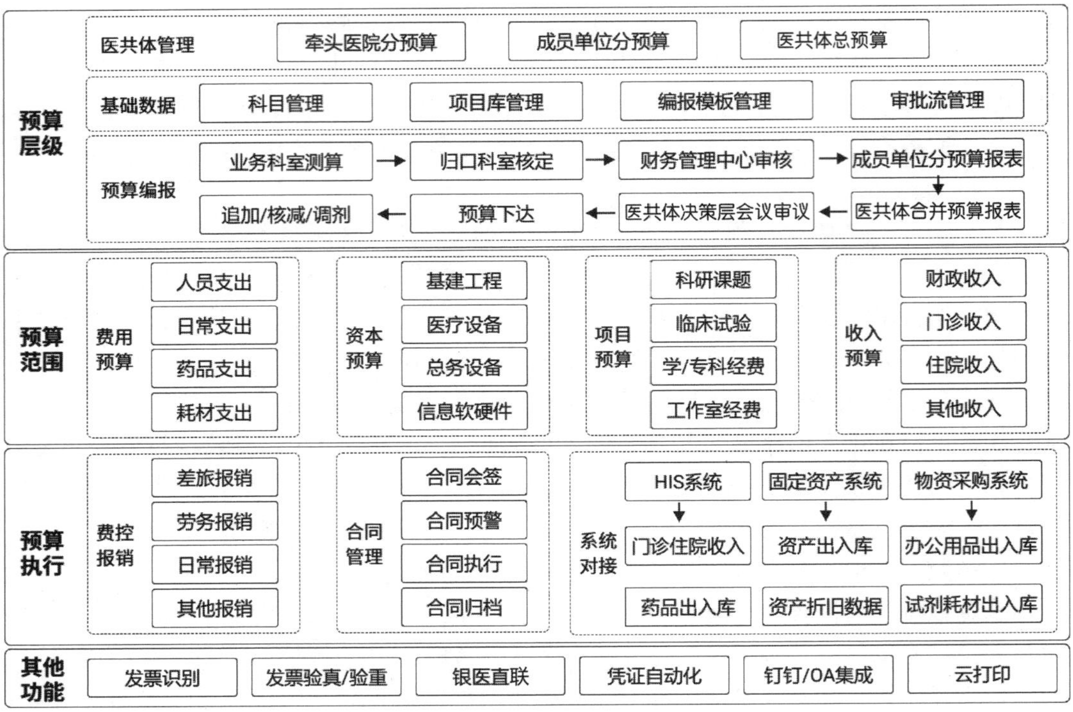

图3 瑞安医共体预算管理智慧化平台

另外，为进一步提升医共体预算管理实效，瑞安医共体将预算绩效评价指标也内嵌于预算指标管理系统，通过运行该系统，所有定量考核指标都可实现按月取数更新，并直接分解落实到各个考核对象。这一举措为医共体预算绩效管理提供了有力的技术支持。

（五）考评绩效，确保预算取得实效

为评价各成员单位年度预算目标完成情况及预算经费使用效益，医共体需建立预算绩效考核评价体系，以增强预算导向和激励作用。瑞安医共体预算管理委员会组建了预算绩效考核组，具体落实预算绩效考评工作。每年2—3月，预算绩效考核组通过OA下发预算绩效考评通知书及考评内容到各成员单位，规定具体完成时间及规范流程的要求，落实好对各成员单位的年度预算绩效考评工作。

1. 预算考评流程。考评主要采用自评与集中现场交叉互评相结合的方式。首先，由瑞安医共体各成员单位在规定时间内，针对自身年度预算完成和经费使用情况，梳理佐证资料，进行自评打分。其次，由预算绩效考核组对各成员单位提交的预算绩效自评报告及佐证资料进行现场复核和最终评分，审核无误后，将各成员单位预算绩效考评结果通过内部网站进行公示，接受群众监督。最后，由预算绩效考核组将公示无异后的评分结果，分别上报至医共体预算管理委员会及医共体决策层会议审议批准。

2. 预算考评内容。瑞安医共体预算考评内容分为预算目标完成情况定量考核（占比60%）和预算组织工作定性考核（占比40%）两个维度，采用百分制赋分方式进行评分和排序。预算绩效考核指标既有经济性指标，又有非经济性指标。在预算目标完成情况维度，分别从收入预算、支出预算、服务能力、运营能力和发展能力五个方面设置了21项更细化的预算考核指标内容和评分权重（与医共体关键预算管理目标相一致），对各成员单位预算目标完成情况和效果进行客观评价（见表2）；在预算组织工作情况维度中，分别设置了反映预算编制、预算执行与调整、预算考核环节在内的13项更具体的定性考核指标内容和评分权重，对各成员单位预算工作效率和规范性进行合理评价（见表3）。同时，逐步完善相关考核激励方案，将医共体预算考核结果与绩效奖励相挂钩，起到奖优罚劣、激励先进的作用。

表2　　预算目标完成情况量化考核指标（占比60%）

指标维度	考核指标名称	考核指标计算公式	适用范围	指标权重	评价标准	实际值	分值
收入预算（20%）	每门急诊人次平均收费水平增长率（%）	$\frac{\text{本期每门急诊人次平均收费}-\text{上期每门急诊人次平均收费}}{\text{上期每门急诊人次平均收费}}\times100\%$	医共体、县级医院、基层卫生院	4分	按县域医保政策要求		
	每出院人次平均医药费用增长率（%）	$\frac{\text{本期每出院人次平均医药费用}-\text{上期每出院人次平均医药费用}}{\text{上期每出院人次平均医药费用}}\times100\%$	医共体、县级医院、基层卫生院	4分	按县域医保政策要求		
	医疗收入增长率（%）	$\frac{\text{本期医疗收入}-\text{上期医疗收入}}{\text{上期医疗收入}}\times100\%$	医共体、县级医院、基层卫生院	6分	≤10%		
	医疗服务收入占医疗收入比例（%）	$\frac{\text{医疗服务收入}}{\text{医疗收入}}\times100\%$	医共体、县级医院、基层卫生院	6分	≥30%		
支出预算（20%）	人员支出占业务支出比重（%）	$\frac{\text{人员经费}}{\text{医疗活动费用}}\times100\%$	医共体、县级医院、基层卫生院	8分	≥38%		
	药品收入占医疗收入比例（%）	$\frac{\text{药品收入}}{\text{医疗收入}}\times100\%$	医共体、县级医院、基层卫生院	6分	逐年降低		
	百元医疗收入消耗卫生材料（元）	$\frac{\text{卫生材料费}}{\text{医疗收入}-\text{药品收入}}\times100$	医共体、县级医院、基层卫生院	6分	逐年降低		
服务能力（20%）	医师日均负担诊疗人次数（次）	$\frac{\text{诊疗人次数}}{\text{平均医师人数}}\div251$	医共体、县级医院、基层卫生院	6分	逐年提高		
	医师日均负担住院床日数（张）	$\frac{\text{实际占用总床日数}}{\text{平均医师人数}}\div365$	医共体、县级医院、基层卫生院	6分	逐年提高		
	每万服务人口基本公共卫生服务当量（人）	$\frac{\text{辖区基本公共卫生服务总量}}{\text{辖区内常住居民数}}\times10000$	医共体、基层卫生院	4分	逐年提高		
	基层家庭医生签约服务人群覆盖率（%）	$\frac{\text{家庭医生签约人数}}{\text{辖区常住人口数}}\times100\%$	医共体、基层卫生院	4分	≥46%		

续表

指标维度	考核指标名称	考核指标计算公式	适用范围	指标权重	评价标准	实际值	分值
运营能力（20%）	医保总额包干结余率（%）	$\frac{\text{医保基金当期包干结余}}{\text{医保基金当期收入}} \times 100\%$	医共体	4 分	≥0		
	本期盈余（元）	（县级医院） 医疗盈余＋财政项目盈余＋科教盈余 （基层卫生院） 医疗盈余＋公共卫生盈余＋科教盈余	医共体、县级医院、基层卫生院	6 分	≥0		
	资产负债率（%）	$\frac{\text{期末负债总额}}{\text{期末资产总额}} \times 100\%$	医共体、县级医院、基层卫生院	5 分	≤30%		
	总资产增长率（%）	$\frac{\text{本期末资产总额}-\text{上期末资产总额}}{\text{上期末资产总额}} \times 100\%$	医共体、县级医院、基层卫生院	5 分	≥0		
发展能力（20%）	基层医疗卫生机构就诊率（%）	$\frac{\text{基层医疗卫生机构门急诊人次}}{\text{县域内门急诊总人次}} \times 100\%$	医共体	3 分	≥65%		
	县域内就诊率（%）	$\frac{\text{参保人员县域内门急诊人次}}{\text{参保人员门急诊总人次}} \times 100\%$	医共体	3 分	≥90%		
	门急诊人次增长率（%）	$\frac{\text{本期门急诊人次数}-\text{上期门急诊人次数}}{\text{上期门急诊人次数}} \times 100\%$	医共体、县级医院、基层卫生院	4 分	≥2%		
	出院人数增长率（%）	$\frac{\text{本期出院人数}-\text{上期出院人数}}{\text{上期出院人数}} \times 100\%$	医共体、县级医院、基层卫生院	4 分	≥2%		
	牵头医院下转患者数量占比（%）	$\frac{\text{牵头医院向基层下转患者人次}}{\text{牵头医院总诊疗人次}} \times 100\%$	医共体、县级医院	3 分	逐年提高		
	基层上转患者数量占比（%）	$\frac{\text{基层向牵头医院上转患者人次}}{\text{基层总诊疗人次}} \times 100\%$	医共体、基层卫生院	3 分	逐年提高		

表 3　预算组织工作情况量化考核指标（占比 40%）

考核维度	考核指标名称	具体考核内容	考核对象	指标权重	评价标准	实际值	分值
预算编制工作（30%）	预算目标制定合理性	预算目标是否符合本单位发展战略	医共体、县级医院、基层卫生院	10 分	是/否		
	预算编制完整性	全部收支都纳入预算范围，是否有预算外项目	医共体、县级医院、基层卫生院	10 分	是/否		
	预算下达时效性	预算指标下达是否及时到位	医共体、县级医院、基层卫生院	10 分	是/否		

续表

考核维度	考核指标名称	具体考核内容	考核对象	指标权重	评价标准	实际值	分值
预算执行工作（30%）	预算执行约束性	是否符合预算内审批，是否有超预算审批和预算外审批事项	医共体、县级医院、基层卫生院	5分	是/否		
	预算分析有效性	是否有定期预算分析报告和反馈记录	医共体、县级医院、基层卫生院	5分	是/否		
	预算执行符合性	收入、支出预算执行情况	医共体、县级医院、基层卫生院	10分	收入、支出预算执行控制在±5%以内		
	预算经费使用效益	重大项目及大额预算资金使用后效益，是否符合预先申请资金时设立的预算绩效目标，包括成本指标、产出指标、效益指标及满意度指标	医共体、县级医院、基层卫生院	10分	重点及大额资金使用效益目标符合率在±5%以内		
预算调整工作（20%）	预算追加调整合规性	有否按照制度要求规范执行预算追加、调整流程	医共体、县级医院、基层卫生院	6分	是/否		
	预算追加调整频次	预算追加、调整次数	医共体、县级医院、基层卫生院	8分	追加、调剂预算次数≤2次/年		
	预算追加调整的准确性	预算项目追加、调整后的预算执行率	医共体、县级医院、基层卫生院	6分	追加、调剂后的各预算项目执行率≥95%		
预算考核工作（20%）	预算考核组织落实性	设置考核小组或专门部门负责成员单位预算考核事宜	医共体、县级医院、基层卫生院	8分	是/否		
	预算考核结果公开性	预算考核结果在相关网站或公告栏公示，接受群众监督	医共体、县级医院、基层卫生院	6分	是/否		
	预算考核结果适用性	预算考核结果与绩效分配挂钩	医共体、县级医院、基层卫生院	6分	是/否		

3. 重大项目支出纳入年度绩效评价。在预算绩效考评过程中，瑞安医共体除了对各成员单位的整体预算完成及经费使用效益进行常规绩效评价外，还将重大项目支出纳入年度绩效评价范围，如基本建设、设备采购、重点学科发展、外包服务等项目。预算管理考核组每年对各成员单位抽取1—2个重大预算资金使用项目进行预算绩效评价。以采购单价超过50万元的设备评价为例，设备采购项目考核指标包括设备年检查人次、年开机时间、设备年维保费、折旧费用、设备用人成本、百元固定资产医疗收入等。考核内容包括设备成本效益分析、确定预算差异、分析差异原因、落实差异责任等，并将预算绩效评价结果作为下一年度各成员单位申请资源配置的重要依据。

通过预算管理整合实施路径的具体实践，瑞安医共体逐步形成了“事前有目标、事中有控制、事后有考核”的预算管理闭环，充分发挥智能化信息系统对医共体预算管理流程和关键节点进行自动控制和追踪预警的作用，逐步摆脱了医共体预算管理整合初期“合力不足、体系不全、监管不强”的困境，提高了医共体预算管理的效率和质量。

三、预算管理整合取得的成效

瑞安医共体通过实施“优化组织、确立目标、重塑流程、搭建平台、考评绩效”五个方面的预算管理整合路径，逐步改善了医共体预算管理整合进程中存在的不足和缺陷，并取得了管理成效。

（一）医共体预算管理能力得到提高

瑞安医共体引入预算信息化系统，结束线下手工填报的低效方式，提升了医共体预算管理的工作效能。为实现预算资金管控前移，做到“无预算不支出”，从2020年开始，瑞安医共体牵头医院率先上线基于B/S架构的预算费控系统，将医院日常预算支出执行和资金审批流程相结合，职工通过手机就能完成费用上报和审批操作。目前，该系统已逐步在瑞安医共体各成员单位推广应用，真正发挥了“一家创新，医共体共享”的同质化作用。同时，财务管理中心利用自身资源优势，重视对成员单位财务和相关人员预算管理能力的培养，并在日常业务管理中更加重视对基层财务工作的现场督导，帮助成员单位梳理流程、补齐短板，在思想和行动上不断推进牵头医院和成员单位预算管理一体化进程。如医共体内A县级医院在牵头医院财务同质化引导下，其预算管理能力实现了质的飞跃。A县级医院上线与牵头医院相同的预算管理系统，不仅改变了原先线下手工预算编制烦琐和费用报销、审批低效的现状，而且提高了预算编制的准确性和执行控制力。在信息化系统的加持下，A县级医院的任何一项支出都有预算支持，无预算安排的项目需申请过会审议后才可进行调整。这不仅规范了预算管理流程，也加快了费用报销的效率，其日常报销周期从原先9天缩短至5天，提高了全员参与预算管理的积极性。随着预算费控等信息化系统自上而下的推广应用，瑞安医共体各成员单位的预算管理过程逐步实现可视化和智能化。

（二）医共体合作程度不断加深

瑞安医共体积极发挥预算绩效指挥棒作用，每年拿出一部分专项经费用于上下转诊患者救治和医共体专项工作任务的考核奖励。2020—2023年，牵头医院下沉专家在成员单位开展的手术台次从8438台提高至20000余台；上转患者从3275人次增加至4894人次，下转患者也从1.2万人次增加至1.8万人次。五大共享中心合作成效显著：牵头医院消毒供应中心累计为各成员单位消毒20万件，临检中心累计检验75万件，影像中心累计读片23万份，心电中心累计服务 1. 8 万人次，病理中心累计接收 7. 6 万份标本。“一盘棋”工作目标不仅提高了医共体内部医疗资源的使用效益，还带动了医共体内部员工的工作积极性，更好地满足了瑞安不同片区老百姓在家门口就能享受优质医疗服务的需求，真正实现了医共体内部良性合作共赢发展。

（三）医共体运营能力持续向上

预算管理不仅保障了医共体运营效益的稳步增长，而且推动了医疗质量的跃升，瑞安医共体各项核心指标持续向好。2020—2023 年，医共体年医疗收入从 253800 万元提高至 335200 万元，增长了 32%，基层公共卫生投入增长了 1 倍多；医疗收入预算执行率从原先的 85. 15% 提高至 100. 05%，医疗服务收入占医疗收入的比例从 31. 40% 提高至 33. 54%，增长了 2. 14 个百分点；医共体门急诊人次从 572 万人次增加至 738 万人次，出院人数从 8. 60 万人次增加至 12. 65 万人次，特别是医共体内县级医院出院人数增长了 84%。以医共体内 B 县级医院为例，其在牵头医院的帮扶指导下，积极发挥预算战略的导向作用，各项运营指标取得长足进步。其医疗收入从 2020 年的 9221 万元提高至 2023 年的 12300 万元，门急诊人次从 2020 年的 16. 80 万人次提高至 2023 年的 36. 93 万人次，出院人数从 2020 年的 1873 人次提高至 2023 年的 5616 人次；在病区开放床位数不变的情况下，病床使用率增长了 20%，且其均次收费水平也得到了较好的控制，每出院人次平均医药费用从 2020 年的 1. 72 万元下降至 2023 年的 0. 78 万元；另外，在控制药品和卫生材料支出的预算目标要求下，瑞安医共体药品收入占医疗收入比例从 2020 年的 32. 30% 下降至 2023 年的 31. 91%，百元医疗收入消耗卫生材料也从 2020 年的 34. 01 元减少至 2023 年的 29. 17 元，控费效果明显。各成员单位不仅通过确立和落实预算目标，实现运营效率和效益的稳步提升，也有效控制了均次收费水平的过快增长，一定程度上减轻了群众的看病负担。

（四）医共体利益共享体更加紧密

瑞安医共体对瑞安市的医保基金实施“总额包干”管理，形成了瑞安改革经验。改革初期，通过合理控制药品和卫生材料消耗，腾出空间，一方面，用于医疗服务价格的调整，另一方面，直接作为结余留用，既控住了总医疗费用的增长，又保障了医共体基本收益不下降。在调价过程中，单一的价格调整会造成某些成员单位腾出空间与增量收入间的不平衡。为较好解决各成员单位利益平衡问题，牵头医院创造性地提出建立“调价资金池”方案，对调价不足的成员单位进行分配补足，从而保障弱势成员单位的合理利益。预算管理在保障医共体合规收入的同时，也控制了其整体的运行费用，节约了医疗成本，使百姓和医院获得双赢。另外，保障职工薪酬待遇是医共体财务整合的出发点和落脚点之一，目前瑞安医共体基本保证了人员支出预算每年保持 6% 左右的增速，为医共体可持续发展提供了强有力的后劲。

四、总结与展望

随着医疗卫生改革进程不断推进，县域医共体财务整合模式需持续深入探索与不断创新。医共体预算管理一体化建设不同于单体医院预算，其整合过程涉及多方面利益，预算组织、内容、流程也更加复杂多样，只有抓住关键环节，在组织结构、流程再造、信息系统、绩效考评等方面进行同质化管理，才能顺利实现医共体预算管理整合目标。从目前来看，瑞安医共体预算管理整合还有提升的空间，需要依照医共体预算整合实施路径，以组织和管理流程为抓手，不断优化医共体信息智能化系统及预算绩效考评方案，加强各成员单位间的紧密合作和协同发展，夯实各成员单位预算执行力和控制力，持续推进医共体预算整合工作规范、有序地开展。展望未来，瑞安医共体将继续深入做好财务“一本账”管理，强化县域医共体内部垂直管理和信息智能平台建设，以牵头医院有效的财务管理经验为依托，不断向各成员单位推广应用，分步有序地实现医共体同质化、规范化的财务管理目标，为实现高质量发展提供扎实的管理支撑。

作者：陈　媛　胡亚娣　钱建勇　温　泉

第一作者简介：陈媛，瑞安市人民医院，会计师

信息化赋能医院全面预算精细化管理

【摘要】目的：随着医药卫生体制改革的深入推进，传统的手工预算管理已难以满足医院发展需求，构建信息化的预算系统，将预算的执行、控制与分析贯穿于医院经济运行全过程，对于医院实现全面预算管理精细化意义重大，有助于提高医院的运营管理效率和水平，助力医院实现健康高质量发展。方法：本文从全面预算管理信息化的必要性出发，详述软件开发与运用及预算编制前需做好的准备工作，并结合实例说明信息化赋能全面预算管理的方法和步骤。结果：借助信息化手段，医院可以实现财务数据实时收集、处理和分析，提高预算编制的精确性和预算执行的透明度，提升预算执行、分析、控制和评价的效能，为管理层提供科学的决策支持。

随着医院补偿机制变化和医保支付方式的改革，公立医院面临的生存和发展压力日益严峻，从持续多年的“靠规模、靠数量”的“成长时代”，进入“讲质量、讲内涵”的“成本时代”，倒逼医院走上内涵式发展道路。这就要求医院不仅要做好医疗服务提供的质与量，还要提升经济管理水平，提高经济运行的质量和效益。尽管大多数医院已开始实施全面预算管理，但实际执行效果仍不理想，预算管理体系不健全和信息化水平低是主要原因。为此，公立医院亟须推进全面预算管理信息化建设，优化财务管理资源配置，提升整体管理水平和服务质量。

一、全面预算管理需要信息化支撑

全面预算管理信息化建设是会计数字化进程中的重要环节，也是推进医院预算管理现代化和高质量发展的必然路径，对提升预算管理水平具有至关重要的作用。

（一）提升预算编制的精准度和效率

信息化建设通过快速整合医院的历史数据、运营数据以及市场数据，为预算编制提供全面的数据支持；通过大数据分析，医院可以更加精准地预测未来的收入与支出情况，制定出科学合理的预算方案。借助全面预算管理信息化，能够按预设的规则和模板归集数据，形成各种预算报表，降低手工输录错误，提高工作效率。

（二）助力预算执行的刚性控制

医院通过信息化系统，能够实时监控预算执行情况，包括收入执行情况、支出执行情况、项目完成进度等，管理层可以随时了解预算执行的最新动态，及时发现问题并采取应对措施；实时的数据共享和透明化的预算执行过程，可以增强医疗运营管理的透明度，提升预算管理效率，实现预算执行和控制的一体化管理。

（三）加强内部控制与风险防范

信息化建设能够促使医院完善内部控制体系，明确各科室、各岗位的职责权限和工作流程。采用系统权限设置和审批流程控制等手段，确保预算管理的规范化和有效性；能够识别医院运营过程中的潜在风险点，通过数据分析和预警机制，及时发现并应对这些风险，确保预算管理的稳健落实。

（四）推进预算管理的透明与规范

预算管理采用信息化，可以为预算编制、执行和考核等提供高效的信息支撑，让不同职能科室通过系统实时查询预算的执行进度，日常管理中也可以数据共享，为推进预算管理的透明与规范奠定基础。

（五）促进其他软件的融合与创新

医院可通过预算信息化这一有力抓手，连接医院 HIS 系统、人力资源系统、物资管理系统、合同管理系统、财务核算系统等，实现真正的业财融合，推进预算管理精细化水平持续提升。

二、夯实全面预算管理的基础

医院在实施全面预算管理工作之前，需要夯实预算管理的各项基础工作，包括开发一个切合医院管理要求的预算管理信息系统和做好预算编制前的准备工作，这是确保医院预算管理效率和精准性的前提。具体需从两方面开展工作：

（一）预算管理软件的开发与运用

构建一套完整、高效的预算管理软件，医院需做好系统开发前的基础工作：包括与专业的信息技术公司合作，沟通与明确系统功能和模块，确认基础信息配置，确定收入和费用取数口径，整合现有信息系统，设置预算科目和项目标准字典等。

1. 明确系统功能和模块

（1）收集需求：与预算管理相关科室和人员提前沟通，了解他们对预算信息化建设的需求和期望。收集各科室和用户端的功能需求、数据需求、报表需求等，做好记录和整理。

（2）召开会议：由总会计师主持召开各需求科室参加的会议，讨论和确定最终的功能模块和需求清单（见表 1）。

表 1　系统开发功能需求清单

管理模块	具体功能需求
预算编制	实现收入、支出、成本费用、筹资投资、业务等预算线上编制，设置“两上两下”预算编制流程
	预算编报要到三级，实现业务科室线上系统直接预算编报
	预算编报数据可以在系统中和历年数据形成对比，方便查看各科室和各科目数据
	支出预算到相应归口职能科室，实现职能科室一个编报单完成预算申报
	建立对照表：预算二级科目定好后设置有预算类型与预算科目对照表，并生成预算科目和会计科目对照表
	各业务科室可随时查询本年度预算确认与执行情况，可以套用本年度或上年度数据（包含预算与执行）作为参考值

续表

管理模块	具体功能需求
预算执行	各类预算执行单要实现钉钉端、网站端的协同办公，各类消息推送互通，方便经办人员实时查看流程审核情况；与 HIS 系统、人力资源系统、物资管理系统、财务账务处理系统、合同管理系统等互联互通，实现预算数据交互，同时获取各项预算执行数据
	可以设置预警管理机制，触发预警机制后，通过钉钉消息提醒预算负责人
	与合同管理系统之间实现预算内部管控，无预算不采购，无预算不报销
预算调整	按照医院预算管理制度，设置特定审批流程，预算负责人可追加经费、调整经费
预算分析	从时间维度和空间维度分析各科室、各预算指标、经济分类等预算执行情况，设置预警线
	分析报告以表格化 + 图形化展示形式，附加文字说明，多维度分析。针对不同时间区间、不同科室均可自动形成相应的预算分析报表，根据需要生成自定义分析报表，可进行累计执行数据对比分析

2. 基础信息整理和配置

讨论确认各项基础数据的取数来源，确保基础数据的实时性和准确性。如确认医院组织架构、院领导分工、科室负责人及人员变动、职称晋升等信息，需要从人事管理系统自动取数，实时同步更新至预算管理系统，确保报销标准和单据审核权限实时更新（见图 1）。

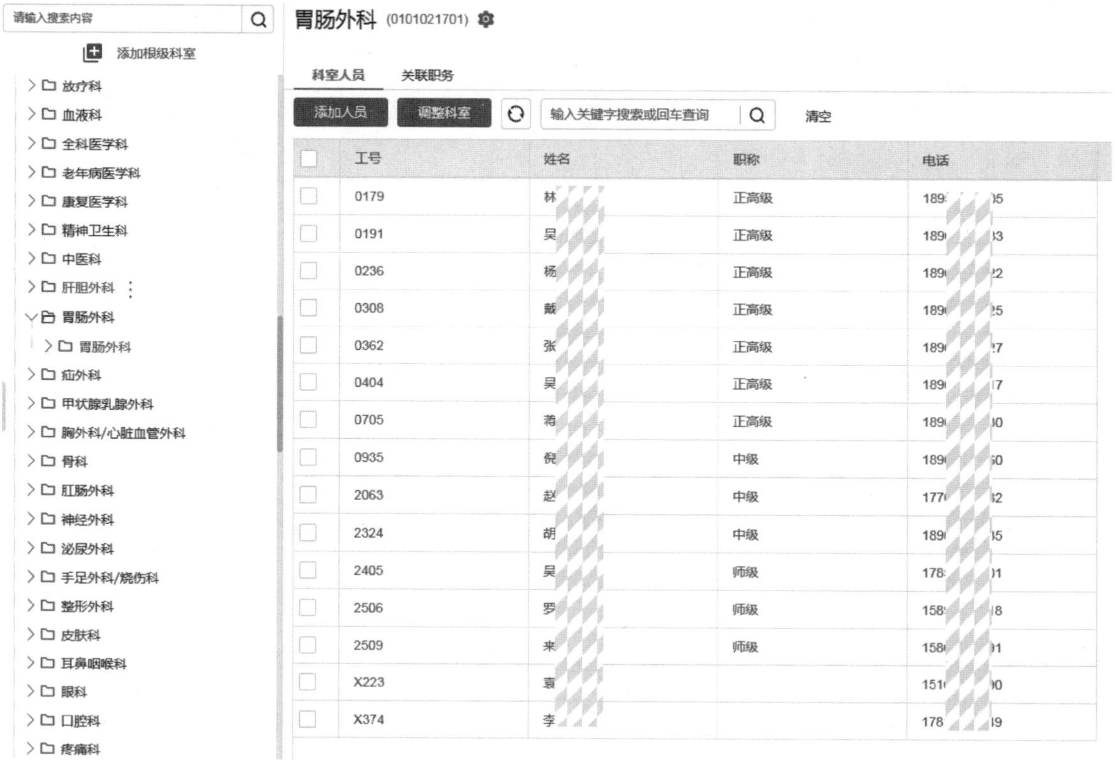

图 1　人员信息配置

3. 梳理现有信息系统，建立数据接口

要切实解决医院业务与财务系统之间缺乏互联互通的一体化平台，导致数据无法共享和整合的问题。因此，在预算信息系统开发前，总会计师要组织各科室召开会议，收集各科室达到预算管控效果以及系统间互联互通的需求清单，通过信息手段和数据接口，将各科室的业务系统有效打通，实现信息的无缝对接（见图2）。

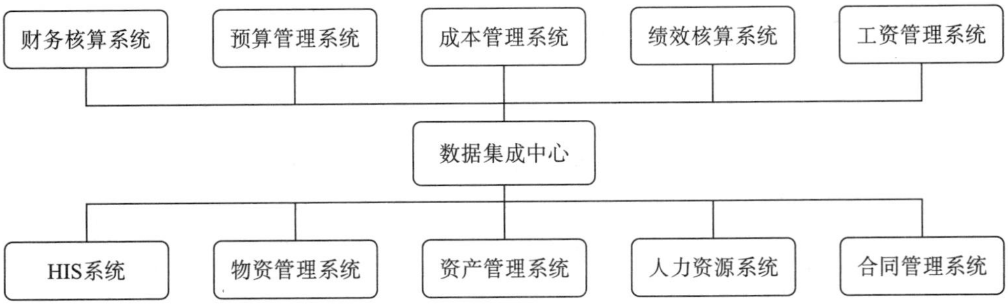

图2　信息系统互联互通接口需求

4. 确认收入和费用取数途径

（1）医疗收入取数：医疗收入确认后从HIS系统提取数据，预算系统每月自动提取核销一次，按科室按收入项目取数（见图3）。

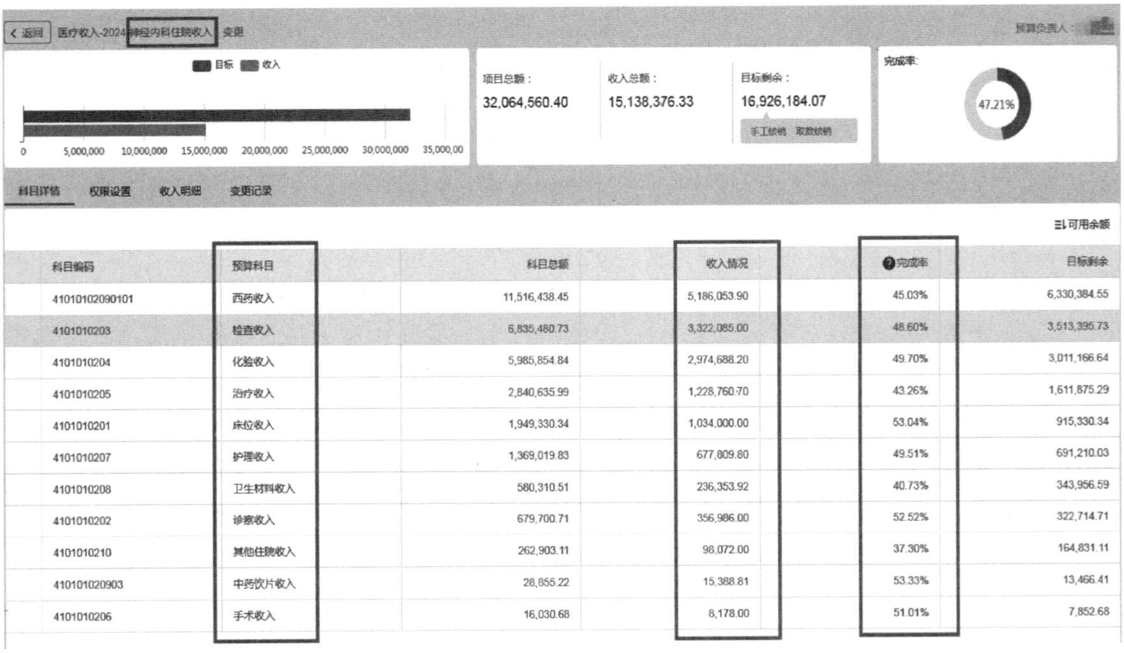

科目编码	预算科目	科目总额	收入情况	完成率	目标剩余
41010102090101	西药收入	11,516,438.45	5,186,053.90	45.03%	6,330,384.55
4101010203	检查收入	6,835,480.73	3,322,085.00	48.60%	3,513,395.73
4101010204	化验收入	5,985,854.84	2,974,688.20	49.70%	3,011,166.64
4101010205	治疗收入	2,840,635.99	1,228,760.70	43.26%	1,611,875.29
4101010201	床位收入	1,949,330.34	1,034,000.00	53.04%	915,330.34
4101010207	护理收入	1,369,019.83	677,809.80	49.51%	691,210.03
4101010208	卫生材料收入	580,310.51	236,353.92	40.73%	343,956.59
4101010202	诊察收入	679,700.71	356,986.00	52.52%	322,714.71
4101010210	其他住院收入	262,903.11	98,072.00	37.30%	164,831.11
410101020903	中药饮片收入	28,855.22	15,388.81	53.33%	13,466.41
4101010206	手术收入	16,030.68	8,178.00	51.01%	7,852.68

图3　医疗收入执行取数

（2）费用报销取数：在系统报销模块中，嵌入医院资金审批制度，定制报销审批权限及流程，设置交通费、住宿费、劳务费等基础报销标准数据，对于有特殊需求的职能科室，可以量身定制报销单模板，如差旅费（见图4）。

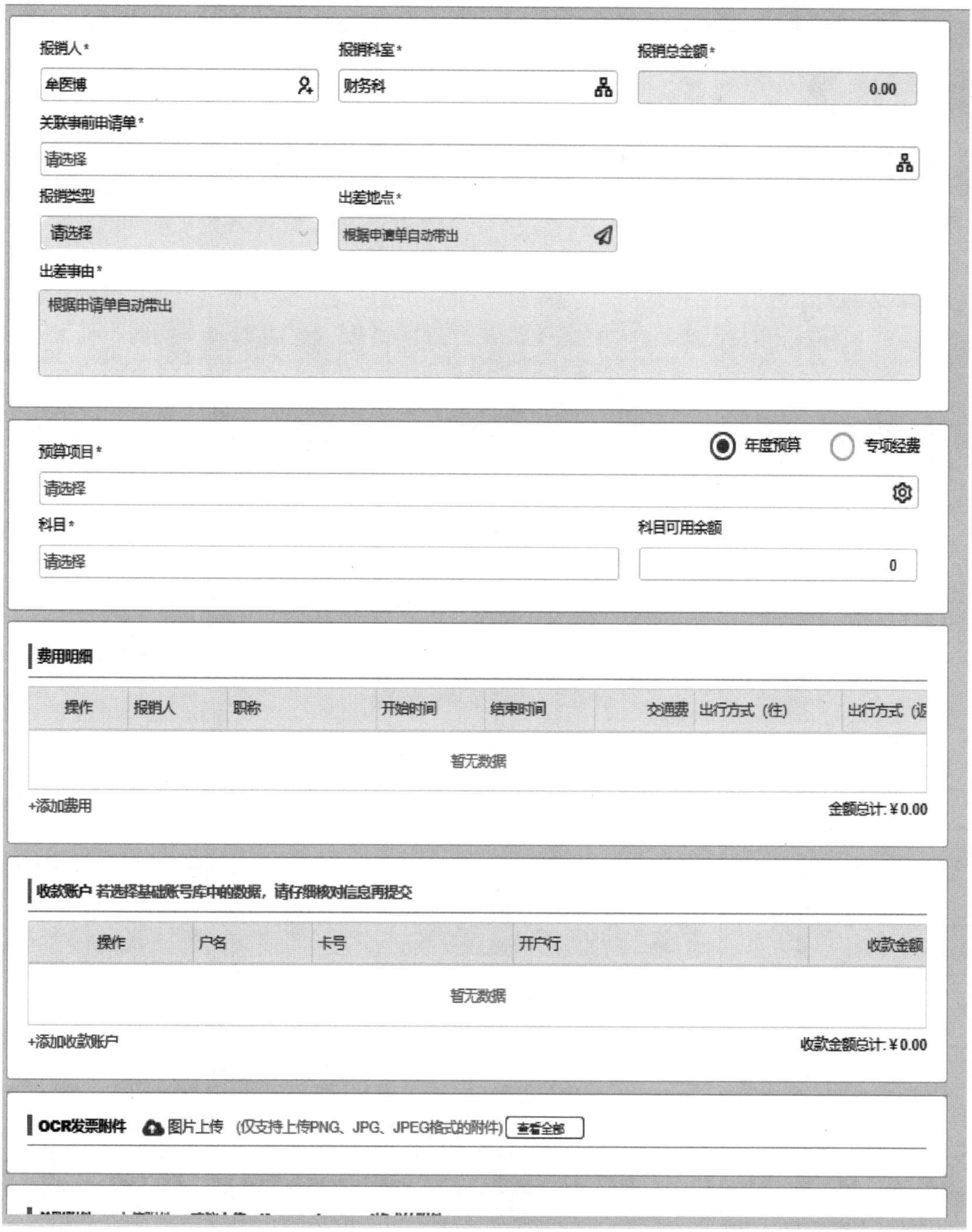

图4　差旅费报销单

（3）工作量取数：与病案管理系统做接口取数，预算系统每月自动取数核销各科室工作量完成情况（见图5）。

（4）财务指标取数：从财务核算系统自动取数，根据每个指标的计算公式，每月按临床科室或全院汇总数据，计算出各个财务指标执行情况（见表2）。

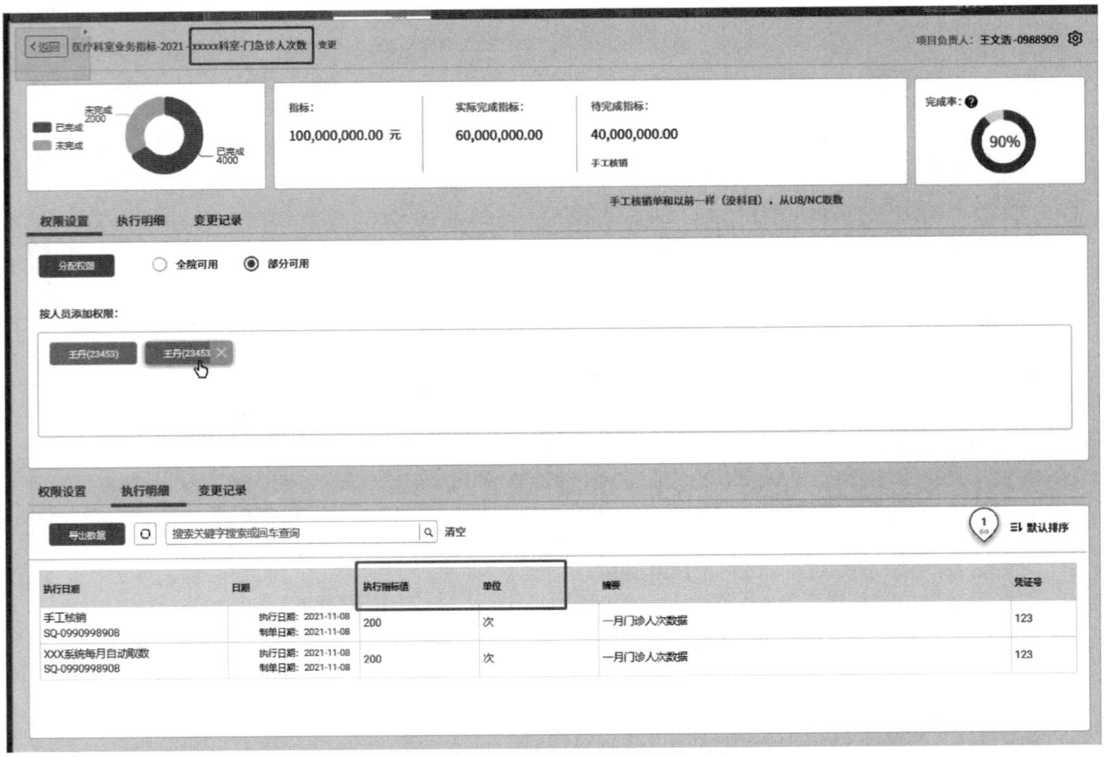

图 5　工作量执行取数

表 2　　财务分析指标执行取数

财务分析指标	计算公式	取数来源	取数规则
医疗服务收入占医疗收入比例	$\frac{\text{医疗服务收入}}{\text{医疗收入}}\times100\%$	收入预算	按科室汇总
药品收入占医疗收入比例（不含中药饮片、疫苗）	$\frac{\text{西药收入}}{\text{医疗收入}}\times100\%$	收入预算	按科室汇总
药品收入占医疗收入比例	$\frac{\text{西药收入}+\text{疫苗收入}+\text{中药收入}}{\text{医疗收入}}\times100\%$	收入预算	按科室汇总
卫生材料收入占医疗收入比例	$\frac{\text{卫生材料收入}}{\text{医疗收入}}\times100\%$	收入预算	按科室汇总
检查检验收入占医疗收入比例	$\frac{\text{检查收入}+\text{化验收入}}{\text{医疗收入}}\times100\%$	收入预算	按科室汇总
百元医疗收入的医疗费用（不含药品收入和卫生材料收入）	$\frac{\text{业务活动费用}+\text{管理费用}-\text{药品费}-\text{卫生材料费用}}{\text{医疗收入}-\text{药品收入}-\text{卫生材料收入}}\times100$	财务核算系统	按全院汇总
百元医疗收入消耗卫生材料（不含药品收入）	$\frac{\text{卫生材料费}}{\text{医疗收入}-\text{药品收入}}\times100$	财务核算系统	按全院汇总
医疗成本费用率	$\frac{\text{业务活动费用}+\text{单位管理费用}}{\text{医疗收入}}\times100\%$	财务核算系统	按全院汇总
……	……	……	……

5. 建立项目库标准字典

财务人员通过整理以前年度医院各项经费支出情况，根据支出属性、管理层级、支出用途、费用性质等特点进行分类，建立预算项目库标准字典；再将所有支出以项目形式纳入项目库，规范项目名称和分类，对预算项目进行多维度分类管理（见图6）。

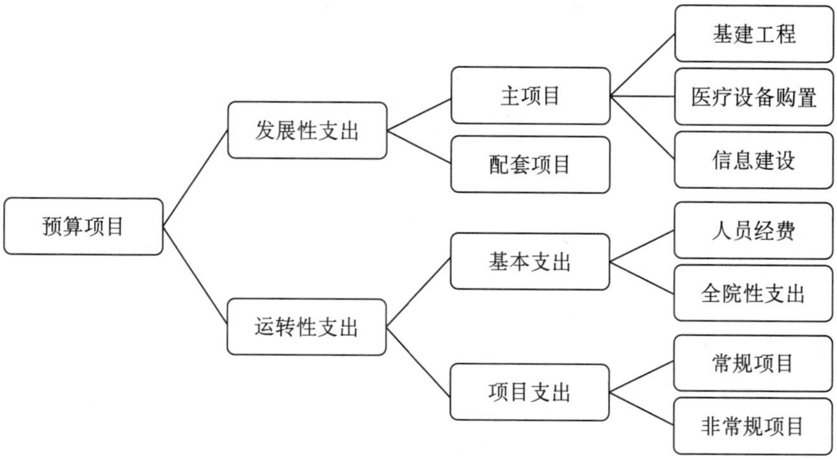

图6 预算项目库分类

（二）做好预算编制前的准备工作

医院需要对年度预算工作做好全面规划，在启动预算编制前做好各项准备工作。

1. 建立并完善预算管理组织

（1）成立“预算管理委员会”，由医院主要领导任组长，成员由各分管院领导和总会计师等组成。主要职责是审议预算管理制度、预算及预算调整方案、预算执行情况报告及决算报告等预算编制及预算执行中的重要事项。

（2）成立“预算工作小组”，成员由各职能科室负责人组成，主要负责处理与预算相关的日常工作。按照“谁花钱，谁编预算，谁管事，谁负责监督执行”的原则，各职能科室主要负责经管项目的预算编制、执行、调整等环节的工作。在预算编制环节，接收来自各预算单元上报至本科室的预算，经协调统筹后，将归口本科室预算上报至预算工作小组；在预算执行环节，对各项目支出严格把关，确保做到“无预算不支出”；对有充分理由需要调整的预算项目，按制度规定流程进行逐级审批。

（3）确立预算单元，涵盖临床、医技、医辅等科室。建立医院总预算、归口职能科室预算、科室预算三级预算管理体系，将医院所有临床业务科室纳入医院预算管理范围，确保预算责任分解落实到各预算单元，实现“三全”管理，即全额、全程、全员的预算管理体系（见图7）。

2. 项目预算实行归口管理

按照预算管理层级的要求，根据职能科室业务管理职责划分预算项目归口科室，明确其职责权限。临床、医技科室作为预算的基本单元，需要通过归口管理，建立与相关职能科室的预算管理纽带，归口收支预算由临床、医技科室上报到相应的管理科室汇总，再由归口管理科室负责申报和初审该项收入和支出，以医务科为例，其归口管理项目如表3所示。

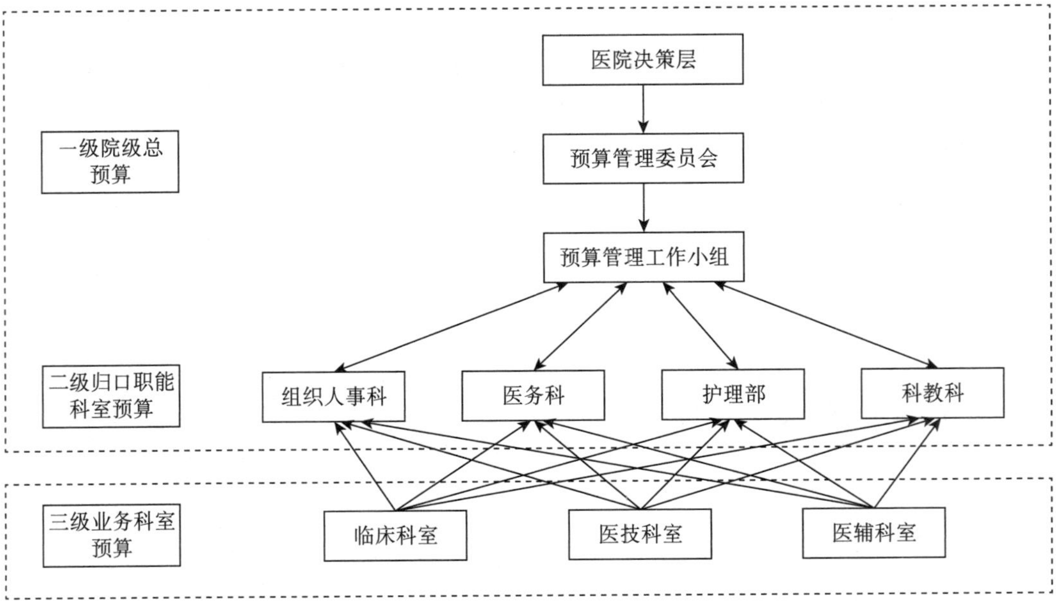

图 7　医院预算管理组织架构

表 3　医务科归口管理项目

<table>
<tr><th colspan="2">收入项目</th><th colspan="2">费用项目</th></tr>
<tr><td rowspan="9">临床科室医疗收入</td><td>门急诊人次</td><td rowspan="5">医院外包委托业务费</td><td>检验科检验费</td></tr>
<tr><td>每门急诊人次平均收费水平</td><td>耳聋基因检测费</td></tr>
<tr><td>体检人次</td><td>产前筛查费</td></tr>
<tr><td>出院人数</td><td>新生儿筛查费</td></tr>
<tr><td>每出院人次平均医药费用</td><td>义齿加工费</td></tr>
<tr><td>平均住院天数</td><td colspan="2">医疗纠纷赔偿支出</td></tr>
<tr><td>药品收入占医疗收入比例</td><td colspan="2">律师服务费</td></tr>
<tr><td>百元医疗收入的医疗支出（不含药品）</td><td colspan="2">救护车运行维护费</td></tr>
<tr><td>百元医疗收入消耗卫生材料（不含药品）</td><td colspan="2">外聘专家劳务费</td></tr>
<tr><td rowspan="3">医共体远程医疗收入</td><td>下派专家医疗服务费</td><td colspan="2">医师节活动费用</td></tr>
<tr><td>远程放射检查费</td><td colspan="2">区域综合救治中心支出</td></tr>
<tr><td>远程动态心电费</td><td colspan="2">专科联盟建设支出</td></tr>
<tr><td colspan="2">协作管理费收入</td><td colspan="2">担架劳务费</td></tr>
<tr><td colspan="2">高校体检收入</td><td colspan="2">PET－CT 合作费</td></tr>
<tr><td colspan="2">……</td><td colspan="2">……</td></tr>
</table>

3. 标准化设置职能科室预算表单

医院需按照财务核算和预算口径，对以前年度的预算事项进行全面的标准化梳理，对照预算科目匹配经济分类，做好预算项目和科目的一一对照，整理出各科室规范化申报的预算表单，如党政办年度预算项目明细表（见表 4），为后续与成本核算和财务核算系统对接做好基础工作。要将整理好的各科室历年预算格式表单提前设置在预算管理系统中，归口管理科室在录入当年预算时，可方便选取以往预算项目及相应的预算科目和经济分类，并按照实际需要手动修改。

表 4　　2025 年职能科室预算项目明细

编报科室：党政办　　单位：万元

项　目	预算科目	2024 年执行金额	2025 年预算金额	计算依据
一、办公费				
医院报刊征订费	办公费	22.53	20.00	附科室报刊订阅预算申请
办公软件年费	办公费	11.50	12.00	附医院办公软件明细
二、邮电费				
电话费	邮电费	108.50	120.00	职工人数 × 套餐费用
快递费	邮电费	5.30	6.00	快递均次费用 × 预计件数
三、差旅费				
公务出差费用	差旅费	20.00	20.00	预计出差次数 × 均次费用
对口帮扶费用	差旅费	12.00	14.00	预计对口帮扶人数 × 平均差旅费用
四、公务用车费				
维修费	维修费	8.58	10.00	维修次数 × 预计均次费用
汽油费	燃料费	20.00	20.00	预估油卡充值次数
其他	其他	7.82	11.50	检测费、过路费
五、租赁费				
车辆租赁	租赁费	2.20	2.60	预计重要活动租用大巴费用 × 次数
六、党建费用				
党员活动费	党员活动教育经费	1.56	2.00	党员人数 × 人均费用
团员活动费	团员活动教育经费	0.82	1.50	团员人数 × 人均费用
七、其他				
疗休养费用	福利费	214.00	460.00	招标疗休养费用 ÷ 3 年
……	……	……	……	……

分管院领导：　　科室负责人：　　经办人：

三、全面预算管理的方法和步骤

依托医院预算信息化平台，完善预算管理全过程的信息化预算管理模块，有效推动全面预算管理水平的提升，切实发挥全面预算管理决策、计划、协调、控制的作用。

（一）预算管理操作步骤

在医院战略目标的框架下，建立医院预算、归口职能科室预算、业务科室预算三级预算管理体系，实现覆盖医院、归口职能科室、业务科室三个层面的全面预算控制。根据需求情况，医院预算管理系统可采用“两上两下、分级编制、逐级汇总、综合平衡”的编制流程，层层推进做好预算编制工作（见图 8）。

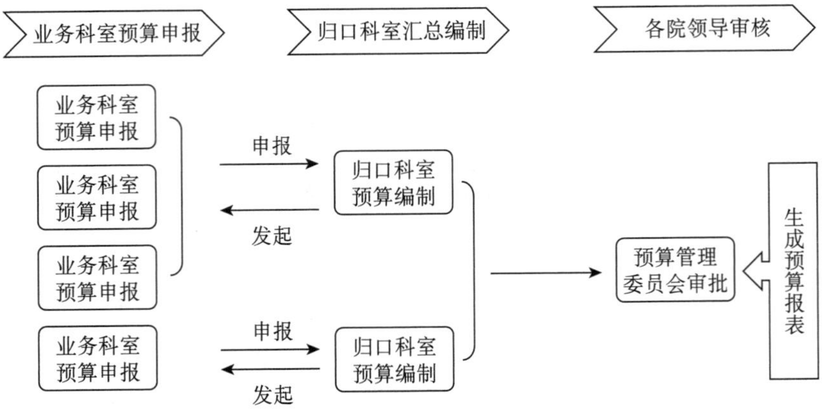

图 8 预算编制全流程

1. 收入预算编制

（1）医疗收入预算编制。医院通过参考上一年度及历年实际收入水平，综合预算年度事业发展和工作计划，考虑医疗收费标准调整和医保拨付点值变化等因素，合理预测医疗收入。医务科结合医院发展规划，考虑当年新开展的医疗服务项目、新增加或者减少的门急诊和住院工作量，预计可开放床位数和病床使用率等，推算出预算年度的门急诊收入和住院收入：

门急诊收入预算 = 每门急诊人次平均收费水平 × 预计门急诊人次

住院收入预算 = 每出院人次平均医药费用 × 预计出院人数

财务人员根据医院制定的医疗收入增长目标，对医疗收入增长情况拟定多个预测方案（见表 5）。

表 5　2025 年医疗收入预测分析　单位：万元

项目	2023 年执行数	2024 年 1—7 月执行数	2024 年全年预估数	方案一（医疗收入增长 4%）	方案二（医疗收入绝对值增加 4000 万元）	方案三（人均业务收入增长 6.8%）
医疗收入	134348.00	78442.00	134472.00	139851.00	138472.00	140058.00

财务人员将 2025 年医疗收入预测方案与医务科沟通协商，达成基本共识后，提交医院决策层会议讨论，最终确定预算年度的医疗收入目标值。医务科充分考虑各临床科室上年的医疗服务实际执行数，以及医院对科室的人员和床位配置、设备投资等因素，评估新技术新项目的开展，与临床科主任签订综合目标考核指标。临床科主任根据历史数据，结合医务科下达的指标，对 2025 年度工作量和各项医疗指标的目标值进行复核和调整，最终确定医院医疗收入三级科室预算方案（见表 6）。

（2）财政项目、科研项目收入预算编制。以财政部门预算批复为依据编制，由各归口管理科室在专项经费预算模块中编制上报。科教收入预算分别由科教科按照预算年度中标科研课题和开展教学项目获得资助资金为基础作专项经费预算编制上报（见表 7）。

表 6　**2025 年科室工作量明细**

科　室	门急诊人次			门诊均费			出院人次			住院均费		
	2023 年执行数	2024 年1—7 月执行数	2025 年预算数	2023 年执行数	2024 年1—7 月执行数	2025 年预算数	2023 年执行数	2024 年1—7 月执行数	2025 年预算数	2023 年执行数	2024 年1—7 月执行数	2025 年预算数
产科												
儿科												
妇科												
肝胆外科												
感染性疾病科												
肛肠外科												
骨科												
甲状腺乳腺外科												
泌尿外科												
内分泌科												
皮肤科												
全科医学科												
……												
总　计												

表 7　**医院专项经费补助收入预算**　单位：万元

项　目	归口管理科室	2024 年执行数	2025 年预算数	编制依据
公共卫生补助	公共卫生科	814.50	856.00	感染性疾病科人员经费、设备维修维护费、水电气费用、领用耗材等
重点学科补助	科教科	130.00	130.00	市级重点学科×补助经费 区级重点学科×补助经费
住培基地经费	教学培训科	752.35	766.00	住培学员国家补贴、住培绩效、基地建设经费、师资培养经费
高层次人才补助	组织人事科	327.25	350.00	高层次人才津贴、科研经费
设备补助	设备科	1458.00	1600.00	大型设备购置费用×70%
医共体建设经费	医共体办公室	255.00	255.00	院区、分院考核经费
看守所补助	医务科	620.00	650.00	人员经费、设备购置经费
……	……	……	……	……
合　计				

（3）其他收入预算编制。其他收入预算应按照收入类别，逐项由各归口管理科室分析预测后编制，如，停车场收入由保卫科考虑预算年度内停车位数量变化和停车收费标准变化来预测；食堂收入由膳食科根据近两年实际营业收入预测后编制上报（见表 8）。

表 8　　其他收入预算　　单位：万元

项　目	归口管理科室	2024 年执行数	2025 年预算数	编制依据
利息收入	财务科	982.35	935.00	定期存款×利率
食堂收入	膳食科	1682.55	1800.00	职工食堂（餐费收入、商品销售收入），营养食堂（餐费收入、特医食品收入）
停车收入	保卫科	586.20	650.00	停车位数量×平均收费金额
消毒收入	供应室	116.96	120.00	件数×单价
培训收入	科教科	58.20	70.00	实习生预估人数×人均费用
管理服务费	医务科	73.45	90.00	按照管理服务合同
……	……	……	……	……
合　计				

2. 支出预算编制

在收入预算的基础上，按照“以收定支，收支平衡”“略有结余”的原则，将医院总支出分为人员经费预算、专项经费预算等类别。

（1）人员经费预算，由组织人事科根据预算年度人员的退休情况、调离情况、新入职情况等，估算出各科室的职工人数，汇总成全院职工人数预测表（见表 9）。在上一年度编内和编外在职人均工资性收入的基础上，考虑国家有关调整工资及社保费的政策规定等变动因素，组织人事科编报 2025 年度工资薪金支出预算。同时，根据规定的提取比例，编报职工福利费、工会经费预算。

表 9　　职工人数预测

类　别	2025 年预测数	编制说明
调离、辞职人数	35 人	预估数
退休人数	33 人	见明细附表
新招聘人数	49 人	根据科室上报需求招聘人数
其中：本科	20 人	事业单位统一招考
硕士	27 人	提前批
博士	2 人	人才引育项目
在职职工人数	2139 人	

（2）采购支出预算，包括消耗的药品和卫生材料、其他材料等物资采购。招采中心根据预算年度的医疗业务增长情况计算药品和耗材控制目标，同时结合现有各类物资的库存情况，编制采购预算（见表 10）。

表 10　　采购支出预算　　单位：万元

项　目	年度使用量	加：期末库存	减：期初库存	预计采购量
药品	34210.76	2212.30	2080.50	34342.56
卫生材料	22354.83	195.20	221.45	22328.58

续表

项　目	年度使用量	加：期末库存	减：期初库存	预计采购量
低值易耗品	858.39	15.22	17.42	856.19
其他材料	667.26	16.52	19.10	664.68
……	……	……	……	……

（3）专项经费预算，主要包括固定资产和信息化投资，以及基建项目和大型修缮的支出预算。专项经费的特点是投入资金量大、建设周期长、回报不确定性大，因此，医院要充分做好投资前的可行性论证和投入使用后的效益分析，最终形成2025年度专项经费预算汇总（见表11）。

表11　**专项经费预算汇总**　单位：万元

序号	项目名称	2024年执行数	2025年预算金额	预计完成时间	备注
一、	资产购置				
（一）	医疗设备项目	6850.00	4525.00		附：2025年专用设备购置预算明细表
（二）	其他设备项目	680.00	1020.00		附：2025年其他设备购置预算明细表
（三）	信息软件	865.00	1523.50		附：2025年信息软件购置预算明细表
……	……	……	……		
二、	基本建设				
（一）	门急诊装修改造工程	658.52	800.00		
（二）	办公楼装修改造工程	202.35	115.00		
（三）	1号楼地下车库改造项目	0.00	319.00		
……	……	……	……		
三、	大型修缮				
（一）	设备科大型修缮	265.50	550.00		压缩空气系统、净化系统大型修缮
……	……	……	……		
	合　计				

（二）召开预算质询会议

预算工作小组要做好预算支出的审核，将新增预算项目、费用增减异常的科室列为质询对象，事先下发质询项目清单，约定质询会议时间，面对面地复核预算项目支出的必要性、投入与产出的配比性、数据计算过程和依据的合理性，确保预算编准、编细、编实。以物业管理费项目质询为例，预算工作小组分别对总务科和保卫科上年物业管理费预算执行率进行分析，列出质询内容：一是保安费预算是否关注了保安岗位调整、合同到期预计新招标价格变化；二是保洁费预算是否考虑合同期内国家出台上调保洁人员最低工资和社会保险金标准所增加的费用；三是医疗废弃物处置费预算，是否按合同约定以医院实际占用总床日计算，是否考虑合同期内上调医疗废弃物处置收费标准等因素。预算工作小组成员与被质询科室共同校验预算上报数据的合理性，经充分沟通，达成对数据修改的意见，总务科和保卫科及时修改相关预算数据，并在预算系统中重新提交科主任、分管院领导确认并签字（见表12）。

表12　　总务科和保卫科预算质询后数据修正情况　　单位：万元

预算项目	预算金额	修正后金额	质询和修正记录
1. 保安费	682.00	607.00	按照保卫科测算，预算剔除两个管理岗和六个收费岗，合计75万元
2. 保洁费	1000.00	955.00	绿化费计入保洁服务费，按照2024年保洁费合同确定金额为955万元
3. 其他	185.00	161.00	医疗废弃物处置费130万（预测393939床日×3.3元），按照2024年合同金额测算污水池、化粪池清理费5万元，生活垃圾处置26万元
合　计	1867.00	1723.00	

（三）预算编制、审核、审批与下达

预算工作小组在汇总、预算质询、平衡各职能科室申报的预算基础上，逐个检查预算项目科目使用是否无误，汇总生成全院2025年度预算收支余明细（见表13），按照规定程序进行线上审批。预算管理委员会将审批通过的预算草案提交职工代表大会审议，审议通过后再呈报给上级主管部门审批。经上级主管部门批准后的年度预算，由预算工作小组按照预算收支项目下达给各归口职能科室。

表13　　2025年预算收支余明细　　金额单位：万元

项　目	2023年执行数	2024年1—7月执行数	2025年预算数	2025年预算数较2023年执行数增降幅度（%）
总收入				
财政拨款收入				
事业收入				
医疗收入				
其中：药品收入				
卫生材料收入				
门诊收入				
住院收入				
结算差额				
科教收入				
其他收入				
总支出				
工资福利支出				
其中：奖励性绩效工资				

续表

项　目	2023 年执行数	2024 年 1—7 月执行数	2025 年预算数	2025 年预算数较 2023 年执行数增降幅度（%）
社会保障缴费				
住房公积金				
其他工资福利支出				
对个人及家庭的补助支出				
商品和服务费用				
其中：水费				
电费				
物业管理费				
维修（护）费				
药品费				
卫生材料费				
其他商品和服务支出				
固定资产折旧费				
无形资产摊销费				
计提专用基金				
其他费用				
本年盈余				

年度预算下达到归口管理科室后，相关人员进入系统预算管理界面，查看科室年度预算经费情况，包括预算项目名称、编号、申报科室、状态、经费类别、申报金额、申报日期、预算负责人、预算年份等基础信息。系统支持按多条件汇总查询，如按经费类别查询等。

（四）预算执行控制与调整

预算下达后，医院通过全面预算管理系统实时监控各归口管理科室预算执行情况，管控方式如下：

1. 将费用线上报销系统嵌入预算管理软件

医院根据资金审批制度的规定，在预算系统中开发上线费用报销模块，将各类报销业务、票据核验、网银支付整合在一起，且对不同经济业务、不同资金额度设置不同的报销条件和审批流程。线上报销系统将原先需要通过会计人员人工审核纸质单据转变为系统自动设置好报销标准，系统自带票据验真（验重）功能，可以防止发票造假和重复报销，避免人工审核难以发现问题的漏洞。医院职工在自助报销费用时，可选择相对应的预算项目和预算额度后进入报销流程，如果没有预算额度，就无法列支该笔费用。

医院根据报销表单上的不同报销类型设置专属的审批流程，将医院资金审批制度的有关规定通过信息系统予以固化，将信息线上流转推送给有审批权限的人员，实现授权审批的刚性控制。每一笔报销事项完成后，系统自动更新预算项目执行数据，实现预算执行和控制的一体化闭环管理。

2. 预算管理软件与多个管理软件融合

通过预算管理软件与HIS系统、物资管理系统、人力资源系统、财务核算系统等数据交互对接，实现各系统数据的互联互通。如将合同管理系统与预算管理系统数据对接，当合同生效后，经办人选定现有的预算项目，冻结对应额度的预算项目资金，作为后续支出的资金保证。在合同执行环节，由经办人在全面预算管理系统中选择对应的合同项目，提起付款申请，系统将该合同信息与付款信息自动推送至预算系统，启动支付审批流程，由此实现合同执行、预算资金的冻结与核销、资金支付流程的统一（见图9）。

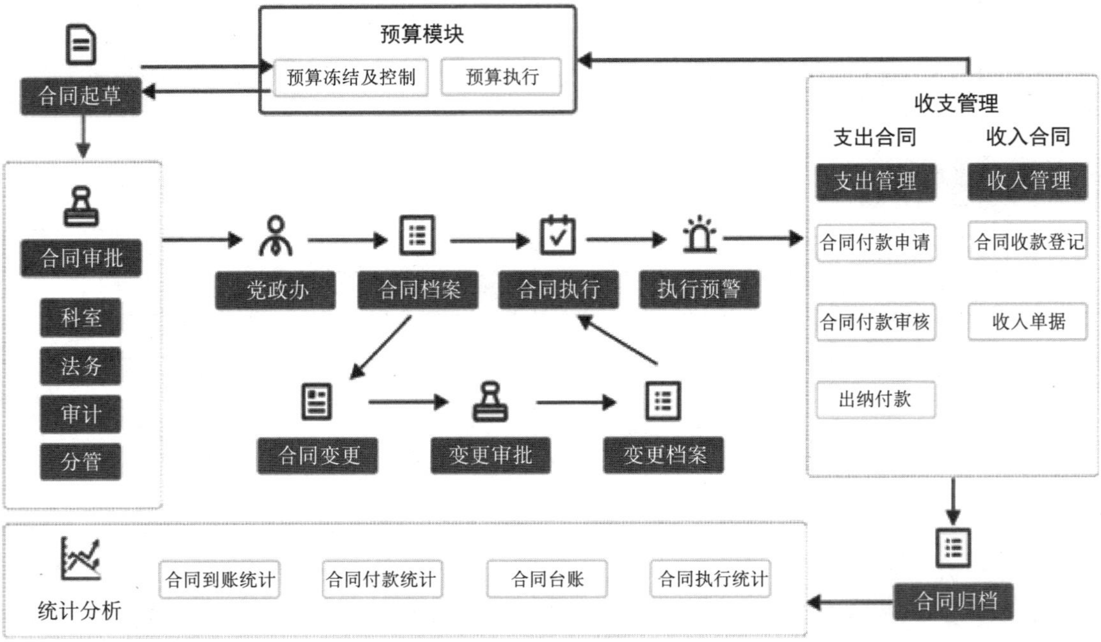

图9 预算系统与合同系统融合

3. 设置预算预警及冻结

通过预算管理系统，医院实现财务核算系统凭证自动制单和预算项目执行自动更新。通过各个执行取数接口，每个预算项目的执行数据实时存入数据库，做到每一次操作均有迹可循（见图10）。同时，预算系统可实时分析预算执行情况及差异，自主设置预算预警阈值，监控预算执行情况、评估风险，并在必要时发出预警，帮助管理者及时采取措施纠正偏差。

4. 预算调整与追加

在预算正式下达并启动执行后，各归口管理科室应严格执行，一般不轻易调整预算。没有预算项目的开支，无法进入资金审批流程，无法进行报销。但由于预算编制的前提条件发生重大变化或因国家政策变化，对预算执行影响较大时，医院可对年度预算进行调整、修订。

如要对预算项目进行调整，需先衡量科室内各项预算执行进度，在不增加医院预算总额的前提下进行科室内部预算结构调整，向预算工作小组提交内部预算项目调整申请（见表14）；在科室预算额度内无法调整的情况下，向预算工作小组申请院内预算追加，说明预算调整内容和原因，严格按照预算管理制度规定的预算调整程序进行审核、批准，经预算管理委员会批准后，由预算工作小组按会议决定下达至归口管理科室。

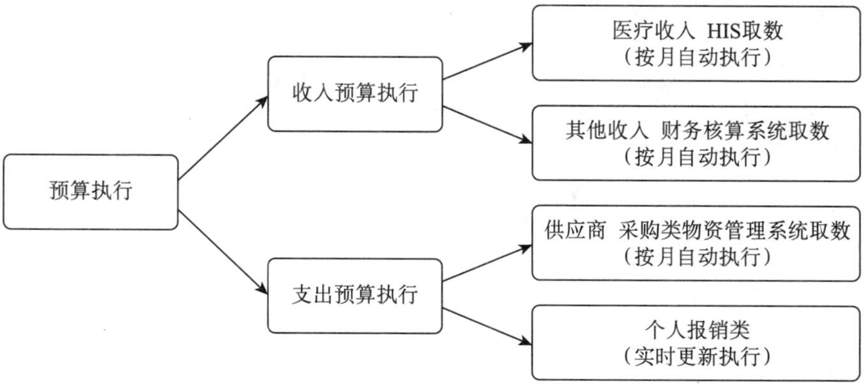

图 10 预算执行流程

表 14 **预算调整申请** 单位：元

序号	预算科室	调整类型	预算项目	调整金额	是否往来资金	调整依据	提交人
1	科教科	调增	论文版面费	150000	否	因科研需要，课题论文发表数量上升，申请追加论文版面费 15 万元，从课题实验费、检测费项目中调整	***
2	科教科	调减	课题实验费、检测费	150000	否	因科研需要，课题论文发表数量上升，申请追加论文版面费 15 万元，从课题实验费、检测费项目中调整	***
合计				0.00			

分管院长： 科室负责人： 日期：

（五）年终财务决算前的数据核对与确认

年度终了前，财务人员需要核查本年度收支的完整性与准确性，按照财务制度规定的权责发生制原则确认收入和支出，审查、确认当年应收未收的各项收入或应由当年列支但由于各种原因未列支的各项支出，以确保当年收入和支出项目完全在当年列入收支。

1. 收入完整性核查

财务需按权责发生制原则，确认当年应收未收的各项收入，如应在本年度内确认的房屋租金收入、医共体成员单位应交未交的劳务费、当年的医保 DRGs 清算预估费用、投资收益等，确保收入无遗漏。

2. 支出完整性核查

医院应在年度终了前仔细审查各项支出，特别要核实年度内应列支满 12 个月，实际却因对方未提供发票或其他原因延后支付的费用，如保安费年度支出（见表 15），财务人员应按权责发生制原则，对当年少列支的保安费用预提并列支，确保各支出项目无遗漏。具体账务处理如下：

借：业务活动费用——物业管理费——保安费

　　贷：预提费用

次年实际支付时：

借：预提费用

业务活动费用——物业管理费（预提不足部分）

贷：银行存款

表 15 **保安费年度支出明细** 单位：元

合同名称：医院安保服务项目			合同时间：2023.12.01—2024.11.30	
年度总金额：607 万元			岗位人数：68 人	
次数	支付日期	付款内容	支付金额	累计金额
1	2024.01	2023 年 12 月保安费	462001.00	462001.00
2	2024.02	2024 年 1 月保安费	451849.50	913850.50
3	2024.03	2024 年 2 月保安费	446747.00	1360597.50
4	2024.04	2024 年 3 月保安费	444425.70	1805023.20
5	2024.05	2024 年 4 月保安费	423667.75	2228690.95
6	2024.06	2024 年 5 月保安费	432108.40	2660799.35
7	2024.07	2024 年 6 月保安费	424918.61	3085717.96
8	2024.08	2024 年 7 月保安费	421812.91	3507530.87
9	2024.09	2024 年 8 月保安费	402920.05	3910450.92
10	2024.10	2024 年 9 月保安费	453579.00	4364029.92
11	2024.11	2024 年 10 月保安费	442309.60	4806339.52

（六）预算执行分析

预算系统与各信息系统互联互通后，每月会生成各类预算执行进度表，包括医院收支预算执行情况（见表 16）、科室预算项目执行情况（见表 17）、财务指标预算执行情况（见表 18）等，为医院管理决策提供参考依据。

表 16 **2024 年三季度医院收支执行情况** 金额单位：万元

项　目	报告期	基期	增（减）额	增（降）幅度（%）	2024 年度预算	预算执行率（%）
总收入	120859.79	115906.78	4953.02	4.28	165743.00	72.92
财政拨款收入	19313.77	21060.98	－1747.21	－8.30	22790.00	84.75
事业收入	100590.60	94483.52	6107.08	6.47	138383.00	72.69
医疗收入	100337.46	93686.63	6650.43	7.10	137883.00	72.77
门急诊收入	49346.91	44683.56	4663.35	8.20	67562.67	73.04
住院收入	48492.15	45724.01	2268.14	6.06	68820.33	70.47
结算差额	2498.40	2779.06	－277.06	－9.97	1500.00	99.89

续表

项　　目	报告期	基期	增（减）额	增（降）幅度（%）	2024 年度预算	预算执行率（%）
科教收入	423.97	496.89	-72.92	-14.56	500.00	84.79
其他收入	2622.31	3362.28	-739.97	-22.01	4570.00	57.38
总费用	120766.11	108397.44	2368.70	2.00	165387.75	73.02
医疗成本	115396.63	118397.44	2213.12	1.96	162736.75	70.91
业务活动费用	106449.10	103183.51	3265.59	3.17	149717.81	71.10
单位管理费用	8947.53	9293.31	-353.48	-3.81	13018.94	68.73
工资福利费用	51094.85	46999.41	4095.44	8.72	77275.93	66.12
对个人和家庭的补助费用	762.32	855.96	-93.64	-10.94	914.70	83.34
商品和服务费用	52649.91	55013.36	-2367.45	-4.30	78010.63	67.49
固定资产折旧费	4950.25	4378.96	571.29	13.05	6065.05	81.62
无形资产摊销费	176.30	138.16	38.14	27.61	210.79	83.64
提取专用基金	78.62	-202.32	280.94	-138.86	254.65	30.87
其他费用	1811.58	1213.92	597.65	49.23	2651.00	68.34

表 17　　科室预算项目执行情况　　金额单位：元

科室	预算项目	预算类型	预算金额	执行金额	预算执行率（%）
医务科	外聘专家劳务费	日常运营预算	2300000.00	2118229.94	92.10
	医疗纠纷保险费	日常运营预算	2200000.00	2104725.00	95.67
	救护车运行维护费	日常运营预算	755000.00	302706.17	40.09
	远程胎心监护费	日常运营预算	50000.00	36650.00	73.30
	MDT 劳务费	人员经费预算	48000.00	26208.00	54.60
	特需门诊劳务费	日常运营预算	100000.00	100000.00	100.00
	PSA 医共体内筛查项目	日常运营预算	50000.00	47477.51	94.96
	保外就医鉴定费	日常运营预算	24000.00	13960.00	58.17
	医师节活动费	日常运营预算	220000.00	220000.00	100.00
	担架劳务费	日常运营预算	100000.00	41560.00	41.56
	医共体分级诊疗服务当量	日常运营预算	114000.00	23346.00	20.48
	病历质控劳务费	日常运营预算	127500.00	91050.00	71.41
	外院专家会诊劳务费	日常运营预算	80000.00	58650.00	73.31
	城西急救点委托管理费	日常运营预算	150000.00	150000.00	100.00
	……	……	……	……	……

表 18 财务指标预算执行情况

项目	单位	报告期	基期	增（减）额	增（降）幅度（%）	2024 年度预算	预算执行率（%）
总诊疗人次	人次	1907363	1814256	93107	5.13	2512663	75.91
门急诊人次	人次	1878939	1780183	98756	5.55	2474567	75.93
体检人次	人次	28654	33931	-5277	-15.56	41116	69.69
出院人数	人次	47370	43903	3467	7.90	66078	71.69
平均住院日	天	6.42	6.78	-0.36	-5.31	6.50	—
每门急诊人次平均收费水平（不含体检）	元	228.87	227.38	1.49	0.65	255.00	—
其中：药品	元	81.37	89.71	-8.34	-9.30	89.25	—
每出院人次平均医药费用	元	9622.62	10447.69	-825.07	-7.90	10800.00	—
其中：药品费	元	1798.24	2277.56	-479.32	-21.05	1961.75	—
卫生材料费	元	2082.11	2120.00	-37.89	-1.79	1878.57	—
医疗服务收入占医疗收入比例	%	33.99	31.49	—	2.50	36.00	—
药品收入占医疗收入比例	%	24.15	26.97	-2.82	10.46	24.50	—
百元医疗收入的医疗费用（不含药品）	元	116.87	114.19	2.68	2.35	120.00	—
百元医疗收入消耗卫材（不含药品收入）	元	26.17	25.88	0.29	1.12	22.75	—
……	……	……	……	……	……	……	……

预算工作小组依据各自归口管理的职责，组织、督促预算归口管理科室做好预算差异追踪分析，落实预算管理责任，并针对重点监控事项、重大预算差异形成的原因及后续改进措施等，与相关归口管理科室进行沟通。财务人员定期（月度、季度、半年、年度）编写预算分析报告，上报预算管理委员会审定。

四、未来展望

全面预算管理信息化可助力医院实现预算事前、事中、事后的全生命周期管理，使预算管理更加科学化和精准化。随着医院业务管理多样化、复杂化程度的不断提高，应将业财融合理念与先进的管理方法相结合，借助信息化手段，以全面预算管理为主要抓手，通过流程再造，将医院的业务与财务事项深度融合，全面实现和发挥财务管理在医院战略实施、管理控制、资源配置、决策支持等方面的作用。

在县域医共体建设不断深入发展的形势下，医共体全面预算信息化建设正在从牵头医院向各成员单位不断推进。在这一过程中，牵头医院通过搭建统一的医共体预算信息化平台，可实现与各成员单位医疗资源的统一管理和优化配置，持续提升各成员单位预算管理水平，从而推动医共体健康、可持续发展。

作者简介：徐卓亚，杭州市萧山区第一人民医院财务科，会计师

“智”驭医疗下的科室全成本精准核算

【摘要】 在新医改背景下，公立医院作为医疗服务的主要提供者，不仅需要不断提升医疗服务质量，还需加强内部管理，提高医疗运营效率。通过数字赋能，医院可实现对科室全成本的精准核算，从而全面反映各临床科室的收支结构和运营效率，为管理层决策提供强有力的数据支撑。

随着医疗卫生体制改革的不断深入，国家对于公立医院的财务管理和成本核算提出了更高的要求，也出台了一系列相关政策，为医院实行科室全成本核算指明了方向，提供了政策法规依据。同时，实行科室全成本核算也是医院内在管理的需要，在 DRG 支付方式下，医院不再单纯追求收入增加，更要追求效益的提升。通过科室全成本核算，进一步控制不必要的成本，提升医疗服务质量，是公立医院的发展目标。利用数字化技术，实施实时、精准核算，是实现这一目标的必要和有效路径。

一、传统模式下科室全成本核算面临的问题

在传统核算模式下，医院较难实现真正意义上的科室全成本核算，主要原因包括：取数口径不一致及数据缺失、数据精确度低及成本分摊规则不合理、信息化水平低及缺少复合型人才、受外部环境的影响等。受这些因素的影响，成本核算数据缺乏准确性和可靠性，导致被核算科室对全成本核算数据不信服，也难以为医院管理层提供有效的决策支持。医院科室全成本核算面临的问题如图 1 所示。

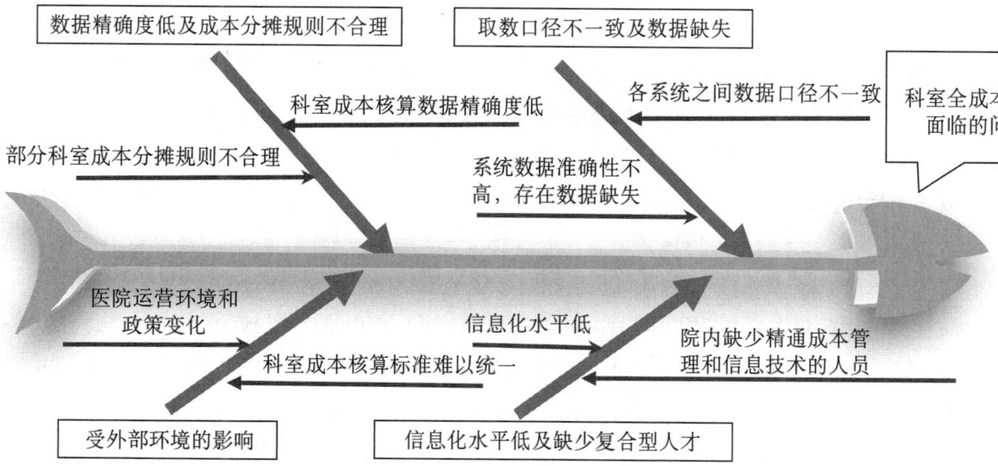

图 1　科室全成本核算面临的问题

（一）取数口径不一致及数据缺失

医院运营过程中会产生大量的数据，包括医疗服务、药品、耗材、人力资源等。这些数据往往分散在不同软件系统中，各个软件系统之间由于技术壁垒和数据架构不一致，导致取数口径也不一致。此外，数据采集过程中时常遇到数据不知如何汇总归集或数据不明原因的遗失等，如何有效地收集和整合这些数据是医院面临的一大挑战。

（二）数据精确度低及成本分摊规则不合理

成本核算需要大量的数据支撑，包括财务数据、业务数据等。如果数据采集不准确或处理不当，将直接影响成本核算结果的准确性和精确度。由于医院提供的服务种类繁多，不同科室之间的成本归集与分摊非常复杂，例如，对如何将公共设施的使用成本合理分摊到各个科室这一事项，很多医院因没有充分考虑成本动因，错误地选择了分摊依据，这就会影响成本核算结果的准确性。

（三）信息化水平低及缺少复合型人才

高效的成本核算离不开先进的信息系统支持，但很多医院由于信息化配置水平较低，或软件系统功能不完善，无法满足科室全成本核算的需求。同时，在信息化建设中缺乏既懂医疗业务又精通信息技术的复合型人才，使得医院成本核算系统的开发和维护面临困难。

（四）受外部环境的影响

由于每家医院的规模、医疗业务特点和管理方式不同，很难制定统一的成本核算标准。医疗行业的特殊性也增加了成本核算标准化的难度。受医保政策调整、新技术引入等环境变化的影响，医院需要及时调整和更新成本核算标准。

二、夯实科室全成本核算的基础

在科室全成本核算系统实施之前，需要通过制定完善的医院成本核算制度和健全的成本核算组织架构、配合软件开发做好前期的准备工作等，来夯实科室全成本核算的基础。

（一）做好成本核算制度和组织架构建设

做好医院成本核算制度和组织架构建设，有助于提高资源利用效率，推动医院精细化管理，从而提升运营效益。

1. 制定和完善成本核算制度。要根据国家卫生健康委、财政部等发布的政策文件，如政府会计制度、《事业单位成本核算基本指引》《事业单位成本核算具体指引——公立医院》《公立医院成本核算指导手册》等，结合本单位管理实际，制定和完善医院成本核算管理制度和医院成本核算实施细则，明确成本核算的目的、原则、对象、范围、方法以及定期报告制度等，为成本核算工作提供制度保证。

2. 建立健全成本核算组织架构。一是医院成立成本核算领导小组，由院长担任组长，指挥、协调成本核算工作；明确领导小组的职责和权限，确保成本核算工作的顺利推进。二是明确成本核算职责分工，财务科作为成本核算的牵头科室，负责成本核算的具体实施和日常管理工作。三是各科室设立成本核算员，负责本科室成本核算数据的采集和报送。同时，相关职能科室加强与各科室之间的沟通协作，确保成本核算相关数据报送的及时、准确与完整。

（二）做好软件开发前的准备工作

充分做好软件开发前的准备工作，有助于明确成本管理需求，提高软件开发效率和模块功能的完整性，保证项目开发按时、高质量地完成。

1. 明确项目需求，确保软件开发计划周密

医院要明确项目需求、评估现状，制定周密的软件开发计划，确保开发项目方向清晰、资源合理分配、满足实际需求；便于掌握开发项目进度，实现便捷操作与高效管理。

（1）需求明确与沟通。召开包括财务、信息技术、医疗管理和临床科室等参加的跨科室会议，明确各相关科室对科室全成本核算系统的具体需求；制定软件配置需求文档，列出软件功能要求和业务流程（见表1和图2）。

表1　科室全成本核算系统功能要求

序号	一级菜单	二级菜单	菜单功能作用
1	数据管理中心	数据对照规则定义	数据对照规则定义查询、勾选新增或更新功能
2		数据对照管理	数据对照管理查询、批量设置、采集、同步功能
3		科室字典查询	从科室信息、是否停用、版本号不同维度查询科室信息
4		数据对照查询	从表名、单位、系统、远端、标准等不同维度查询单位和系统对照信息
5		数据上报规则定义	数据上报规则定义查询、勾选新增或更新功能
……		……	……

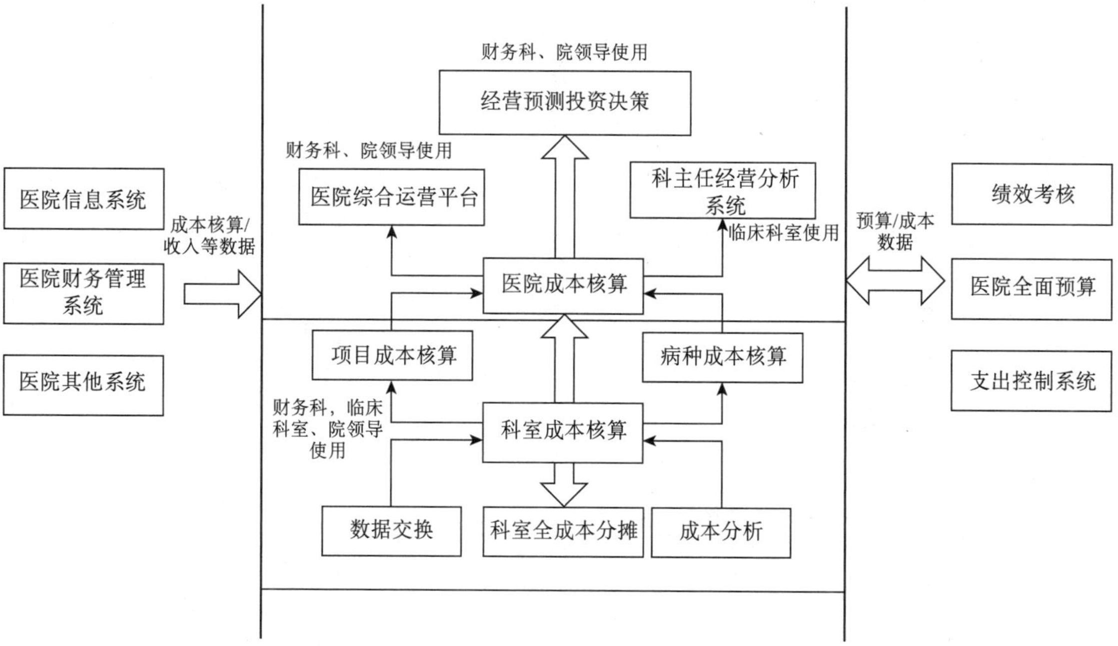

图2　医院全成本核算业务流程

（2）现状评估与数据收集。对医院现有的成本核算方法和工具进行全面评估，查找存在的缺陷和问题，有针对性地提出改进意见和解决问题的方法；收集并整理当前的财务数据和资源配置情况等，确保数据的准确与完整，做到资源配置能满足管理需要。

（3）制定科室全成本核算项目实施时间表。由项目负责人和医院对接人一起制定详细的项目实施时间表，内容涵盖软件开发各阶段的里程碑和交付时间节点（见表2）；要求项目负责人每周报告实施进度，便于医院掌控和督促进度完成情况（见表3）。

表2　　软件开发进度计划及完成情况

任务编号	任务名称	类型	完成进度（%）	实际开始	实际结束
1	整体进度	阶段			
2	科室成本	阶段			
3	总体设计	阶段			
3.1	前期准备	任务			
3.2	操作人员培训	任务			
3.3	实施方案	任务			
3.4	项目规划	里程碑			
4	系统建设	阶段			
4.1	基础设置	任务			
4.2	数据交换	任务			
4.3	基础数据	任务			
5	定制化任务	阶段			
5.1	外部数据接口	任务			
5.2	自定义报表	任务			
5.3	集团化医院实施	任务			
5.4	客户化开发及需求设计	任务			
6	上线切换	阶段			
6.1	基础数据	任务			
6.2	二次分配	任务			
6.3	分摊计算	任务			
6.4	成本分析	任务			
6.5	成本预测	任务			
6.6	成本监测	任务			
6.7	成本报表（含自定义报表）	任务			
6.8	满足医院需求的功能调整	任务			
6.9	系统上线	里程碑			
7	结项验收	阶段			
7.1	验收报告确认	任务			
7.2	跟踪结项款	任务			
7.3	全面验收	里程碑			

表 3 **软件开发完成进度周报**

报告人		所属区域		抄送		第 02 周【2023. 10. 16—2023. 10. 20】	
启动时间		实施周期		合同模块			
项目经理		项目成员		备注			
本周工作内容及完成情况							
序号	工作内容	项目负责人	医院对接人	完成情况	【工作内容】完成情况详细说明和未完成原因及改进措施	项目阶段	输出文档
1	基础数据整理			完成		静态数据准备	
2	HIS 数据库链接配置			完成		静态数据准备	
3	科室对照关系整理			完成	个别科室对照有缺失，暂时对照到其他科室	静态数据准备	
4	收入数据接口处理			完成		静态数据准备	
下周计划【2023. 10. 23—2023. 10. 27】							
序号	工作内容	项目负责人	医院对接人	完成情况	备　注		
1	物资材料费用数据接口						
2	薪资支出数据接口						

2. 梳理和评估数据源，建立标准化的数据接口

建立标准化的数据接口，有助于确保数据的准确性、一致性和完整性，可有效整合从不同系统获取的数据，提高信息交互效率，减少重复输录和人为差错，为精确成本分析奠定基础。

（1）数据归集流程。一是从视图接口中抽取原始数据进入中间表。二是通过运行取数脚本，遵循既定的规则，从中间表采集成本核算所需字段的数据，如出现无法直接使用的数据，需要经过判断，或从其他表关联等计算才能采集到成本系统。三是将原始数据中的成本科室与成本核算单元之间建立对应关系，使成本数据能够计入合适的成本核算单元。四是将归集到成本核算单元的数据与财务入账数据进行比对，有差异的需查明原因并修正。五是针对无法直接从 HIS 系统获取的数据，或数据拆分产生的尾差等，需要手工调整后导入成本核算系统（见图 3）。

（2）数据映射。建立全成本核算系统与各业务系统之间的映射关系，确保各项数据能够准确映射到相应科室，要求每一业务系统与成本核算系统之间的对应关系涉及至少两种：一种是系统之间最小核算单元的对应，另一种是系统之间数据项目的对应。每一种映射关系的准确与否既会影响核算结果的准确性，也会影响数据追溯的结果。因此，这一步是实现成本核算数据追溯的基础，也是业财融合的关键（见图 4）。

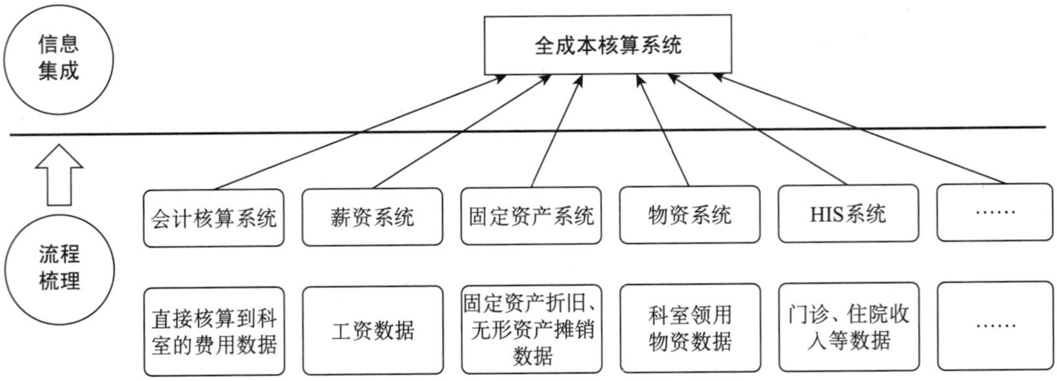

图3　信息集成与流程梳理

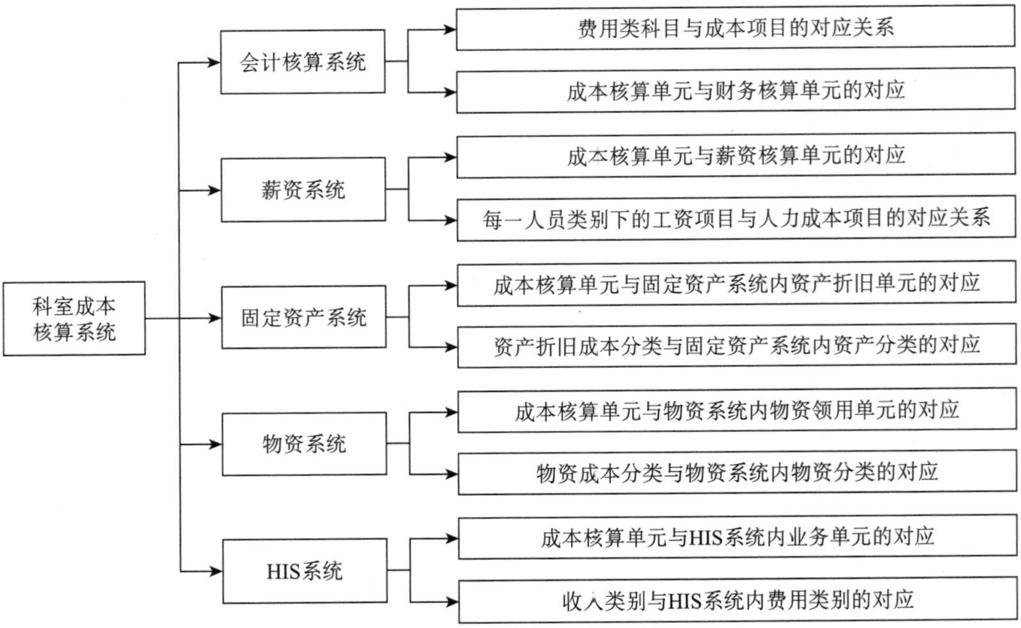

图4　全成本核算系统与各业务系统之间的映射关系

①医疗收入的业务追溯。在科室收入数据管理方面，可通过成本核算系统生成收入明细追溯表。此表可向前延伸查询到HIS系统内的明细数据，实现按收费项目名称、收费项目编码、收费类别、收入来源（门诊/住院）等进行明细查询。

②人力成本的业务追溯。在科室人力成本数据管理方面，可通过成本核算系统生成人力成本数据明细追溯表。此表可向前延伸查询来自薪资系统、会计核算系统内的人力成本明细数据，可按人员名称、人力成本项目进行分类汇总查询。

③卫生材料成本的业务追溯。在科室卫生材料成本数据管理方面，可通过系统生成卫生材料成本数据明细追溯表。此表可向前延伸查询来自物资系统内的卫生材料成本明细数据，可实现按物资分类名称（卫生材料/植入介入材料/器械等）、物资编码、物资名称及收费性质进行分类汇总查询。

④药品成本的业务追溯。科室药品成本数据管理方面，通过系统可生成药品成本数据明

细追溯表。此表可向前延伸查询来自 HIS 系统内的药品成本明细数据，可实现按药品编码、药品名称、药品分类（西药/中成药/中草药）查询。

⑤其他成本的业务追溯。科室其他成本数据管理方面，通过系统可生成其他成本数据明细追溯表。此表可向前延伸查询来自会计核算系统内报销的，及物资系统内科室领用发生的成本明细数据。

（3）确定科室收入、成本及工作量取数口径、渠道。其主要内容有：

①科室收入取数口径及渠道。门诊收入从 HIS 系统接口取数，按开单人员关联考勤确认开单收入科室；再按考勤天数比例计算开单人员在考勤科室中的“人数”，按收入金额 × 人员比例计算相应开单科室收入。如某核算单元的门诊开单收入 = ∑该核算单元下某医生开单的门诊收入 × 该医生在该核算单元的“人数”；住院收入按医生所在诊疗组确认开单收入科室（见图 5）。

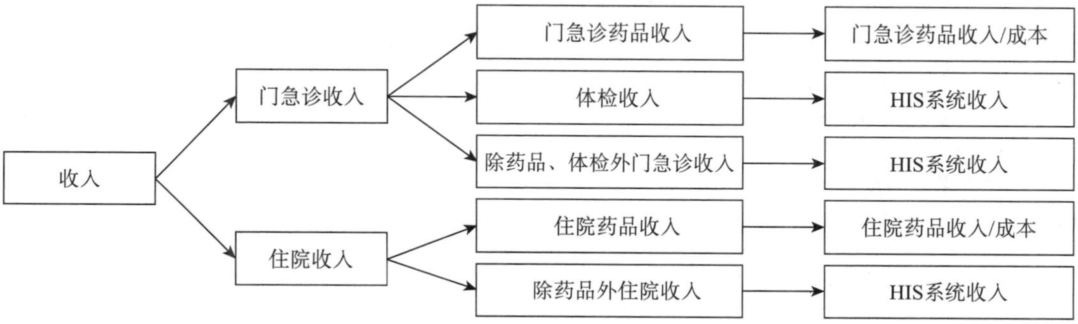

图 5　各科室收入取数路径及渠道

②人员经费取数口径及渠道。人员经费包括人员工资、社会保障费、住房公积金、工会经费、财务账其他人员成本导入，以及其他调整（见表 4）。其中：与工资发放相关的人员经费，主要根据每位员工当月出勤天数计算其在各科室（考勤单元组成）的人数比例，确定其在各核算单元工作时间的比例。通过这个比例，将当月医院人员经费拆分计入相应科室。某核算单元的工资费用 = ∑该核算单元下考勤员工的人员经费 × 其在该核算单元的人数比例。此外，从门诊办取得医生当月门诊排班的班次，确认当月门诊天数，再除以当月考勤总天数，得到门诊排班时间占当月考勤总天数的比例，计入相关门诊科室，差额计入住院科室。

表 4　人员经费取数口径及渠道

成本项目	内容	对应关系	备注
人员经费	1. 人员工资	科室：考勤科室与核算科室对应关系	薪资系统直接采集
	2. 社会保障费		从税务网站下载明细数据后直接导入
	3. 住房公积金		根据个人部分扣款计算公积金单位部分
	4. 工会经费		按工会经费计提比例计算导入
	5. 财务账其他人员成本导入		会计核算系统直接采集
	6. 其他调整		

③药品费取数口径及渠道。门急诊和住院药品成本均从HIS系统直接采集。由于医院采用药品进销零差价，故药品收入与药品成本基本相同。但药品费取数口径与财务入账口径不一致，导致与财务数据有差异，需要通过手工调整来保持一致（见表5）。

表5　　药品费取数口径及渠道

成本项目	内容	对应关系	备注
药品费	1. 门急诊药品成本	门急诊药品科室与核算科室对应关系	HIS系统直接采集，成本数据与收入数据同源
	2. 住院药品成本	住院药品科室与核算科室对应关系	
	3. 科室领用药品	领用药品科室与核算科室对应关系	会计核算系统直接采集，包括科室领药、退药
	4. 药品与财务差额		经分析明细账后通过手工Excel增量导入

④材料费、折旧与摊销取数口径及渠道。卫生材料费从物资系统直接采集数据，是科室当月实际消耗的金额；固定资产折旧费和无形资产摊销费从固定资产系统直接采集数据（见表6）。

表6　　材料费、折旧与摊销取数口径及渠道

成本项目	内容	对应关系	备注
材料费	1. 卫生材料	物资管理科室与核算科室对应关系	物资系统直接采集
	2. 其他材料		
固定资产折旧、无形资产摊销	1. 专用设备	资产管理科室与核算科室对应关系	固定资产系统直接采集
	2. 通用设备		
	3. 家具、用具及装具		
	4. 房屋及构筑物		
	5. 无形资产		

⑤医疗风险基金和其他医疗费用取数口径及渠道。医疗风险基金根据政府会计制度规定计提金额，按科室开单收入进行二次归集计入相应成本科室。其他医疗费用从会计核算系统中采集数据，再按一定的规则进行处理后计入相应成本科室（见表7）。

表7　　医疗风险基金、其他医疗费用取数口径及渠道

成本项目	内容	对应关系	备注
医疗风险基金	医疗风险基金		根据政府会计制度计提金额，按科室开单收入二次归集计入

续表

成本项目	内容	对应关系	备注
其他医疗费用	1. 会计核算系统数据归集	财务科与核算科室对应关系	系统归集后，导出数据进行分析处理后重新导入
	2. 水费		会计核算系统采集导入，再按科室面积二次归集计入
	3. 电费		
	4. 燃气费		

⑥门急诊和住院工作量取数口径及渠道。包括门急诊人次、实际占用总床日数、出院人数、入院人数等，这些数据来源于 HIS 系统和病案室报表（见表 8）。

表 8　　门诊、住院工作量取数口径及渠道

工作量	对应关系	备注
1. 门急诊人次	门急诊人次科室与核算科室对应关系	HIS 系统直接采集
2. 实际占用总床日数	床日数科室与核算科室对应关系	
3. 入院人数	入院人数科室与核算科室对应关系	根据病案室报表统计后手工导入
4. 出院人数	出院人数科室与核算科室对应关系	

在梳理和评估以上数据源时，应重点关注和评估数据源是否覆盖了相应需要核算的科室，检查数据是否存在缺失或异常值，并核对数据的原始记录。采用交叉验证等方法，进行不同数据源之间的对比，验证数据的真实性和准确性。此外，应确保数据源实时或定期更新，及成本核算系统具备完善的数据备份和恢复功能。

3. 设置科室全成本核算标准字典

为了确保全成本核算软件能够顺利落地并有效使用，标准字典设置是不可或缺的一部分。标准字典是用于统一定义和规范各种数据元素及其属性的集合，它在系统中起到规范和约束的作用，可以提高成本核算的准确性，从而规范成本数据的管理。

（1）核算科室字典。根据医院的业务性质、管理特点以及核算需求，设置核算科室字典，如临床服务类科室、医疗技术类科室、医疗辅助类科室和行政后勤类科室（见表 9）。

表 9　　核算科室字典

科室代码	科室名称	上级科室代码	科室类别	科室级别	参与分摊	末级标志	科室属性	拼音码
01	临床服务类	TOP	直接医疗科室	1	否	否		LCFWL
0101	心血管内科	01	直接医疗科室	2	否	否		XXGNK
010101	心血管内科门诊	0101	直接医疗科室	3	否	是	门诊	XXGNKMZ
010102	心血管内科住院	0101	直接医疗科室	3	否	是	住院	XXGNKZY
……	……	……	……	……	……	……	……	……
02	医疗技术类	TOP	医疗技术科室	1	是	否		YLJSL

续表

科室代码	科室名称	上级科室代码	科室类别	科室级别	参与分摊	末级标志	科室属性	拼音码
0201	放射科*	02	医疗技术科室	2	是	否		FSK
020101	放射科	0201	医疗技术科室	3	是	是		FSK
……	……	……	……	……	……	……	……	……
03	医疗辅助类	TOP	医疗辅助科室	1	是	否		YLFZL
0301	病案室*	03	医疗辅助科室	2	是	否		BAS
030101	病案室	0301	医疗辅助科室	3	是	是		BAS
……	……	……	……	……	……	……	……	……
04	行政后勤类	TOP	管理科室	1	是	否		XZHQL
0401	党政综合办*	04	管理科室	2	是	否		DZZHB
040101	党政综合办	0401	管理科室	3	是	是		DZZHB
……	……	……	……	……	……	……	……	……

（2）收入项目字典。定义收入项目字典需要考虑医院的特殊性，包括不同科室、服务类型等因素。医院的主要收入来源是门急诊收入和住院收入。门急诊收入和住院收入项目下又可细分为诊察收入、检查收入、化验收入、治疗收入、手术收入、西药收入、护理收入、床位收入等（见表10）。

表10　　收入项目字典

收入项目代码	收入项目名称
001	诊察收入
002	检查收入
003	化验收入
004	治疗收入
005	手术收入
006	卫生材料收入
007	药品收入
……	……

（3）收费类别字典。用于区分各种医疗服务和项目的收费类型，以便于管理和统计（见表11）。

表11　　收费类别字典

收费类别编码	收费类别名称	收入项目名称	收入类型
1	床位费	床位收入	医疗收入
10	输血费	治疗收入	医疗收入
11	输氧费	治疗收入	医疗收入

续表

收费类别编码	收费类别名称	收入项目名称	收入类型
……	……	……	……
2	西药费	西药收入	药品收入
20	自负西药费	西药收入	药品收入
21	自负草药费	中药饮片收入	药品收入
……	……	……	……

（4）成本项目字典。根据医院成本核算的需要，将成本项目进行分类，如人员经费、卫生材料费、药品费、固定资产折旧费等，并为每个成本项目设置唯一的标准编码（见表12）。

表12　　成本项目字典

成本项目代码	成本项目名称	上级代码	医疗/药品/材料标识	是否末级	拼音码
01	人员经费	TOP	医疗成本	否	RYJF
0101	基本工资	01	医疗成本	否	JBGZ
010101	岗位工资	0101	医疗成本	是	GWGZ
……	……	……	……	……	……
02	药品费	TOP	药品成本	否	YPF
0201	西药费	02	药品成本	否	XYF
020101	西药费	0201	药品成本	是	XYF
……	……	……	……	……	……
03	卫生材料费	TOP	材料成本	否	WSCLF
0301	血库材料	03	材料成本	是	XKCL
……	……	……	……	……	……
04	固定资产折旧费	TOP	医疗成本	是	GDZCZJF
05	无形资产摊销费	TOP	医疗成本	是	WXZCTXF
06	提取医疗风险基金	TOP	医疗成本	否	TQYLFXJJ
0601	医疗风险基金	06	医疗成本	是	YLFXJJ
07	其他医疗费用	TOP	医疗成本	否	QTYLFY
0701	办公费	07	医疗成本	否	BGF
070101	办公用品	0701	医疗成本	是	BGYP
……	……	……	……	……	……

4. 制定科室全成本核算分摊规则与参数

（1）分摊规则。各类科室发生的间接成本应本着相关性、成本收益和重要性等原则，采用四类三级分摊规则，最终将所有成本转移到临床服务类科室（见图6）。

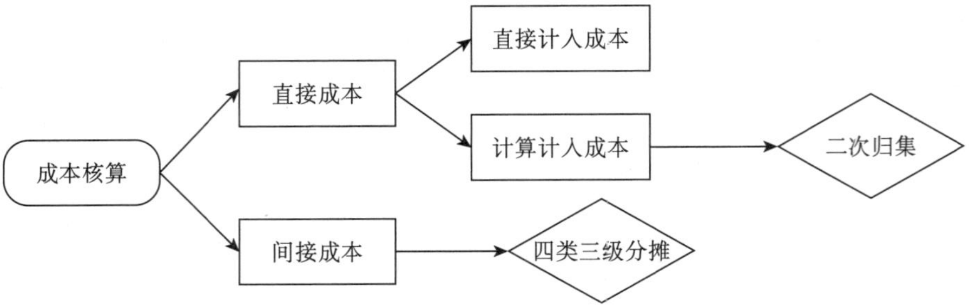

图 6　科室成本分摊规则

（2）分摊参数。分摊参数的精准度直接影响成本核算结果的准确性。如果分摊参数不准确，会导致科室成本核算结果偏离实际，从而影响医院对科室经营成果和财务状况的准确判断。因此，需要根据医院的实际情况和成本核算要求，选择合适的分摊参数，如按照考勤天数、科室房屋面积和固定资产总额、工作量等来分配间接成本。同时，要重点关注分摊参数的精准性（见表 13）。

表 13　　　　医疗辅助科室成本分摊参数

科室	成本项目	分摊参数	受益科室
病案室	所有成本项目	出院人数	住院科室
住院收费处			
门急诊收费处		门急诊人次	门急诊科室
临床服务中心		实际占用总床日数	住院科室
营养食堂			
总务维修		科室房屋面积	门急诊、住院、医技科室
设备维修		固定资产总额	
入院准备中心		入院人数	住院科室
门急诊药房		门急诊医嘱条数	门急诊科室
病区药房		住院医嘱条数	住院科室
西药库		西药医嘱条数	门急诊、住院科室
中药房		中药医嘱条数	
消毒供应中心		消毒计件包金额	门急诊、住院、医技科室
门诊护理（不含专科护理）		门急诊人次	门急诊科室

如总务维修成本项目，采用科室房屋面积为分摊参数分别向临床科室和医技科室进行分摊。为了体现科室成本的精准性，A 医院资产管理科在总务科和基建科的配合下，实地对全院各科室使用的房屋面积进行了测量，且明确公摊面积的分摊规则，以此确认各科室每月应分摊的房屋成本参数，确保成本分摊更加精确合理，避免因估算面积带来的误差（见表 14）。

三、A 医院手术室全成本核算案例

手术室作为医院技术密集、资源消耗大的关键科室，其成本管理和控制是医院经营管理

表 14　医院各科室面积　单位：平方米

楼层编号	科室名称				科室面积	公摊面积				总面积
						小 1	小 2	中	大	
1—15	院部（四级）	01010101	院部	0101010101	189.22		381.26			570.48
2—4	4C 病区（四级）	01010408	4C 病区	0101040801	922.83			10.46		933.29
……	……	……	……	……	……	……	……	……	……	……

中的重要环节之一，对于提高医疗服务质量和医院的经济效益具有重要的意义。本文以 A 医院手术室某月的成本归集与核算过程为例，展现手术室全成本核算的实际应用及结果。

（一）数据采集

成本核算人员从 HIS 系统获取手术室的收入数据；从物资管理系统获取手术中使用的各种耗材数据；从薪资系统获取手术过程中涉及的医护人员人力成本；从固定资产系统获取手术室的设备折旧数据；从会计核算系统获取手术室发生的各项直接成本数据（见表 15—表 19）。

表 15　归集手术室执行收入　单位：元

统计年月	收费类别名称	开单科室	执行科室	摘要	金额
202407	治疗费	泌尿外科门诊	手术室	HIS 门诊收入数据占 × ×	144.89
202407	材料费	手足外科门诊	手术室	HIS 门诊收入数据王 ×	19.45
202407	检查费	疼痛科门诊	手术室	HIS 门诊收入数据任 × ×	4400.00
202407	手术费	骨科门诊	手术室	HIS 门诊收入数据朱 × ×	56.75
202407	西药费	神经外科住院	手术室	HIS 住院收入数据 神经外科（× × 医疗组）	217.01
……	……	……	……	……	……

表 16　卫生材料费明细　单位：元

序号	领用科室	住院科室	病区	手术间	消耗单号	耗材编号	耗材名称	金额
1	手术室	产科	5A 病区	07	231101157000002	005957	可吸收性缝线	178.68
2	手术室	妇科	7B 病区	05	231101157000011	068710	超声切割止血刀	420.00
3	手术室	肝胆外科	11A 病区	17	231101157000016	127405	一次性结扎夹	576.00
……	……	……	……	……	……	……	……	……

表 17　人员经费明细　单位：元

工号	姓名	部门	人员类别	岗位工资	薪级工资	护士工资	……
0058	周 *	手术麻醉室（四级）	正式工	2370.00	2763.00	513.30	……
0099	陈 **	手术麻醉室（四级）	正式工	2370.00	2763.00	513.30	……
……	……	……	……	……	……	……	……

表 18　　固定资产折旧费明细　　单位：元

科室名称	科室编码	财务科室编码	专用设备	通用设备	家具、用具、装具及动植物	合计
门诊手术室	0202170201	20103	0.00	75.87	0.00	75.87
病区手术室	0202170200	2010101	363228.94	4215.46	1077.30	368521.70

表 19　　会计核算系统直接成本明细　　单位：元

2024 年		科目名称	部门名称	凭证号	摘要	借方
月	日					
07	02	5001021202/业务活动费用/商品和服务费用/维修（护）费/设备维修	手术室	记－0028	手术室输尿管软镜维修费	79200.00
07	24	500101050201/业务活动费用/工资福利费用/绩效工资/奖励性绩效工资/奖励性绩效	手术室	记－0326	“老年膝骨性关节炎护理服务能力提升班”院内专家讲课费	500.00
07	30	500102999902/业务活动费用/商品和服务费用/其他商品和服务支出/其他/其他	手术室	记－0578	2023 年 11 月 1—30 日手术室提供误餐和点心	52680.00
……	……	……	……	……	……	……

（二）成本归集与分摊

通过成本归集，能真实反映手术室某月发生的成本费用，为合理分摊间接成本提供数据支撑，有助于控制和降低不必要的医疗成本，提高资源利用效率。

1. 手术室成本由直接成本和间接成本组成

（1）直接成本：可区分为直接计入成本和计算计入成本，其中：

①直接计入成本包括：一是手术室人员的工资、福利、补助等；二是手术过程中消耗的手术敷料、消毒剂、试剂以及其他不能单独收费的卫生材料；三是手术所需的麻醉药品、急救药品等；四是手术室设备的折旧费用，与手术室相关的软件等无形资产的摊销；五是手术室产生的办公费、差旅费、培训费、维修（护）费、物业管理费等其他医疗费用。

②计算计入成本包括：水、电、气等能源性消耗，按照手术室房屋面积比例计算计入。

（2）间接成本：行政后勤类科室和医疗辅助类科室按照一定的分摊标准分摊到手术室的相关费用。

2. 采用确定的方法分摊间接成本

如行政后勤类科室的成本采用考勤天数比例法分摊；总务维修的成本采用面积比例法分摊；消毒供应中心的成本采用消毒计件包金额比例法分摊，计入手术室成本（见表 20）。

经成本归集与分摊后得到：某月手术室总成本为 3504735.09 元。发生直接成本 2426656.71 元，其中：人员经费 1395624.90 元，卫生材料费 144155.72 元，药品费 30376.02 元，固定资产折旧费 353719.66 元，其他医疗费用 502780.41 元；间接费用分摊后的成本为 1078078.38 元。

表 20　　全成本归集和分摊明细　　单位：元

科室	成本项目	总成本	直接成本归集	间接成本分摊	
				行政后勤分摊	医辅分摊
021201 手术室	010101 岗位工资	192477.04	143110.50	18502.23	30864.31
021201 手术室	010102 薪级工资	130398.63	91851.70	13526.89	25020.03
021201 手术室	010104 月考核奖	37500.67	28020.00	3616.74	5863.93
021201 手术室	010201 医疗卫生津贴	312.10	234.00	29.74	48.36
021201 手术室	010203 护龄津贴	387.33	306.00	11.17	70.16
021201 手术室	01050101 生活补贴	123364.78	92800.00	11347.51	19217.27
……	……	……	……	……	……
合计		3504735.09	2426656.71	374715.83	703362.55

成本核算人员在对手术室的成本数据进行分析后发现，直接成本中人员经费、固定资产折旧费、其他医疗费用占总成本的比例较大。其中：其他医疗费用中的低值易耗品、其他材料、水电费、设备维修费及公共区域费用占了其他医疗费用的70.68%；而卫生材料占总成本的比例不高，是因为虽然手术中使用的卫生材料领用科室为手术室，但实际消耗单元为相关手术科室，因此在取数的时候已把卫生材料费归集到了实际消耗的临床科室，而不是手术室，这样避免了卫生材料“以领代支”的支出模式导致收支不匹配的问题（见表21）。

表 21　　成本项目占总成本比例明细

成本项目	直接成本						间接成本		总成本
	人员经费	卫生材料费	药品费	固定资产折旧费	其他医疗费用	小计	间接成本分摊	小计	合计
金额（元）	1395624.90	144155.72	30376.02	353719.66	502780.41	2426656.71	1078078.38	1078078.38	3504735.09
占总成本比例（%）	39.82	4.11	0.87	10.09	14.35	69.24	30.76	30.76	100

通过对手术室上述成本数据的分析，能发现成本变动的原因和趋势，从而为成本控制提供决策依据。同时，将成本分析结果反馈给手术室负责人，可以共同采取调整成本控制策略，进一步优化手术室的成本结构。

（三）优化手术室成本结构可采取的措施

优化手术室成本结构可以提高手术室运营效率，减少不必要的支出，确保医疗资源得到合理分配和有效利用，有助于降低医疗成本，为患者提供更加高效、优质的医疗服务。

1. 合理配置人力资源

合理配置人力资源可以提高手术室的工作效率，降低人工成本，确保高质量的医疗服务，提高患者满意度。同时，有助于形成稳定、高效的工作团队，整体提升手术室的运营水平和经济效益。

（1）合理配置医护人员。根据手术量、手术部位和手术类型等因素，合理配置医护人员数量，避免人力资源的浪费。通过弹性工作制，灵活调整工作时间和人员安排，以适应手术需求的变化。

（2）优化手术排程。通过科学的手术排程，提高手术室利用率，减少空置时间。同时，加强手术室与临床科室之间的沟通协调，确保手术流程的顺畅和高效。

（3）提高医护人员专业水平。定期开展手术室相关技能和知识的培训，提高医护人员的专业水平和工作效率，有助于减少手术时间和并发症的发生，从而降低整体成本。

（4）建立绩效考核与激励机制。将手术质量、效率和成本等指标纳入考核范围，建立科学的绩效考核体系。实行安全医疗与绩效挂钩的激励机制，鼓励医护人员更加注重医疗安全和质量。

2. 优化物资管理

优化物资管理可以有效降低手术室的运营成本，减少浪费；还能提升手术室的工作效率和服务质量，避免因物资短缺或过剩导致的延误和不必要的支出。

（1）集采与供应商管理。通过集中招标采购或以量压价，从源头上控制采购成本；建立供应商评价指标，选择信誉良好、质量可靠、价格合理的供应商，确保物资供应的稳定性和成本的可控性。

（2）节约使用物资。加强节约宣传和教育，提高医护人员的节约意识。对手术室物资的使用情况进行详细登记和统计，分析物资消耗规律和成本构成，为成本控制提供依据。

3. 提高医疗设备效益分析质量

提高医疗设备效益分析质量，能确保投资的合理性，提升医疗质量，优化资源配置，以及评估经济效益和管理风险，有助于医院作出明智的采购决策，提高设备利用率，避免重复购置和资源浪费，优化资金利用率。

（1）做好前期论证。医院通过规范市场调研、专家论证、综合评价、招标竞价等工作程序，增强设备购置前的理性思考，有效规避“人情关”，抑制设备的盲目攀比、盲目购买，促进资金的合理使用。如根据手术室功能、手术类型及频率，确定所需设备的种类、数量和规格；收集不同品牌和型号的设备信息，进行价格、性能、售后服务等方面的综合比较；根据设备需求和效益分析结果，编制详细的设备购置预算，并报相关部门审核批准。

（2）设备日常管理。制定设备的日常保养、定期维护和年度检修计划，确保设备处于良好运行状态；对设备操作人员进行专业培训，确保其熟悉设备性能、操作方法和维护保养要求，以保障设备的可靠运行。

（3）做好设备使用效益分析。通过评估设备对医疗效率、运营成本和综合效益的影响，全面分析其投入使用后产生的实际效益；根据评估结果和市场需求，分析设备更新换代的必要性和可行性，制定设备的更新换代计划。

4. 实行成本效益评价

通过系统评估手术室的运营成本及其带来的经济和医疗效益，可以识别低效环节并进行优化，从而降低不必要的开支。这种评价机制还能提高决策透明度和科学性，有助于持续改进管理策略，提高手术室整体运营效率。

（1）成本效益评价。构建成本效益评估指标体系，包括人力成本、设备折旧、耗材费用、运营成本等直接成本和间接成本。结合手术量、手术成功率、术后感染率、患者满意度等效益指标，构建综合评估模型，全面反映手术室的成本效益。

（2）持续改进。根据成本效益评价结果，及时调整和优化成本控制策略。关注手术室运营过程中的新问题和挑战，不断寻求改进和创新的机会，以实现手术室成本结构的持续优化。

四、展望

手术室某月全成本核算案例，是A医院全面推进科室全成本核算的一个缩影，展示了全成本核算的基本原理、全部流程及取得的成效，证明借助信息技术实施全成本核算，不但具有可行性，而且效果良好。在全成本核算模式下，成本数据可实现自动采集、精准分析与实时反馈，为医院管理提供更加科学、精准的成本控制决策支持。

“智”驭医疗下的科室全成本精准核算，是推动医院精细化管理的重要途径之一。通过构建智能化成本核算信息系统、实现成本数据的全面覆盖和动态监控、优化成本核算流程和方法等措施，可有效提高医院运营效率、优化资源配置、降低运营成本，并提升医疗服务质量和患者满意度。未来，随着医疗改革的深入推进和医疗卫生事业的不断发展，智能化手段将会在医院管理领域发挥更加重要的作用，为医院管理创新提供更多的可能性。

作者简介：潘莺姿，杭州市萧山区第一人民医院，会计师

专家点评

智能化全成本核算　助力医院高质量发展

该文是一篇深入探讨智能化手段在公立医院科室全成本核算中应用的实操性文章，其内容详实、逻辑清晰，对提升医院经济管理水平和运营效率具有重要的指导意义。

选题新颖，紧扣医改需求，特别是公立医院在面临新医改的要求下，如何提升内部管理水平和运营效率的问题。科室全成本核算作为医院经济管理的重要工具，其精准性和时效性直接关系到医院的决策质量和运营效果。文章通过引入智能化手段，探讨如何实现科室全成本的精准核算，具有鲜明的时代感和现实意义。

内容全面，实操性强。文章从科室全成本核算面临的问题出发，系统分析了在实务工作中面临的取数口径不一致、数据精确度低、信息化水平低及复合型人才缺乏等挑战。在此基础上，文章提出了通过智能化手段进行成本核算的解决方案，包括制定和完善成本核算制度、建立健全组织架构、明确软件开发前的准备工作、梳理和评估数据源、设置标准字典、制定分摊规则与参数等。这些措施不仅具有理论价值，更具备很强的实操性，能够为医院提供切实可行的操作指南。

实例展示，直观易懂。文章通过 A 医院手术室全成本核算的实例展示，详细阐述了数据采集、成本归集与分摊、成本分析与优化等具体步骤。不仅直观易懂，而且能够帮助读者更好地理解成本核算的复杂性和重要性。同时，通过对手术室成本结构的分析，文章提出了优化人力资源配置、优化物资管理、提高专用设备效益分析质量、实行成本效益评价等具体措施，这些措施具有很强的针对性和可操作性。

展望未来，具有前瞻性。文章在回顾过去的同时，也对未来医院全成本核算的发展进行了展望。随着信息化和智能化水平的不断提升，医院全成本核算工作将更加注重数据的自动采集、精准分析与实时反馈。此外，文章还提出了成本核算与预算管理融合、为医共体成员单位积累经验、成本核算成果共享等前瞻性观点，这些观点对于推动医共体及成员单位精细化管理具有重要的启示作用。

该文是一篇具有较高学术价值和实践意义的文章。它不仅系统阐述了智能化手段在科室全成本核算中的应用，而且通过实例展示和前景展望，为医共体及成员单位提供了切实可行的操作指南和未来发展方向。希望有更多的医共体及成员单位能够借鉴文章的经验，不断提升自身的管理水平和运营效率，为患者提供更加优质、高效的医疗服务。

浙江省肿瘤医院财务部主任　正高级会计师　华伟

本量利分析在医共体运营管理中的运用实例

【摘要】目的：为提升县域医共体运营精细化管理水平，本文以瑞安医共体牵头医院肝胆胰外科两个病区为例，探究加强临床科室及医共体内部成本管控的路径和措施。方法：运用本量利分析法，对牵头医院两个病区的成本数据进行性态分析，测算出保本工作量和保本收入，并对实际占用总床日数、每床日平均收费水平、每床日变动成本和固定成本等因素进行敏感性排序，剖析其运营差异产生的原因及提升效益的方法。结论：科室可通过优化医疗收入结构和提高病床使用率，减少不必要的药品和卫生材料消耗，合理配置人员，推进病种成本管理等措施来优化管理，提升运营效益。建议：本量利分析法可推广应用至医共体各成员单位的成本差异分析，通过查找关键因素、减少不合理的资源消耗来促进医共体整体运营效率和效益的提升。

随着《关于推进紧密型县域医疗卫生共同体建设的通知》（国卫基层函〔2019〕121号）以及《关于加强县域医共体财务管理工作的意见》（浙财社〔2019〕59号）等文件的陆续出台，国家要求进一步完善县域医疗卫生服务体系，提高县域医疗卫生资源配置和使用效益。县域医共体需要通过实施资源整合、统一采购、流程改造、预算管理和成本管控等有效措施，强化运营管理意识，努力降低不必要的医疗服务成本，不断提升整体绩效和发展能力水平。

对县域医共体而言，县级公立医院承担着大量对基层卫生院的管理和帮扶任务，发挥着龙头作用，是推动县域医疗提质增效、高质量发展的关键对象。同时，县级公立医院的临床科室作为构成医疗服务最基本的核算单元，不仅是重要的成本核算对象，也是项目成本、病种成本、DRG 成本核算的基础。做好临床科室成本精细化管理对提升专科实力、优化资源配置和提高运营效益都具有重要意义。本量利分析法作为一种成熟的成本分析工具，不仅能提供医共体各成员单位的经营效益数据，也能从损益、构成、差异、保本等角度对各成本核算对象的经济运行状态进行深入剖析，为核算对象寻找成本控制的薄弱环节并采取应对措施，从而提升运营绩效，提供一种有效的方法和思路。

一、本量利分析法相关概念

本量利分析主要涉及保本点、成本性态及敏感系数等相关的理论概念。

（一）本量利分析

1. 本量利分析：是指“成本 - 数量 - 利润分析”（Cost - Volume - Profit Analysis，CVP），是研究经营对象成本、业务量和利润之间关系的一种数学分析方法。保本点是本量利分析的关键要素，是核算对象总收入和总成本相等时的经营状态，用业务量来表示这一经营状态即保本工作量或保本收入。

2. 本量利分析的内容：主要反映单位变动成本、固定成本、销售量、销售单价等指标的相互关系。通过分析收入与成本的平衡状态，从而得到核算对象保本业务量和保本收入，并对相关业务盈亏作出合理预测。

安全边际反映单位实际销售额（或销售量）超过保本收入（或保本业务量）的部分。安全边际越高，单位面临的风险越小。

3. 本量利分析计算公式：$L=(P-V)\times Q-F=MC-F$

当 $L=0$ 时，则 $BEP(Q)=\frac{F}{P-V}$，$BEP(R)=\frac{F}{1-V/P}$［其中：P 表示销售单价，Q 表示销售量，F 表示固定成本，V 表示单位变动成本，MC 表示边际贡献，V/P 表示变动成本率，L 表示利润，BEP（Q）表示保本销售量，BEP（R）表示保本收入］。

$MSR=\frac{Q-BFP(Q)}{Q}\times 100\%$［其中：MSR 表示安全边际率，Q 表示实际销售量，BEP（Q）表示保本销售量］。

本量利分析模型如图 1 所示，总收入线与总成本线的交叉点为保本点，即不盈不亏。如实际销售量大于保本点（即边际贡献大于固定成本）时，则处于盈余区；反之，则处于亏损区。

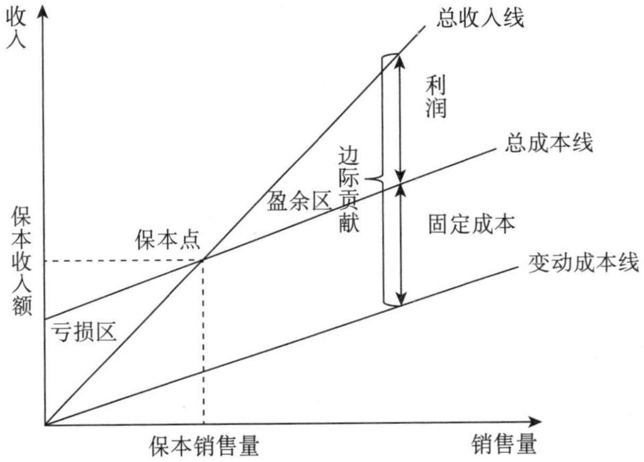

图 1　本量利分析模型

（二）成本性态分析

1. 成本性态分析：是指在明确各种成本性态的基础上，按照一定的程序和方法，将全部成本分为固定成本和变动成本两大类，并建立相应成本函数模型的过程。成本性态是成本动因分析的基础，可从短期和长期视角揭示成本形成的规律。

2. 成本性态分类：按照成本动因，可将成本分为固定成本、变动成本和混合成本。

（1）固定成本：指在业务量的一定范围内，成本总额不随之变动而保持相对稳定的成本。

（2）变动成本：指成本总量在相关范围内随着业务量变化而成正比例增减变动的成本。

（3）混合成本：指介于固定成本和变动成本之间，其总量既随业务量变动又不成正比例关系的成本。

3. 成本性态计算公式：$Y=VQ+F$（其中：Y 表示总成本，Q 表示销售量，V 表示单位变动成本，F 表示固定成本）。

依据成本性态相关理论，本文将固定资产折旧、无形资产摊销、房屋设备等维修归入固定成本；将药品、卫生材料费归入变动成本；将人员经费、其他运营支出归入混合成本中进行归集与核算。

（三）敏感性分析

1. 敏感性分析：是指从定量分析的角度，研究有关因素发生某种变化时，对某一个或一组关键指标影响程度的一种不确定分析技术。其分析实质是通过逐一改变相关变量数值来解释关键指标受这些因素变动影响大小的规律。

2. 敏感系数：指某一参数发生变化时，对相应科室结余的变动比率，当敏感系数绝对值大于 1 时，则该参数为敏感因素；当敏感系数绝对值小于 1 时，则该参数为非敏感因素，敏感系数绝对值越大，则该参数变化对结果越敏感。影响临床科室结余的主要敏感因素包括：单位业务收入（每门急诊人次平均收费水平、每床日平均收费水平）、业务量（门急诊人次、实际占用总床日数）和单位成本（变动成本、固定成本）。

3. 敏感系数计算公式：$E = \frac{L1 - L0}{L0} \div A$（其中：L1 表示本期医疗结余，L0 表示基期医疗结余，A 表示因素变动率）。

二、本量利分析法应用实例

本文以瑞安医共体牵头医院肝胆胰外科两个病区为例，通过成本性态划分，保本业务量、保本收入测算和敏感系数排序等，对其效益改善前的历史成本数据进行深入剖析，得出两个病区成本差异的特点及亏损产生的原因，为科室改进运营数据提供参考依据。

（一）科室概况

瑞安医共体成立于 2017 年 12 月，属于浙江省内首批试点医共体建设单位，以县级三级甲等综合性医院为牵头医院，下辖成员单位 20 家，其中：县级医院 3 家，基层卫生院 17 家。截至 2023 年年末，瑞安医共体实际开放床位 3100 张，在职职工 6900 余名，门急诊人次 738 万人次，出院人数 12.65 万人次。肝胆胰外科属于瑞安医共体牵头医院的亚学科专业，在外科系统中处于重要位置，以肝胆胰疾病、疝、腹部外科为主要诊治内容，目前该学科设有肝胆胰外科一和肝胆胰外科二两个病区。学科技术力量雄厚，规章制度健全，人员素质高，诊疗范围全面覆盖肝脏、胆道、胰腺、脾脏等外科疾病。2023 年年末，肝胆胰外科一病区核定床位 34 张，医师 9 人，护理 16 人；肝胆胰外科二病区核定床位 33 张，医师 8 人，护理 15 人。两个病区虽收治的患者病种类型相似，但其运营数据却有较大差异。

（二）临床科室本量利分析

1. 运用本量利分析法对临床科室成本性态进行分类的难点，在于如何设定混合成本中固定和变动部分的比率。混合成本分解有高低点法、散布图法、账户分析法、回归分析法等，本文主要采取账户分析法，这是一种基于历史资料和经验数据来评估和测算固定成本与变动成本比率的方法。瑞安医共体牵头医院临床科室各成本项目的成本性态分类与比率关系如表 1 所示。科室成本中的人员经费属于典型的混合成本，其中，基本工资、津补贴、五险二金与日常业务量不相关，属于固定成本；奖励性绩效工资与业务量水平呈正相关，则属于变动成本。

表1 瑞安医共体牵头医院临床科室成本性态分类情况

项　　目	成本分类	固定比率（%）	变动比率（%）
一、人员经费			
基本工资	固定	100	
津贴补贴	固定	100	
五险二金	固定	100	
绩效工资	变动		100
其他工资福利费用	混合	40	60
二、日常公用支出			
办公费	混合	20	80
印刷费	混合	30	70
水电费	混合	40	60
邮电费	混合	80	20
物业管理费	混合	80	20
培训费	固定	100	
维修（护）费	固定	100	
卫生材料费	变动		100
药品费	变动		100
低值易耗品	变动		100
委托业务费	变动		100
洗涤费	变动		100
工会经费	固定	100	
租赁费	固定	100	
劳务费	混合	40	60
其他商品和服务费用	混合	60	40
固定资产折旧	固定	100	
无形资产摊销	固定	100	
三、逐级分摊成本			
医技成本	混合	40	60
辅助成本	混合	40	60
管理费用	混合	40	60

2. 对瑞安医共体牵头医院临床科室进行本量利建模，需以一定的假设为前提。主要假设有三点：一是成本性态划分；二是相关范围和一元线性；三是服务项目构成保持不变。因此，运用该方法在一定程度上有赖于分析者的经验判断，具有一定的主观性和局限性，但在成本管理实践中仍具有突出的导向性和优越性，能为医共体牵头医院经济运行分析提供有效的方法和思路。

本文基于成本性态分配比率，对瑞安医共体牵头医院肝胆胰外科两个病区的历史成本数据进行本量利测算（见表2）。可得出肝胆胰外科二保本床日数为每年14685张，即每日病区收满41张床，可达到保本点；而肝胆胰外科一保本床日数为每年19153张，即每日病区需收满53张床，可达到保本点。因此，两个病区实际占用总床日数都没有达到自身保本点，安全边际率偏低，均处于亏损状态。如要完成当年的保本业务量，肝胆胰外科二床日数相差2876张，而肝胆胰外科一相差7299张。两个病区保本床日数差异较大，且肝胆胰外科二本量利指标对比略优。

表2　改善前肝胆胰外科两个病区本量利测算及对比差异

项　目	单位	肝胆胰外科一	肝胆胰外科二	对比差异
年医疗收入	万元	2442.17	2209.17	233.00
年变动成本	万元	2092.03	1828.87	263.16
年固定成本	万元	565.75	472.94	92.81
年医疗结余	万元	-215.61	-92.64	-122.97
年实际占用总床日数	张	11854	11809	45
每床日变动成本	元	1764.83	1548.71	216.12
每床日平均收费水平	元	2060.21	1870.76	189.45
单位边际贡献	元	295.38	322.05	-26.67
年保本床日数	日	19153	14685	4468
每日保本住院人数	人	53	41	12
安全边际率	%	-61.58	-24.36	-37.22
安全性分析		亏损严重	亏损较大	

为探究肝胆胰外科在现有业务基础上，增加科室结余最有效的关键因素，本文假设各相关敏感因素每增长或下降5%，分别计算两病区收支结余的变化情况，并对各相关因素敏感程度进行依次排序，测算结果如表3所示。

表3　改善前肝胆胰外科两个病区敏感因素分析

科　室	敏感因素	年实际值	单位床日收入增长5%	单位床日变动成本下降5%	固定成本下降5%	床日数增长5%
肝胆胰外科一	年实际占用总床日数（张）	11854	11854	11854	11854	12447
肝胆胰外科二		11809	11809	11809	11809	12399
肝胆胰外科一	每床日平均收费水平（元）	2060.21	2163.22	2060.21	2060.21	2060.21
肝胆胰外科二		1870.76	1964.29	1870.76	1870.76	1870.76
肝胆胰外科一	每床日变动成本（元）	1764.83	1764.83	1676.59	1764.83	1764.83
肝胆胰外科二		1548.71	1548.71	1471.27	1548.71	1548.71
肝胆胰外科一	年固定成本（万元）	565.75	565.75	565.75	537.47	565.75
肝胆胰外科二		472.94	472.94	472.94	449.29	472.94
肝胆胰外科一	年医疗结余（万元）	-215.61	-93.5	-111.01	-187.32	-198.1
肝胆胰外科二		-92.64	17.82	-1.19	-68.99	-73.62
肝胆胰外科一	敏感系数（%）		11.30	9.70	2.60	1.60
肝胆胰外科二			23.80	19.70	5.10	4.10
肝胆胰外科一	敏感系数排序		1	2	3	4
肝胆胰外科二			1	2	3	4

注：敏感系数=科室结余变动百分比÷5%

临床科室运营通常以业务量为起点，以实现收支结余为目标。表3数据显示：对两个病区收支结余影响因素从大到小依次排列为：每床日平均收费水平、每床日变动成本、固定成本、实际占用总床日数。另外，这四项因素对两个病区的影响程度虽排列顺序相同，但对比同一个影响因素，肝胆胰外科二表现出更强的敏感度，只要每床日平均收费水平增加93.53元或每床日变动成本减少77.44元，就能实现该病区的收支平衡。

（三）两个病区运营差异及亏损原因分析

改善前两个病区虽都处于亏损状态，但肝胆胰外科二本量利指标优于肝胆胰外科一（见表4）。肝胆胰外科一员工数与核定床位数均多于肝胆胰外科二，且出院者平均住院天数少于肝胆胰外科二0.43天。但从产出的工作量看，肝胆胰外科一年出院人数只比肝胆胰外科二多4人，出院患者手术台次数却少53次，病床使用率也低于肝胆胰外科二。因此，肝胆胰外科一并无运营效益优势。

表4　　肝胆胰外科两个病区部分指标对比

项目	肝胆胰外科一	肝胆胰外科二	对比差异
科室员工数（人）	25	23	2
核定床位数（张）	34	33	1
年出院人数（人）	1683	1679	4
出院者平均住院天数（天）	7.07	7.50	-0.43
病床使用率（%）	85	87	-2
抗菌药物使用强度	68.61	58.08	10.53
年出院患者手术台次数（次）	1061	1078	-53
百元医疗收入卫生材料消耗（元）	27.56	27.33	0.23
每出院人次平均药品费（元）	5037.32	4901.95	135.37
三四级手术占总手术台次的比率（%）	22.26	20.08	2.18
CMI	0.99	0.94	0.05

在肝胆胰外科一无明显运营优势的情况下，其实现的年医疗结余比肝胆胰外科二少122.97万元，究其原因是成本消耗较大所致。其中：每床日变动成本比肝胆胰外科二多216.12元，固定成本多92.82万元。按照该科室目前的业务规模，肝胆胰外科二每日住院人数达到41人就能保本，且每多收治1个病人，每天能多给科室带来322.05元的结余；而肝胆胰外科一每日住院人数需达到53人才能保本，比肝胆胰外科二多12人，才能实现医疗收支平衡，其每多收治1个病人，每天能多给科室带来295.38元的结余。因此，肝胆胰外科一想要实现医疗收支正结余，需要更加注重成本控制。进一步分析发现，肝胆胰外科一病区运营亏损较大主要受以下因素影响：

1. 病床使用率不高。受城市交通便捷、学科技术发展瓶颈等影响，本地手术患者外流加剧。瑞安医共体牵头医院肝胆胰外科病床使用率徘徊在85%左右，病床空置较多，该学科运营亏损与收治病人数量不足有关。

2. 人力成本偏高。表5数据显示，肝胆胰外科一比较年份医疗成本比肝胆胰外科二多355.97万元，其中：变动成本多263.15万元，固定成本多92.82万元，变动成本高是造成肝胆胰外科一总成本高的主要原因。进一步分析发现，肝胆胰外科一变动成本偏高主要由人员经费支出较高引起。该病区年人均医疗收入虽比肝胆胰外科二多 1.64 万元，但其年人均人力成本却比肝胆胰外科二多 3.47 万元，导致年人力成本高出 124.38 万元。两个病区人员经费对比差异占据医疗成本差异的 35%，这与肝胆胰外科一员工数比肝胆胰外科二多 2 人，且其上报的科内医生在病区、门诊和手术室的考勤分配天数偏差较大等因素有关。另外，肝胆胰外科一年人均人力成本 22.30 万元，也已超出瑞安医共体牵头医院年平均人力成本水平。

表 5　　改善前肝胆胰外科两个病区成本性态数值对比　　单位：万元

科　室	肝胆胰外科一		肝胆胰外科二		两病区对比差异		
成本项目	变动成本	固定成本	变动成本	固定成本	变动成本	固定成本	总成本
人员经费	333.62	223.66	253.76	179.14	79.86	44.52	124.38
药品费	844.73		772.12		72.61	0.00	72.61
卫生材料费	440.23		392.90		47.33	0.00	47.33
固定资产折旧费		16.77		16.67	0.00	0.10	0.10
无形资产摊销费		0.26		0.26	0.00	0.00	0.00
提取医疗风险基金	1.50		1.44		0.06	0.00	0.06
其他费用	32.83	32.32	36.64	28.86	-3.81	3.46	-0.35
医技成本	293.54	195.69	254.04	169.36	39.50	26.33	65.83
药品成本	60.30	40.20	55.11	36.74	5.19	3.46	8.66
辅助管理费用	85.28	56.85	62.87	41.91	22.41	14.94	37.35
科室总成本	2092.03	565.75	1828.88	472.94	263.15	92.81	355.97

3. 药品和卫生材料消耗过多。药品和卫生材料支出会随着业务量变化而成正比例变动，属于变动成本。表 5 数据反映，肝胆胰外科一药品和卫生材料支出均高于肝胆胰外科二，尤其是抗菌药物使用强度高出肝胆胰外科二 10.53 个百分点，百元医疗收入卫生材料消耗高出 0.23 元，每出院人次平均医药费用高出 135.37 元，三四级手术占总手术台次的比率高出 2.18 个百分点，科室 CMI 值也高出 0.05 个点（见表 4）。从这五项指标推断出，在收治病人病种相似的情况下，肝胆胰外科一收治的病人病情严重程度高于肝胆胰外科二，这是造成其所消耗的药品和卫生材料均高于肝胆胰外科二的重要原因。但在现行医改政策下，药品和卫生材料都已取消加成，过高的药品收入占医疗收入的比例及百元医疗收入卫生材料消耗的增加，会给科室带来沉重的成本负担。

三、采取的改进措施和取得的成效

瑞安医共体牵头医院针对肝胆胰外科本量利分析获取的对比数据及差异原因分析，采取有针对性的改进措施，并对学科运营和医疗收入结构进行优化和调整，取得了一定的成效。

（一）采取的改进措施

1. 加强学科能力建设，优化医疗收入结构。在每出院人次平均医药费用年增长率不超过 5% 的政策要求与不增加患者医药费用负担的前提下，肝胆胰外科，一方面，通过强化专科能力建设，坚持“以患者为中心，以疾病诊疗为链条”，科学制定与落实相关疾病诊疗规范，不断提高医疗质量和诊疗水平，建立良好口碑，增加患者黏性；另一方面，为患者提供舒适的就医环境，减少患者就医等候时间，同时引进新技术新项目、优化科室医疗收入结构、提高医疗服务收入占医疗收入的比例，不断提升学科内在服务价值。

2. 缩短病人住院天数与提高病床使用率共同发力。改善前，瑞安医共体牵头医院肝胆胰外科病床使用率维持在85%左右，病床空置较多，病员收治不足直接影响科室运营效益。肝胆胰外科两个病区从自身查找病员流失原因，通过实行专科人才队伍培养，扩大对病友的健康宣教，优化预住院模式，合理缩短患者术前等待时间等措施，多管齐下，优化医疗服务流程，提高病床使用率，从而留住学科有能力救治的病患，提升科室效益。

3. 减少不必要的药品和耗材支出。针对变动成本中药品费和卫生材料费占业务支出的比例已高达60%的情况，两个病区要重点控制药品和卫生材料的不合理消耗，减少浪费。特别是肝胆胰外科一，不断加强诊疗过程中对抗菌药物、辅助用药和高值耗材的使用管理，优化药品和耗材使用标准、给药剂量、途径，改进手术方式，在保证医疗质量和不增加患者费用负担的前提下，多采用性价比高的国产或可替代的药品和耗材等，减少不必要的药品和耗材支出。

4. 合理配置人力资源。肝胆胰外科根据诊疗业务规模，合理规划岗位设置和员工数量，做好定岗定编工作，避免出现人员冗余。特别是肝胆胰外科一，更要加强科内员工岗位分配和人力成本管理，主动分析员工人数配置对比差异原因，并对照医院定岗定编要求，合理安排与科室业务量和患者流量相匹配的员工人数。同时，规范上报医生在病区、门诊和手术室的考勤天数，减少由人为因素导致的人员成本核算偏差，从而提质增效，实现人力资源的合理配置和使用。另外，在科室人力成本投入总额控制下，充分发挥薪酬的激励作用，调动科内员工工作积极性和效率，实行多劳多得、优劳优得。医院层面对全院临床科室实行全成本核算，把科室员工基本工资纳入绩效奖金核算范围，不断提高现有员工工作效率，实现用经济杠杆抑制人力资源浪费。

5. 加强病种成本管理。随着医保支付方式改革，原先按项目付费的医保结算方式已逐步过渡至按DRG病组点值付费，这更加考验医院和临床科室的精细化管控水平。肝胆胰外科发挥专科优势，根据病种临床路径、医保回款率、病种历史成本等数据，制定主流病种的成本控制目标和管理措施，并细化分解至每个诊疗组，使其充分掌握本科室优势病种和劣势病种的基本情况。对于盈余病种，充分发挥学科诊疗优势，适当扩大服务规模，提高运营效益；而对于亏损病种，细分不同情况，具体施策：如某一亏损病种病例数较少，则分析是否为新开展、新诊疗或医院重点发展的新技术病种；如某一亏损病种病例数较多，且对医保付费影响较大，则针对性地进行费用管控，规范病种临床路径，减少非增值作业消耗，有效改善成本费用结构。另外，对于低难度手术病种，通过日间手术模式进行病种成本管控；对于高难度手术病种，积极探索多学科合作的诊疗模式，不断优化诊疗技术和诊疗流程。多措并举，不断推进学科病种结构的转型升级。

（二）取得的成效

1. 潜在病源管理得到重视。通过本量利分析，所在科室开始重视对潜在病源的管理。据《2023浙江省肿瘤登记年报》统计，浙江省肿瘤登记地区与肝脏、胰腺、胆囊相关的恶性肿瘤发病率分别达到27.20/10万、13.10/10万和6.80/10万，且每年呈上升趋势。城市普通人群中胆结石发病率在10%左右，胆结石收治率约为普通外科住院病人的11.50%。另据本地区2023年健康体检超声影像学异常结果发病率统计，受检者脂肪肝检出率29.55%，胆囊息肉样病变检出率11%。截至2023年年末，瑞安医共体所在县域常驻人口约150万人，按照肝胆疾病发病率估算，该学科在本地区拥有将近 10 万人次的潜在病源群体。如能发挥专科特色，提高诊疗技术和服务水平，就能吸引本地及周边县市患者就医，学科受众面良好，发展前景广阔。

2. 科室创效活力有效激发。本量利分析结果和改进建议可促使科室深挖业务潜力，在现有就诊空间和医务人数不变的情况下，实施诸如构建重大疾病“MDT”团队，采取标准化诊疗流程，大力开设新技术新项目，与国内多家知名医院建立长期协作或成立专科联盟，邀请全国知名专家在本院设立“名医工作室”，优化内部二次绩效分配等举措，激发科室创效活力，助力学科高质量发展。

3. 关键效益指标得到改善。经过一年的不懈努力和有针对性的整改，瑞安医共体牵头医院肝胆胰外科整体考核指标有了明显的改善，取得了长足进步。改善后肝胆胰外科门急诊收住院率从原先的 10.50% 上升至 13.70%，特别是原先运营效益相对落后的肝胆胰外科一病区，成效显著（见表 6）：出院者平均住院天数从原先的 7.07 天减少至 6.61 天，出院患者手术台次从 1061 次增加至 1119 次，特别是三四级手术占总手术台次的比率从 22.26% 增长至 27.26%，病床使用率从 85% 增长至 96%，本地患者外流减少，业务指标明显趋好。同时，肝胆胰外科一每出院人次平均药品费从 5017.32 元减少至 4546.68 元，百元医疗收入消耗卫生材料从 27.56 元减少至 26.42 元，医疗服务收入占医疗收入的比例从 32.02% 提升至 34.27%，年实际占用总床日数同比增加 105 张，病床使用效率和科室安全边际率得到进一步提升。虽还未实现科室结余扭亏的目标，但其医疗收入结构趋于优化，亏损面也在缩小。

表 6　　肝胆胰外科一效益改善前后指标对比

项　目	单位	改善前数据	改善后数据	对比差异
科室员工数	人	25	25	0
核定床位数	张	34	34	0
年出院人数	人	1683	1807	124
出院者平均住院天数	天	7.07	6.61	-0.46
年实际占用总床日数	张	11854	11959	105
病床使用率	%	85	96	11
抗菌药物使用强度		68.61	66.72	-1.89
出院患者手术台次数	次	1061	1119	58
三四级手术占总手术台次的比率	%	22.26	27.26	5
医疗服务收入占医疗收入比例	%	32.02	34.27	2.25
百元医疗收入消耗卫生材料	元	27.56	26.42	-1.14
每出院人次平均医药费用	元	14565.68	14609.49	43.81
每出院人次平均药品费	元	5017.32	4546.68	470.64
每床日平均收费水平	元	2060.21	2210.21	150.00
年医疗结余	万元	-215.61	-191.68	23.93
年保本点床日数	日	19153	16760	-2393
年保本点收入	万元	3945.99	3704.25	-241.74
年边际贡献额	万元	350.15	477.49	127.34
安全边际率	%	-61.58	-40.14	21.44

在本量利分析的助力下，肝胆胰外科不仅改善了运营基本面，还提升了学科对危重症患者的救治能力，学科获得了蓬勃发展。

四、本量利分析法在医共体的推广应用

本量利分析模型简单易懂，不仅可用于单体医院同一临床学科不同病区成本数据的横向比较，还适用于医共体内部体量相当、具有可比性的各成员单位间的成本分析及目标预测。本文对瑞安医共体牵头医院肝胆胰外科两个病区的本量利对比分析，为各成员单位间的成本差异分析提供了以点带面的示范和借鉴。为此，在瑞安医共体成员单位内部选取了两家具有可比性的A与B县级医院，进行本量利分析对比（见表7）。

表7　　瑞安医共体A和B县级医院本量利分析对比

项　目	单位	A县级医院	B县级医院	对比差异
一、年医疗收入	万元	11056	12210	-1155
年门急诊收入	万元	8299	9124	-825
年住院收入	万元	2757	3087	-329
二、年医疗成本	万元	10754	12349	-1595
年变动成本	万元	8604	9879	-1276
年固定成本	万元	2151	2470	-319
三、医疗指标				
年医疗结余	万元	301	-139	440
年门急诊人次	次	321713	440963	-119250
每门急诊人次平均收费水平	元	258	207	51
年出院人数	人	2215	2440	-225
年实际占用总床日数	张	24761	14446	10315
病床使用率	%	78.42	84.44	-6.02
每床日平均收费水平	元	1113.51	2136.59	-1023.08
四、本量利指标				
年边际贡献额	万元	2452	2331	121
年安全边际额	万元	277	-735	1011
年保本医疗收入	万元	10779	12945	-2166
年保本门急诊收入	万元	6142	9519	-3377
年门急诊安全边际额	万元	2157	-395	2552
年保本门急诊人次	次	238095	460055	-221960
年保本住院收入	万元	4637	3427	1210
年住院安全边际额	万元	-1880	-340	-1539
年保本住院床日数	日	38713	15116	23597
年保本住院人数	人	3726	2709	1017

表7数据显示：瑞安医共体A、B两家县级医院业务体量、每门急诊人次平均收费水平和每出院人次平均医药费用差异不大，75%的收入均来自门急诊收入，A县级医院年医疗收支正结余，B县级医院年医疗收支亏损。经分析：A县级医院年保本医疗收入低于B县级医院，且安全边际额大于B县级医院，其年医疗收入已超过自身的保本收入，运营处于安全水平。A县级医院当前年门急诊人次和年门急诊收入均已超过保本点人次和保本收入，但其年出院人数和年住院收入还未达到保本点人次和保本收入，实际病床空置较多；而B县级医院当前年医疗收入离保本收入相差735万元，年门急诊和年住院收入均未达到保本点水平，安全边际额为负值，面临较大的运营成本压力。综上所述，两家县级医院门急诊投入产出效益均优于住院，且住院结余均面临亏损，需依靠门急诊结余来弥补。同时，A县级医院医疗成本控制优于B县级医院。因此，B县级医院更应关注自身的经济运营基本面，补齐短板，不断提高运营效益。

通过本量利分析，可以清晰对比医共体内具有可比性的成员单位间的成本、工作量、次均费用和收支结余的相互关系，并测算出保本业务量和安全边际，帮助成员单位寻找发展差距和自身成本控制的薄弱环节，以便对症下药，提高医共体出台相关政策的科学性和合理性，为提升医共体整体运营实效提供数据支撑。

五、总结与展望

本量利分析法通过全面分析核算对象成本、工作量、收费价格、结余间的依存关系，从直观角度反映保本工作量、盈余区和亏损区三者之间的变动趋势，有助于医共体和临床科室更好地进行成本计划、预测和控制，为其经济决策提供科学依据。通过对瑞安医共体牵头医院肝胆胰外科两个病区的本量利分析，我们找到了它们运营差异产生的原因，并提出优化医疗收入结构和提高病床使用率，减少不必要的药品和卫生材料消耗，合理配置科室人员，推进病种成本管理等改进措施。后期临床科室已通过结构优化和学科能力建设，逐步改善运营基本面，患者外流减少，科室专科技术和服务能力获得长效提升。同时，本量利分析在牵头医院临床学科的成功实践也为医共体各成员单位间的成本效益分析提供了经验和借鉴，可以帮助其查找和剖析运营能力存在差异的关键因素，指导其对症下药，从而提升县域医共体运营实效。

在县域医共体建设中，我们既要重视提升医共体整体的财务管理能力，又要关注个体的精细化发展。本量利分析法为我们研究不同医疗机构的经济运营提供了科学的方法和思路。我们期待更多的实践者通过运用本量利分析法在医共体或单体医院运营管理方面取得更好更优的经验和成效，真正落实好成本管控、增收节支、降低不必要资源消耗的内在发展要求，助力医共体和医疗卫生事业高质量发展。

作者简介：陈媛，瑞安市人民医院财务科副科长，会计师

第四章

医保收入管理与绩效导向能力整合

医疗服务价格调整与医保控费之间的猎鹿博弈
——以瑞安人民医院医共体为例

【摘要】 目的：进一步落实好医疗服务价格改革“控总量、腾空间、调结构、保衔接”的核心原则，在调整医疗服务价格的同时，实现医保基金收支平衡和患者负担总体不增加的目标。方法：本文借助猎鹿博弈策略建立“调价资金池”，既改变医保管理部门与公立医院之间的博弈，从对立走向协同；又对医院不控费只享受调价效益的“搭便车”的行为进行限制。结果：医保管理部门主动调价格；公立医院借助医共体建设，通过分级诊疗，多方合作，积极主动腾空间，双方均达到理想的效果。利用多腾空间多得利的排他性考核制度，医共体成员单位腾空间的目标责任和利益匹配得以公平分摊。结论：平等对话机制的建立，使得医保管理部门和医院协同努力，共同推进医疗事业高质量发展。

一、背景

2023 年年底，国家卫生健康委等 10 部门联合印发《关于全面推进紧密型县域医疗卫生共同体建设的指导意见》（国卫基层发〔2023〕41 号）指出，开展紧密型县域医共体建设，是提高县域医疗卫生资源配置和使用效率，推动构建分级诊疗秩序的重要举措。县域医共体有利于促进医保、医疗、医药协同发展和治理，可以为居民提供一体化、连续性医疗卫生服务，通过分级诊疗，多方合作，理顺医疗服务比价关系，激励医院提供更高质量、更高性价比的医疗服务。

我国公立医院（以下简称“医院”）医疗服务具有公共服务和私人服务混合服务的特性，具有福利和商品的双重性，以往普遍存在技术价格畸低、调价滞后的特征，导致部分医院成本得不到补偿、医务人员医疗服务价值得不到体现，造成“以药养医”的局面。在国家取消药品和耗材加成后，超过 30% 的医院出现亏损。医院运营收入主要来源于政府财政补助和医疗服务收费，政府财政投入虽有增长但占比较低，医保费用支付已成为医院医疗服务成本补偿的主要渠道。

医保管理部门在价格改革中，需通过提高诊疗、手术、康复、护理、中医等体现医务人员技术劳务价值的医疗服务价格来弥补医院运营亏损。但提高价格不利于医保资金收支平衡，由于医保管理部门与医师、医院之间存在信息不对称，医保管理部门对患者病情的严重程度、治疗方案、治疗时间等不是很明确，只能委托定点医院的医师进行决策。在这一背景下，医保管理部门在调价过程中面临着以下问题：一是，是否应该调整医疗服务价格；二是，上调多少空间合适，调整幅度超过医院腾出的空间或者医院不腾出空间，均会产生医保基金超支的风险。医院控费腾空间会增加医生医疗服务的难度和执业的风险，医院面临的问题：首先，是否能腾出空间；其次，能腾出多少空间。医保管理部门要求医院先腾空间，以防止医保资金增长过快；医院希望医保管理部门先调整价格，来弥补减少药品和耗材使用量的空间，双方僵持不下。卫健部门需要保障医院健康可持续发展，在医院腾空间的同时，对医院的医疗行为进行监督，会面临相关问题：如何保证医院在控费过程中不降低医疗服务质量；如何进行各家医院腾空间及协调医疗服务价格调整的利益分配。

二、医疗服务价格调整中的博弈论

医保管理部门具有调价和不调价的选择，医院具有腾空间和不腾空间的选择，双方在现有不合作的情况下，各自最优的选择是不先调价和不先腾空间。医院之间腾空间存在搭便车行为，如某医院不选择腾空间，而是享受别的医院腾空间换来的调价格的收益，使得收益责任不匹配。通过引入卫健部门这个第三方，卫健部门设立资金池，建立双方合作的机制，可有效促使双方改变最优选择，实现“集体理性”，并且解决医院之间“搭便车”行为导致的不公平。

（一）非合作博弈与合作博弈

1. 博弈论。博弈论是指一些个人、一些团队或其他组织在一定的规则约束下，依靠所掌握的信息，对各自可选择的行为或策略进行选择并加以实施，并从中各自取得相应结果或收益的过程。根据博弈方的行为是个人行为还是合作行为，分为非合作博弈和合作博弈。在非合作博弈下，强调的是个人理性、个人最优决策，其结果可能是有效率的，也可能是低效率或无效率的。而如果引入外部的机构惩罚非合作者，从非合作博弈进化到合作博弈，博弈双方的利益都有所增加，或者至少是一方的利益增加，而另一方的利益不受损害，那么整个社会的利益就会有所增加。

2. 猎鹿博弈。猎鹿博弈是合作博弈和非合作博弈中的一个典型例子。一天，有两个猎人 A 和 B 围住了一头鹿，他们各自卡住鹿可能逃跑的两个路口中的一个，只要他们齐心协力，鹿就会成为他们的猎物，不过仅凭一个人的力量是无法捕猎到鹿的。如果此时周围跑过一群兔子，两位猎人中的任何一个只要去抓，就会成功抓到 4 只兔子。从能够填饱肚子的角度来看，4 只兔子可以供一个人吃 4 天，1 只鹿如果被抓住将要被两个猎人平分，可供每人吃 10 天。捕猎兔子相对容易，每位猎人独立行动都能有所收获。但收获有限，而捕猎鹿则需要两人的紧密合作，成功后的收益远大于单独捕猎兔子。然而，合作也存在风险，如果一方选择合作而另一方背叛（即单独去捕猎兔子），则合作者可能一无所获，而背叛者虽收益较小但仍能有所得。从个人理性的角度出发，每位猎人都有选择背叛的动机，因为无论对方如何选择，背叛至少能保证自己获得一定的收益（4 只兔子）；而合作则可能面临对方背叛的风险，导致自己收益为 0。然而，如果双方都从集体理性的角度考虑，选择合作将是最佳选择，因为这样能带来 10 天的食物（见表 1）。

表 1 **猎鹿博弈矩阵**

博弈方	猎人 B		
猎人 A	策略	抓兔	打鹿
	抓兔	(4，4)	(4，0)
	打鹿	(0，4)	(10，10)

3. 医保管理部门与医院之间的博弈。医保管理部门与医院在医疗服务价格调整改革中的博弈就属于猎鹿博弈。在利益目标下，医保管理部门更多关注治疗成本，维持医保基金收支平衡，医院则更关心增加医疗收入弥补运营亏损。假设：（1）每一方都是“理性的经济人”；（2）腾调比为 β，医院降低药品耗材占比腾出 1 元空间能够换取其他医疗服务价格上调 β 元，0 < β ≤ 1（如果 β 大于 1，医保管理部门调价幅度大于医院腾空间幅度，均次费用增加，医保管理部门基金支出增加，利益受到损害，此比例在实际操作中不会被采用；（3）医保报销比例为 y（0 < y < 1），y 为常量；（4）医院腾出空间大小为 a（a > 0），医保管理部门调高以技术劳务价值为主的医疗服务价格 a · β；（5）医院每腾出 1 元空间付出的成本为 ρ，ρ ≤ β（如果 ρ > β，则医院腾出空间得不到补偿，医院利益受到损害）。医保管理部门拥有对医疗服务价格调整的权力，策略集是调价或是不调价；医院的策略集是腾空间或是不腾空间。双方博弈矩阵如表 2 所示。

表 2 **医保管理部门与医院博弈矩阵**

博弈方	医院		
医保管理部门	策略	腾空间	不腾空间
	调价	[（a－a · β）· y，a · β－a · ρ]	（－a · β · y，a · β）
	不调价	（a · y，－a · ρ）	（0，0）

如果医保管理部门选择先调价，医院进行腾空间，医院为腾空间付出的成本为 a · ρ，获取调高的医疗服务价格为 a · β，可得收益为（a · β－a · ρ），医保基金收益为（a－a · β）· y；如医院的选择为不腾空间，医院获得调高医疗服务价格 a · β 的收益，医保基金多支出 a · β · y；在医保管理部门选择调价的前提下，医院不腾空间获得收益更好。如果医保管理部门选择不调价，医院也会选择不腾空间。无论医保管理部门选择是否调价，医院最好的策略是不腾空间；医保管理部门事先可预料医院选择不腾空间，其占优策略是不调价。上述博弈实际上是一个“囚徒困境”。博弈结果显示：唯一的纳什均衡为“不同意、不腾空间”，而最好的策略是（调价，腾空间）。医院与医保管理部门的不合作博弈，使得双方均得不到理想的预期收益，“个人理性”选择的利益结果小于“集体理性”的选择，导致博弈结果的低效率。

（二）资金池下医保管理部门与医院之间的博弈

由非合作博弈到合作博弈，博弈双方需要达成一个有约束力的协议，对不合作的一方进行惩戒。调价资金池就是起到这样的约束作用。资金池是医保管理部门和医院之间的一个具有约束力的协议，设立在第三方卫健部门，该协议要求医保管理部门先进行调价，医院需要把新增调价收入汇入到资金池。医院完不成提前签下的腾空间指标，则不能享受新增的调价收入。此时，医保管理部门与医院从原先的非合作博弈转变为合作博弈。

在资金池的约束下，医保管理部门和医院建立了信任关系，医保管理部门先选择调价，医院不腾空间则收益为 0，腾空间则享受价格上调的利益。在（调价，腾空间）与（不调价，不腾空间）的策略中，医保管理部门的管理效益提高，就会选择调价这个策略。

（三）个别医院的搭便车行为

医院需要腾出空间才能在医保管理部门调整医疗服务价格改革中获得收益，在腾空间这个选择中，个别医院存在搭便车的问题。所谓搭便车，是指经济活动中某个体消费的资源超出它的公允份额，或承担的生产成本少于它应承担的公共份额，其基本含义是不付出成本而坐享其收益。

个别医院不控制医疗费用，凭借搭其他医院的便车，获得价格提高的增量。搭便车对集体利益和社会效率具有显著的负面影响。

1. 搭便车者不腾出空间而享受医疗价格上涨的做法，会给患者造成医疗费用过度增加，最终导致医保管理部门不愿开启医疗服务价格调整的改革。

2. 搭便车行为会损害那些真正付出努力的医院的利益，导致不公平感增强，进而影响后续改革的推进。

为解决搭便车问题，监管机构卫健部门建立资金池，根据“多腾空间多得利”的原则，与每个医院签订协议，每个医院作出腾空间承诺，如果医院没有采取控费行为，腾出空间达不到承诺值，则不能享有新增的调价收入。

三、医保管理部门与瑞安人民医院医共体的合作路径

瑞安人民医院医共体（以下简称“瑞安医共体”），由瑞安人民医院牵头管理，包含 5 家县级医院和 17 家基层卫生院（见图 1）。由于县级医院和基层卫生院执行的医疗收费标准不同，此次医疗价格调整改革仅限于县级医院。各医院之间性质相差较大，既有体量较大的综合性医院，也有体检收入占比较高的医院和以精神类为主的专科医院。医保管理部门与县级医院逐个协商腾空间目标值，如果医共体管理不善，医共体成员单位腾空间指标执行不到位，先按医共体汇总数进行总考核，内部先对超支、节约进行抵销。下文涉及的医共体中医疗收费价格调整的数据仅列示瑞安医共体中的 5 家县级医院，不包括基层卫生院和其他医共体成员。

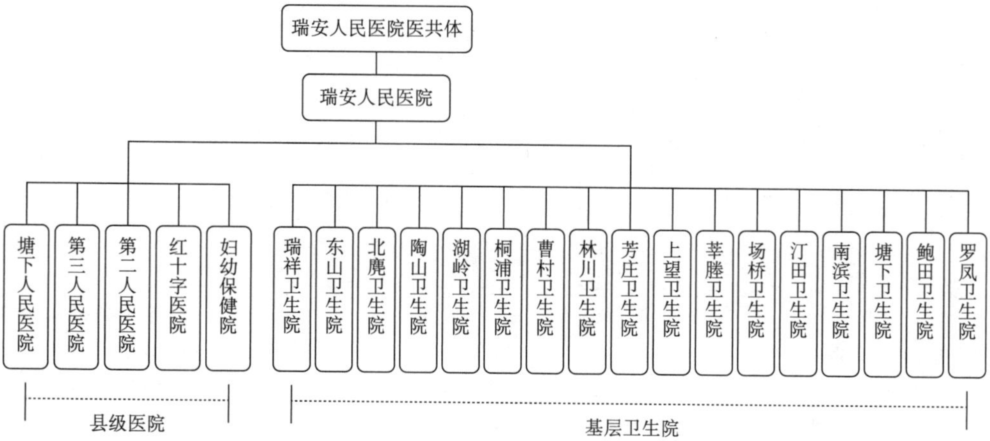

图 1　瑞安医共体组织架构

根据博弈论原理，卫健部门设立资金池，建立双方信任机制；医保管理部门根据医共体承诺腾出的空间，精心选取成本倒挂的项目，上调医疗服务价格；医共体将新增调价收入汇入资金池，在卫健部门考核确认完成腾空间指标和不降低医疗质量的前提下，医共体才能享受这部分收益。资金池的设立，既改变了医保管理部门与医共体之间的博弈，从对立走向协同，又对个别成员单位只调价不控费的“搭便车”的行为进行了限制，实现了“双赢”的目标。

瑞安医共体在建设过程中，通过重构分级诊疗格局，扭转医共体经济运行模式，主动引导就医秩序，成员单位精准性多措施减少药品耗材使用，以腾定调，利用“调价资金池”换回了医疗技术服务项目提价的空间。

（一）增量建池，平衡可控

卫健部门作为第三方监管机构，设立资金池，医共体将医疗服务价格上调部分收入汇入资金池，卫健部门考核医共体成员单位是否完成腾空间目标和医疗质量目标，以此对资金池进行二次分配。

1. 医保基金总额可控

在调价格期间，医共体各成员单位在不降低医疗质量的前提下，将医疗收入总量增长率控制在10%以内，门急诊和住院均次医疗费用增长率控制在3%—5%，完成承诺的腾空间指标（见表3）。如果医共体成员单位腾空间、均次费用控制、总费用控制等管理不到位，诊疗规范不达标形成的“超额收入”，就会通过资金池溢出，其中：造成城乡医保超支和病人自费增加的部分补充到城乡医保基金；造成职工医保超支的部分扣减年度医保基金决算总额，以形成对医共体成员单位的制约（见表4）。资金池调控使调价的指挥棒牢牢地掌握在主管部门手中。有了调价资金池，医疗价格的调整与医共体成员单位腾空间可同步进行。

表3　　腾空间考核指标

指标维度	指标名称	指标定义	指标含义
控费指标	医疗收入增长率≤10%	$医疗收入增长率=\frac{报告期医疗收入-基期医疗收入}{基期医疗收入}\times100\%$	反映医疗收入增长水平
	每门急诊人次平均收费水平增长率≤5%	每门急诊人次平均收费水平增长率 = $\frac{报告期每门急诊人次平均收费水平-基期每门急诊人次平均收费水平}{基期每门急诊人次平均收费水平}$ $\times100\%$ $每门急诊人次平均收费水平=\frac{门急诊医疗收入}{门急诊人次}$	反映每门急诊人次平均收费水平增长水平
	每出院人次平均医疗费用增长率≤5%	每出院人次平均医疗费用增长率 = $\frac{报告期每出院人次平均医疗费用-基期每出院人次平均医疗费用}{基期每出院人次平均医疗费用}\times100\%$ 每出院人次平均医疗费用 = 每床日平均收费水平 × 出院者平均住院天数 $每床日平均收费水平=\frac{住院医疗收入}{实际占用总床日数}$	反映每出院病人平均承担医药费用增长水平
	药品收入占医疗收入比例≤37.05%	$药品收入占医疗收入比例=\frac{药品收入}{医疗收入}\times100\%$	反映药品收入占医疗收入的比重 （药品收入和医疗收入含县级医院将处方开至民营药店配方的药品）

续表

指标维度	指标名称	指标定义	指标含义
控费指标	百元医疗收入卫生材料消耗≤26.98 元	$百元医疗收入消耗卫生材料 = \frac{卫生材料费}{医疗收入 - 药品收入} \times 100\%$	反映每百元医疗收入中卫生材料成本的消耗
质量指标	出院病人治愈好转率≥95%	$出院病人治愈好转率 = \frac{出院人数中的治愈人数和好转人数}{出院人数} \times 100\%$	反映医院住院治疗质量的高低
	非计划再次手术发生率≤4.5‰	$非计划再次手术发生率 = \frac{计划外再次手术发生例数}{施行手术总例数} \times 100\%$	非计划再次手术是指在同一次住院期间，因各种原因导致患者需进行的计划外再次手术。本指标反映医院手术质量的高低
	出院者平均住院天数≤考核目标值	$出院者平均住院天数 = \frac{出院者占用总床日数}{出院人数}$	反映医院诊断和治疗是否及时、正确和有效，医疗资源是否有效利用
腾空间指标	二次议价药品降价 690 万元		
	大型检查腾出空间 604 万元		
	检验检查腾出空间 615 万元		
	药品腾出空间 2915 万元		
	卫生材料腾出空间 429 万元		

表 4　“超额收入”溢出处理方式

情况	超额收入	超额收入的处理方式
腾空间不足	未腾出空间金额，依据实际药品收入占医疗收入比例、百元医疗收入卫生材料消耗，计算每家医院腾出空间与承诺空间之间的差距	城乡医保超支和病人自费增加的部分补充到城乡医保基金中；职工医保超支的部分扣减年度医保基金决算总额
门急诊和住院均次费用增长率超过 3%	分别计算门急诊和住院均次费用增长率超过 3% 的金额	
医疗收入增长超过 10%	医疗收入增长超过 10% 的金额，先扣减未腾空间的，再扣减均次费用超过增长率的“超额收入”	

注：对“超额收入”应由某家县级医院负担的金额，先按医共体汇总数进行总考核，内部先对超支、节约进行抵销，抵销后仍旧超支的部分，按医共体成员单位内部承担的比例进行分担。

2. 医院平衡难题

由于医疗服务结构各不相同，腾空间力度不同，单一的价格调整会造成医院腾出空间和新增收入的不平衡，如以体检为主要收入的红十字医院，大部分为下调项目，调价补偿率为 −30%。为平衡医共体成员单位的单位利益，“调价资金池”先对调价不足的医院进行分配，剩余部分的 85%，以医院所腾空间占医共体总腾空间比例进行二次分配，以充分体现资金池的“多腾空间多受益，控费越好越得利”的分配原则。另 15% 作为统筹，年终根据医共体成员单位医疗服务项目结构的不同，以及考核结果进行再分配。

（二）总额包干，甄选调价

1. 医保管理部门制度先行

医保管理部门实行医保总额包干政策，调价前已按“总额预算，结余留用，超支分担”的规则，与医共体签订总额预付协议，并将药店、县域外就医支出纳入总额，避免医共体外推病人。

2. 医保管理部门选取重点调价项目

在2023版收费指南项目定义的基础上，医共体以作业成本法建立3000多项医疗项目调价成本数据库（见表5），对医疗项目进行分类整理发现，综合医疗服务类成本倒挂最明显（见表6），当医护的专业技术和服务价值得不到体现时，利益的驱动可能会使个别医护人员发挥其“主观能动性”，采取不合理甚至不合法的行为。

表5　2023版医疗项目成本表（简选）

序号	2023版编码	项目名称	单位	单价（元）	成本（元）	基本人力	医疗设备	卫生材料和低值易耗品
1	ABAC0001	肌肉注射	次	1.50	7.50	护2，每人耗时5—10分钟	治疗车、抢救床	灭菌棉球、不锈钢治疗盘、复合碘棉签、一次性使用无菌溶药器、砂轮、注射器（带针）、侧孔针
2	ABAD0001	静脉注射	次	3.00	10.23	护1，耗时5—10分钟	抢救床、治疗车	试管架、医用棉签、制水袋、注射器（带针）、碘伏棉球、输液贴、不锈钢治疗盘、无菌巾包、无菌橡胶医用手套、一次性止血带
3	ABBA0001	动脉采血	次	6.50	15.24	医1护1；耗时10—20分钟	治疗车	试管架、脱脂棉球、医用胶带（纸胶）、医用棉签、标本袋、卫生湿巾、无菌橡胶医用手套、不锈钢治疗盘、压脉带、医用防护口罩、医用纱布块、输液贴
4	ABCA0001	静脉输液（门诊/含输液器）	次	7.50	19.24	护1，平均耗时20分钟	治疗车、抢救床	输液架、输液贴、无菌巾包、无菌橡胶医用手套、不锈钢治疗盘、医用胶布（无纺布）、医用纱布块、侧孔针、复合碘棉签、输液辅助用导管、砂轮

表6　医疗服务项目成本价格比数

服务项目分类	成本是价格的倍数
综合医疗服务	3.24
影像学诊断	1.15
临床物理治疗	1.10

续表

服务项目分类	成本是价格的倍数
实验室诊断	1.27
临床诊断、非手术治疗	1.66
临床手术治疗、辅助操作	1.61
康复医疗	2.47
中医医疗服务	1.31
合计	1.94

医保管理部门将医疗项目按照发生的频率从大到小排序，发现使用频率最高的前200个医疗服务收费次数总数占全部收费次数总额的80.26%。(1) 结合多项因素，把比价关系最不合理的高频使用项目作为调价切入点，从现有近6000个服务项目中，首选护理、中医、诊察类等248个成本倒挂明显的调价项目，调减检查检验类收费项目，使医护人员的技术劳务价值在医疗服务过程中得到更全面和充分的体现；(2) 针对腾出空间，需要医保管理部门上调医疗服务项目价格，其中：药价未下调二次议价、大型检查、化验降价部分按100%调增医疗服务价格；(3) 控制药品收入占医疗收入的比例，百元医疗收入消耗卫生材料的减少部分按70%调增医疗服务价格，另30%让利给病人。

（三）医共体整合，建立腾空间长效机制

1. 分级诊疗，同质化管理

医共体推动“人员、技术、服务、管理”四个下沉，让更多常见病、多发病能在县域内得到解决。具体举措有：

(1) 医共体打造技能实训中心，用于基层医务人员的技能培训，提升医共体的医疗服务质量；

(2) 建立影像诊断、临床检验、心电诊断、病理诊断、消毒供应和技能培训等六大共享中心，实现医共体内影像、检验、心电、病理、消毒供应及技能培训的同质化管理。

(3) 将慢病、轻病病人分流至基层卫生院，让医生定期下乡帮扶，在降低县级医院药品收入占医疗收入比例的同时，让病人少跑路。

(4) 与省、市级医院建立联盟，让优秀专家定期来医共体下属医院坐诊，开放专家点单手术，通过传、帮、带提高成员单位医生专业技能，让病人在县域享受大医院的医疗服务。

2. 建立并执行腾空间相关考核管理制度

医共体成员单位制定多个腾空间考核管理制度，形成多维度全方位的考核监管体系。在改革初期，为激发医生腾空间积极性，提升医务人员的获得感，进而提高整体效率，瑞安医共体出台了三项措施：

一是，签订科室《目标管理责任书》，将责任落实到全体医务人员。各成员单位将药品收入占医疗收入比例、百元医疗收入消耗卫生材料、每门急诊人次平均收费水平和每出院人次平均医药费用增长率指标，以及医疗质量管理指标分解落实到各临床科室，并与科主任签订“目标管理责任书”，考核结果与科室员工季度绩效挂钩。

二是，制定《控费奖惩管理办法》和《医疗费用控制管理办法》，对医生责任进行强化。通过管理办法的实施，将控药品收入占医疗收入比例、百元医疗收入消耗卫生材料进一步分解，门诊考核到医生个人，住院考核到每个诊疗组，把降低药品、卫生材料使用量的情况与临床医生个人月度绩效挂钩。

三是，建立科主任专项考核制度，将药品收入占医疗收入比例、百元医疗收入消耗卫生材料、每门急诊人次平均收费水平和每出院人次平均医药费用增长率与科主任月度绩效挂钩，进一步强化临床科主任控费管理责任。

这些管理措施实施一段时间后，药品和耗材使用变得更加规范，医共体成员单位在药品和耗材方面能腾的空间越来越小，激励效果变得越来越有限。医共体成员单位适时将上述考核指标纳入常态化的季度绩效考核中，取消了专项激励。

3. 其他举措

（1）药品和卫生材料采购价格控制。医共体坚持阳光采购，根据“质量优先、价格合理、临床需要”的原则和相关规定，采用公开招标、竞争性谈判、询价等采购方式，确定采购渠道和采购单价。

（2）使用经国家评价确认的仿制药替代进口原研药品。对卫生材料品种和规格进行梳理，对已有国产可替代的进口植入性卫生材料进行限量管理，对使用重点监控的进口植入性卫生材料进行合理性点评，在做好控费工作的同时保证医疗质量。

（3）做好临床处方点评。医共体实行临床药师责任制，每位药师负责一到两个临床科室的合理用药工作，门诊和病区药房具有处方点评资质的药师兼职到各病区协助控管。通过对纳入重点监控名单的药品进行动态监测，处方点评与不合理处方反馈、公示、处罚等手段，严格控制药品收入占医疗收入比例。同时，组织多场合理用药培训，指导临床医生合理用药，保障诊疗质量的提升。

（4）做好使用卫生材料的处方与病历点评。医共体成员单位开展重点卫生材料监控工作，通过门诊处方与住院病历点评，促使医生合理使用卫生材料，对于不合理情况，采用罚款、限制卫生材料使用权、扣罚职称晋升医疗质量分等措施予以管控。

（四）取得的成效

1. 对医保基金的影响

自启动医疗价格调整后，医保基金支出增长率下降 7.86%（见表 7），医疗价格调整对医保基金控制发挥了作用。

表 7　　医保基金支出增长情况

医保类型	调价前（万元）	调价后（万元）	调价后增长率（%）	历史增长率（%）
城乡医保	44270	46459	4.94	15.88
职工医保	77214	87734	13.62	18.75
合计	121484	134193	10.46	18.32

2. 对医共体成员单位的影响

（1）价格上调新增收入。瑞安医共体因腾空间新增调价收入 3606 万元，其中，医疗服务项目新增收入 5408 万元，检查检验项目价格下调减少收入 1802 万元。

（2）控费指标达到考核要求。成员单位总体指标达到考核要求，药品收入占医疗收入比例下降 4.30%，百元医疗收入消耗卫生材料减少 3.04 元，医疗收入增长率、每门急诊人次平均收费水平增长率、每出院人次平均医药费用增长率均在考核标准内（见表 8）。

（3）医疗质量指标均达到考核要求（见表 9）。

表 8　　瑞安医共体考核指标达标情况

医共体成员单位名称	医疗收入增长率（%）	每门急诊人次平均收费水平增长率（%）	每出院人次平均医药费用增长率（%）	药品收入占医疗收入比率（%）	百元医疗收入消耗卫生材料（元）
人民医院	2.52	-1.32	2.33	35.55	28.39
妇幼保健院	2.86	7.95	8.20	18.35	16.26
红十字医院	17.60	14.84	25.11	19.93	21.54
第二人民医院	12.59	-0.78	-22.78	49.92	15.78
第三人民医院	5.87	1.64	-17.53	48.83	16.25
塘下人民医院	15.70	6.41	18.99	45.90	23.75
医共体整体	5.36	2.93	3.20	34.45	25.09

表 9　　瑞安医共体医疗质量指标达标情况

医共体成员单位名称	出院病人治愈好转率（%）	非计划再次手术发生率（‰）	出院病人平均住院天数（天）	
			目标值	实际值
人民医院	96.19	1.86	8.50	8.22
妇幼保健院	99.21	0	5.40	5.12
红十字医院	95.40	0	25.63	25.52
第二人民医院	95.69	3.23	8.76	8.55
第三人民医院	96.02	0	6.00	6.00
塘下人民医院	96.37	1.43	8.13	7.98

3. 腾空间指标达到考核要求

（1）医共体腾空间落实情况

瑞安医共体应腾空间 5253 万元，实腾空间 12344 万元，超出考核指标 7091 万元（见表 10）。

表 10　　瑞安医共体实际腾空间情况　　单位：万元

医共体成员单位名称	检验下调	检查下调	议价药下调	药品使用量下降	卫生材料使用量下降	空间小计
人民医院	446	509	510	6672	3146	11283
妇幼保健院	48	1	37	25	-162	-51
红十字医院	210	51	47	788	-251	845
第二人民医院	7	15	14	22	117	175
第三人民医院	10	14	14	-24	31	45
塘下人民医院	5	36	37	75	-105	48
合计	726	626	659	7558	2776	12345

（2）医共体药品使用情况

自第一轮医疗服务价格调整以来，瑞安医共体每门急诊人次费用减少 3.74 元，下降 3.16%；每出院人次药品费用减少 173.18 元，下降 5.52%。

（3）对病人的影响

在医保管理部门和瑞安医共体的努力下，在保证医疗质量的同时，病人的就医费用得到减少（见表 11 和表 12）。如 70 岁孙老伯因高血压、头痛到心血管内科门诊就诊，单次门诊费用由 208.6 元下降到 166.4 元，后续常规治疗可下转给医共体基层医疗机构接诊，让孙老伯在家门口就能得到同质化的医疗服务。住院病人陈老伯因为股骨颈骨骨折到瑞安人民医院关节外科住院手术，住院单次费用减少 7369 元，病人真正得到了实惠。

表 11　病人在心血管内科门诊就诊情况

项　目	单位	调价前（元）	调价后（元）	减少额（元）
门诊诊查费	次	10	12	-2
常规心电图检查	次	10	20	-10
螺旋 CT 平扫	次	130	117	13
一致性评价药		进口	国产	
氨氯地平片	14 片/盒	58.6	17.4	41.2
小计		208.6	166.4	42.2

注：病人 70 岁，男性，因高血压和头痛到心血管内科看门诊。

表 12　病人在关节外科住院手术情况

材料名称	数量	生产厂家	进口价（元）	生产厂家	进口价（元）	减少额（元）
人工半髋关节及配件［股骨柄］	1	Cordis Cashel	10750	Biomet Inc	9481	1269
人工半髋关节及配件［双极头］	1	Cordis Cashel	2944	Biomet Inc	2634	310
人工股骨头	1	Cordis Cashel	7491	Biomet Inc	1701	5790
总　　计			21185		13816	7369

注：病人 80 岁，男性，因股骨颈骨骨折到关节外科住院治疗。

四、总结与展望

瑞安县启动“向使用环节要空间”的医疗服务价格调整方案，设置“调价资金池”，使医保管理部门与医院从不信任的关系变成平等合作的关系，将医疗服务项目价格上调新增的收入，在扣减药品议价和检查检验降价减少的部分后，按季汇入资金池，经考核评估后，再做分配，以此化解医保管理部门先上调价格的风险，使医保管理部门逐步理顺医疗服务比价关系，同时，也提高了医院腾空间的积极性。

在医院腾空间方面，依托医共体建设，瑞安医共体成员单位采取多种措施减少药品耗材使用量，医共体内部实行精细化管理，提高成员单位的业务水平，并开展同质化管理，有效推行“上下转诊，扭转医共体经济运行”模式，让成员单位主动保持就医秩序、控制医保总额、提升医保资金绩效，取得了明显的效果。实行医疗服务价格调整改革一年后城镇职工医保支出增长率下降 5.8%，城乡医保支出增长率下降 11.8%，转外地就医医保支出增长率下降 12.1% 。该项改革得到了国家卫健委的肯定，并在其例行新闻发布会上予以介绍。

医疗服务价格改革应与 DRG 医保支付改革相结合，继续发挥医疗服务价格的“信号灯”作用。通过价格分类形成、拉开比价关系、设置不同级别医院价格差异系数等措施，引导医疗资源优化配置，推动医院从“要我控费”向“我要控费”转变。瑞安医共体一方面，注重医疗人才培养和引进，不断提高医疗服务质量和效率，形成县域专科优势，把远程医疗和人才下沉工作落到实处；另一方面，规范诊疗行为，控制不必要的成本和费用支出，向管理要效益，推进县域医疗卫生资源重组、体系重构、机制重建和服务重塑等工作规范有序开展。

作者简介：蔡云艳，瑞安市人民医院运营管理科，会计师

Y 医共体实行医保基金管理整合的实例与思考

【摘要】 目的：随着国家医疗保障局对医保基金管理的不断规范，以及群众对医保基金关注度的日益提高，县域医共体需要加强医保基金的精细化管理，不断规范医共体各成员单位的诊疗行为，优化医共体内部资源配置，进而提高医疗服务质量与效率。方法：本文以 Y 医共体为例，采用实地调研与管理经验相结合的方式，探讨医共体实行医保基金管理整合的做法，防范和化解医保基金运行中的潜在风险，增强患者对于医疗保障改革的获得感。结果：研究表明，通过整合管理组织架构、明确疾病管理临床路径、严格医保费用控制、升级信息管理系统功能、完善医保绩效考核体系等五项管理措施，医保基金管理效能得到了有效提升，医疗费用得到了有效控制。

国家发展改革委在《“十四五”优质高效医疗卫生服务体系建设实施方案》中强调，加强县域医共体建设，提升基层公共卫生、全科和中医服务能力。同时，为实现高质量发展，医共体需实现“三个转变和三个提高”：即发展方式、运行模式和资源配置的转变，以提高医疗服务质量和效率、医疗服务的公平性和可及性、医务人员的待遇和积极性。《国务院办公厅关于深化医药卫生体制改革 2022 年重点工作任务的通知》提出，推进医保支付方式改革，实施多元复合式医保支付方式，包括 DRG 和 DIP 付费改革，以提升医保基金管理效果和财务管理水平。为此，各地都在为推进县域医共体建设和基本医疗保险付费方式改革进行积极探索。Y 医共体大胆尝试，积极探索医保基金管理整合，取得了显著成效，积累了一些管理经验。

一、Y 医共体医保基金管理面临的问题

（一）Y 医共体简介

Y 医共体成立于 2019 年 1 月，由一家三级乙等综合医院牵头，联合 9 家基层卫生院共同组成。截至 2023 年年末，Y 医共体实际开放总床位 1376 张，门急诊人次 475.44 万人次，出院人数 7.29 万人次，实现医疗收入 17.42 亿元。2023 年与 2018 年比较，门急诊人次、出院人数和医疗收入分别增长 7.72%、49.96% 和 34.08%。各成员单位在 Y 医共体党委的领导下，在规章制度、质量管理、技术规范、信息系统、设备配置、基本建设、采购配送和后勤服务等方面实行了同质化的集中管理。

（二）Y 医共体实行医保基金管理整合初期面临的困境

医保基金是社会医疗保险的重要资金来源，是保障人民健康的重要保障之一。Y 医共体在成立初期，面临组织架构不完善、疾病临床路径率低、信息系统数据不互通、医保基金分配机制不完善等问题。随着医保基金使用范围和规模的扩大，医保基金被滥用或不当使用的管理风险增加。在医保基金管理整合初期，Y 医共体面临以下困境：

1. 组织架构不完善，医保基金管理职能弱化

合并初期，由于管理模式处于探索阶段，Y 医共体尚未形成统一且完善的组织架构，在职责和权限管理上遇到诸多问题，如人员招聘、培训、考核和晋升等环节难以与各成员单位统一规范；医保统筹管理的职责和权限不清，无法充分发挥其应有的作用；医疗资源在分配和使用上未能达到最优配置，管理效率和效果不尽如人意；医保管理人员素质参差不齐，专业能力无法胜任医保基金管理的需要等。

2. 疾病临床路径实施存在问题，不利于医疗费用的控制

由于内部医疗卫生资源分布的不均衡性，特别是各成员单位医疗人才分布的不平衡，Y 医共体各成员单位在实施疾病临床路径时差异较大。如一些基层卫生院缺乏足够的医疗资源和专业人才，没有实施疾病临床路径，使得 Y 医共体医疗费用控制面临较大的挑战，不仅影响医疗服务的质量和效率，还可能导致医疗费用的不合理增长，进而增加患者的经济负担。

3. 医疗费用不合理增长，增加医保基金运行风险

在当前医疗体系中，由于医务人员的个人薪酬与医院的经济效益有一定的关联性，而过度市场化趋势使得医共体面临诸多挑战，这种关联性和市场化促使医疗费用不合理增长。同时，医学本身的复杂性和医生之间诊疗水平的差异，使医疗服务质量和效率也存在显著差异。这些因素共同作用，使得医疗费用不断攀升，加剧了医患之间的矛盾和冲突。

4. 管理软件数据没有互通，阻碍医保基金的有效管理

Y 医共体的牵头医院具备较为完善的医保管理系统，能够较好地处理和分析医保数据；而基层卫生院由于资源有限，其医保管理系统相对简陋，功能不完善。这种系统上的差异导致数据格式、标准和处理流程不一致，使得 Y 医共体内部医保数据的集中管理及整合和共享难以实现；不同系统之间的兼容问题加剧了数据统一管理的难度。

5. 不同主体间医保基金结算利益分配机制有待完善

Y 医共体作为一个整体，各成员单位在同一个统筹区进行医保结算。在该结算体系中，牵头医院和各成员单位作为不同的利益主体，很难在利益分配上达成一致意见。如不能妥善处理好内部的利益分配问题，就无法激发各成员单位的积极性，难以集中力量提升医疗服务品质与效率。

二、Y 医共体实行医保基金管理整合的实践

在医疗卫生体制改革进入深水区的背景下，县域医共体肩负着提高医疗服务质量、优化资源配置、降低医疗成本的重要使命。加强县域医共体的医保基金管理，实现资源的有效整合与信息共享尤为重要。Y 医共体为提高医保基金使用效率、促进公平性和推动政策落实，开展了一系列行之有效的工作。

（一）建立医保基金管理组织架构

为尽快适应医共体医保支付方式改革，Y 医共体根据医保基金政策的相关规定，结合医共体的战略规划和管控模式，设计并建立了管理有效、执行力强的医保基金管理组织架构（见图 1）。

Y 医共体医保基金管理委员会在分管院长的领导下，制定了详细的管理流程和操作规范，确保各成员单位相关科室在医保基金管理中能够高效运作，避免出现管理漏洞和资源浪

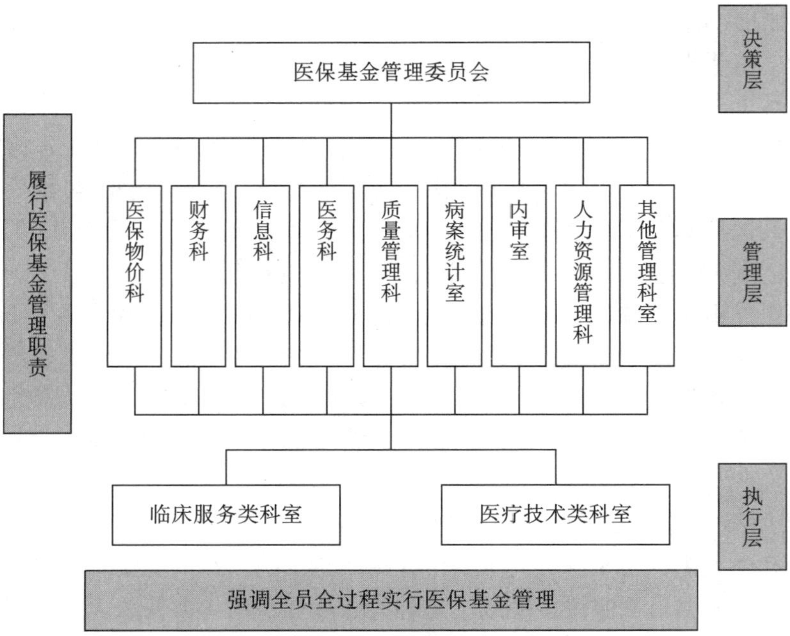

图1 Y 医共体医保基金管理组织架构

费；Y 医共体定期对医保管理组织开展的工作进行评估和优化，以适应医保政策的变化和内部发展的需要。

1. 决策层的主要职责

医保基金管理委员会：负责拟定 Y 医共体医保基金管理和使用考核方案，经批准后负责检查落实，确保各项医疗资源配置合理；执行 Y 医共体决策，保障各项决策得到有效实施；做好医保基金合理使用及风险的防控，推动医保支付方式的改革与优化。

2. 管理层（医共体各成员单位相关职能科室）的主要职责

（1）医保物价科：制定和执行医保基金使用政策和规定，确保医保基金的合理使用和安全；监督和检查 Y 医共体内部医保基金的管理情况，包括：医保费用的申报、审核、结算等工作，定期对医保基金的使用情况进行分析和评估，及时发现和纠正问题；加强与医保主管部门的沟通和协调，确保各成员单位医保业务的顺利开展；对 Y 医共体医保相关人员进行培训和指导，提高医保基金管理的专业水平；参与编制年度医保基金预算，在预算额度内合理分配和使用医保基金；负责受理医保基金投诉的处理，维护患者和医共体的合法权益；定期向上级主管部门报告医保基金的管理情况，接受内外部的监督和指导。

（2）财务科：负责医保基金的日常收支核算，确保基金的合理使用；监督医保基金年度预算的执行，做好医保基金的日常结算工作；负责制定和执行医保绩效管理方案，计算运营成本，并对药品及卫生耗材的使用增量进行监控管理。

（3）信息科：承担病历资料上传任务，解决相关信息需求；负责医保信息系统的维护和数据管理，提供医保相关数据的统计分析和报告。

（4）医务科：监督医疗服务的质量和效率，确保医疗服务符合医保政策规定；负责医保病人的医疗服务管理，包括：病历审核、治疗方案的合理性评估等；致力于疾病临床路径入径数量和质量的提高，持续规范医疗行为。

（5）质量管理科：负责对病历内涵进行质量控制，监督药品和医用耗材的合理使用。

（6）病案统计室：确保病案首页的规范填写，保证编码质量，及时上传相关资料。

（7）内审室：定期对医保基金政策的执行和合理使用情况进行审计，确保医保基金合规、合理使用；对医保基金的管理流程和方法进行监督和评估，并提出改进建议。

（8）人力资源管理科：负责医保管理人员的招聘、培训和考核，确保医保管理团队的稳定和专业对口。

（9）其他管理科室：确保医保基金的合理使用，保障参保人员的权益，维护医保基金的安全和稳定等。

3. 执行层的主要职责

（1）临床服务类科室：执行医保基金使用相关政策，记录患者医保信息，合理利用资源，控制费用，处理医保投诉问题，加强医保培训，与各相关管理科室沟通、协调、反馈医保基金执行情况等。

（2）医疗技术类科室：确保医疗技术项目和卫生材料的合理使用，协助审核和监督医保基金的执行情况，评估使用效果并提出改进措施等。如临床药学科督促合理用药，评估药品使用效果并提出相应的改进措施。

（二）进行疾病临床路径整合

临床路径作为一种重要的医疗管理工具，其核心目的在于规范医疗行为，确保医疗服务的标准化和一致性。通过实施疾病临床路径，医共体各成员单位可有效减少医疗过程中的变异情况，降低不必要的医疗成本支出，提高医疗服务的整体质量。为此，Y 医共体摒弃以往粗放型的疾病临床路径管理模式，采取更为精细化和系统化的管理方法。

1. 开展疾病临床路径整理工作

Y 医共体全面审视和梳理内部各成员单位在处理常见疾病时所采用的临床路径，不仅对原有的疾病临床路径进行评估和优化，还对不同医疗主体之间的疾病临床路径进行协调和整合。经过梳理，形成一个统一的、适用于整个医共体的疾病临床路径目录。该目录涵盖医共体各成员单位在治疗常见疾病时的标准操作流程，确保患者在不同医疗主体接受医疗服务具有连贯性和一致性，不仅可以提高医疗服务的效率和质量，还能进一步降低医疗资源的浪费，提升患者的就医体验。通过精细化的疾病临床路径管理，Y 医共体能够更好地实现其服务目标，为患者提供更加优质、高效和经济的医疗服务。

2. 梳理常见疾病临床路径标准化治疗清单

Y 医共体以各学科常见疾病为对象，梳理出 130 组 DRG 主流病组的疾病临床路径标准化治疗清单，以此达到合理控费和规范诊疗流程的目的（见表 1）。

表 1　　2.0 版“LB19 肾脏结石手术”

路径基本信息					
最小天数	3	最大天数	7	RW 值	1.71
主诊断列表	［N13.200——肾盂积水伴肾输尿管结石］［N20.200——肾结石伴输尿管结石］［N20.000——肾结石］［N20.202——输尿管结石伴肾结石］［N13.201——肾积水伴肾结石］［N13.202——肾积水伴输尿管结石］［N13.203——肾积水伴肾输尿管结石］				

续表

术前阶段（住院日 1—2）					
长期医嘱					
路径元素	医嘱名称	组	频次	用法	用量
一般医嘱	泌尿外科护理常规			—	
	……	……	……	……	……
临时医嘱					
路径元素	医嘱名称	组	频次	用法	用量
检查化验	血常规 + 超敏 CRP			—	
	……	……	……	……	……
术前医嘱	麻醉科会诊			—	
	……	……	……	……	……
诊疗、护理、患者、康复、心理治疗项目					
路径元素	项目名称				
诊疗项目	询问病史，体格检查				
	……	……	……	……	……
护理项目	入院介绍				
	……				
手术日（住院日 1—1）					
长期医嘱					
路径元素	医嘱名称	组	频次	用法	用量
一般医嘱	心电监护（住院）			—	1
	……	……	……	……	……
药物医嘱	0.9% 氯化钠注射液	┐	BID - 每天 2 次	12 - 静滴	1 袋
	……	……	……	……	……
临时医嘱					
路径元素	医嘱名称	组	频次	用法	用量
术后临时医嘱	钠钾葡萄糖注射液		ST - 立即	01 - 口服	1 袋
	……	……	……	……	……
诊疗、护理、患者、康复、心理治疗项目					
路径元素	项目名称				
诊疗项目	手术				
	……				
护理项目	麻醉后注意事项及病情观察				
	……				

续表

术后第 1 天（住院日 1—1）					
长期医嘱					
路径元素	医嘱名称	组	频次	用法	用量
一般医嘱	泌尿外科护理常规			—	
	……	……	……	……	……
药物医嘱	0.9% 氯化钠注射液	┐	BID - 每天 2 次	12 - 静滴	1 袋
	……	……	……	……	……
诊疗、护理、患者、康复、心理治疗项目					
路径元素	项目名称				
诊疗项目	……				
护理项目	……				
出院阶段（住院日 1—3）					
长期医嘱					
路径元素	医嘱名称	组	频次	用法	用量
一般医嘱	……	……	……	……	……
药物医嘱	……	……	……	……	……
临时医嘱					
路径元素	医嘱名称	组	频次	用法	用量
临时医嘱	……	……	……	……	……
诊疗、护理、患者、康复、心理治疗项目					
路径元素	项目名称				
诊疗项目	观察病情，KUB 观察 D - J 管位置				
	……				
护理项目	指导介绍出院手续				
	……				

（三）进行医保费用控制整合

Y 医共体通过建立统一的费用控制机制，实现医共体成员单位间的协同合作，促进医疗资源的合理分配和利用，防止和减少医保基金的浪费和滥用，确保医保基金的安全性和可持续性。

1. 门急诊费用控制

按照医保基金结算的政策规定，Y 医共体年度预算总额以各成员单位上一年度医保付费决算总额为基础，结合所在地区总额预算年度增长率确定。因此，医保基金管理委员会根据各成员单位上年实际，将控制总额指标下达给各成员单位。

门急诊病例类型包含普通门诊、专科门诊、特病门诊、急诊留观等，针对不同的病例类型，Y 医共体结合各成员单位的历史数据，对额度超支或使用不足的进行提醒，确保各成员单位门急诊医疗费用总额控制在医保核定的范围以内。

2. 住院费用控制

按照医保基金结算的政策规定，病例存在多种类型：有高倍率、低倍率和正常倍率，不同病例类型具有不同的特点，因此，医保基金管理委员会针对不同病例类型，对各成员单位采取不同的应对措施。

（1）对于正常倍率病例，通常根据学科主流病组的标准化治疗清单进行 DRG 病组费用控制，确保医疗费用控制在规定限额以内。

（2）对于高倍率病例，需要通过原因分析、合理入组和适当控费等方式尽可能减少亏损。

（3）对于低倍率病例，在保证 90% 病床使用率的前提下，兼顾每门急诊人次平均收费水平的控制，选择部分转往门诊治疗。

3. DRG 主流病组费用精细化管理

（1）在 Y 医共体 DRG 主流病组临床路径标准化治疗清单的基础上，制定标准化治疗费用清单，共计 130 组，设定各病组药品、卫生材料、检查检验、手术治疗四类治疗项目的费用标准（见表 2）。如病组“KS11 - 糖尿病，伴严重合并症或并发症”，Y 医共体制定的费用标准为 8200 元，其中：药品 2500 元、卫生材料 500 元、检查检验 3000 元、手术治疗 2200 元，比原每出院人次平均医药费用减少 2320 元。

表 2　DRG 主流病组临床路径标准化治疗费用清单　单位：元

序号	DRG 主流病病组	费用标准					原均次费用	均次费用控制额
		药品	材料	检查检验	手术、治疗等	合计		
1	KS11 - 糖尿病，伴严重合并症或并发症	2500	500	3000	2200	8200	10520	2320
2	JB25 - 乳腺切除手术，不伴合并症或并发症	200	3700	1000	1100	6000	6212	212
3	GU11 - 消化道溃疡伴穿孔，伴严重合并症或并发症	1300	300	2000	1600	5200	5344	144
4	LR11 - 肾功能不全，伴严重合并症或并发症	3200	700	3700	2100	9700	10105	405
5	ET21 - 慢性气道阻塞病，伴严重合并症或并发症	2800	500	3600	2800	9700	10730	1030
6	GS11 - 胃肠出血，伴严重合并症或并发症	2500	600	2900	3300	9300	10893	1593
7	HS23 - 肝硬化，伴一般合并症或并发症	2800	300	2600	1700	7400	8269	869
……								
127	GK21 - 胃镜治疗操作，伴严重合并症或并发症	3700	1100	3200	4000	12000	13683	1683
128	EX13 - 哮喘及喘息性支气管炎，伴合并症或并发症	1000	300	2900	1400	5600	5732	132

续表

序号	DRG 主流病病组	费用标准					原均次费用	均次费用控制额
		药品	材料	检查检验	手术、治疗等	合计		
129	MS13 - 男性生殖系统炎症，伴合并症或并发症	1300	100	1800	1300	4500	4956	456
130	MC15 - 阴茎手术，不伴合并症或并发症	100	1100	0	500	1700	1737	37

（2）制定 108 个 Y 医共体 DRG 主流病组手术费用标准套餐，如规定手术过程中使用的药品和卫生材料目录（见表 3），针对特殊情况出现的超范围使用，需提前进行审批。

表 3　DRG 主流病组手术费用标准套餐

手术名称	收费项目名称	数量
腹腔镜下根治性肾切除术	腹腔镜手术治疗加收	1
	根治性肾切除术	1
	使用超声切割止血刀	1
	一次性使用套管穿刺针/5mm×2	1
	结扎钉和自动结扎钳（HEM－O－LOK）/544240	6
	可吸收性缝线/VCP602	1
……		

（3）根据麻醉方式结合各种麻醉的平均时长，制定麻醉药品和卫生材料使用定额，控制麻醉过程中药品和卫生材料的不合理使用（见表 4）。

表 4　麻醉药品和卫生材料使用定额　单位：元

麻醉大类	麻醉诱导药费定额	麻醉维持药费定额×麻醉时长	卫生材料费用定额
非气管插管全麻	330	20	80
静吸复合全麻（气管插管）	600	65	450
……			

（四）进行信息管理系统整合

在医保支付方式改革实施过程中，信息化工具的重要性越发凸显，为此，Y 医共体统一了医保管理软件的核心功能，在系统中设置多种功能，从不同维度保障医保、患者和 Y 医共体三方的利益。

通过信息化手段，Y 医共体强化对医保基金的管理和监督，各成员单位医保基金管理不只是停留在流程表面，而是延伸至医保基金收入、支出和医疗业务管理等各项内容中，从源头到末梢形成良性的互动机制，确保 Y 医共体医保基金实现全过程、精细化的管理。

（1）医保内控管理系统设置了医生端、管理端和病案端等端口，不同系统端口设置不同的功能，满足使用者的不同需求。

（2）通过构建与医保管理部门DRG分组器引擎相同的医共体DRG分组器引擎，做好分组预警和监控，确保数据预测准确。

（3）根据管理需要，运用数据化、标准化和智能化的管理工具，拓宽管理角度，提高工作效率和质量。

（五）进行医保绩效考核整合

医保支付方式改革制定的以病组为单位进行医疗产出和耗费对比的规则，使得Y医共体各成员单位之间、医生之间、科室之间和病组之间的横向比较成为可能，由此Y医共体对医保绩效进行了整合。

1. 对门急诊费用绩效进行整合

根据医保相关政策规定，结合Y医共体实际，各成员单位门急诊年度费用统算出现结余或超支的，除按实支付外，再按医保基金总体支付比例折算后进行二次分配（见表5）。Y医共体内各成员单位按照规则，做好日常医保费用的监控工作。

表5　门急诊年度费用折算后二次分配规则

年度统算总额	成员单位分享（或分担）比例
80%以下部分	不分享
80%（含）—90%部分	分享60%
90%（含）—100%部分	分享70%
100%—110%（含）部分	分担50%
110%—120%（含）部分	分担70%
120%以上部分	全额分担

2. 对住院费用绩效进行整合

Y医共体对住院临床科室和麻醉科建立激励性奖励与警示性扣罚相结合的考核方式，旨在引导各成员单位临床科室准确填写病案首页、合理控制不必要的医疗费用支出。

（1）对住院临床科室考核。①月度考核：按出院病人RW值进行分档奖励，确保危重、疑难病例以及三四类手术的医疗服务价值。②季度预奖罚：按出院病人费用使用情况进行奖罚，费用使用率小于100%的结余部分，按照一定比例奖励到科室；费用使用率大于100%的亏损科室，经DRG数据点评后，认定确实存在不合理收费的，按亏损额的一定比例预扣罚相关科室，如年度总清算不亏损的，预扣款项全额返回。③年度清算：医保管理部门完成上年DRG清算后，根据Y医共体DRG年度清算结果、DRG年度考核结果，在药品和卫生材料费控制合理的前提下，按临床科室DRG年度清算结余或亏损情况给予一定的奖惩。

（2）对麻醉科考核。①月度奖罚：按照麻醉方式分别设定药品和卫生材料使用标准，如实际使用超过标准的，按超过金额的一定比例进行扣罚；反之，按结余金额的一定比例进行奖励。②年度考核：在药品和卫生材料使用合理的前提下，按临床外科片区的平均值计算奖励。

三、管理成效与思考

医保基金管理委员会自成立以来，Y医共体逐步实行规章制度、质量管理、技术规范等各个方面同质化的集中管理。自 2023 年 5 月起，Y 医共体加快了对医保基金同质化管理的推进力度，采取了一系列措施，提升了各成员单位的运行效率和患者满意度、减少了不必要的医保基金支出，实现了 Y 医共体、患者和医保管理部门“三赢”的局面。

（一）取得的成效

通过医保基金的管理整合，Y 医共体实现了对医保基金的高效调配和合理使用，减轻了患者的经济负担；通过实行严格的监管确保了医共体医保基金的安全和透明，防止滥用和浪费医保基金的情况发生。这一系列措施的实施，为 Y 医共体的可持续发展奠定了坚实的基础。

1. 均次费用下降

每门急诊人次平均收费水平和每出院人次平均医药费用，反映患者每次就诊的负担情况。如果均次费用增长过快，会给患者及家庭带来沉重的经济负担。Y 医共体自加快实行医保基金管理整合以来，门急诊和住院患者的均次费用下降明显（见图 2 和图 3），说明有效遏制了医疗费用的不合理增长，减轻了患者的就医负担。

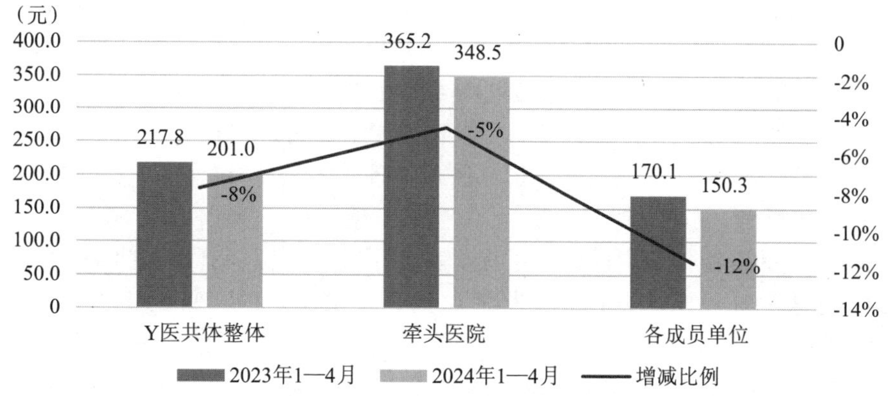

图 2　门诊均次费用控制

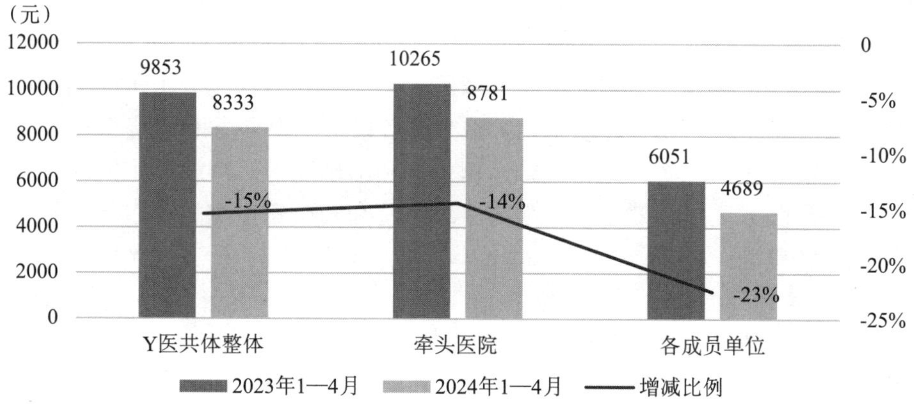

图 3　住院均次费用控制

2. 医疗服务效率得到提升

Y 医共体加快实行医保基金管理整合后，各成员单位的工作效率提升明显。2024 年 1—4 月，Y 医共体在职职工人均门急诊人次同比增长 8.98%（其中：牵头医院增长 14.22%，成员单位合计增长 7.2%）；在职职工平均出院人数同比增长 7.84%（其中：牵头医院增长 6.54%，成员单位合计增长 21.55%）；平均住院天数较上年同期缩短 0.26 天（其中：牵头医院缩短 0.39 天，成员单位缩短 0.12 天），说明 Y 医共体病床周转次数增加，就医患者住院时间减少，各成员单位的服务效率不断提升。

3. 医保年度清算有结余

Y 医共体在加速实行医保基金管理整合后，实现了医保年度清算的结余。2023 年度 Y 医共体医保基金清算结余 3566 万元，其中：牵头医院结余 1696 万元，各成员单位合计结余 1870 万元。

4. 患者满意度提升

医疗费用的有效控制不仅减轻了患者的经济负担，还提高了医疗服务的可及性和公平性。患者在就医过程中能够感受到更多的实惠和便利，进一步提升了患者的就医体验增强了对 Y 医共体的信任和满意度。

5. 提高了医保管理水平

Y 医共体实行医保基金管理整合后，Y 医共体把提高医保管理水平放在重要位置，从各成员单位、科室、员工各个层面实行层层监控，分析医保运营数据，深究异常数据形成的原因，采取有效的整改措施，实现医保基金的精细化管理。同时，利用信息化手段，有效实行医保基金管理整合，实现数据的双向读取、实时共享，跟踪和反馈业务活动的实际动态，帮助各级管理者全面掌握医保管理状况，提高医保管理水平。

（二）总结与思考

国家医保基金的资源是有限的，为了提升其使用效率，医保管理部门采取了区域总额预算管理措施。这表明在特定时期内，医保基金的总量是固定的。当区域内医疗服务需求增加，尤其是那些权重较高或分值较大的病组数量增加时，将促使区域内的诊断相关分组（DRG）总权重或总分值上升。在医保基金总额固定的前提下，将导致每个权重或点的实际价值下降，即所谓的点值稀释。同时，医疗主体之间为了各自的生存进行的激烈竞争，还可能导致 DRG 总权重或总分值快速增加，从而进一步加剧点值稀释现象。

鉴于上述各种因素导致的点值稀释等问题，为缓解这些问题，有必要进一步完善 DRG 制度的设计与执行，加强医疗数据的收集与管理，以提高医保基金的使用效率和管理水平。因此，在医疗市场竞争激烈的大环境下，Y 医共体各成员单位要不断规范诊疗行为、控制服务成本、合理收治和转诊患者，全面提升运营效率和治理能力，持续深化内部管理改革，优化资源配置，提高服务质量和效率，加强与上级医院和基层卫生院的合作与联动，共同应对医疗市场的挑战和机遇。

作者简介：孙波，宁波市鄞州区第二医院运营计核科科长，高级会计师

S 医共体绩效整合管理探索与实践

【摘要】 目的：建立与医共体建设发展相适应的绩效管理模式，丰富医疗行业内医共体绩效管理相关理论与实践经验，为其他县域医共体提供可借鉴的绩效改革思路。方法：本文以 S 医共体为例，通过具体实践和归纳总结经验的方法，提炼出强化人员经费资金统筹管理、完善外部治理方式、建立内部绩效激励机制、形成利益共享等医共体绩效整合管理思路，并以实例进行绩效分配的阐述。结论：S 医共体实行绩效整合管理，有效地解决了医共体内部资源利用率不高，医疗控费能力弱及医疗服务量负增长等问题，为医共体绩效管理提供了可借鉴的经验。

一、背景介绍

随着新医改驶入“快车道”，医共体建设成为新医改重点推进的创新举措。当前，各地以医共体建设为抓手，不断整合区域医疗卫生资源，从治理结构、人员管理、财务管理等多个视角积极展开实践探索，逐步提升卫生健康服务能力。经济基础决定上层建筑，无论是紧密型的还是松散型的医共体，成员单位之间最重要的是处理好整体的经济利益关系，绩效利益分配直接影响医共体发展的活性和可持续性。管理学中熵变原理也指出，组织熵增包括两个方面，一是规模膨胀，二是复杂增加。复杂增加是指内部逐渐形成逆向激励。绩效整合旨在通过效益的合理分配解决医务人员惰怠问题，从而实现组织熵值减少的目的。因此，制定科学合理的绩效考核方案尤为重要。为避免出现平均主义吃大锅饭“回潮”，更好地发挥绩效考核的指挥棒作用，医共体建设需要积极探索绩效整合管理模式，均衡协调医共体内各成员单位的经济利益，从而形成经济共同体。

二、医共体建设绩效考核存在的问题

随着公立医院改革的深入推进，绩效考核、市场份额竞争等多方压力促使县级医院和基层卫生院面临转型升级和生存考验。医共体一体化运营，是将医共体内各成员单位共同推入市场经济的“大潮”。医共体内复杂的经济利益捆绑，使得牵头医院在资源下沉、双向转诊工作中承担起更多的风险。本文以 S 医共体为例，分析各成员单位合并初期面临的问题。

（一）S 医共体简介

2018 年 1 月，S 医共体由当地 4 家县级医院为牵头医院，联合 18 家基层卫生院组成。“以县带乡”的管理模式，打破了县级医院和基层卫生院的行政壁垒，以统筹整合优化资源配置为目标，形成纵向三级绩效整合管理组织架构（见图 1）。S 医共体管理委员会为领导机构，由所在地区市委书记、市长任双主任，下设医共体管理中心，具体负责医共体日常工作运行及管理职责。医共体管理中心下设四个工作中心，每个工作中心分别由一家县级医院牵头和若干家基层卫生院组成。各基层卫生院保留法人资格，统一由牵头医院院长担任法定代表人，基层党组织纳入牵头医院党组织统一领导。

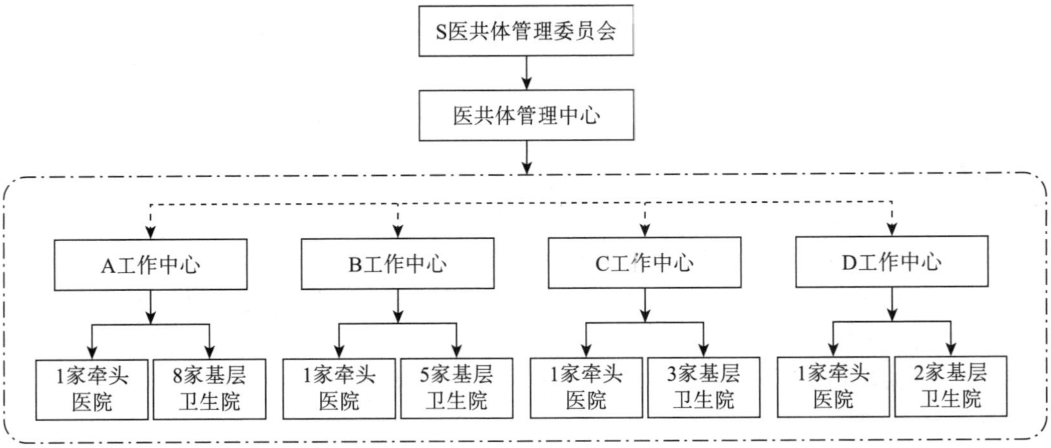

图1 S医共体绩效整合管理架构

（二）S医共体合并初期出现的问题

1. 医共体建设由政府主导，目前尚未形成科学合理的政府与医共体、医共体内各成员单位间、成员单位内部三级利益分配机制，无法让各方参与主体均享受到医共体建设带来的红利。

2. 医共体对各成员单位的外部绩效考核激励和各成员单位间、成员单位自身的内部绩效考核激励机制均不完善。

（1）外部绩效考核主要由政府和相关监管机构进行，旨在评估医共体内各成员单位的综合目标管理绩效成果，考核没有考虑不同地区间工作量强度和饱和度的差异，如公共卫生服务等政府补贴就实行一个标准，缺乏公平性。

（2）内部绩效考核通过设置员工考核办法和薪酬分配方案来引导激励员工，以期提高成员单位内部工作效率和服务质量，考核更多关注单位内部的整体管理和运营效率，没能很好地与员工个人的劳动强度和难度挂钩。

（3）卫健局等多方医共体建设主体普遍缺乏绩效监管意识，存在监管主体和监管方式单一、监管权责不清晰、绩效考核内容不全面等突出问题。

三、S医共体绩效整合管理实践

S医共体成立后，开启了“利益共享、责任共担、优势互补”的紧密型医共体建设的新模式。

（一）绩效整合管理总体思路

1. 强化人员经费资金统筹管理，提高资金使用效益

S医共体在内部构建“总量控制、结余留用、合理超支分担”的人员经费资金统筹整合机制，增强经费发放托底保障功能。同时，拓宽医共体人员经费资金整合筹资渠道，在各成员单位内部进行激励性分配实行利益增量共享机制，以利益驱动各成员单位运行活力。

S医共体构建合理统筹资金分配机制。首先，统一明确各成员单位绩效分配方案，并向

牵头医院让渡自有资金人员经费的自主分配权。其次，针对基层卫生院的统筹资金分配，按照卫生院所处地域经济发展水平和交通便利情况等划分成四个区域，赋予相应的差异系数，以弥补服务人口不足和交通不便等因素带来的绩效差异。此外，事先预留部分统筹资金，根据年终考核结果再结算拨付。同时，动态调整每一年度人员经费资金总额，引导各成员单位主动提升运营能力。

2. 完善外部治理方式，创造良好的发展环境

政府高度重视医共体建设，由医共体管理委员会领导 S 医共体管理中心履行监督职责，推进医共体网格化管理，建立合理化的利益分配机制是医共体建设的重要抓手。

（1）在外部考核方案设计上，坚持由政府主导，结合各成员单位不同服务功能定位和原有绩效评价方案，实行“统一制定、分类考核”，建立按绩效购买服务的有效协调和制衡机制。绩效考核内容涵盖社会、经济等多个维度，并通过差异化赋分和权重设定来体现以健康管理为中心的监管主旨。

（2）牵头医院在整个医共体建设中具有较大的影响力，政府将各基层卫生院考核结果运用于牵头医院绩效考核中，使牵头医院主动将政府监管目标转化为医院内部管理目标。

3. 建立内部绩效激励机制，调动工作积极性

医共体内各成员单位立足实际，合理确定内部薪酬结构，量身打造以健康需求为导向、能够支撑医共体持续发展的薪酬绩效自主考核分配机制。

（1）牵头医院以 DRG 为导向，结合工作量和工作质量考核指标制定综合考核方案，并将该方案具体细化至各个科室，实现不同岗位差异化绩效考核分配。与此同时，通过个人绩效积分制、首席医生绩效等考核方式完善激励链条，促使个人利益与医院整体利益相一致。

（2）基层卫生院在绩效分配上与患者满意度等“隐性成本”相结合，以定工作质量、定技术风险补贴系数为原则，按标准化工作当量计算绩效工资，并赋以各类奖励基金和专项补贴，以凸显医务人员技术劳务价值。从工作质量和患者满意度进行双向考核，按结果调整薪酬，给予优秀医务人员以职务晋升、岗位调动等非经济性奖励激励。

4. 形成利益共享绩效整合，打造“发展共同体”

在满足医共体服务整合发展背景下，各成员单位利用绩效考核激励，发挥牵头医院的“龙头”作用，进一步优化和整合各类优质资源。

（1）加强远程共享服务中心建设，填补基层卫生院的医疗资源缺陷。以购买服务形式构建医共体内交互服务的利益结算方式，持续提升优质医疗资源利用率。

（2）设立“统招共用”的医共体“人才池”，同时牵头医院以工作轮转、下乡坐诊等方式实现人才下沉，辅之以绩效考核激励来破解基层卫生院人才缺失困境。一是将新招入的职工纳入基层卫生院“人才池”，其工作关系放在城区的基层卫生院，新职工经培训后到山区、半山区、城区进行轮转工作，实现“工作在乡下，生活在城里”的工作生活模式。二是设立人才下沉专项经费，从出勤情况、个人工作量、转诊人次等激励性产出视角构建绩效评价长效机制，鼓励高素质医疗卫生人才下沉到基层卫生院帮扶、指导。

（二）外部绩效整合的具体实践

S 医共体在原绩效评价体系的基础上，结合各成员单位不同服务功能定位，推出“统一管理、二次分配、定期考核”的外部绩效整合方案。年初，财政部门将 S 医共体人员经费

统一下拨到医共体“零余额账户”，由医共体管理中心统筹管理，按统一制定的牵头医院和基层卫生院绩效分配方案执行，并按月度和年度开展绩效考核工作。

1. 构筑“资金池”，托底薪酬分配

按照公立医院补偿机制的相关政策，S医共体人员经费“资金池”由自有资金和财政资金共同组成（见图2）。自有资金人员经费来源于医疗增加值，医疗增加值是指医疗机构向患者提供服务过程中，通过劳动、资本和技术投入所创造的新增价值，类似于企业中的“总边际贡献”。牵头医院的人员经费以医疗增加值为主，基层卫生院的人员经费除了医疗增加值外，还包括财政差额预算补助经费、公共卫生服务和签约服务等财政拨付的资金。

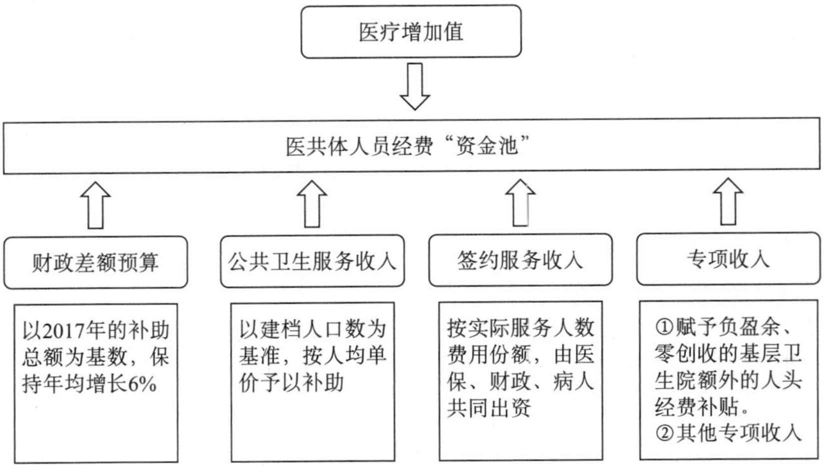

图2 S医共体人员经费“资金池”经费来源构成

（1）源于医疗增加值的人员经费。牵头医院以医疗增加值的一定比例计入人员经费“资金池”，具体比例由医院自行确定，S医共体管理中心不做统一规定，但人员经费总额不能突破财政、劳动人事部门和卫生主管部门对其考核后确定的金额；基层卫生院则结合有无床位情况，由S医共体管理中心统一制定不同的计取标准。

（2）财政差额预算人员资金。医共体管理中心将差额预算补助100%计入“资金池”，对基层卫生院赋予不同地区相应系数对差额预算补助进行统筹分配（见表1）。首先，将地区划分为城区、平原、半山区和山区四类，差额预算补助经费分别按1、1.1、1.2、1.5系数优化分配。其次，鉴于没有床位的基层卫生院创造的医疗增加值较少，有床位的基层卫生院在第一次分配中只能获得资金总额的80%，其余20%资金用于所有成员间的第二次分配。

（3）源于公共卫生服务的人员经费。公共卫生服务资金经财政考核后按当量发放至各成员单位，在列支相关工作经费后有结余的，结余资金全部计入人员经费“资金池”。

（4）源于签约服务的人员经费。财政按有效签约人口数将签约服务费发放到基层卫生院，在列支相关工作经费后有结余的，结余资金全部计入人员经费“资金池”。

（5）源于其他专项的人员经费。S医共体管理中心强化统筹功能，在医疗增加值和财政差额预算补助人员资金中，提取一定比例的专项人员经费，设置“人才池”人员经费、山区补贴、领导岗位系数补贴和统筹补贴等其他专项人员经费，以促进和稳定各基层卫生院的均衡发展。

表 1　**S 医共体人员经费"资金池"组成的计算方式**

资金组成	计算公式
差额预算补助经费	各地区工作人员人头系数总和 = 城区人数 × 1.0 + 平原人数 × 1.1 + 半山区人数 × 1.2 + 山区人数 × 1.5 每系数人头补助 = 补助总额 ÷ 各地区人员人头系数总额 单位人头补助总额 = 每系数人头补助 × 单位人数 × 区域系数 某成员单位最终总额 = 某成员单位人头补助总额 + 某成员单位人头补助二次分配总额
公共卫生服务	公共卫生服务收入 = 地区公共卫生人均补贴数 × 服务人口数
签约服务	签约服务收入 = 人均签约服务补贴 × 有效签约人口数
医疗增加值	有床位基层卫生院 = 医疗增加值 × 计入比例 1 无床位基层卫生院 = 医疗增加值 × 计入比例 2

①"人才池"人员经费。S 医共体创新设立的"人才池"，有效地解决了基层卫生院特别是边远山区卫生院招人难和留人难的问题，"人才池"人员的经费由医共体管理中心在财政下拨的差额预算补助资金中优先统筹保障。

②山区补贴。考虑到山区的基层卫生院医疗服务不便捷、医务人员少、资源稀缺导致自行创造的医疗增加值少等问题，根据医务人员在山区实际工作年限，给予相应山区工作补贴。如医务人员累计在山区工作满 5 年，每月就可以拿到一定金额的补贴；服务年限每增加一年，就在原补贴金额基础上增长 10%；累计在山区工作未满 5 年的，补贴减半发放。

③领导岗位系数超额补贴。S 医共体成立后，医共体管理中心对各成员单位的领导薪资水平和职数作出规定。从稳定工作角度出发，对个别牵头医院或基层卫生院领导岗位职数超出中心规定的不做调减。为了不影响普通员工薪酬水平，医共体管理中心从专项人员经费中对领导职数超标的成员单位给予一定的补贴。

④统筹补贴。医共体管理中心对每年的人均薪酬设定一定的增长比例，如果一些成员单位人均薪酬达不到基准数或因为医疗盈余负数导致薪酬水平过低的，医共体管理中心结合这些成员单位当年的工作情况，给予适当补贴，对其薪酬进行适度托底。

2. 强化定期考核，推动外部激励

医共体管理中心坚持对各成员单位进行月度和年度全方位考核总评。考核采取定性与定量相结合的方式，督查被考核成员单位各项指标的实际完成情况。

（1）每月编制月运行考核表，其考核内容包括但不限于门急诊人次、医疗增加值、检查检验控费、公共卫生服务质量等情况，以考核结合质控的形式，实时督促其工作进展。

（2）医共体管理中心建立统一的质量管理制度，设置质量评价科，由其协同财务科展开年度考核。质量评价围绕党建廉政指标、医疗质量指标、运行管理指标、后勤保障指标、公共卫生指标五大维度量化考核评价。

（3）月度考核结果作为各成员单位月绩效发放增减的依据，与各成员单位领导班子或下属科室人员月绩效挂钩；年度考核结果作为牵头医院的考核指标，与各成员单位人员经费总额、领导班子年薪挂钩。

3. 外部绩效整合实例介绍

为了更好地说明医共体管理中心外部绩效整合的具体操作，我们以 F 医院 202 × 年度差额预算补助经费统筹分配情况为例。

S 医共体内有 18 家基层卫生院，其中有床位的 5 家。202 × 年当地财政局将 6896 万元差额预算补助经费下拨至医共体管理中心，由其分配至各基层卫生院。当年，医共体管理中心根据规定提取其他专项人员经费总额为 792 万元，其余按人头系数进行分配。医务人员工作所处的地理位置分为山区、半山区、平原和城区，各成员单位年末人数分布情况如表 2 所示。

表 2　　S 医共体 202 × 年基层卫生院人员统计　　单位：人

序号	单位	编制数	全年平均人数		山区		半山区		平原		城区	
			编内在职人数	编外及缺编人数	编内在职人数	编外及缺编人数	编内在职人数	编外及缺编人数	编内在职人数	编外及缺编人数	编内在职人数	编外及缺编人数
1	A	23	19	4	19	4						
2	B	47	38	9	38	9						
3	C	42	34	8	34	8						
4	D	50	41	9	5	1	36	8				
5	E	41	34	7	2		32	7				
6	F	103	81	22	1		74	18	6	4		
7	G	102	66	36	8	1	28	1	30	34		
……												
合计		1162	927	235	109	23	170	34	538	135	110	43

在对各成员单位进行资金分配时，先要确定各成员单位统筹后人数。医共体管理中心对统筹后人数的计算方法为：

（1）各成员单位编内人数以编办核定人数为基准，编外人数以成立 S 医共体时各成员单位在册的人数为基准。

（2）计算人数时，全年满勤的每位工作人员的人头数：编内人员为 1，编外人员为 0.7。

（3）确定各成员单位医务人员工作所处的区域，对于山区、半山区、平原和城区分别赋予 1.5、1.2、1.1 和 1 的折算系数。

（4）计算公式：统筹后人数 =（山区编内人数 +0.7 × 山区编外人数）×1.5 +（半山区编内人数 +0.7 × 半山区编外人数）×1.2 +（平原编内人数 +0.7 × 平原编外人数）×1.1 +（城区编内人数 +0.7 × 城区编外人数）×1

F 医院统筹后人数 = 1 × 1.5 + 74 × 1.2 + 18 × 0.7 × 1.2 + 6 × 1.1 + 4 × 0.7 × 1.1 ≈ 115（人），按此计算方法，S 医共体各成员单位该年的统筹后人数是 1256 人。

在求得各成员单位统筹后人数后，将差额预算补助资金具体分配到各成员单位，计算方法如下：

（1）差额预算补助资金 6896 万元，提取当年其他专项人员经费 792 万元，剩余的 6104 万元资金按统筹后人数分配。

（2）初次分配，根据各成员单位统筹后人数占 18 家单位总统筹后总人数的比例进行，

$$各单位初次分配金额=\frac{差额预算补助-其他专项人员经费}{统筹后总人数}\times各成员单位统筹后人数$$

（3）二次分配，将有床位的成员单位的初次分配金额提取20%进行再分配，再分配比例同样按照各成员单位统筹后人数占医共体总统筹后人数的比例确定。

按此计算，F医院初次分配金额为559.24万元。该分配金额的80%计447.39万元由F医院留存，提取20%计111.85万元用于所有成员单位再次分配。同理，可以得到另外四家有床位的基层卫生院的提取分配金额，5家有床位的基层卫生院提取用于再次分配的金额总和为537.78万元。F医院获得的二次分配金额为49.28万元。F医院在202×年取得除其他专项人员经费外的差额预算补助资金为496.67（447.39+49.28）万元。

F医院在山区设有工作站，有1名编内工作人员在岗，且该名工作人员在山区工作年限为2年，该年度的山区补贴为3000元。由于F医院202×年人均薪酬增长率已达到医共体管理中心所规定的最低标准，故不需要统筹补助。F医院202×年领导岗位职数占职工统筹人数的比例为6.95%，医共体管理中心规定该比例≤6%，故F医院超出0.95%。医共体管理中心根据考核将F医院该年领导岗位年薪定为32.35万元，因此给予其领导岗位系数补贴32.35×0.95=30.73（万元）。

综上，F医院202×年差额预算补助经费为527.7（496.67+0.3+30.73）万元。同理，可以求得其他基层卫生院的分配金额。具体的分配情况如表3所示。

表3　202×年S医共体各成员单位差额预算补助人头均费分配情况　单位：万元

序号	单位	全年人头均费							山区补助	统筹补助	领导岗位系数补助	实际补助
		编制数	统筹后人数	提取补助资金后的分配	有床位单位80%	有床位单位20%	20%再分配	共计				
1	A	23	33	158.88			14.00	172.88	21.54		21.31	215.73
2	B	47	66	322.86			28.45	351.31	37.38			388.69
3	C	42	59	288.61			25.43	315.42	42.50			357.92
4	D	50	58	284.09			25.04	309.12	5.62			314.74
5	E	41	47	229.72			20.24	249.96	3.04	14.00	12.61	279.61
6	F	103	115	559.24	447.39	111.85	49.28	496.67	0.30		30.73	527.70
7	G	102	107	518.28			45.67	563.95	5.44			569.39
……												
合计		1216	1256	6103.90	2151.71	537.78	537.78	6896.00	0.00	0.00	0.00	6896.00

（三）内部绩效考核整合实践

S医共体内各成员单位内部绩效分配整合以“多劳多得、优劳优酬”为核心原则，突出公益导向、效益优先，坚持科学规范、客观公正，围绕满足病人需求和提升医疗服务质量实行综合量化考核，促使绩效分配向临床一线岗位、风险岗位、关键岗位倾斜。在绩效分配中将整体人员薪酬比例基本维持在特定范围内，逐步推进内部绩效考核形成合理分配格局。

各成员单位内部绩效考核整合实行岗位绩效工资制。岗位工资为固定薪酬，不同岗位的标准不同。绩效工资从考核时间上分月度考核绩效工资和年度考核绩效工资，考核对象上分科室整体绩效和个人绩效两个维度。月度绩效考核以科室整体维度为主，辅之以个人维度的经管医生护士绩效。年度绩效考核以个人维度的绩效考核为主，主要有员工个人绩效积分考核和首席医生考核等。S医共体内各成员单位通过内部绩效整合，建立起与人才市场化相匹配的职工薪酬分配机制。下面分别以牵头医院和基层卫生院为例，阐述不同的内部绩效考核整合方法。

1. 牵头医院月度绩效考核方法

（1）S医共体内某牵头医院的月度绩效考核采用“院科两级分配模式”（见图3），即一级分配由医院将绩效总额分配至各个科室，二级分配由科室分配至个人。

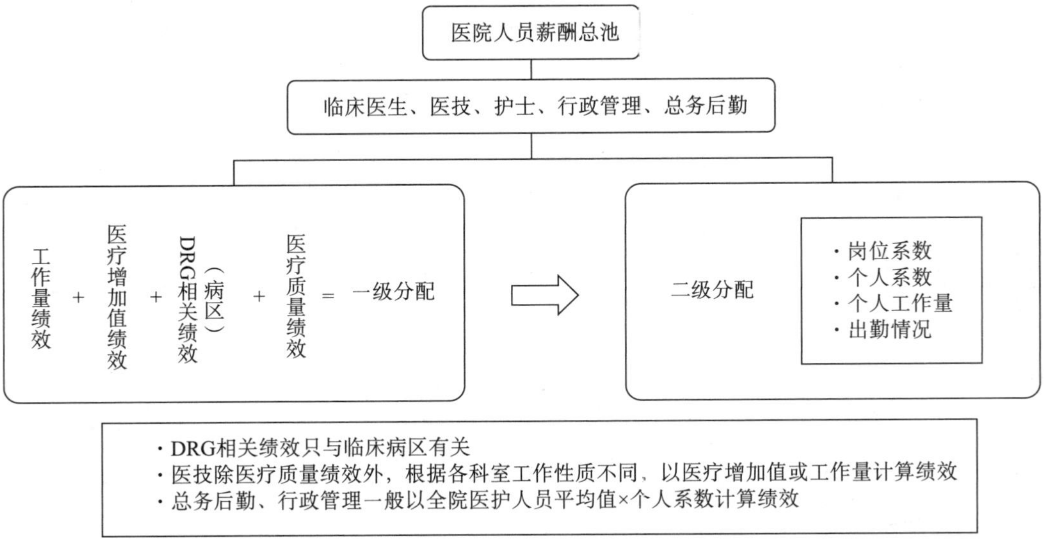

图3　某牵头医院内部绩效分配方法

在医院一级绩效考核分配中，各科室绩效总额涉及工作量绩效、医疗增加值绩效、医疗质量绩效和DRG相关绩效四个维度。①工作量绩效：以门急诊普通号数量、收治病人数等科室工作量为基础，按单位计奖标准计算工作量绩效金额；②医疗增加值绩效：从成本控制入手，剔除医疗服务过程中消耗的低值易耗品、办公用品等变动成本和设备折旧等新增医疗价值部分的绩效奖励；③医疗质量绩效：由医院质管部门负责设定医疗质量控制指标，指标管理科室对各临床科室进行考核，考核结果按排名分级奖励；④DRG相关绩效：根据各临床科室病种结构及CMI值，设置TW值奖和RW值奖，并结合国家三级公立医院绩效考核对手术指标的要求，设手术等级奖和四级手术增量奖，按技术难度差异化分配奖金。

在科室二级绩效考核分配中，各临床科室负责人依据每个医务人员所承担医疗任务的风险系数、工作强度、技术含量等因素，设定岗位系数和个人系数，并结合医务人员工作量和出勤情况，进一步核发绩效工资。

（2）月度个人绩效考核针对临床医生，建立基于电子病历的经管医生综合绩效考核。从质量和工作量角度构建科学合理的绩效考核标准，综合考虑工作满勤情况，以客观公平地衡量各临床科室经管医生劳动价值，达到提升经管医生能力和责任心的目的。其核心公式为：

经管医生综合绩效分值 = 质量指标分值 × 工作量指标分值

工作量指标分值 = 个人经管病人数 × 调整后的 CMI 指数

针对质量指标分值，医院设定了经管病人平均住院天数、经管医生主刀、签署手术知情同意书比率等多个绩效评价指标，每月结合目标达成情况赋权重或分值计算。针对工作量指标分值，个人经管病人数以入院病历填写人为准计算工作量，对交班病人、转科病人等特殊情况进行减量核算；CMI 指数设定最低数值，按照实际产生情况和调整后的 CMI 列入工作量分值计算。在绩效考核与激励分配上，实行末位淘汰制，设定质量分标准线，按绩效考核达标情况分档发放奖金，激励临床医生规范诊疗行为，实现医疗服务质量和效率“双提升”。

月度个人绩效考核针对护理人员，建立基于班次点数的责任护士工作量绩效考核。在医院层面，分层级和岗位对护理单元赋予相应系数，并结合护理工作量、工作质量、跨科收治等考核指标进行月度考核，按分值分四档奖励标准确定各护理单元绩效总额。在护理单元层面，将班次、护理病人数赋予点数，取其合计数作为护士工作量总点数，计算每点数绩效，再结合责任护士个人点数将绩效差异化分配至每个人。其核心公式为：

某护理单元的工作量综合绩效考核分值 = 出院人数 × CMI 值 × 病区系数

$$\text{个人护理工作量绩效} = \frac{\text{科室责任护士绩效总额}}{\text{总点数}} \times \text{个人点数}$$

2. 牵头医院年度绩效考核方法

S 医共体内某牵头医院的年度绩效考核设立员工个人绩效积分、首席医生评选等考核方案，以进一步优化内部薪酬分配。

（1）员工个人绩效积分以优化薪酬分配、公平公正、可量化为原则，对病区医生、门急诊医生、医技人员、药剂人员和护理人员等 6 类人员细化设立个人工作量、个人工作质量、个人基本、科研教学与个人成长四大考核积分指标，考核结果除应用于年终绩效分配外，还可应用于人事任免、评优评先和职称评聘。

（2）首席医生评选每年年底统一进行，其评选范围涵盖临床科室医生、轮转至门急诊工作但定期参与病区或教学查房的门急诊科室主任和医技科室的医生。评选方法将有无开展有创诊疗技术作为科室分级标准，从职称及任职年限、行政职务、所属科室规模、科内核心技术掌握程度等方面考量并设定首席医生评选的准入条件，并结合实际情况明确相应破格条件，扩大医疗骨干培养辐射范围，最终形成三级首席医生人才梯队。与此同时，从学科技术发展、解决临床难题能力、病历质量、科内质量管理及管理工具应用、医学教学与科研能力、学术影响和技术创新、全省技术排名七大角度分别建立医疗骨干考核指标，并依据考核结果进行分级奖励。除赋予首席医生优先享受学术培训资源优待外，医院坚持奖惩并举，设立了相应的奖励扣罚和淘汰制度。针对手术量未达标、患者反馈不满意和标准化建设不合格等问题的人员，采取降低补贴、降级等扣罚措施。对连续三年考核分排名靠后者进行退级处理，倒逼首席医生主动提高工作质量和效率及学术能力。

3. 基层卫生院绩效考核方法

S 医共体内基层卫生院统筹兼顾服务质量与服务数量，建立岗位职责与绩效相匹配、以群众满意度为核心的绩效考核分配制度，致力于形成以人民健康为中心的全生命周期健康服务的薪酬体系。其医务人员薪酬由基本工资、职务工资、公共卫生服务绩效、医疗服务绩效、家庭医生签约服务绩效和基层各项补贴等组成。其中，基本工资由劳动人事部门核定，医疗绩效分为平时绩效和年终绩效。为此，医共体管理中心立足于医共体运营管理实际，以公益性为基础，遵照医保和国家相关政策，设计出适合当地医疗卫生机构医疗绩效考核的办法——综合当量法。

（1）平时绩效：医共体管理中心规定每月直接由当量法计算，具体分以下几个步骤进行：

第一步，确定临床工作各科室人员的当量计算办法。临床工作按其工作任务实际情况分为临床医生、门急诊注射室、病区护理、医技科室和药剂科五个类别，每个类别的工作任务以不同工作类型和工作量为基准，分别制定相应的当量计算规则。其中，临床医生绩效直接考核到个人，其余则以科室为单位进行考核。

第二步，确定各项工作的当量值。当量值由医共体管理中心统一制定标准。

第三步，确定当量值金额。医共体管理中心以医共体成立前三年的数据为基础，测算年度当量值金额，并求取三年当量值金额的平均数作为初始当量值。

第四步，计算绩效工资数。每月根据各科室和个人的实际工作任务量，按照当量和当量金额计算出绩效工资。

综合当量法绩效分配基本测算流程见图 4。

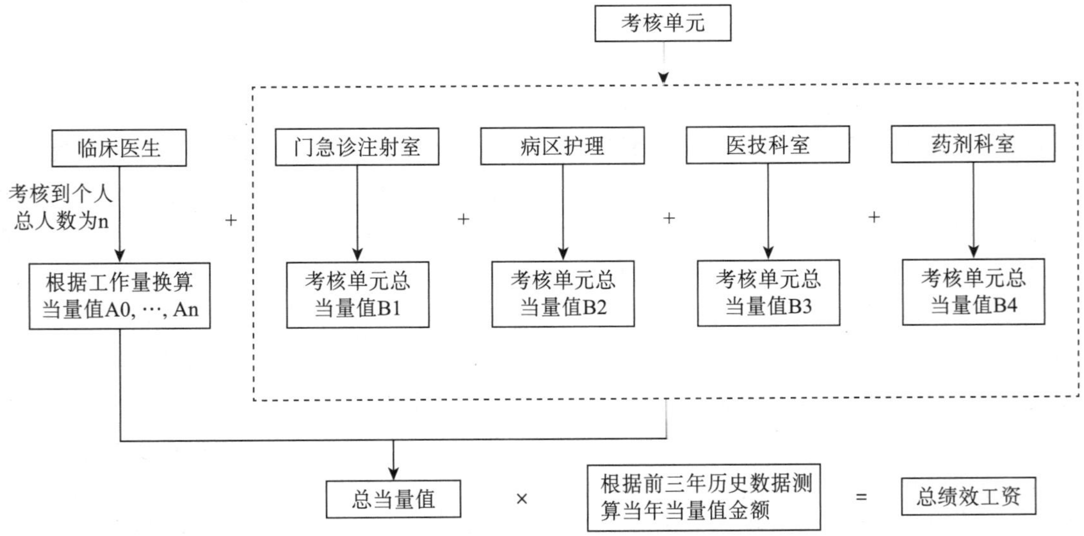

图 4　综合当量法绩效分配测算流程

（2）年终绩效：根据 S 医共体相关管理制度，年终剩余人员经费资金首先对放弃休假人员予以补偿，其次用于发放科主任或护士长等中层干部补贴，最后将其余资金按当量比例分配至个人或科室。

为了更好地说明综合当量法在实际工作中的运用，仍旧以 F 医院为例：

F 医院 202×年每月绩效考核采用当量法计算，前 3 年平均每当量值金额为 12 元。内科门诊 A 医生 5 月份的工作量具体为：普通门诊 200 人次，收住院 5 人次，手术 10 例，治疗 20 例，开检验 20 单。S 医共体统一规定临床医生普通门诊 1.0 当量/人次，收住院 70.0 当量/人次，手术 7.0 当量/例，治疗 3.0 当量/例，开检验 2.0 当量/单。F 医院绩效考核方法明确，临床医生绩效直接考核到医生个人，则 A 医生 5 月份工作当量总额为：$200\times1+5\times70+10\times7+20\times3+20\times2=720$，A 医生当月绩效工资为 8640（$720\times12$）元。

4. 医共体内交互服务绩效分配方法

自推行县乡村一体化管理后，为促进医疗资源的合理流动，S 医共体内由 A 牵头医院设立了 5 大远程共享服务中心，为各成员单位提供业务服务和指导等一体化服务。远程共享服务实行有偿服务，建立了利益分配结算机制。例如，A 牵头医院提供的医学临床检验和病理诊断服务，A 牵头医院和开单成员单位按医疗收费价格的七三比例分配。同时，医共体管理中心要求 A 牵头医院从远程服务收入提取一定比例资金，设立质控工作经费，用于各成员单位质控管理，提升质控水平。

四、S 医共体绩效整合管理的成效

S 医共体实行绩效整合管理后，各成员单位在经济效益、医疗控费能力和医疗服务量等方面均有显著提升。

（一）各成员单位盈余能力和员工待遇稳步提升

（1）S 医共体自推行绩效整合管理后，各成员单位整体自我发展能力增强，医疗盈余总体呈现增长态势，2018—2022 年，年均增长率达 4% 以上。2020 年，疫情暴发导致各成员单位的业务收入均深受重创，医疗盈余普遍减少。在此背景下，S 医共体强化人员资金统筹管理，高效配置总体资源，使得各成员单位快速适应外环境，克服各种运营压力、难题。

（2）在“多劳多得、优劳优酬”内外绩效考核激励的影响下，2017—2022 年，S 医共体职工年均薪酬稳步增长。其中，某牵头医院职工 2022 年人均薪酬比 2017 年增长 30%，某基层卫生院职工人均薪酬比 2017 年增长 65%。由此可见，虽然受疫情冲击，但绩效整合使得各成员单位在确保有医疗盈余和持续发展能力的前提下，能够切实保障医务人员的工资，且逐步提升个人薪酬待遇。

（二）医共体成员单位医疗控费能力增强

自 S 医共体实行内部绩效激励和外部绩效考核约束以来，各成员单位切实加强控费节费管理。2017—2022 年，牵头医院和基层卫生院每门急诊人次平均收费水平年均分别增长 3.22% 和 4.52%，比全国总体年均增长率的 5.9% 低。S 医共体每出院人次平均医药费用，在疫情期间由于重病人多导致医药费用大幅度增长，现已呈现下降态势，年均增长 1.53%，远低于全国总体年均增长 4.08% 水平。

（三）医共体内医疗服务量增长

外部绩效考核激励和内部交互服务绩效整合，使 S 医共体内成员单位更为关注医疗服务效率，门急诊和出院人数得以显著增加。其中：某牵头医院门急诊人次从 2017 年 170 万人次上升至 2022 年 190 万人次，出院人数从 2017 年 7 万人次上升至 2022 年 9 万人次，且同期某基层卫生院门急诊人次和出院人数分别增长 21.74% 和 19.9%。受疫情影响，2020 年，牵头医院与基层卫生院的门急诊和出院人次均有大幅度下降，但自2021年起人次变化情况就由降转升，增长幅度普遍高于S医共体成立初期水平，且基层卫生院增长呈现更为明显。

五、结束语

为实现医共体内各成员单位协同发展可持续，医共体建设可借鉴S医共体绩效管理经验，从强化人员经费资金统筹管理、完善外部治理、建立内部绩效激励制度、形成利益共享的绩效整合一体化管理模式等方面着手，打通内部管理堵点，全面提高医共体内资源配置效率，形成发展合力。

尽管本文提供了丰富的管理细节内容，但依然还有瑕疵。在实务中，应坚持具体问题具体分析。建议其他县域医共体单位可结合日常工作实际，因地制宜地制定符合当地发展需求的绩效整合管理模式，在服务好区域内老百姓就医需求和提升医共体内各成员单位总体经营效益的同时，不断提升员工的获得感和幸福感。

作者：顾晓春　申屠雪静　金智雄
第一作者简介：顾晓春，东阳市人民医院总会计师，高级会计师

专家点评

探索医共体绩效管理模式 驱动资源整合服务协同

绩效整合管理作为一种改革手段，不仅贯穿绩效改革管理全过程，同时也是县域医共体管理“一盘棋”“一本账”的集中体现。本文以S医共体绩效管理统筹规划为核心点，从绩效整合管理角度寻找创新突破，分别通过经费统筹管理、内外部绩效考核激励和利益共享绩效整合，以促进医疗资源在医共体内部合理流动，激发内部运行活力，提升医疗服务质量和效率，助力医共体构建自我完善、自我驱动的发展机制。

文章采用案例分析法，基于S医共体建设初期存在的问题，通过案例分析来深入剖析问题，并通过实践操作来验证整合理论模式，提炼总结形成强化人员经费资金统筹管理、完善外部治理、建立内部绩效激励机制、形成利益共享绩效整合的一体化管理模式。文章研究逻辑条理清晰、案例内容丰富、呈现形式多样、实操列举详实，为各医共体绩效整合管理建设提供了具体的思路与方法，为政策实施与完善提供了科学客观的资料，具有较强的应用价值和借鉴意义。

在未来的研究中，S医共体可以在范围的广泛性和探讨的深入性方面进一步拓展。例如，可以拓展到不同地域的医共体绩效整合管理实践，深入探讨由于地域文化、经济发展水平、医疗资源配置等因素导致的绩效整合管理策略和实践的差异性，为各地制定和优化相关政策提供更为全面的参考。

宁波市第二医院财务总监、正高级会计师　袁　征

第五章

内部控制管理与财会监督能力整合

医院基建项目全流程管控核心要义与实例

【摘要】目的：随着生活水平的快速提升及“健康中国”等国家政策的深入实施，人们对医院诊疗环境的要求也日益提高。为了更好地满足医疗、教学、科研需要，改善患者就诊条件，医院逐步扩大规模或对现有布局进行优化升级，基本建设投资项目日益增多。基建项目具有专业性强、控制环节多、投资金额高和建设周期长的特点，一旦某一个环节出现失误，就会给医院带来重大损失。因此，做好医院基建项目全流程管控尤为重要。方法：本文针对纪检巡察重点关注的内容，如审查项目建设资金是否按规定用途、规定标准使用，是否存在挤占挪用、提高开支标准的问题，是否按照招投标、合同签订、现场施工管理、材料采购、竣工验收、结算审计等相关要求严格执行等，提出医院基建项目全流程管控的核心要义。通过A医院门诊楼改造项目的案例分析，将政策法规和规范性操作融入其中，探寻医院基建项目全流程管控的风险点，进行风险描述，提出管控风险矩阵等。结论：本文通过发生在医院内的案例分析，剖析存在的问题，解读政策规定，提出管控措施，为做好基本建设项目全流程管理提供可借鉴、可复制、有启迪的管理思路和方法。

一、目前公立医院基建项目管理存在的问题

实践中，部分公立医院在基建相关管理上存在这样那样的问题，主要有以下十类：

（一）组织架构和制度缺失

医院的基建项目管理制度不完善，施工及管理人员组织架构不明确，人员分工及责任落实不具体；基建项目需求不明确、规划不合理、技术选型失误及内部协作沟通不畅，导致管理混乱，容易引发舞弊。同时，医院各职能科室往往只从自身职能出发来分配工作、实施管理，基建专业知识与医疗专业知识不能较好融合，影响工程项目成本、质量与施工进度。

（二）项目立项流程不规范

医院事先未对基建项目做充分的可行性论证，重大项目建议书编写不规范、不科学。项目可行性研究报告决策审批程序不合理或决策不当，项目难以实现预期目标或项目失败，导致资金浪费。

（三）工程设计与概算不合理

设计方案不合理、设计深度不够、医疗流程和平面布局不合理、专项系统内容缺项和漏项等，容易引发功能布局、空间利用率、技术整合、人性化设计等方面问题的发生，导致频繁变更设计方案与调整概算。工程管理相关科室缺乏详尽的规章制度来监控和考核相关责任科室人员执行概算、决算等各项业务，使得工程造价信息不对称，概算脱离实际，缺乏科学性与合理性。同时，概算未经必要的审核、审批，随意更改，导致无法发挥约束作用。

（四）规划审批受阻

未与上级审批部门做好及时有效的沟通或未提供必要的资料，导致审批不通过或审批结果不理想，使得基建项目受阻或终止。

（五）招标管理不符合规定

基建项目招标管理组织、职责、范围及程序等不明确，造成招标工作缺乏控制，甚至产生舞弊行为；招标文件未经有效审核，导致文件表述不清，不能反映基建项目的实际需求；招标阶段可能出现信息不对称、技术与商务标分离、合同管理不完善的问题；存在通过分解工程方式规避招标或招标程序不规范、人为操作等问题，导致招标缺乏公正性。

（六）施工现场控制不当

施工组织设计不够全面，设计交底和图纸会审流于形式，导致后期施工过程中设计方案不断变更；工程成本纠偏措施落实不够彻底，专项工程单位专业深化设计滞后，影响施工工期；基建管理相关部门对施工现场定期巡查管理不到位，导致施工进度延期或施工质量不达标，项目管理存在安全隐患。

（七）变更管理流程缺失

建设项目变更审核不严格，导致工程变更频繁，严重超概算、投资失控等情况发生。重大项目变更未按规定报经上级主管部门批准。

（八）价格结算管理不严

项目资金管理混乱，超合同或超工程进度支付工程款，工程款结算不及时，可能导致工程进度延迟、中断或资金损失。

（九）竣工验收不规范

工程竣工验收把关不严，导致质量不合格、功能缺陷，工程交付使用后存在重大隐患；虚报项目投资完成额、虚列项目建设成本；未经独立第三方竣工结算审计，导致竣工结算严重超期或数据失真；竣工项目未及时办理固定资产结转手续及移交完整建设档案，固定资产未及时结转入账，可能存在在建工程长期不竣工结算的问题，造成医院资产不清。

（十）缺乏专业人员把关

医院基本建设过程中参与人员的知识结构单一，局限在本专业，缺乏复合型管理人才，有的出身临床，不具备基本建设的管理能力。财务人员与工程人员对彼此擅长的领域互不理解，造成沟通障碍。由于缺乏专业人员的审核，在工程合同签订过程中，对工程项目合同条款内容把关不严，容易导致工程投资损失。

二、基建项目全流程管控相关政策规定

与医院基建项目管控相关的政策规定较多，主要有《中华人民共和国民法典》（中华人民共和国主席令第45号，2020年颁布）；《基本建设财务规则》（中华人民共和国财政部令

第81号，2016年发布)；《必须招标的工程项目规定》（国家发展改革委第16号，2018年发布)；《工程建设项目勘察设计招标投标办法》（国家发展改革委等八部委第27号，2003年发布)、《工程建设项目货物招标投标办法》（国家发展改革委等七部委第23号，2013年发布)、《工程建设项目施工招标投标办法》（国家发展改革委等九部委第27号，2005年发布)；《中央预算内固定资产投资补助资金财政财务管理暂行办法》（财建〔2005〕354号)；《建设工程价款结算暂行办法》（财建〔2004〕369号)；《基本建设项目建设成本管理规定》（财建〔2016〕504号)；《基本建设项目竣工财务决算管理暂行办法》（财建〔2016〕503号)；《建设工程质量保证金管理办法》（建质〔2017〕138号)、《国务院办公厅关于清理规范工程建设领域保证金的通知》（国办发〔2016〕49号)；《公立医院内部控制管理办法》（国卫财务发〔2020〕31号)；《关于进一步加强公立医院内部控制建设的指导意见》（财会〔2023〕31号）等政策规定。

三、基建项目内控管理的核心要义

医院基本建设是一个复杂的系统工程，做好各个阶段的管控至关重要，这直接关系到基建项目的成功与否及未来医疗服务的质量与效率。为此，做好医院基建项目全流程管控要从决策、设计、招标、施工、验收与交付等5个阶段逐项分析和研究，针对基建全流程管控遇到的问题，依次给出相应的解决方案或应对策略（见图1)。

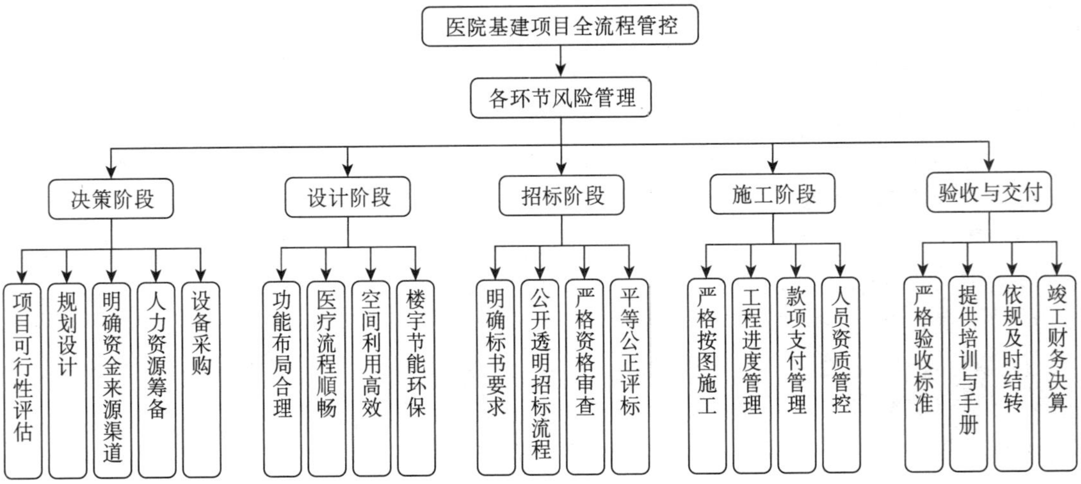

图1 项目全流程管控内容

（一）决策阶段

对于基建项目，首先，需要确保其在医疗需求、市场分析、法规合规等方面具备可行性，规划设计要兼顾功能布局、医疗流程、安全环保等因素；资金预算应明确各项费用，防范超支风险；人力资源筹备需根据医院规模和特点，合理配置医务人员等；机电和医技设备的采购应满足医疗服务要求，保证医疗质量。其次，要按照决策科学化、民主化要求，采取专家评审、民主评议、结果公示等多种方式，广泛征求各方面意见，实行集体决策。决策过程要有完整的书面记录，对工程项目立项、可行性研究、项目决策程序等作出明确记录。要确保项目立项建议书、可行性研究报告经过审批，取得审批意见书（见图2和表1)。

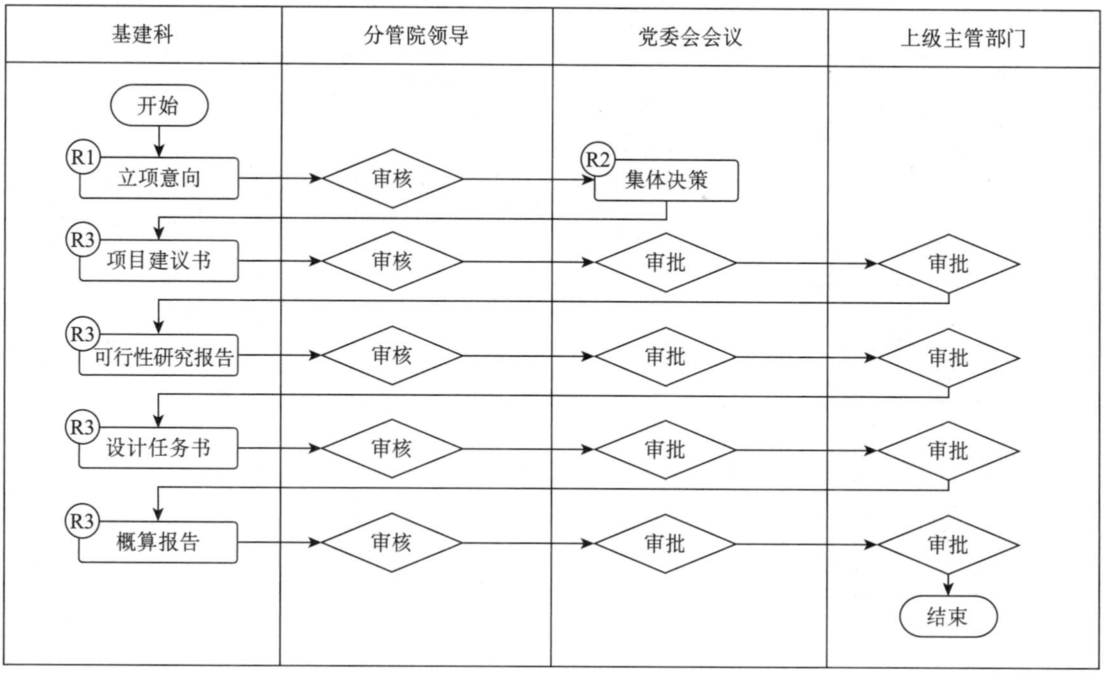

图 2　项目立项控制流程

表 1　项目立项控制风险矩阵

风险编号	风险描述	控制措施	执行人	控制制度
R1	立项依据不足	建立基建项目管理决策环节控制制度，对项目建设和可行性研究的编制、项目决策程序等作出明确规定，确保项目决策科学、合理	基建科	《××医院基本建设财务管理制度》
R2	基建项目未经集体决策	基建项目作为重大事项须经党委会集体决策，决策过程应有完整的书面记录	参加党委会成员	《××医院基本建设财务管理制度》
R3	未按规定编制和报批可行性研究报告、设计任务书及概算报告	应建立与基建项目相关的审核机制，项目建议书、可行性研究报告、概算等应由医院内部规划、技术、财务、法律等相关人员进行审核，提出审核意见，并与可行性研究报告、设计任务书及概算报告一并归档保管	基建科	《××医院基本建设财务管理制度》

（二）设计阶段

在整个设计管理过程中，需重点关注基建项目的需求管理与条件管理工作。在基建项目初步设计阶段，应确保各科室布局合理，医疗区域与公共区域分隔明确，便于患者流动与医护操作。

空间规划应兼顾舒适性、安全性、便捷性，考虑到病房、手术室等特殊需求。同时，应增强可持续发展的理念，融入绿色环保设计。可进行多方案比较选择，防止出现投资规模失控，以及项目投入使用后运行成本过高等问题。

在基建项目施工图设计阶段，要严格审查工程造价信息是否对称、概算有无脱离实际、设计标准引用是否妥当等问题，避免基建项目出现质量风险和投资风险（见图3和表2）。

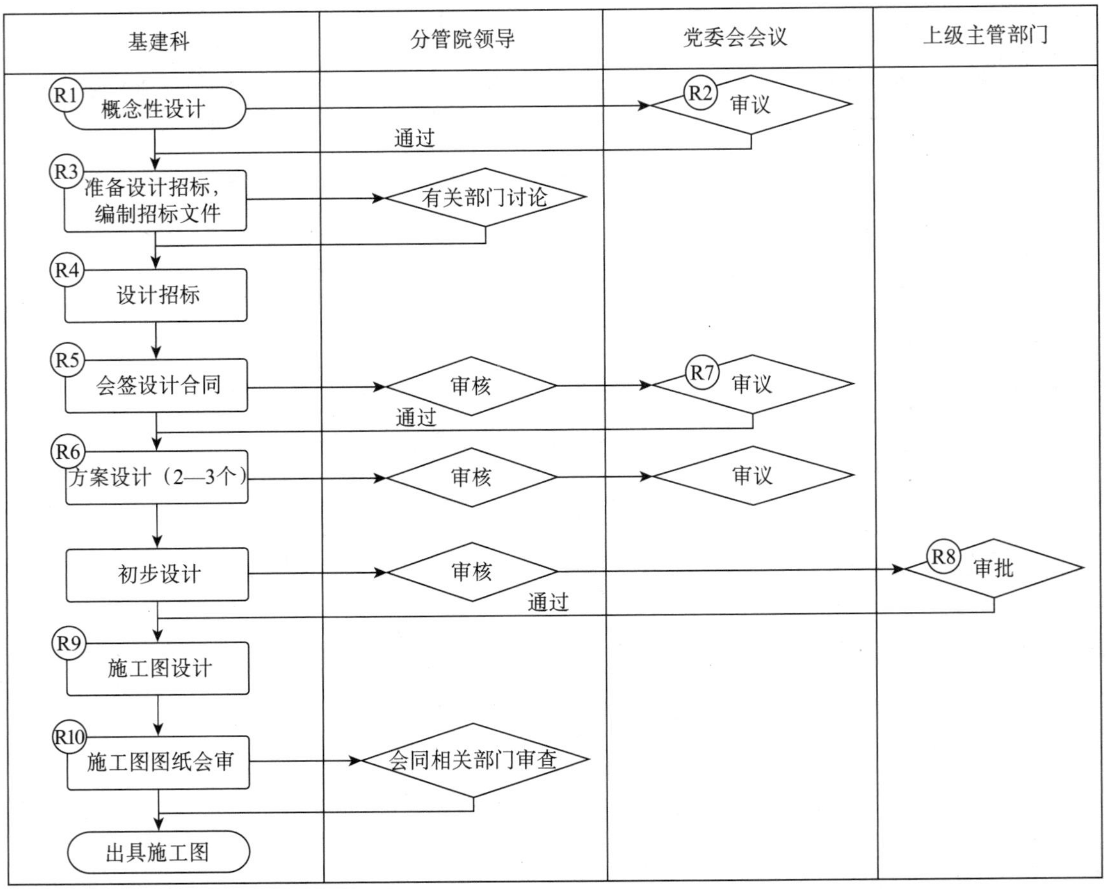

图3 项目设计控制流程

表2 项目设计控制风险矩阵

风险编号	风险描述	控制措施	执行人	控制制度
R1	没有向设计单位提供详细的设计需求和基础资料，进行有效的技术与经济交流	组织设计单位进行概念性设计，需明确目前的设计方向、设计理念、项目概算、设计标准	基建科	《××医院基本建设管理制度》
R2	设计项目未经集体决策	审查基建科概念性设计方案，进行原则性决策，重点审查方案布局合理性，设计理念的超前性，设计的美观与协调性	参加党委会成员	《××医院基本建设管理制度》

续表

风险编号	风险描述	控制措施	执行人	控制制度
R3	设计招标前的准备工作不充分，编制的招标文件和设计任务书内容缺项很多	编制招标文件、明确设计任务书内容、预测设计费用、设置招标最高限价	基建科	《招投标管理办法》《建设工程价款结算暂行办法》
R4	没有采用恰当的招标方式选择设计单位，或在招投标过程中存在暗箱操作或商业贿赂等舞弊行为	作为医院代表，参与现场招标	招采中心	《××医院采购管理制度》
R5	设计合同审核不严，双方的权利与义务不明确，容易发生扯皮推诿，无法维护医院的合法权益	共同审核合同相关条款，基建科负责设计合同内容技术性条款；财务科负责相关付款与结算条款；内审室负责合规性和法律纠纷条款；律师负责重大经济合同审核等	基建科、各相关职能科室	《××医院经济合同管理制度》
R6	没有按工程管理及医院的实际需求进行方案设计，缺少适应及功能性的设计内容	与设计单位沟通，要求提供多个设计方案；组织设计单位与后期使用科室、院感等科室进行沟通，听取各方面的意见，在控制概算的基础上尽量满足各方面的需求	基建科	《××医院基本建设管理制度》
R7	设计方案未经集体决策	对设计方案进行评价，满足医院需求，经集体讨论，确定最为满意的初步设计图	参加党委会成员	《××医院基本建设管理制度》
R8	未按规定编制和报批设计方案	对医院上报的设计方案进行审核，同意后进行批复	同级发改委	《浙江省工程建设管理条例》
R9	施工图设计深度不够，医疗流程和平面布局不合理、专项系统内容缺项漏洞等	委托设计单位根据发改委扩初批复进行施工图设计，做好设计单位的管理与施工图质量的把关	基建科	《××医院基本建设管理制度》
R10	施工图图纸会审流于形式等	基建科聘请有关专家进行图纸会审，对图纸设计的深度及合理性进行审核	基建科	《浙江省工程建设管理条例》《××医院基本建设管理制度》

（三）招标阶段

项目招标采购阶段的管控是整个工程项目投资控制与品质控制的关键，该阶段的工作质量决定了后续承包单位的能力与项目设计向实体转化的质量。医院在招标书中要清晰阐述项目需求、技术规范和合同条款，确保供应商能够准确理解标书内容。招标流程应公开透明，遵循法定程序，防止信息不对称。资格审核要严格把关，排除不符合要求的投标者。评标过程应坚持公平、公正原则，充分评估资质能力、技术水平、质量保障、价格成本、经验业绩等因素（见图4和表3）。

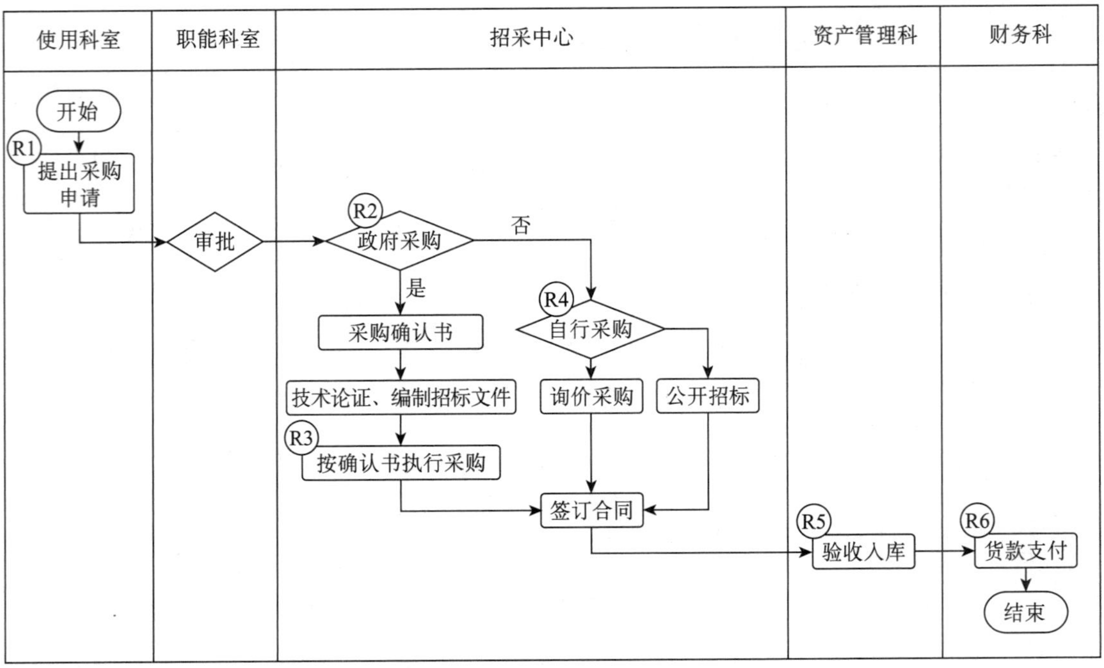

图 4　采购业务风险控制流程

表 3　采购业务风险控制矩阵

风险编号	风险描述	控制措施	执行人	控制制度
R1	采购申请提出不合理，数量不准确，未经有效审核或审批，导致采购失败或资金、资产浪费	业务科室提出采购申请，填写《采购申请审批单》，详细描述需要采购货物、材料、设备的名称、数量、规格等内容，报送招采中心审核	业务科室	《××医院采购管理制度》
R2	通过“化整为零”等方式规避政府采购，没有严格执行《中华人民共和国政府采购法》等法规，规避政府采购监督，可能导致采购业务违法违规	纳入政府采购目录的采购项目必须采用政府采购管理制度规定的采购方式	招采中心	《中华人民共和国政府采购法》
R3	没有按确认书的要求和内容采购	招采中心应当以批复的政府采购预算指标和下达的政府采购确认书为依据进行采购	招采中心	《中华人民共和国政府采购法》
R4	没有按规定要求选择采购方式	要按照政府相关制度的规定，选择合适的采购方式	招采中心	《××医院采购管理制度》
R5	采购验收不规范，验收标准不明确，验收程序不规范	招采中心和资产管理科对供应商履约结果进行验收；设备验收需要使用科室参与，确认货物、服务是否符合合同要求。重点核对采购合同、发票等原始单据及采购物资的相关数据、质量等原始单据与采购物资的数量、质量、规格型号等是否相符	招采中心、资产管理科、使用科室	《××医院采购管理制度》

续表

风险编号	风险描述	控制措施	执行人	控制制度
R6	未按合同规定支付货款	医院须严格按照支付流程执行；财务科严格审查采购发票等票据的真实性、合法性和有效性	招采中心、财务科	《××医院资金审批制度》

（四）施工阶段

1. 工程项目。要建立健全法定代表人负责制、项目招标制、工程建设监理制和工程合同管理制，必要时引入建设工程全过程跟踪审计单位，在概算执行进度、概决算价格及相关合同谈判等环节协同把关，确保工程质量监管和概算得到有效控制。

2. 施工阶段。应严格按图施工，保障质量安全；在施工进度方面应实施有效的进度管理，确保工期履约；加强施工现场的安全监管，防范事故风险；同时对已完工的分项工程进行定期质量检查，及时发现并处理问题；在整个工程项目实施过程中应保持与各方协调沟通，确保工程符合预期及功能实现。同时，建立施工现场的卫生环保措施，减少对环境的影响。在施工过程中，加强人员培训，确保施工人员具备相关资质、技能与安全意识。

3. 基建项目工程变更。应符合国家相关规定及合同条款约定，规范变更审批程序和流程。工程变更要处理及时，变更资料要妥善保管，避免引起经济纠纷。

4. 工程款支付。要严格按照工程进度或合同约定支付工程款，明确工程款支付的审批权限、支付条件、支付方式和会计核算程序。对因工程变更等原因造成工程款支付金额发生变动的，相关科室须提供完整的书面文件和资料，经财务、监理、跟踪审计单位和有审批权限人员按规定程序审批后，财务科方可支付工程款（见图5和表4）。

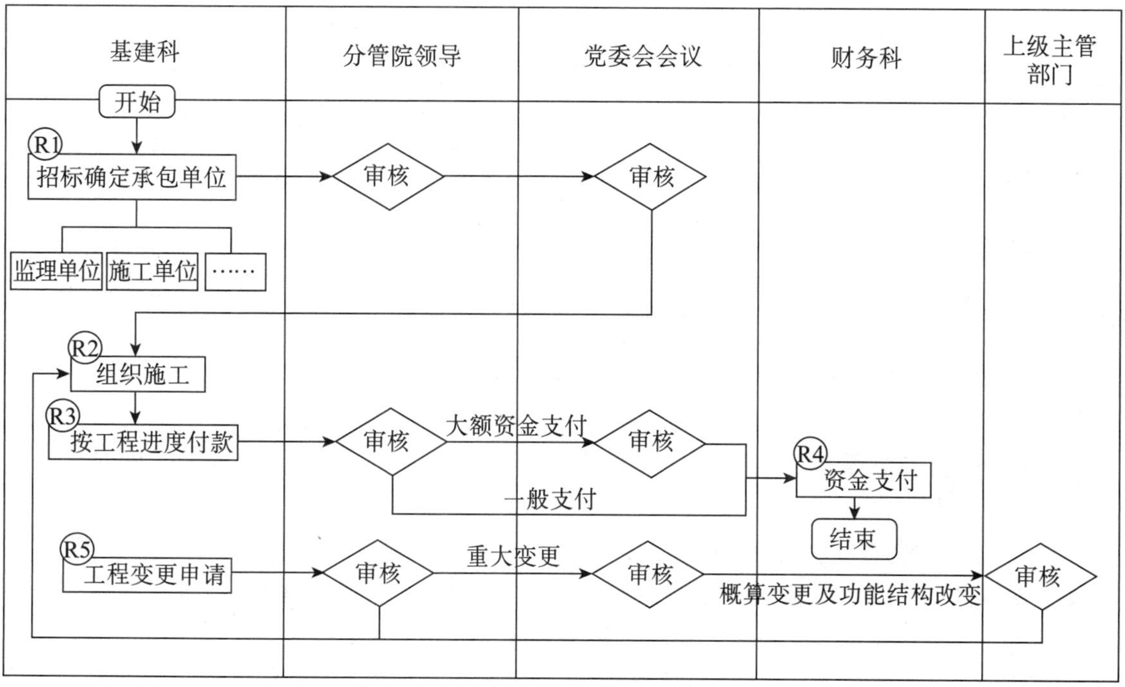

图5　项目施工过程控制流程

表 4 项目施工过程控制风险矩阵

风险编号	风险描述	控制措施	执行人	控制制度
R1	没有采用恰当的招标方式选择施工单位，或在招投标过程中存在暗箱操作或商业贿赂等舞弊行为	应建立基建项目招投标管理制度，明确招标范围和要求，规范招标程序，不得人为分解工程项目，规避招标；医院应采用招标方式确定设计和施工单位，确保招标过程的公开、公平、公正	招采中心 基建科	《××医院招投标管理办法》
R2	施工管理过程中未办理施工相关手续，违规施工；施工过程监管不到位，工程质量不符合要求	严格按照施工管理规定办理施工相关手续；实行严格的基建项目监理制度，做好基建项目进度和质量的监控，及时发现和纠正建设过程中出现的问题	基建科	《浙江省工程建设管理条例》
R3	项目没有按规定支付工程款，虚报或随意增加工程量，虚报当月完成工程量	建立基建项目按完成进度支付工程款的制度，对工程款支付的条件、方式作出明确规定，准确掌握工程进度，根据合同约定，及时、正确地支付工程进度款	基建科	《××医院基本建设管理制度》
R4	审核不严，可能导致多付款	财务科要认真审核工程量清单、合同等原始资料，工程款支付申请须经监理和跟踪审计单位以及有审批权限的人员审核通过后，财务科方可支付工程款	财务科	《××医院基本建设财务管理制度》
R5	不重视变更管理，没有规范的变更管理流程，变更审核不严，导致变更频繁，概算超支，投资失控	工程变更要符合合同条款及国家相关规定，且要经过审批，按规定程序进行变更，工程变更对造价及功能结构的影响超过一定金额或范围的，要报上级主管部门和同级财政部门审批	基建科	《浙江省工程建设管理条例》《××医院基本建设财务管理制度》

（五）验收与交付

1. 在项目验收与交付阶段，应明确验收标准与流程，确保设施、设备等质量达标；对不同系统开展全面测试与演练，确保系统运行稳定；验证文件完备性，如合同、保修等；培训人员，确保操作熟练；保持与医院的沟通，解决问题与解答疑惑；办理移交手续，确保交付资料完整。

2. 严格执行竣工清理、竣工验收、竣工结算审计和竣工财务决算等规定，确保竣工结算和决算资料真实、完整、及时。

3. 在编制基建项目竣工财务决算前，财务人员要认真做好各项清理工作（包括账目核对及账务调整、财产物资盘点核实、债权债务清偿、档案资料整理等），做到账实相符。要根据基建工程结转固定资产的相关规定，并结合审计报告，转出已交付使用固定资产的投资价值。对竣工结算审计部门提出的问题及时整改，准确核实新增资产的价值。未经竣工结算审计的工程项目，医院不得办理固定资产验收和移交（见图 6 和表 5）。

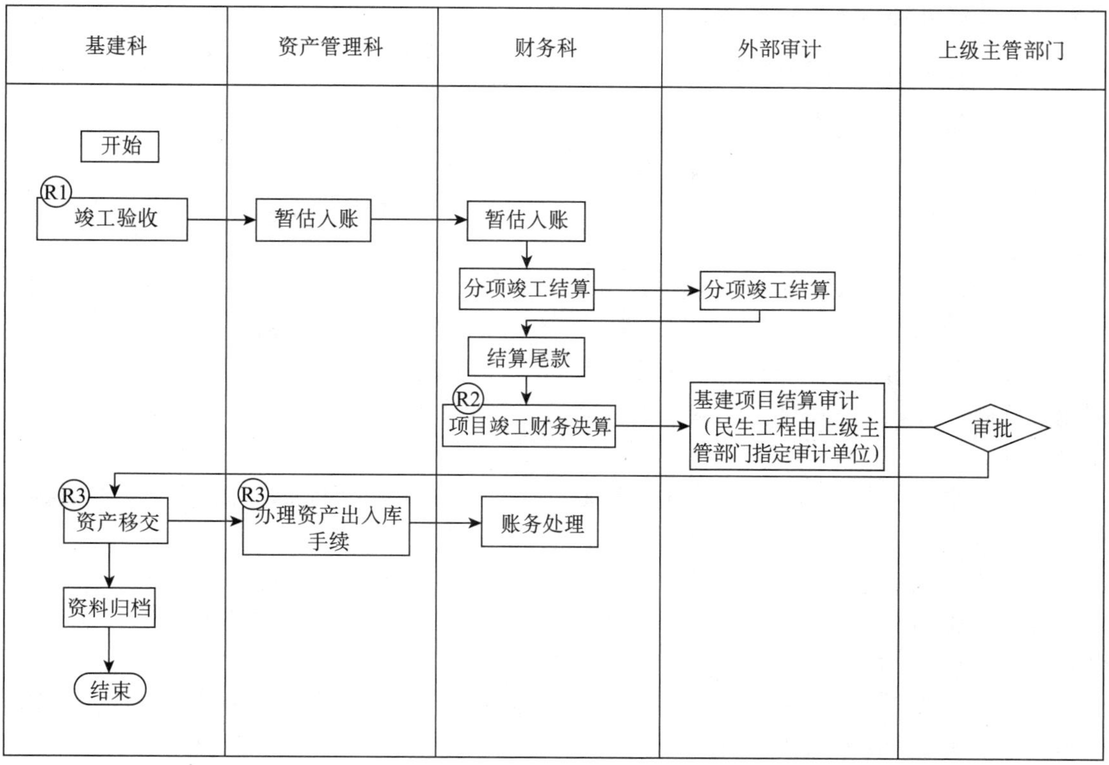

图 6　项目竣工控制流程

表 5　　项目竣工控制风险矩阵

风险编号	风险描述	控制措施	执行人	控制制度
R1	竣工验收不规范，把关不严，工程质量不符合设计要求	建立竣工结算环节控制制度，对竣工清理、竣工结算、竣工审计、竣工验收等作出明确规定；基建科负责对竣工验收工作进行管理与监督，组织相关科室对工程项目进行竣工验收，保证基建项目严格按照设计要求进行竣工验收。经现场检查符合设计标准，各方签署验收报告	基建科	《浙江省工程建设管理条例》
R2	竣工财务决算未经第三方独立竣工结算审计。虚报竣工财务决算报告。决算资料不真实、不完整、不及时，可能导致竣工财务决算资料失真	施工单位提交的工程竣工结算申请，须有监理、设计、施工、基建科等签署审核意见，且经过外部审计、分管院领导、院长和上级部门的审核和审批，财务科严格按照审批通过后的工程竣工结算书进行支付	财务科	《浙江省工程建设管理条例》《××医院基本建设财务管理制度》
R3	未及时办理资产及档案的移交，资产未及时结转入账，可能存在账外资产等风险	基建科要及时将结算审批后的资产移交给资产管理科，资产管理科要及时办理资产的入、出库手续	基建科、资产管理科	《××医院基本建设财务管理制度》

四、基建项目管理与案例

（一）基建项目管理

1. 履约银行保函（样本）

履约银行保函（样本）

保函编号：

医院（收益人）：

鉴于贵方与承包人双方于　年　月　日就________________________工程签订施工合同（下称主合同）履行需要，应承包人申请，我行愿无条件地、不可撤销地开立。

（1）我行承诺，如果承包人未按照主合同的约定履行义务，我行将在收到贵方提交的书面索赔通知后7个工作日内，以保函金额为限，无条件地向贵方承担担保责任进行相应支付。

（2）如果贵方与承包人协商变更主合同，应事先征得我行书面认可，否则，本保函即行失效。

（3）本保函不得转让，我行对除贵方以外的任何组织或个人不承担担保责任。

（4）本保函自开立之日起生效，有效期自 年　月　日止。书面索赔通知和有关证明文件必须在上述期限内送达我行，否则，我行在该保函项下的责任自动解除。

（5）该工程承包合同按期履行完毕后、保函超过有效期或我行的担保义务履行完毕，保函即行失效，请将本保函退回我行注销。

担保人：银行（盖单位章）

法定代表人或授权人：　　　　（签字）

地址：

电话：

年　月　日

2. 承包人的违约情形（包括但不限于以下几种）

（1）私自将合同的全部或部分权利转让给其他人，或将合同的全部或部分义务转让给其他人。

（2）未经监理人批准，私自将已按合同约定进入施工场地的施工设备、临时设施或材料撤离施工场地。

（3）使用不合格材料或工程设备，工程质量达不到标准要求，又拒绝清除不合格工程。

（4）未能按合同进度计划及时完成合同约定的工作，已造成或预计造成工期延误。

（5）在缺陷责任期内未对工程接收证书所列缺陷清单的内容或缺陷责任期内发生的缺陷进行修复，又拒绝按监理人指示再进行修补。

（6）承包人无法继续履行或明确表示不履行或实质上已停止履行合同。

（7）承包人不按合同约定履行义务的其他情况。

医院对承包人违约情形的处理，应在合同条款中予以明确：限期整改、提出警告、视情节轻重确定扣款金额大小；如造成医院或第三方损失的，需如实赔偿，但赔偿限额应符合合同约定。

3. 工程进度款结算审核的内容

（1）用款计划审核。审查所需支付款项是否列入批准的计划项目，对无计划、超计划的项目不予开支。

（2）付款依据审核。审核付款是否达到合同规定的事项、付款条件，是否附招投标文件，工程结算会签单，合同、施工单位工程进度报表、审核的工程结算书。其中：工程结算会签单须注明监理对工程质量控制和工程量的核定意见、基建科提交分管院领导签批的本期应付工程款金额、财务人员的审核意见。

（3）授权审批审核。查看资金支付审批程序及权限是否正确，是否有监理、跟踪审计单位、基建科长、分管院领导（限额以内）、院长（限额以上）等的签字。

（4）付款票据审核。查看结算发票是否真实；设备到货验收单与合同的设备名称、规格、型号等是否一致；将供货方提供的设备明细清单等资料按要求审核无误后收存。

（5）付款额度审核。检查是否符合合同规定的付款金额，发票金额是否正确，有无按合同约定扣除工程质保金、施工配合费、施工用水电费等余款。因工程变更等原因造成工程款支付方式和金额发生变动的，要求提供完整的书面文件及其他相关资料。

4. 基建项目变更的主要原因

基建项目方案变更，容易造成投资超概算，究其原因，主要有：

（1）医疗功能需求提升。随着先进医疗技术和医疗设备的快速发展，建筑布局、配套条件出现“未使用先滞后”的问题，这种情况造成项目实施过程中，医院因新增一些需求而导致后期投资费用增加。

（2）设计方案深度不足。前期勘察、设计深度不够，深基坑施工存在安全性问题，须增加围护安全措施费；地下情况勘探不清，增加地下室清障等签证；设计方案未充分考虑项目全寿命周期成本；室内装饰原设计深度不够，房间布局、功能不明确，重要部位装修选材和设备选型未从项目全寿命周期角度充分考虑医院运维成本。

（3）设计方案重技术轻经济，未真正落实设计方案技术经济比对优选工作。如外墙因外窗间距较小，构造柱布置设计比常规情况密集，且施工作业面小，施工难度较大，无法用机械直接浇捣施工导致投资成本增加。

当基建项目方案变更既涉及重大设计变更，又涉及调整项目概算时，医院需按重大设计变更管理程序办理，可同时进行概算调整；项目概算超出政府审核造价批复静态投资额500万元或10%的，原则上应征得政府原审批部门同意后方可执行。

静态投资：是指编制预期造价时以某一基准年、月的建设要素单位价为依据所计算出的造价时值。包括因工程量误差而可能引起的造价增加。不包括以后年月因价格上涨等风险因素而增加的投资，以及因时间滞后而发生的投资利息支出。

5. 工程监理的工作内容

监理工作是建筑工程中非常重要的一环，其主要职责是对施工现场进行监督、检查和管理，确保工程质量和进度达到规定标准。监理工作的主要内容有：

（1）对施工过程的监督和检查。监理人员需要定期到施工现场进行检查，确保施工过程符合设计要求和相关法律法规。其要检查施工材料的质量、施工工艺的执行情况以及施工人员的操作规范，及时发现并解决存在的问题。

（2）工程质量的监控。监理人员要对工程质量进行全面监控，包括土建工程的基础和结构、建筑装饰装修工程以及设备安装工程等各个方面；要检查工程施工是否符合设计要求、质量标准和验收规范，确保工程质量过关。

（3）施工现场的安全监督。监理工作中，安全监督是至关重要的一个方面。监理人员要定期检查施工现场的安全措施是否到位，是否符合相关规定，督促施工单位加强安全教育和培训，预防和减少事故的发生。

（4）进度管理。监理人员要对工程进度进行管理，确保工程按照合同规定的时间节点顺利进行；要监督施工单位严格按照施工计划和时间表执行工程进度，及时发现并协调解决进度延误的问题。

（5）合同管理。监理人员要对工程合同的执行情况进行监督和管理，确保各方按照合同约定履行各自的责任和义务；要参与合同的订立和审查，并在施工过程中监督合同的履行情况，及时处理合同纠纷和变更事项。

监理人员通过认真履行以上方面的工作内容，可以有效地保障建筑工程的质量安全和进度，确保工程按照设计要求和相关标准顺利完成。监理人员在工程监理中扮演着重要的角色，是建筑工程质量和安全的守护者。

6. 全过程跟踪审计的工作内容

某医院为了规范建设 B 工程项目，决定进行 B 工程项目全过程跟踪审计。某医院从上级审计部门招标入围的第三方中介机构中，选择了一家担任 B 工程项目的全过程跟踪审计单位，并签订了聘用协议，具体内容包括：

（1）基建项目前期跟踪审计。①审计资金筹集的合法性和资金到位的及时性，保证专款专用；②审查基建项目概算是否合法、合规，避免发生概算超计划、预算超概算、决算超预算的现象；③审查基建项目在勘察、设计、施工、监理、采购和供货等方面的招投标工作和合同管理情况，同时，对招标代理机构、评标专家资质和评标过程进行审查。

（2）施工过程中的跟踪审计。在基建项目施工过程中，重点对工程量、材料价款、工程进度款支付及现场变更签证单等内容进行跟踪审计：①工程材料价格审核。根据合同条款中不同的确认模式进行有效监督控制；②工程变更签证的确定。工程一旦发生变更，由跟踪审计人员对工程变更的真实性、必要性、合规性进行审查；③工程进度拨付款审计。由跟踪审计人员对工程款结算书进行审核，出具审核意见和拨付进度款建议书，作为某医院支付工程进度款的依据。

（3）工程竣工后跟踪审计。主要是对基建项目竣工结算、财务决算进行审计。该案例中，某医院委托全过程跟踪审计单位对基建项目建造过程中各个环节的合法性、真实性进行审查，特别是针对建设过程中合同签订、材料价格、付款方式、概算调整等关键控制点进行审核，既弥补了医院缺乏专业基建人员的短板，又提高了审计质量和效率，避免隐蔽工程事后审计的被动状态，保证了基建项目的质量和资金安全。

7. 基建项目成本管控内容

（1）医院与承包方谈判让利。可从以下几方面努力：①措施费让利。②承包方取费级别让利。③人工费让利。④总结算后让利。如在医院外科楼建设时，施工承包方措施费优惠 20%，仅此一项工程总造价降低 5%；在门诊医技楼建设中，医院以工程款拨付为优势，经与承包方谈判，每个工日人工费比市场平均价格降低 4 元，整体工程造价降低 170 余万元。

（2）降低总包方对分包项目收费。医院工程项目可分为总包施工和总包外包外采两大部分。外包外采项目主要有：空调、电梯、消防、弱电系统、物流传输系统、门、窗、防火门、地面用材、内外墙装饰、洁具、防护扶手等项目品种。通常总包方要对外包外采项目和材料额外加收一定费用，有高有低，有的会很高。管理费收取的高低也影响到工程造价，因此，医院基建人员要全面了解掌握分包项目市场情况，以免总包方收取不合理的管理费而增加基建项目成本。

（3）充分了解市场行情，降低建材成本。总包方在工程投标时，对各种材料都有基本报价，一般三大材料报价基本符合市场行情，但装饰（装修）材料市场价格差异大，总包方为了追求利润，常以低于报价的价格采购产品和材料。因此，基建人员要对材料市场行情有基本了解，可通过公开招标、网上询价、市场调查等方式了解和掌握材料真实价格情况，防止承包方以次充好，虚高报价等。

（4）广泛考察市场，选用适当材料。一个好的工程项目，不是各种材料的堆砌，而是各种材料的完美搭配与有机结合。只有把各种建筑材料科学完美地结合，才能创造一个优良工程或精品工程。现在市场建筑装饰材料品种系列多，价格相差大，不同系列品种材料的选用会影响工程整体造价。如果基建人员在施工过程中完全依赖于设计方案、效果图，不认真做好材料的分析研究工作及选对用好材料，不仅难以确保收到良好的建设效果，还会增加工程造价。因此，在材料采购过程中，要比质量、比价格、比性能特点、比色彩搭配等，通过不同材料的考察，选择搭配使用，减少投入、降低造价，获得优良的工程效果。

（5）做好材料品种替代工作。材料价格高低直接影响到工程造价，医院在施工管理中，要坚持选对的不选贵的，可以有效节约投资，降低工程造价。如以往病房走廊吊顶，为了检修方便，多采用铝扣板。某医院在新病房楼建设中，采用了矿棉板和石膏板，并以灯具口兼做维修口使用，避免了因石膏板吊顶预留检查孔多而影响美观的弊端，节约投资 100 余万元。

（6）多方案比选，降低工程造价。工程设计方案不同，造价会有很大差别，设计对工程造价影响很大。如某医院进出口景观设计，最初方案为整块景观石，市场价 70 余万元，效果不甚理想。经反复分析、商讨，最终选择以石雕某医院名称、倾斜横卧花坛代替景观石，节约投资 40 余万元，并获得优于景观石的效果。在护士站设计施工时，选择了一家专业橱柜厂共同研究设计方案，最终以低于专业生产厂家一半的价格采购，并达到了设计合理、选型美观、结实耐用的效果。

8. 打造医院基本建设管理队伍

医院要打造一支拥有复合型人才的基本建设管理队伍：

（1）财务人员要改变以核算与支付为主的工作现状，学习相关的业务知识，提升专业的理解和沟通能力，发挥财务在基本建设中的事前预测、事中监督和事后考核职能，将财务管理职能前移至业务层面。

（2）业务人员要从繁杂琐碎的工作中解脱出来，投入到基建工程项目管理中，加强对设计、造价、施工、监理、跟踪审计等第三方公司的沟通与监管，保障工程质量与安全。同时，熟悉财务流程，增强内控意识，有效进行成本控制。

（3）内审人员要深入学习业务与财务的相关知识，并不断积累；要将监督作用贯穿于基本建设的始终，加强对基建项目业务与财务的全过程跟踪审计，防止舞弊行为的发生，及时发现各个环节存在的问题，向医院领导提出相应的改进建议。

（4）基本建设过程中容易涉及利益问题，相关人员必须廉洁自律，牢固树立责任意识，加强廉政风险防控，制定并实施关键岗位人员轮岗制度，医院纪委要定期对相关人员进行警示教育。

（二）基建项目管理案例

案例 1：履约保证金与预付工程款能相互冲抵吗？

某医院 2015 年年初经省发改委批准，新建一座病房大楼，经公开招标确定施工单位，双方签订合同。合同中明确："施工单位递交 10% 履约保证金且签字盖章后合同生效。主要施工机械进场后 7 天内某医院向施工单位支付合同价 10% 的工程预付款；开工后至竣工前，在施工单位提交进度款支付申请报告的次月 15 日前，经某医院审批程序办理完毕后 7 天内支付该期进度款；每期应付进度款为当期已计量确认完成工程量折算金额的 70%；竣工验收合格，进度款（含预付款）最高支付至合同价的 80%；工程审计结算价经施工单位签字确认后 30 天内，某医院支付工程审定价的 98.50%，剩余 1.50% 作为工程质量保证金"。

2017 年 10 月，病房大楼建成，审计部门对该项目进行专项审计，发现存在如下问题：

（1）施工单位没有按合同约定提交履约保证金，某医院也没有预付工程款，只是在支付第一笔进度款时，某医院凭发票做了预付 10% 工程款和收回施工单位 10% 履约保证金的一出一进账务处理。

（2）没有按照当期已计量确认完成工程量折算金额的 70% 支付工程进度款，存在多支付工程款的问题。

（3）施工单位在商务标书中承诺：本工程免费采用泵送混凝土，而在签订工程合同时改写为本工程地下层免费采用泵送混凝土。

（4）在装修过程中，某医院要求将原合同中的强化地板改用塑胶地板，施工单位在出具的变更联系单上只注明塑胶地板的单价和使用面积，而对扣减强化地板金额只字未提。

管理存在的缺陷：

（1）履约保证金和预付工程款不能相互抵销。履约保证金是邀约承诺的表现形式，是由施工单位在签订合同时向某医院缴纳的，在合同期内有效。而预付工程款，是某医院为了帮助施工单位解决工程施工前期资金紧张的困难而提前给付的一笔款项。某医院对应收履约保证金和预付工程款采用发票一进一出的转账处理方式，一旦双方产生纠纷，施工单位可以告某医院没有按规定预付工程款，违约在先；而某医院没有按规定收取履约保证金，是自动放弃权利。

（2）合同条款执行不力。经核查发现，施工单位每月提交的进度款支付申请明细单中，夹杂着一些不该列入的项目和金额；而某医院基建科现场管理员没有到施工现场核定工作量，只是按照监理单位核定的付款数据抄写；其他审核人员相信基建科现场管理员确认的数据，没有独立履行职责，造成每月工程进度款多支付。

（3）合同审核不严。《中华人民共和国招标投标法》《中华人民共和国招标投标法实施条例》等明确规定：应按招标文件和投标文件订立合同，且不得另行订立背离合同实质性内容的补充协议。某医院相关管理科室人员未全程参与合同的谈判，审核合同时也没有核对商务标书；而某医院后面签订的工程合同，无形中起到修正和改变前面合同条款的作用，使某医院本该免费采用泵送混凝土改为地下层免费采用泵送混凝土，即地上层泵送混凝土要收费，给某医院造成不必要的经济损失。

（4）变更联系单管理不严。某医院变更联系单管理较薄弱，签字审批权限不明确，有些管理人员错误地认为竣工结算时审计单位会把关，从而放松管理。

整改情况：

（1）制定经济合同管理制度。为了更好地管理合同，某医院按照“统一领导，归口管理、分级负责”的原则，制定了《××医院经济合同管理制度》，进行分级授权签订，规范合同签订与审批流程、合同的履行及跟踪、监督检查、档案管理、责任追究等内容；规定不得在经济活动开始进行或完成后补签合同，不得随意拆分合同，不得单独一人与对方洽谈合同；经办人员须详尽了解合同标的的基本情况，争取合同文本的拟稿权；明确某医院合同实行会签审核，未经会签审核的合同，某医院财务科不得支付相关款项。

某医院建立了完善的合同纠纷处理机制，明确处理原则、处理科室和处理程序。坚持以事实为依据、以法律为准绳、以双方协商解决为基本方法。纠纷发生后，合同承办科室应及时向上报告，寻求解决对策。要与对方当事人协商解决，尽量采取补救措施，减少某医院损失。如协商不成，应在法律顾问的指导下，寻求司法途径解决。

为了简化工作提高效率，某医院总会计师组织相关职能科室设计并使用规范合同文本，这样既可简化合同审核工作量，防范合同纠纷，又能提高合同送审效率和质量，切实保障某医院和社会公共利益不受侵害。

（2）修改原有基建合同文本。某医院将基建合同划分为土建、装饰、安装三大类，针对每类基建合同设定通用条款、专用条款及工程质量保修书。根据管理需要，对基建合同标准文本作如下修改：

①合同文本由基建科负责起草，招采中心、财务科、内审室、分管院领导、总会计师、法律顾问等会签审核，确保合同内容和条款完整、准确，做到必要条款不漏项。

②认真审查涉及权利与义务的合同条款，并结合某医院实际进行适当修改。

③标准文本内容遵循表达严谨、清楚的原则，如在合同价款与支付条款中，分类具体约定工程预付款、工程量确认、工程款（进度款）支付方式和数量；严格规定施工单位足额提交履约保证金，且经双方签字盖章后合同生效。

④特别关注“其他约定事项”等需要补充填写的栏目：①如施工中用水、电按规范要求装表计量，某医院按实际用量经总监理工程师签字确认后结算。确实不能装表的，按工程结算收入的0.7%计算，且水电费用最终不进入审计，由某医院直接向施工单位结算；②审计费用中约定，施工单位应如实提供工程竣工结算资料，如审计后核减金额占送审金额10%以内（含10%），审计费用由某医院支付；超出10%以上的，审计费用全额由施工单位承担，某医院在支付工程款时扣回。

案例2：违约金与赔偿金

某医院与乙公司签订购买设备合同，设备价款500万元，合同约定违约金100万元。请根据民法典的相关规定回答以下问题。如果乙公司违约未能供货，给某医院造成损失50万元，乙公司要求减少违约金数额，法律是否允许？如果乙公司违约给某医院造成2000万元损失，某医院能否提出增加赔偿金的要求？

司法解释：

（1）违约金的立法宗旨在于补偿而不是惩罚。

（2）约定的违约金低于造成损失的，当事人可以请求人民法院或者仲裁机构予以增加；

约定的违约金过分高于造成损失的，当事人可以请求人民法院或者仲裁机构予以适当减少。

（3）如果乙公司违约未能供货，给某医院造成损失 50 万元，乙公司要求减少违约金数额，法律允许。

（4）如果乙公司违约给某医院造成 2000 万元损失，某医院可要求增加赔偿金，以弥补乙公司违约给某医院造成的损失。

（5）《最高人民法院关于适用〈中华人民共和国民法典〉合同编通若干问题的解释》：当事人主张约定的违约金过分高于违约造成的损失，请求予以适当减少的，人民法院应当以民法典第五百八十四条规定的损失为基础，兼顾合同主体、交易类型、合同的履行情况、当事人的过错程度、履约背景等因素，遵循公平原则和诚信原则进行衡量，并作出裁判。

（6）约定的违约金超过造成损失 30% 的，人民法院一般可以认定为过分高于造成的损失。

（7）双方在签订经济合同中可以明确：如乙公司违约给某医院造成的损失超过约定违约金额的，乙公司还应支付赔偿金。

案例 3：装修工程纠纷的处理

2019 年，某医院公开招标装修工程项目。A 公司中标，双方约定装修款 160 万元，工程于 2020 年 9 月底完成。

数月后，A 公司提出因装修项目变化、材料涨价等原因，要求某医院上调价格，并以拖延工期来要挟，后双方达成协议：装修款定为 240 万元，并在补充协议书上签字。

2020 年 10 月底，工程验收交付使用，某医院委托第三方审计，审定价为 190 万元，A 公司拒绝在审计取证单上签字，理由是双方已就工程款达成一致协议，审计的意见不能成为定价的直接法律依据，并向法院提起诉讼。

法院判决：

某医院支付 A 公司 190 万元的工程款，但 A 公司应就延迟交付工程支付给某医院若干违约金。

案例 4：正确使用结算票据

2017 年 10 月，某医院通过公开招标及实地考察，选中 C 公司承担基建项目总包工作，双方签署了服务合同。合同约定：双方按月结算总包费用，C 公司提供“增值税建筑服务”发票。过了六个月，审计人员在对 C 公司财务检查中发现，C 公司与某医院结算总包费用使用“增值税建筑劳务”发票。遂给某医院下达审计意见书：“某医院涉嫌帮助 C 公司逃避税收”。某医院财务科科长接到审计意见书后立即进行核查，发现 C 公司在六个月中提供 2 张“增值税建筑服务”发票（9%），4 张“增值税建筑劳务”发票（6%），而二者的税率相差 3 个百分点。

管理存在的问题：

（1）未实施有效的事中、事后单据控制。财务审核人员只核对应付总包费用，未仔细审核发票，工作失职；有审批权限的人员，只认正规发票，没有关注发票使用是否正确。

（2）未审核支付结算票据真伪。财务审核人员不仅要核查结算票据真伪，还要审核结算票据与结算内容是否相符，内容填写是否完整等。

整改要求：

财务人员须熟悉税法知识。国家税法是以法的形式公布，要求每个公民认真履行，尤其是财务人员在工作中要与税法打交道，必须认真学习，熟练掌握，规避可能面临的各种税务风险，做一个守法的公民。

案例5：合同条款约定纠纷

2015年2—10月，B医院与某装饰公司先后签订了4份合同。在合同履行过程中，B医院根据合同规定预付一定比例工程款，但某装饰公司一直没有提供正规发票。B医院认为在某装饰公司不提供发票的情况下有权拒付剩余工程款，并要求某装饰公司开具已预付的工程款发票。而某装饰公司认为，合同中没有明确约定发票事宜，应当遵从工程款付清之后才开具发票的交易习惯，要求B医院支付完毕工程款后，再取得全额发票。为此，某装饰公司向法院起诉，要求B医院付清工程款，并支付延迟付款的违约金。

法院判决：

（1）某装饰公司必须开具发票。某装饰公司收到B医院给付的工程款后，交付等额发票是其应尽的法定义务。《中华人民共和国发票管理办法》规定："销售商品、提供服务以及从事其他经营活动的单位和个人，对外发生经营业务，收取款项，收款方应当向付款方开具发票"。《中华人民共和国税收征收管理法》规定："单位、个人在购销商品、提供或者接受经营服务，以及从事其他经营活动中，应该按照规定开具、使用、取得发票"。根据上述规定，某装饰公司开具发票是法定义务，不得以合同未约定而拒绝开具发票。

（2）B医院需遵守合同约定。工程付款进度应按照合同约定条款执行，B医院不得以某装饰公司未开具发票为由拒付余款。虽然开具发票是某装饰公司的法定义务，但并非付款的法定条件，故B医院不能想当然认为应先开发票后付款，不开发票就有权暂不付款。

五、A医院门诊楼改造项目管控实例

A医院门诊楼改造项目系医院自筹资金建造，涉及总建筑面积21850平方米，经上级主管部门审核造价为6807.57万元，其中：建安工程费用5976万元，工程建设其他费507.40万元，不可预见费324.17万元。根据施工图进行工程概算和审核，确定金额5346.02万元。A医院经过公开招标，其工程中标优惠率9.74%，最终合同金额4825.16万元。建设周期550天，2023年12月1日动工，预计2025年6月3日完工。截至2024年12月底，门诊楼改造项目已完工程量82.90%，实际支付：建安工程费用3524.09万元，工程建设其他费275.24万元；调增金额54.81万元，调减金额16.79万元。

（一）立项决策阶段

1. 组织架构及主要职责

为保质保量如期完成门诊楼改造项目，A医院完善了组织架构（见图7），明确了各相关职能科室的主要职责。

（1）基建科：主要负责计划、报建、招投标工程项目的前期工作，以及项目施工过程中的质量、进度管理，按合同规定和工程进度完成情况支付资金；做好图纸修改和施工现场签证单的管理，对变更联系单及因图纸修改而增减的工程量按规定流程进行确认；督促施工和监理单位在工程竣工验收合格后，将归档资料收集整理完毕，移交档案管理部门。

（2）设备科：确定基建项目工程中医疗设备的更新档次和新增数量是否与医院下属科室

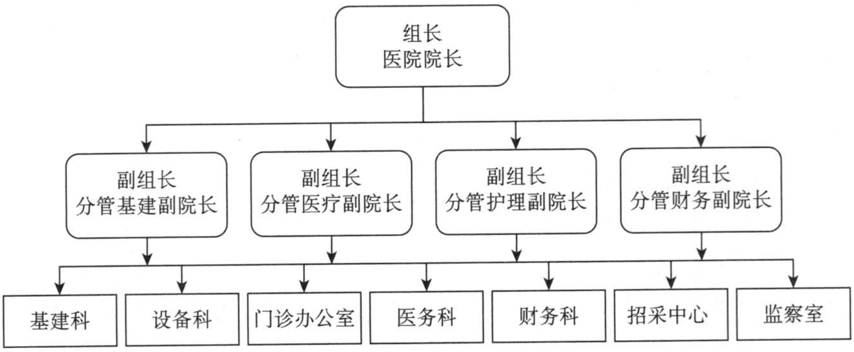

图7 门诊楼改造项目组织架构

业务的需求相一致；申购的医疗设备是否用于新技术、新项目的开展或是对现有设备的升级换代；提供拟购设备在基建项目改造区域的布置点位，用水、用电、信息网络需求，及相关设备的通风排风参数和管道走向等；参与基建项目中相关设备进场时的技术参数核对和施工分阶段基建工程验收；负责设备技术档案的收集和存档管理，以及设备交付使用后的维护和管理。

（3）门诊办公室：对各诊室、专科和公共场所的布局提出设计要求；对需要的诊室数量、诊室空间的大小、诊室内的配置需求，包括：强弱电点位数量、监控设施需求、护士站导医台相关需求、无障碍设施等提出具体的改造设想和设备配置要求。

（4）医务科：负责根据医院现有门诊和住院病人就诊类别和就诊数量提出门诊各临床科室分类、分区位置设置，相应诊区的使用面积要求，并针对各个临床专科的特点提出基建项目的注意事项，教学门诊和住院的设置要求和数量，治疗室、换药室、急诊等区域和病房的医疗需求，以及根据医院实际情况预留一定的发展空间，以满足后续升级改造需要。

（5）财务科：认真执行会计法及国家财经法律、法规、政策和制度，维护财经纪律，把好财务监督关。加强对财务活动的事前、事中和事后的监督，及时制止和纠正违反财经法规和财务制度的行为。对大型设备购置和基建工程项目，要做好投资前的可行性分析和论证，付款环节要完备规定的审批流程和权限，按照谨慎性原则，确认合同付款条件和实际完成工程进度后付款，确保资金安全。

（6）招采中心：负责做好全院货物、服务和工程等的招标采购工作，使之符合国家和医院的各项管理规定。按照党风廉政的要求，做好本中心反腐倡廉工作，包括制度建设、廉政和警示教育及重点防控等工作。

（7）监察室：抓好医院党风廉政建设和行风职业道德建设的监督落实工作；督促检查监察对象遵守和执行国家法律法规、方针政策和医院规章制度；受理来信来访，接受对监察对象的检举控告及监察对象的申诉，配合纪委、上级监察机关查处违法违纪违规案件。

2. 制定基建相关管理制度

（1）基建科：制定《医院基本建设管理制度》和《医院工程变更联系单管理办法》

（2）财务科：制定《医院基本建设财务管理制度》。

（3）招采中心：制定《医院采购管理制度》和《医院招标投标管理制度》。

（4）监察室：制定《医院廉政风险防控制度》。

（二）设计阶段

1. 各科室申报需求

A 医院门诊楼改造项目，涉及原有的门诊科室工作场所的改造更新。这些科室在借鉴兄弟医院装修成效及合理布局的基础上，结合本院实际，提出设计、装修、强电弱电、给排水、暖通等具体建造装修要求，以及设备配置需求等。为此，A 医院基建科设计了《门诊楼改造项目科室需求征集意见表》，由科室主任负责填写，在规定时间内完成，并签字确认，以检验科为例（见表 6）。

表 6　　门诊楼改造项目科室需求征集意见表

需求科室	检验科

对该工程设计需求：

1. 装修：

（1）抽血窗口按现有布局不动；

（2）炮筒物流移位；

（3）实验室里的隔断不要采用玻璃隔断；

（4）污物暂存间和实验室的通道设置隔断门；

（5）质谱实验室、艾滋实验室要设置缓冲间；

（6）设一间艾滋预检实验室；

（7）每间实验室都要设洗手台盆；

（8）冷库地面要做防水处理；

（9）输血科改造需求（见表 6－图 1）。

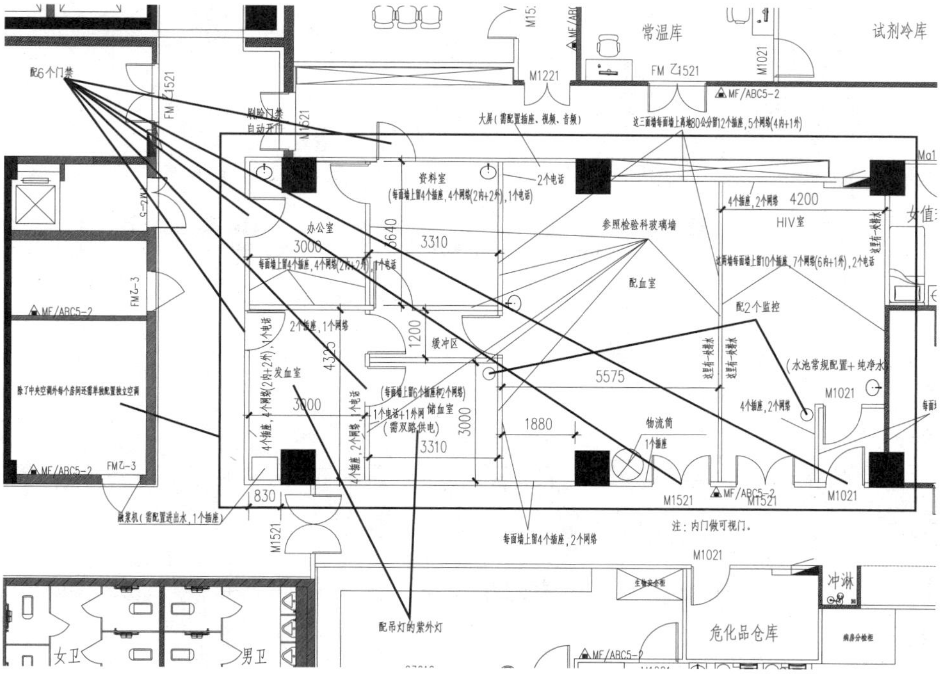

表 6－图 1　输血科改造需求

2. 强电：

（1）输血室和艾滋实验室不要设置紫外线灯；

（2）冷库预留电缆 5×6，功率 8kW，空开 25A，三相电；

（3）实验室插座分普通市电和 UPS 供电两种，建议两种插座选取不同颜色五孔斜插进行安装，且落地设备插座高度建议离地 30cm，实验台插座离地 95cm；全自动生化仪、全自动免疫仪、免疫流水线需要安装插座箱，内含一个

续表

UPS 空开装置，4 个 UPS 插座；设备后插座功率需和实验室老师确认；灭菌室高压灭菌仪插座需要使用 380V 动力电；冷库需预留 380V 动力电线，功率和冷库厂家确认。

3. 弱电：

生物安全柜要装生安眼及温湿度显示器，配电源线 + 网线。

4. 给排水：

（1）每间实验室都要设洗手台盆；

（2）需设紧急喷淋和洗眼器。

5. 暖通：

检验科原 VRV 大金空调室外机用 38 匹，只对原生化免疫及细菌室共 800 平方米的实验区域提供全年 24 小时制冷，但在中央空调水系统停止供冷、气温不低的春秋季，实验室因检测设备散热大，环境温度不能达到使用要求，对工作影响较大。新改造设计方案中增配到 68 匹，承担整个实验区 1200 平方米及抽血窗口近 100 平方米的开放空间（高峰人流量每小时 300 人、持续 3—4 小时）制冷。实验区内共有大型流水线 4 套，其他各类大型实验设备近 20 台、大型冰箱近 20 台、台式电脑近 50 台，仪器自发热量大。经总务科评估，制冷量可能不足，改造后实验室环境温度可能仍然达不到使用要求，需要增配到 100 匹。请设计单位针对检验科改造方案，重新评估制冷功率，并提供核算依据，确保改造后工作能正常进行。

6. 设备：

（1）免疫室设备参数（见表 6 - 图 2）。

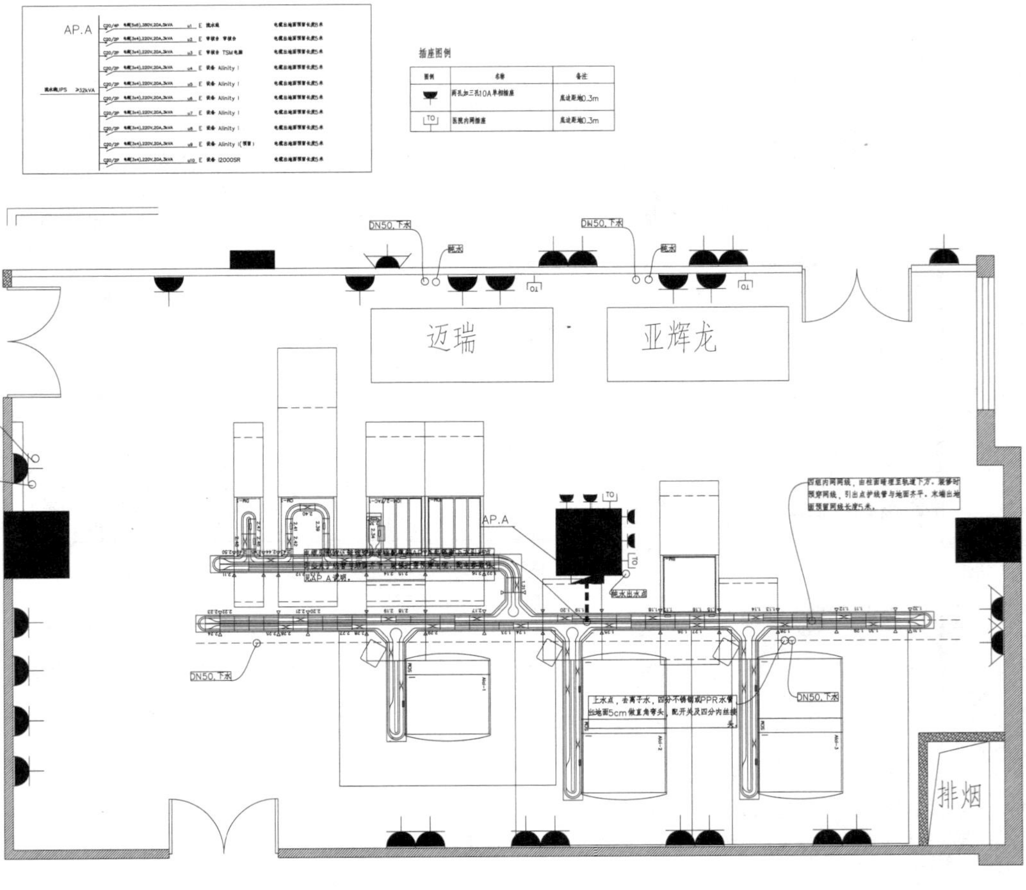

表 6 - 图 2　免疫室设备参数

续表

（2）生化仪器水电需求（见表6－表1）。

表6－表1　　生化仪器水电需求

生化仪器设备	生化仪器供电	供水
离心机及冰箱	3kVA	
罗氏模块	18kVA	40L/h
三模块	10kVA	180L/h
三模块	20kVA	180L/h
仪器预留	10kVA	100L/h
总计	51kVA	500L/h

需求科室负责人		需求提出时间	

2. 基建科

基建科在收到检验科设计需求征集意见表后，将门诊其他各相关科室对本次改造提出的水电气、消防、智能化等相关内容整理汇总，提交工程中标设计单位。

3. 设计单位

将A医院提交的整理汇总资料根据需求内容分门别类，交由各专业设计师，在规定的时间节点进行施工图设计。

（三）招标阶段

（1）召开招标文件审查会议。根据“单项或者年度采购金额≥分散采购限额标准的，通过公开招标、竞争性磋商”等政策规定，A医院在发布招标公告前，先由分管基建副院长组织召开招标文件审议会议，参会人员有基建科、招采中心、财务科、医务科、设备科、门诊办公室、监察室等职能科室负责人。会议主要是对招标文件进行审议，其内容有：①由代理公司解读招标文件；②定标方式分为：一是直接定标；二是评定分离，需会议确定，如评定分离，建议设3种方式（规则为3—8种）；③陈述与答辩：资格审查后入围15家，按照得分从高到低排序，作为评分内容；④代理公司汇报工程施工调差主材情况；⑤在评审内容中，建议企业综合实力得1分，并将注册资金纳入评分内容；⑥材料品牌内容；⑦工程款按进度支付，当月支付上个月完成工程量折算金额的70%。

与会人员经过充分讨论，达成共识：①确定中标方式为直接定标法；②同意代理公司汇报的陈述与答辩中入围家数等内容；③施工调差主材，根据概算内容及金额再确认；④评审内容中，将企业综合实力得1分，同意将注册资金作为评分内容；⑤施工材料品牌根据财政部门的要求可适当作调整，以通过财政审核为前提条件；⑥工程款按进度支付，按照当月完成工作量折算金额的70%，在次月支付。

（2）发布招标公告。A医院招采中心根据基建分管副院长组织对门诊楼改造项目招标文件审议后形成的招标文件，提交当地政府办事部门审查（见表7），经审查通过后，招采中心在当地交易中心发布A医院门诊楼改造项目招标公告。

表7 工程项目招标管理内容

序号	工作内容	办事部门
1	招标计划发布	区招管办审批科
2	招标项目核准及招标申请	区招管办审批科
3	招标文件预公示发布	区招管办审批科
4	编制招标文件及发布公告	区招管办审批科 区交易中心窗口
5	招标文件备案	区招管办审批科
6	招标文件澄清或修改备案	区招管办审批科
7	开标、评标	招标人依法组织，代理公司主持，招管办依法实施监督
8	中标公示（中标候选人公示）	区招管办 区交易中心窗口
9	确定中标人	招标人
10	中标公告	区招管办监督科
11	施工招标投标情况的书面报告	区招管办法制科

（3）确定中标人。A医院按照规定流程公开招标，最终确定施工单位，双方签订合同。

①主合同：A医院与施工单位签订建设工程施工合同。

②附件资料：附件1：施工单位承揽工程项目一览；

附件2：A医院供应材料设备一览；

附件3：工程质量保证书；

附件4：廉政责任书；

附件5：施工现场安全文明管理责任书。

（四）施工阶段

1. 基建科负责的工作

（1）每月完成工程量的确认：

①施工单位：上报当月完工的工程量，并将每月完成工程量折算的金额×70%确认金额，提交“支付费用申报表”及工程清单资料（见表8），分别递交给A医院招标确定的监理单位和跟踪审计单位审核；两家单位独立完成审核后，有可能出现确认金额不一致的情况，A医院基建科按照谨慎性原则，选择确认金额低的提交“工程款支付报审表”（见表9），并附上已完工工程的概算书。

表8 支付费用申报表

项目名称		合同名称	
合同金额	元	开竣工时间	
合同支付条款			

续表

<table>
<tr><td rowspan="3">施工单位</td><td>本期支付</td><td colspan="3"></td></tr>
<tr><td>至上期累计</td><td>元　%</td><td>至本期累计</td><td>元　%</td></tr>
<tr><td colspan="4">项目经理：　　　　日期：　年　月　日</td></tr>
<tr><td rowspan="3">监理单位</td><td>本期支付</td><td colspan="3"></td></tr>
<tr><td>至上期累计</td><td>元　%</td><td>至本期累计</td><td>元　%</td></tr>
<tr><td colspan="4">监理工程师：　　　　单位公章：　　　　日期：　年　月　日</td></tr>
<tr><td rowspan="3">跟踪审计单位</td><td>本期支付</td><td colspan="3"></td></tr>
<tr><td>至上期累计</td><td>元　%</td><td>至本期累计</td><td>元　%</td></tr>
<tr><td colspan="4">审核人：　　　　单位公章：　　　　日期：　年　月　日</td></tr>
<tr><td rowspan="4">建设单位（A 医院）</td><td>本期支付</td><td colspan="3"></td></tr>
<tr><td>至上期累计</td><td>元　%</td><td>至本期累计</td><td>元　%</td></tr>
<tr><td colspan="4">科室负责人：　　　　经办人：　　　　日期：　年　月　日</td></tr>
<tr><td colspan="2">分管副院长：
日期：　年　月　日</td><td colspan="2">负责人：
单位公章：
日期：　年　月　日</td></tr>
<tr><td>附件</td><td colspan="4">招标文件□中标通知书□直接发包单□合同□合同备案表□开工报告□履约保证金收据□考核表□结算审计报告□概算审核接收单□采购货物验收单□竣工验收证书□其他□</td></tr>
</table>

表 9　　　　**工程款支付报审表**

工程名称：　　　　编号：

<table>
<tr><td>致（项目监理单位）：
　　我方已完成工作，按施工合同约定，建设单位（A 医院）应在　　年　月　日前支付该项工程款共（大写）__________元（小写：________元），现将有关资料报上，请予以审核。
　　附件：☐ 已完工程量报表
　　　　　☐ 工程竣工结算证明材料
　　　　　☐ 相应的支持性证明文件
施工项目部（盖章）
项目经理（签字）
年　月　日</td></tr>
<tr><td>审查意见：
监理人员（签字）
年　月　日</td></tr>
</table>

续表

审核意见： 监理单位（盖章） 监理工程师（签字、加盖执业印章） 年　月　日
审核意见： 跟踪审计单位（盖章） 审批人（签字、加盖执业印章） 年　月　日

②监理单位：在授权范围内对基建项目的工程进度、工程质量进行监控，从专业角度进行评价，并出具“工程款支付证书”（见表10），附确认意见并签字盖章的“支付费用申报表”和“工程款支付报审表”，以及项目监理单位审查记录。

表10　　工程款支付证书

工程名称：　　　　编号：

致：（建设单位） 根据施工合同的规定，经审核施工单位的付款申请和报表，并扣除有关款项，同意本期支付工程款共（大写）______元整（小写：______元整）。请按合同规定及时付款。 其中 1. 施工单位申报款为： 经监理单位审核后为： 经跟踪审计单位审核后为： 本期最终应得款为： 2. 本期应扣款为： 3. 本期应付款为： 监理单位（章）： 监理工程师： 日期：

注：本表一式三份，建设单位（A医院）、监理单位、施工单位各存一份。

③跟踪审计单位：对每月已完工的工程造价进行审核，审核其工作量、工程进度和付款比例等，确保经济行为符合既定标准，出具进度款审核报告或项目审核报告，并在“支付费用申报表”和“工程款支付报审表”上签字盖章。

④建设单位：A医院基建科对工作进度和工程质量再次进行审核，同时，对照合同审核付款内容是否符合合同约定，如符合付款条件的，则填写“工程款结算单”和“已完工程

进度情况”（见表 11 和表 12），并按照 A 医院付款审批流程提交付款申请。

表 11 **工程款结算单**

建设单位名称： 年 月 日 单位：元

工程项目名称	合同预算（或标书）	本期工程形象进度	本期应收工程款	本期应抵扣款项			本期实收款	本期止已收工程款累计
				合计	建设单位供应材料款	各种往来款		
1	2	3	4	5	6	7	8	9

施工单位：	建设单位：（A 医院）	跟踪审计审定意见：

说明：(1) 工程款结算单由施工单位在进行工程款结算时填列，其中：工程进度款支付由建设单位审查签署意见后办理结算；竣工结算工程款由建设单位审查签署意见，送跟踪审计单位审定，施工单位签字确认后，建设单位办理结算支付。

(2) 第 3 栏“本期工程形象进度”以文字说明方式填列，如基础完工、结构完工等。

(3) 第 4 栏“本期应收工程款”应根据已完工程进度数填列。

(4) 建设单位在填写审查意见时，应填写本期同意实际支付的工程款数额。

表 12 **已完工程进度情况**

建设单位名称： 年 月 日 单位：元

工程项目名称	合同预算（或标书）	建筑面积（m^2）	开竣工日期		实际完成数		说 明
			开工日期	竣工日期	至上月止已完工程累计	本月已完工程	
1	2	3	4	5	6	7	8

施工单位： 编制日期：

（2）调增或调减概算的确认：

在 A 医院门诊楼改造过程中，因法律法规规定及医院实际需求，施工内容有可能会发生变更，需要调增或调减概算。这些需要调整概算的项目，需要经过设计单位、监理单位核实后，跟踪审计单位审核实际发生变更费用。A 医院基建科根据实际变更的金额，分为 5 万元以下、5 万元至 10 万元，10 万元以上三个类别，按照《医院资金审批制度》的规定，在审批权限范围内逐级报批，直至提交医院“三重一大”会议审议批准。如果变更总额超过当地财政部门规定限额的，还要报当地政府联席会议批准后才能实施。截止 2024 年 12 月底，A 医院门诊楼改造需调增 54.81 万元，调减 16.79 万元，具体明细有：

一是三层放射机房防护。根据《中华人民共和国职业病防治法》《中华人民共和国放射性污染防治法》要求，按图纸会审第 52—55 条，经 A 医院、监理、施工单位现场确认，A 医院门诊楼三层呼吸介入室、ERCP 室、口腔 CT 机房、全景机房、牙片机房放射区域要做防护处理，共需新增费用 28.69 万元。

二是排烟系统新增防火隔热包封。根据《建筑防烟排烟系统技术标准》（GB51251－2017）消防验收规范要求，经 A 医院、监理、施工单位现场确认，A 医院门诊区域排烟风管外需防火材料包封，材料采用 60mm 厚风管离心玻璃棉（1 小时耐火极限要求）包封，共需新增费用 16.76 万元。

三是增加机房等电位。根据等电位规范图集 15d5012 要求，空调配电图中采用 BV－1*25－PVC25，合计 65 个等电位，清单未计入，经 A 医院、监理、施工单位现场确认，共需新增费用 3.80 万元。

四是普通摄像头改为人脸识别、监控光纤多模改单模。根据 GB50348《安全防范工程技术规范》、GA/T367－2001《视频安防监控系统技术要求》、图纸会审第 34 条和第 51 条，按 A 医院保卫科要求，智安医院建设需要具备人脸识别轨迹功能，将 58 个普通摄像头改换为 55 个固定人脸识别摄像头和 3 个动态人脸识别摄像头；A 医院信息科提出监控光纤多模改单模，共需新增费用 1.83 万元。

五是智慧医院监控摄像头新增、更换及移位。因 A 医院教学需要，根据智慧医院建设标准与规范 2022 版要求，现门诊楼改造部分诊室需要变更为教学门诊，若教学诊室有两间，分为老师诊室和学生诊室的，每间诊室都要配备 1 个带有录音功能的监控，另外，老师诊室还需就近交换机增加一根网线到电脑位上；若教学诊室只有一间诊室的只需按常规配备带有录音功能的监控，共需新增费用 3.74 万元。

六是抗震支架（含深化设计费）。根据《建筑抗震设计规范》（GB50011－2010）和现场实际需要，经 A 医院、监理、施工单位现场确认，A 医院门诊区域抗震支架清单为暂定价，现对暖通、给排水、消火栓、弱电及电气专业抗震支架进行深化，费用包括深化设计费及各专业支架制作安装，共需调减费用 16.79 万元。

2. 财务科负责的工作

（1）工程付款审核：财务科根据基建科每月提交的付款资料，核对资料是否完整、进度款与合同约定内容是否相符、发票使用及金额是否正确、发票内容是否合规等，填写“项目付款情况汇总表”（见表 13），交基建科确认后，按《医院资金审批制度》规定，经审批权限人逐一审批通过后，财务科方可付款。

表 13　　项目付款情况汇总表

施工单位：××公司	建设单位：A 医院　　合同编号：
工程名称：A 医院门诊楼改造项目	
合同签订日期：2023 年 11 月 20 日	开户银行：
合同工期：550 天（以监理签发的开工日期为准）	银行账号：
合同总价款：4825.16 万元	

说明事项：

①结算总价为扣除安全文明施工费后的费用。

②水电费：施工单位承担施工期间水、电费，单独装表计量的，由施工单位负责缴纳；无法单独计量的，按工程概算的取费计算。

③工程款支付：一是按月计量的，每月 25 日前施工单位上报当月完成工程量（不包括变更联系单和安全文明施工费用），经逐级审批后，A 医院支付完成工程量折算金额的 70% 进度款给施工单位；按合同约定计量的，按合同约定工程节点付款。二是总工程款支付到合同价的 80% 后不再支付。三是审计结果经施工单位签字确认后 1 个月内，A 医院根据合同约定支付。四是审计结算后支付，根据合同约定预留质量保证金。退还质量保证金需等工程项目质保期满，A 医院再次组织验收，无质量问题或有问题得到解决后，A 医院结算并退还施工单位质量保证金（见表 14、表 15 和表 16）。

④每次付款前施工单位须提供支付农民工工资的凭证和相关证明原件，提供建筑业统一发票。

表 14　　履约保证金　　单位：万元

金　额	有效期	凭证号	保证金编号
120.63	工程完工，施工单位递交完整审计资料，经第三方审计单位确认无误后		

表 15　　质量保证金　　单位：万元

金　额	有效期

表 16　　门诊楼改造项目投资明细

统计截止时间：2024 年 12 月 31 日　　单位：万元

序号	项目	收/付	工程款	发票号码	发票金额	付款时间	凭证号	备注
1	工程设计费	付	145.60			2024 年 1 月		
2	土建结构加固费	付	48.94			2024 年 2 月		
3	设备购置费	付	109.60			2024 年 12 月		
4	……							
	合计		4411.66					

复核人：　　制单人：　　日期：

（2）概算调整：基建会计应根据审核通过的工程联系单填制工程项目投资执行情况表，在超概算一栏中，将调增和调减的金额按项目分类填入相应位置（见表17、表18和表19）。

表17　　门诊楼改造项目投资执行情况表（汇总）

截止时间：2024年12月31日　　单位：万元

序号	建设工程和费用名称	政府审核造价	实际执行		超概算执行		小计
			合同金额	已执行金额	调增金额	调减金额	
一	建安工程费用	5976.00	4825.13	3254.09	54.82	16.79	3292.12
1	内部装饰改造	3930.40	2836.47	1756.90	0	0	1756.90
2	土建结构加固	176.00	65.46	55.45	28.69	0	84.14
3	给排水、消防、强电、暖通、弱电（不含设备）	1488.00	1562.74	1222.65	26.13	0	1248.78
4	抗震支架	77.60	56.36	34.10	0	16.79	17.31
5	设备购置费	304.00	304.10	184.99	0	0	184.99
二	工程建设其他费	507.40	309.03	275.24	0	0	275.24
1	三通一平	50.80	0	0	0	0	0
2	可行性研究费	11.15	11.15	11.15	0	0	11.15
3	环境影响评估费	4.00	0	0	0	0	0
4	工程设计费	213.79	213.60	210.00	0	0	210.00
5	工程监理费	87.22	59.97	33.80	0	0	33.80
6	招标代理费	24.80	24.31	20.29	0	0	20.29
7	工程保险费	11.95	0	0	0	0	0
8	运营施工同时增加费	0	0	0	0	0	0
9	安全维护费	0	0	0	0	0	0
10	检测费	28.00	0	0	0	0	0
11	建设单位管理费	75.68	0	0	0	0	0
三	不可预见费	324.17	0	0	0	0	0
	总概算投资	6807.57	5134.17	3529.33	54.82	16.79	3567.36

注：（1）小计 = 合同已执行金额 + 概算调增金额 − 概算调减金额；

（2）总概算投资 = 合同已执行金额合计 + 概算调增金额合计 − 概算调减金额合计。

财务科经办人：　　基建会计：

财务科长：　　基建科长：

填报日期：　　年　月　日

表18　　门诊楼改造项目调整概算项目明细

统计截止时间：2024年12月31日　　单位：万元

序号	建设工程和费用名称	超概算执行	
		调增金额	调减金额
一	建安工程费用	54.82	16.79
1	内部装饰改造	0	0

续表

序号	建设工程和费用名称	超概算执行	
		调增金额	调减金额
2	土建结构加固	28.69	0
	三层放射机房防护	28.69	0
3	给排水、消防、强电、暖通、弱电（不含设备）	26.13	0
	机房等电位	3.80	0
	摄像头	5.57	0
	排烟系统新增防火隔热包封	16.76	0
4	抗震支架	0	16.79
	抗震支架（含深化设计费）	0	16.79
5	设备购置费	0	0
二	工程建设其他费	0	0
1	三通一平	0	0
2	可行性研究费	0	0
3	环境影响评估费	0	0
4	工程设计费	0	0
5	工程监理费	0	0
6	招标代理费	0	0
7	工程保险费	0	0
8	运营施工同时增加费	0	0
9	安全维护费	0	0
10	检测费	0	0
11	建设单位管理费	0	0
三	不可预见费	0	0
	总概算投资	54.82	16.79

财务科经办人：　　　　　　　　　　基建会计：

财务科长：　　　　　　　　　　　　基建科长：

填报日期：　　年　　月　　日

表 19　　门诊楼改造项目设备投资明细

统计截止时间：2024 年 12 月 31 日　　　　单位：万元

序号	设备名称	型号	规格	单位	数量	单价	金额	存放地点
1	轴流通风机	SWF(A)-5	混流风机 5000CMH，420Pa，N=1.2kW	台	1	0.28	0.28	三楼
2	离心式通风机	DKT10	箱式离心风机 1000CMH，200Pa，N=0.16kW	台	3	0.39	1.17	三楼
……	……	……	……	……	……	……	……	……
合计								

财务科经办人：　　　　　　　　　　基建会计：

财务科长：　　　　　　　　　　　　基建科长：

填报日期：　　年　　月　　日

（3）账务处理说明：按照政府会计准则制度解释第4号的规定，“在建工程”科目核算医院在建项目实际发生的工程成本，在该科目下面增设“建筑安装工程投资”“设备投资”“待摊投资”“其他投资”“待核销基建支出”“基建转出投资”等二级明细科目。各医院可结合管理实际再增设子明细科目，并按照具体项目进行明细辅助核算。

①在建工程——建筑安装工程投资：核算医院基建项目发生的建筑工程和安装工程的实际成本，不包括被安装设备的本身价值、不包括按照合同规定支付给施工单位的预付备料款和预付工程款。

②在建工程——待摊投资：是指医院按照批准的建设内容发生的，应当分摊计入相关资产价值的各项费用和税金支出。

③待摊投资分摊的原则：对于明确为单项工程发生的与其他工程没有关联的支出，应直接计入单项工程成本；在不能直接计入单项工程的费用中，对于建设工期较短、一次性竣工的工程，按照实际分配率分配。实际分配率＝[待摊投资明细科目余额÷（建筑工程明细科目余额＋安装工程明细科目余额＋设备投资明细科目余额）]×100%；对于建设工期长、单项工程分批建成投入使用的建设项目，按照概算分配率分配。概算分配率＝[（概算中各待摊投资项目的合计数－其中可直接分配部分）÷（概算中建筑工程＋安装工程＋设备投资合计）]×100%

④费用化工程项目的核算：为完整反映医院某个项目工程的资金投入情况，对涉及多笔费用支出、工程周期较长、投资金额较大，最终费用化处理的工程项目，也通过“在建工程”科目核算，当审计确认结算金额后，再从该科目转入相关的费用支出科目。

（4）会计核算方法：

①A医院门诊楼在正式进行改造阶段，应停止折旧，将残余价值转入“在建工程”科目。

财务会计：

借：在建工程——建筑工程安装投资

　　累计折旧——房屋及构筑物

　　贷：固定资产——房屋及构筑物

预算会计不做处理。

②A医院在支付建筑安装工程进度款时。

财务会计：

借：在建工程——建筑工程安装投资

　　贷：银行存款

预算会计

借：事业支出——基本建设支出

　　贷：资金结存——货币资金

③发生支付电梯设备等需要安装的设备时，则需区分电梯成本与安装费，分别进行核算。

财务会计：

借：在建工程——设备投资（设备成本）

　　　　　——建筑工程安装投资（安装费）

　　贷：银行存款

预算会计：

借：事业支出——基本建设支出

　　贷：资金结存——货币资金

④发生设计费、监理费、咨询费、检测费等，按照规定应分摊计入工程成本和设备成本的各项间接费用和税费支出时。

财务会计：

借：在建工程——待摊投资

　　贷：银行存款

预算会计：

借：事业支出——基本建设支出

　　贷：资金结存——货币资金

⑤A 医院在购入办公家具、单独的智能化管理软件、花草苗木时。

财务会计：

借：在建工程——其他投资

　　贷：银行存款

预算会计：

借：事业支出——基本建设支出

　　贷：资金结存——货币资金

⑥A 医院在改造时，拆除的资产价值。

财务会计：

借：待处理财产损溢

　　贷：在建工程——建筑工程安装投资

预算会计不做处理。

⑦当概算调增时，暂不做会计处理，待工程完工竣工结算后，根据审核后金额进行相应会计处理。

（五）验收与交付阶段

1. 工程竣工验收

如果 A 医院门诊楼改造项目完工，A 医院将根据施工单位提交的工程竣工报告，由分管基建的副院长召集设计、施工、监理、跟踪审计和勘察等单位，以及 A 医院基建科和监察室等人员参加工程竣工验收。对照项目工程质量竣工验收单（见表 20）中的相关内容，逐项逐条核对。经验收合格后，相关单位人员在竣工验收单上签字并加盖公章。合同中规定的工程质量保证期就从当天开始计算。同时：

（1）由施工单位提交完整的工程结算资料，直接递交给上级主管部门或 A 医院指定的第三方审计单位。

（2）第三方审计单位确认施工单位递交完整的竣工结算资料后，在资料交接单上签字。

（3）A 医院看到第三方审计单位确认签字后，在施工单位提交增值税发票后的 7 个工作日内，向施工单位支付工程款至合同价的 80%，并根据施工单位的履约情况，无息结算并退还履约保证金。

表 20　项目工程质量竣工验收单

<table>
<tr><td>工程名称</td><td></td><td>结构类型</td><td></td><td>层数/
建筑面积</td><td></td></tr>
<tr><td>施工单位</td><td></td><td>技术负责人</td><td></td><td>开工日期</td><td>年　月　日</td></tr>
<tr><td>项目负责人</td><td></td><td>项目技术
负责人</td><td></td><td>完工日期</td><td>年　月　日</td></tr>
<tr><td>序号</td><td>项　目</td><td colspan="3">验　收　记　录</td><td>验收结论</td></tr>
<tr><td>1</td><td>分部工程验收</td><td colspan="3">共______分部，经查符合设计及标准规定______分部</td><td></td></tr>
<tr><td>2</td><td>质量控制资料核查</td><td colspan="3">共________项，经核查符合规定________项</td><td></td></tr>
<tr><td>3</td><td>安全和使用功能
核查及抽查结果</td><td colspan="3">共核查________项，符合规定________项
共抽查________项，符合规定________项
经返工处理符合规定________项</td><td></td></tr>
<tr><td>4</td><td>观感质量验收</td><td colspan="3">共抽查________项，达到“好”和“一般”的________项，经返修处理符合要求的________项</td><td></td></tr>
<tr><td colspan="2">综合验收结论</td><td colspan="4"></td></tr>
<tr><td rowspan="2">参加
验收
单位</td><td>建设单位（A 医院）</td><td>监理单位</td><td>施工单位</td><td>设计单位</td><td>勘察单位</td></tr>
<tr><td>（公章）
项目负责人：
年　月　日</td><td>（公章）
总监理工程师：
年　月　日</td><td>（公章）
项目负责人：
年　月　日</td><td>（公章）
项目负责人：
年　月　日</td><td>（公章）
项目负责人：
年　月　日</td></tr>
</table>

2. 完成审计结算工作

A 医院门诊楼改造项目由第三方审计单位完成工程结算审计，并经施工单位签字确认，且完成城建档案馆资料存档后，由施工单位提供含工程质量保证金金额的增值税发票，A 医院在 7 个工作日内支付工程款至审计结算价的 98.50%，留 1.50% 作为工程质量保证金。待质保期满后，A 医院再次组织相关人员对工程项目进行复验，无质量问题或有问题得到解决后，A 医院无息退还预留的质量保证金。

3. 工程资料归档

在门诊楼改造过程中会形成诸多的归档资料，A 医院基建科要指定专人负责收集整理资料，对工程施工每个节点形成的资料及时催收并按项目归集整理，在工程竣工结算时提供给第三方审计单位，在项目完工后进行归档。A 医院目前已收集归档的资料有：

（1）开工资料：中标通知书及施工许可证、施工合同、委托监理工程的监理合同、施工图审查批准书及施工图审查报告、质量监督登记书、施工图会审记录、经监理和 A 医院批准的施工组织设计或施工方案。开工报告：质量管理体系登记表、施工现场质量管理检查记录、技术交底记录、测量定位记录。

（2）质量验收资料，实验资料，材料、产品、构配件等合格证资料，施工过程资料等，由施工单位直接提供给相关管理部门。

（3）必要时应增补的资料：勘察、设计、监理、施工（包括分包）单位的资质证明，建设、勘察、设计、监理、施工（包括分包）单位的变更、更换情况及原因，勘察、设计、监理单位执业人员的执业资格证明，施工（包括分包）单位现场管理员及各工种技术工人的上岗证明，经A医院认可的监理规划或监理实施细则，监理单位派驻施工现场代表委托书或授权书，设计单位派驻施工现场代表委托书或授权书，其他。

（4）竣工资料：需在工程项目竣工时提交，目前暂缺。主要包括：施工单位工程竣工报告、监理单位工程竣工质量评价报告、设计单位设计文件及实施情况检查报告、建设工程质量竣工验收意见书或单位（子单位）工程质量竣工验收记录、竣工验收存在问题整改通知书、工程质量保修合同（书）、建设工程竣工验收报告（由A医院填写）、竣工图（包括智能建筑分部）。

（5）建筑工程质量监督存档资料：建设工程质量监督登记书、施工图纸审查批准及建筑工程施工图审查报告。

A医院需要在工程竣工时提交的资料：施工单位工程竣工报告、监理单位工程竣工质量评价报告、设计单位设计文件及实施情况检查报告、建设工程竣工验收报告、工程竣工验收监督检查通知书、质量保证资料核查记录、单位（子单位）工程质量竣工验收记录（工程质量竣工验收意见书）、重新组织竣工验收通知书、工程竣工复验意见书、竣工验收存在问题整改通知书及存在问题整改验收意见书、工程质量保修合同、单位（子单位）工程质量监督报告。

4. 完成竣工决算工作

财务科待工程完工交付使用时，将“待摊投资”科目中的金额，按照规定比例转出到“建筑工程安装投资”和“设备投资”科目。同时，将竣工结算的工程从“在建工程”科目下该工程的发生额转出到“固定资产”科目。

（1）会计核算科目方法：

①在建工程完工交付使用时，将待摊投资中的金额转出。

财务会计：

借：在建工程——建筑工程安装投资
　　　　　　——设备投资
　贷：在建工程——待摊投资

预算会计不做处理。

②改造完工时，需将在建工程转入固定资产。

财务会计：

借：固定资产——明细
　贷：在建工程——建筑工程安装投资
　　　　　　　——设备投资

借：固定资产——明细
　贷：在建工程——其他投资

预算会计不做处理。

（2）编制基建工程项目财务决算报告：

假如 A 医院门诊楼改造项目完工，经由 A 医院指定的第三方审计单位完成工程结算审计，取得审计报告后，A 医院财务科需要编制门诊楼改造项目竣工财务决算报告，其内容主要有：

①封面：包括项目名称：门诊楼改造项目；建设单位：A 医院；建设单位负责人：A 医院法定代表人；建设单位财务负责人：A 医院总会计师/财务科长；编制日期：××××年××月××日。

②目录：政府审核造价，包括：门诊楼改造项目竣工结算审核报告；门诊楼改造项目竣工财务决算明细表；门诊楼改造项目投资分析表；门诊楼改造项目交付使用资产情况。

③竣工财务决算说明书，主要内容如下：

一是项目概况。门诊楼改造项目工程位于 A 医院内。项目改造经费由 A 医院自筹资金解决。项目经当地发展与改革局 2023〔××〕号文批准，政府审核造价 6807.57 万元。工程于 2023 年 12 月 1 日开工，××××年××月××日完工，××××年××月××日通过建设工程竣工验收。

本项目由以下单位组成与实施：建设单位：A 医院；设计单位：××；施工单位：××；监理单位：××；跟踪审计单位：××。

本项目主要建设内容包括：内部装饰改造，土建结构加固，给排水、消防、强电、暖通、弱电（不含设备），抗震支架，设备购置费等。

二是概算与实际执行情况。本项目政府审核造价 6807.57 万元，实际总投资××万元，实际投资比概算节约（或超支）××万元，实际投资与概算对比情况见表 21。

表 21　　实际投资与概算对比情况表　　单位：万元

项　目	审核造价投资	实际投资	对比增（减）额
一、建设工程费			
1. 建筑安装工程投资			
2. 设备投资			
二、待摊费用			
1. 工程设计费			
2. 工程监理费			
3. 跟踪审计费			
4. 工程招标代理费			
5. 概算编制费			
6. 项目管理费			
7. 施工图审查费用			
……			
合　　计			

三是招（投）标及合同执行情况。包括：本工程招投标情况。本工程政府审核造价、合同金额、竣工结算审计金额。本工程合同签订情况（包括施工合同、监理合同、跟踪审

计合同、设计合同等所有合同的签订情况）。

四是项目资金结余（超支）情况。A 医院门诊楼改造项目至竣工财务决算截止日，该项目账面实际支出××万元，结余（超支）××万元。工程财务决算支付明细见表22。

表22　　工程财务决算支付明细表　　单位：万元

项　目	工程结算审计	账面实际支出	应付未付款
1. 建设工程费			
2. 工程监理费			
3. 跟踪审计费			
4. 工程招标代理费			
5. 概算编制费			
6. 施工图审查费用			
7. 竣工财务决算编制费			
……			
合　计			

五是编表说明。包括：编制依据：工程项目批文、政府审核造价、工程合同等；工程结算审计书；会计核算及财务管理资料，包括：会计记录与收、付款凭证资料；工程管理其他资料。关于待摊投资的分摊：将监理费、招标代理费、项目管理费、施工图审查费等作为待摊投资分摊计入单位工程成本。

④竣工财务决算报表，包括：门诊楼改造项目概况表；门诊楼改造项目财务决算支付明细表；门诊楼改造项目投资分析表；门诊楼改造项目交付使用表。

医院的基本建设项目有：使用各级预算资金及单位自筹资金的新建、迁建、改扩建、大型修缮改造，以及应当纳入基本建设管理的所有工程项目。基建工程是医院投资支出的重大项目，项目规划设计、建设的好与坏，不仅是一家医院实力、形象的体现，更关系到患者的就医体验和感受。因此，医院在项目建设过程中应增强内部控制管理意识，做到建设标准科学合理化、投资控制职责明确化、专业细分系统全面化、成本控制清晰程序化；要对医院建设项目投资进行全流程、全方位、全要素控制；要在项目实施过程中不断总结和借鉴其他医院的管理经验，持续优化完善改进现有工程管理存在的问题，探索有利于医院基本建设发展的管理方式和方法，为保障医院高质量发展奠定坚实的基础。

作者：金　玲　李　黎　韩继军　徐君花　孔国飞　於莎莎　倪宁宁　冯俞徽
第一作者简介：金　玲，浙江大学医学院附属第二医院原总会计师，正高级会计师

加大内部审计力度 为医院合规运营护航

【摘要】 目的：党的十九大作出“实施健康中国战略”的重大决策，国务院要求持续深化医药卫生体制改革，加快推动公立医院转型升级。卫生健康是重要民生事业，健康发展至关重要。内部审计须发挥好职能作用，护航医院高质量发展。方法：本文以Z医院为例，采用案例分析的方法，针对医院运营管理中发现的问题，以政策法规为依据，剖析问题形成的原因，有针对性地提出整改意见，并建章立制。结论：Z医院内审科要依托制度建设、跨部门协作及PDCA循环模型运用，形成常态化揭示、分析、整改、提升、问效的闭环管理，发挥内审在推动医院合规运营、提高管理效能以及构建风险防控中的重要作用，并对数字经济时代背景下医院内审工作进行展望与创新构想。

“十四五”期间，中国开启全面建设社会主义现代化国家新征程，内部审计工作面临新的形势、任务和机遇。医院内部审计作为院内监督的重要组成部分，应在医院经营决策、内部管理及风险防控中发挥重要作用。中华人民共和国审计署令第11号明确了内部审计的职能定位、履职权限和目的，为内部审计工作提供了制度保障；国家卫生健康委出台的《公立医院内部控制管理办法》（国卫财务发〔2020〕31号）和《国家卫生健康委关于印发卫生健康行业内部审计基本指引（试行）等7个工作指引的通知》（国卫办财务函〔2023〕416号）为公立医院内部审计工作提供了更加明确和具体的指导。从职能定位上看，内部审计要发挥“离得近”“看得清”的优势，对医院财政和财务收支、经济运行活动、内部控制管理等进行独立、客观的监督、评价并提出改进建议；从履责权限上看，内部审计范围不断扩展延伸，如配合开展对医院主要领导人履行经济责任审计、协助上级主管部门对医院的专项审计监督等；从目标上看，从原来的“加强经济管理”提升为“促进医院完善治理、实现目标”。揭示问题是内部审计监督的手段，推动解决问题才是内部审计的最终目的，医院内审要为医院健康可持续发展保驾护航。

一、Z医院内审工作开展简介

近年来，Z医院对内部审计工作的重视程度日益提高，内审力量不断壮大，制度逐步完善，监督范围持续拓展，工作质量和效果显著增强。内审科在推动医院优化内部控制，提升发展质量和助力反腐倡廉等方面发挥了积极的作用。

（一）完善组织架构，健全制度规范

Z医院设有独立的内审科，在医院党委书记的直接领导下独立开展内部审计工作。内审科定期向医院党委会汇报年度审计计划、审计工作情况、问题整改情况等关键事项，贯彻落实内审工作“全面加强党的领导”要求，保障内部审计的权威性。

Z医院内审科根据《卫生计生系统内部审计工作规定》等文件的要求，不断总结和完善工作流程，修订了《Z医院内部审计管理制度》，明确内部审计的职责和工作程序，强化问

题整改和审计结果运用，采用整改销号及将整改结果与个人考核挂钩，以审促治，以审促建，推进医院内部管理效能的提升。同时，内审科根据基建管理要求制定了《Z 医院基建修缮工程项目审计实施办法》，根据内审业务要求编制了《Z 医院内审工作手册》等。该手册针对审计流程，梳理了医院内审通知书、内审工作底稿、内审取证单等文书格式，规范了内审工作流程和内审文档管理。

（二）围绕工作重点，开展经济监督

1. 聚焦主责主业，谋划审计项目

“凡事预则立”，内审计划是谋划内审年度工作的基础。Z 医院内审科紧紧围绕经济监督这一主责主业，结合内外部环境、政策导向、医院年度重点工作及上级主管部门部署审计检查任务的统筹安排，在编制年度内审计划时，合理选取审查对象、划分内审范围，有序开展项目内审工作。如为响应《大型医院巡查工作方案（2023—2026 年度）》，Z 医院内审科在承担年度常规审计项目，如预算执行、收支审计、采购审计、合同审查等基础上，有针对性地将药品、耗材、大型医疗设备和大型修缮项目等关键项目纳入内审计划，优先安排自查自纠和整改。

2. 统筹协同联动，提升审计质效

Z 医院内审科在开展专项审计工作中，主动统筹各方力量，联合院内专家，必要时引入社会力量共同参与，通过统筹内外部资源，不仅为审计顺利推进提供了人力保障，还为审计项目实施提供了专业支持，有效消除审计沟通障碍，快速筛除不必要的审计方向，确保审计工作的准确性和高效性。如开展“违规收费”审计时，Z 医院内审科邀请院内信息科、医保科协助，组建专项审计小组，由专职医保人员发挥内外部检查的专长选取若干收费项目，明确其收费内涵；在确保数据安全和隐私保护的前提下，信息专职人员将某收费项目对应的医保结算数据、医嘱数据、收费数据、医疗业务数据（即实验室操作次数、影像系统工作次数、药品耗材进销存系统使用量、病案系统数据等）等进行归集和比对，寻找数量差异明显的列入审计线索，由内审人员逐一调查、询问、核实取证，保证审计结论的可靠性。专业力量的支持，拓展了内审科监督的深度和广度，提升了审计效能。

3. 审计关口前移，强化风险防控

除开展专项审计外，Z 医院内审科还将审计重心从事后的查错纠弊向事前、事中的风险预防和管理转换。如针对医院采购流程，内审科开展委托招标代理机构监督、招标文件论证监督、采购调研和招标谈判监督等；对医院单项价值在 10 万元以上的工程，邀请第三方造价咨询公司进行结算审计，并参与对账与现场复核等；对医院单项价值在 100 万元以上的单台（套）设备及信息系统建设等采取付款前审计核查：如设备到货安装时间是否符合合同约定，设备验收手续是否完备；信息系统功能模块建设是否符合合同条款的明确约定，付款进度与建设进度之间是否留有安全比例等，通过监督环节端口前移，确保风险在可控范围内。

（三）落实责任担当，督促问题整改

审计监督是手段，促进被审对象切实提高管理水平是目的。而问题整改是确保审计监督实效的重要抓手，决定着审计工作的最终效能。为写好审计“下半篇文章”，Z 医院内审科着力推进整改落实到位。

1. 高位统筹，压实整改责任

Z 医院通过建立健全审计整改工作流程，明确内审科和相关责任科室的职责，实行整改追责问责，将整改情况纳入干部绩效考核中。对整改过程中不负责任、敷衍了事、虚假整改的，建议医院纪检部门严肃处理并追究相关人员责任；同时，在医院行政办公会议上定期通报并追踪那些需要较长时间整改问题的进展情况，进一步压实问题科室的主体责任，维护审计整改工作的严肃性。

2. 分类闭环，督促整改落地

Z 医院内审科对问题整改采用分类台账管理，把内外部审计监督中发现的问题全部归集到“问题清单”中，为后续整改的有效推进奠定基础。根据制度要求，内审科将发现的问题按照“立行立改、分阶段整改、持续整改”等进行分类，根据不同类型确定整改期限：对于需要立即停止违规行为、完善工作程序、避免更大损失的归类到需要立即整改类；对于因整改情况较为复杂，需要多部门配合，工作量较大，客观上无法在短时间内完成整改的问题，可以明确划分若干个阶段整改的，纳入“分阶段整改”；对于存续时间长、历史成因复杂，预计一年内难以完成整改的，纳入“持续整改”。为避免“屡改屡犯”，提升整改质量，内审科要求相关责任科室总结经验，优化制度与流程，从源头上防止同类问题的再次出现。

（四）培养职业素养，确保专业胜任

Z 医院内审科面对新形势下的工作要求和挑战，把提高内审人员综合素质列入议事日程，制定明确的培养学习目标：一是培养内审人员职业精神。内审人员要以法律法规和政策制度为准绳，依法定论，客观公正作出评价，严守纪律，坚持依法审计、文明审计、廉洁审计。二是通过专业训练和审计实践，不断提升内审人员专业胜任能力。三是强化内审人员的批判性思维与沟通技巧，及时反馈和跟进审计结果，顺利推进内审工作目标的实现。

二、内外部审计或专项检查中发现的问题剖析

本文将视角从内审工作的实践转向医院运营管理场景，选取医院四项经济活动作为分析对象，并结合内外部审计及专项检查中发现的问题，通过案例解析，深挖医院经济活动中的违规事项和风险，并提出整改建议。

（一）采购招标管理

1. 政策依据

按照《中华人民共和国政府采购法》（2014 年修正）、《中华人民共和国政府采购法实施条例》（中华人民共和国国务院令第 658 号）、《中华人民共和国招标投标法》（2017 年修正）、《中华人民共和国招标投标法实施条例》（2019 年修订）、《招标公告和公示信息发布管理办法》（中华人民共和国国家发展和改革委员会令第 10 号）、《中华人民共和国反不正当竞争法》（2019 年修正）、《××省医疗机构医用耗材管理技术规范（试行）》（×卫发〔2008〕235 号）、《中华人民共和国会计法》（2024 年修正）、《政府采购货物和服务招标投标管理办法》（财政部令第 87 号）、《政府采购非招标采购方式管理办法》（财政部令第 74 号）、《国务院办公厅关于印发〈政府采购领域“整顿市场秩序、建设法规体系、促进产业发展”三年行动方案（2024—2026 年）〉的通知》（国办发〔2024〕33 号）等政策规定执行。

2. 案例介绍

案例 1－1：拆分项目规避公开招标

2021 年，某医院对多个院区进行暖气设施及管道改造，招采中心共分 6 次进行院内竞

争性谈判，6 个标段单价都控制在 50 万元以内，总金额 269 万元，且中标单位为同一安装工程有限公司。上述采购信息通过医院外网公布。内审科对 6 份招投标资料进行审查，发现投标文件存在高度雷同，且每次招标报价呈规律性差异。

问题剖析：

（1）拆分项目规避公开招标。该院暖气设施及管道改造中标总金额为 269 万元，当地政府规定 250 万元应采取公开招标方式，该院通过拆分将每个标段单价控制在 50 万元以内，以竞争性谈判来规避公开招标，违反了《中华人民共和国招标投标法实施条例》中不得利用划分标段规避招标的规定。

（2）采购信息公布不符合要求。《招标公告和公示信息发布管理办法》规定：依法必须招标项目的招标公告和公示信息需在相应平台发布。

（3）存在串标情形。6 个标段同一单位中标，每次不同单位的投标文件存在高度雷同，且报价呈规律性差异，违反了《政府采购货物和服务招标投标管理办法》第三十七条，投标人串通投标的情形。内审科将该线索移交医院纪检部门进一步审查招投标过程中有无违规违纪行为。

整改要求：

（1）严禁招采中心以各种方式规避公开招标。医院招采中心及相关人员要学习和熟悉相关法律法规，正确理解政府采购权限和程序，规范编制采购计划、正确实施采购行为，确保采购活动符合相关政策和程序要求。

（2）招采中心应将招标公告和公示信息在“中国招标投标公共服务平台”或项目所在地省级电子招标投标公共服务平台发布，主动接受各方监督，防止腐败与不正当交易，控制采购风险。

（3）需进一步完善采购管理制度。针对供应商恶意违反招投标纪律的行为，医院可通过建立供应商“黑名单”制度，将违规供应商列入其中。同时，明确“黑名单”启用标准和期限，加大对违规行为的惩处力度，以保障采购工作的公平、公正与透明，维护医院的合法权益。

案例 1－2：免费投放设备捆绑销售试剂

A 公司与某医院签订一份《免费提供检验设备协议》。协议约定，医院应当在签订协议之日起，十年内按目前的价格向 A 公司购买不少于 50 万支的试剂。同时就试剂购买量又签订一份补充协议，约定如到期医院购买试剂不足 50 万支，医院应以设备维修费的形式予以弥补。

问题剖析：

（1）医院规避试剂采招流程。某医院通过 A 公司医疗设备免费投放的方式，绕过了应有的试剂采招程序，直接签订协议，不符合医用耗材准入公开透明的原则。A 公司向某医院免费提供医疗设备排挤其他竞争对手，且约定最低采购数量的行为，违反了《中华人民共和国反不正当竞争法》的规定，涉嫌商业贿赂。

（2）试剂采购的协议年限不符合要求。根据《××省医疗机构医用耗材管理技术规范（试行）》的要求，医用耗材遴选周期原则上不超过两年，该协议约定的十年期限，存在市场价格变动、供应商履约能力变化、违约成本升高等风险，不符合医院经济利益和风险管理要求。

(3) 医院购买试剂不足50万支时，通过虚假列支维修费的方式以保障供应商的利益，违反了《中华人民共和国会计法》的相关规定，不符合会计核算真实性原则。

整改要求：

(1) 招采中心应对院内耗材的采购进行全面梳理，排查是否存在其他设备投放捆绑耗材销售的情况，将免费投放的该设备予以退回，对试剂进行重新招标遴选。

(2) 招采中心应当根据纠正医药购销和医疗服务中不正之风专项治理工作的要求，拒绝假借租赁、捐赠、投放设备等形式，捆绑耗材或配套设备销售等涉嫌商业贿赂的不正当竞争行为，维护医院的合法权益，营造公平竞争环境，确保采购活动遵循相关政策及程序。

(3) 建议招采中心与相关监管部门探讨，对于"封闭式"耗材采购如何在合法合规的基础上节约成本，如在"封闭式"耗材招标时，要求供应商在投标文件中承诺与之配套设备的年租赁费，以控制与该耗材相对应的设备成本使用。

案例1-3：招标文件参数管理

某医院采购信息项目，预算150万元，拟于4月3日发布公开招标信息，明确提交投标文件的截止时间和开标时间为4月21日上午9：30，招标文件含以下内容：本项目采取综合评分法，满分100分，其中：商务技术80分，报价20分。在商务分中含技术参数40条，分值20分，如出现技术参数非实质性负偏离时，每项扣3分。此外，业绩评分标准为"供应商近5年来每实施过一项医院项目的，可得1分，最高得3分"。

问题剖析：

(1) 投标文件截止时间不符合规定。招标公告时间和提交投标文件截止时间间隔18天，按规定公开招标需要至少间隔20天。

(2) 报价分设置不合理。根据《政府采购货物和服务招标投标管理办法》规定，公开招标采用综合评分法的，货物项目的价格分值占总分值的比重不得低于30%，本例中报价分设置仅为20%，不符合规定要求。

(3) 总扣分分值大于采购文件设置的总分值。在技术参数部分分值仅20，扣分值达到120，分值设置未与评审因素的量化指标相对应，导致评分结果缺乏公正性和准确性，不符合《政府采购和货物服务招标投标管理办法》的分值设置要求。

(4) 在业绩评分中实行差别歧视待遇。将医院这一特定业绩，作为加分条款向某些供应商"倾斜"，存在阻止或妨碍其他供应商参与公平竞争的情形。

整改要求：

(1) 招采中心应重新修订开标时间。开标时间应与招标公示时间至少间隔20天，严格依据各环节的时限要求开展招采活动（见表1），避免因程序时间不合规而违反采购法规。

表1　招采活动各环节时限要求

项　目	公开招标	邀请招标	竞争性谈判	竞争性磋商	询价	单一来源采购
公告发布时间	资格预审公告：5个工作日 招标公告：5个工作日		不少于3个工作日	—	不少于3个工作日	单一来源公示期：不少于5个工作日

续表

<table>
<tr><th>项　目</th><th>公开招标</th><th>邀请招标</th><th>竞争性谈判</th><th>竞争性磋商</th><th>询价</th><th>单一来源采购</th></tr>
<tr><td rowspan="2">文件提供或发售期限</td><td colspan="2">资格预审文件提供不少于5个工作日</td><td rowspan="2">不少于3个工作日</td><td rowspan="2">不少于5个工作日</td><td rowspan="2">不少于3个工作日</td><td rowspan="2">—</td></tr>
<tr><td colspan="2">招标文件不少于5个工作日</td></tr>
<tr><td rowspan="2">投标、响应期限（文件发出之日起至提交投标、响应文件截止之日）</td><td colspan="2">不少于20日</td><td rowspan="2">不少于3个工作日</td><td rowspan="2">不少于10个工作日</td><td rowspan="2">不少于3个工作日</td><td rowspan="2">—</td></tr>
<tr><td colspan="2">资格预审文件自公告发布之日起不得少于5个工作日</td></tr>
<tr><td>对采购文件进行澄清修改的时限（提交投标响应文件截止之日前）</td><td colspan="2">投标截止之日15日前或提交资格预审申请文件截止时间至少3日前</td><td>3个工作日前</td><td>5日前</td><td>3个工作日前</td><td>—</td></tr>
<tr><td>评审报告送采购人</td><td colspan="6">评审结束之日起2个工作日内</td></tr>
<tr><td>确定中标、成交人</td><td colspan="6">收到评审报告之日起5个工作日内，在评审报告推荐的中标或者成交候选人中按顺序确定中标或者成交供应商</td></tr>
<tr><td>公告中标、成交通知书</td><td colspan="6" rowspan="2">自中标、成交供应商确定之日起2个工作日内，发出中标、成交通知书；并在省级以上人民政府部门指定的媒体上公告中标、成交结果</td></tr>
<tr><td>发出中标、成交通知书</td></tr>
<tr><td>合同签订</td><td colspan="6">中标、成交通知书发出30日内（签订之日起2个工作日内合同公告，7个工作日内合同副本向采购监督部门备案）</td></tr>
<tr><td>保证金退还</td><td colspan="6">未中标、成交的供应商在中标、成交通知书发出之日起5个工作日内退还；中标的供应商自政府采购合同签订之日起5个工作日内退还</td></tr>
</table>

（2）招采中心需要对招标文件进行调整。合理设置报价分比重，调整技术参数部分扣分规则，修改差别歧视待遇条款，以保障招标活动公平公正。

（3）在采购招标文件公告前，需要相关部门参与审核，确保招标文件需求明确、内容完整、格式规范，提高项目质量和效率，降低采购风险。

（二）经济合同管理

1. 政策依据

按照《中华人民共和国民法典》［（中华人民共和国主席令第四十五号）第三编合同］、《中华人民共和国招标投标法》（2017年修正）、《中华人民共和国政府采购法》（2014年修正）、《中华人民共和国招标投标法实施条例》（2019年修订）、《政府采购需求管理办法》（财库〔2022〕31号）、《关于进一步加强政府采购需求和履约验收管理的指导意见》（财库〔2016〕205号）等政策规定执行。

2. 案例介绍

案例2-1：合同签订条款与招投标内容不符

内审人员在对某医院2021年10月28日签订的《超融合虚拟化机组采购合同》及其招投标文件进行审查时发现：该项目于2021年9月15日完成招标；合同采购内容包括应用超融合平台系统1套、万兆交换机2台、集成服务1项（部署及数据迁移、培训服务），而招标文件中的服务内容还包含三年原厂商维保服务；合同工期规定“供应商应于双方签约生效之日起60天内完成本项目系统安装调试，项目集成维保服务期为3年”。投标文件中的工期则是双方签约生效之日起10个工作日内完成本项目系统安装调试；合同总价款49.50万元，支付金额及方式：合同签订后医院支付合同金额的10%，待安装调试完成且正式验收合格，连续正常运行一个月后，医院向供应商支付合同剩余金额的90%。

问题剖析：

（1）未在法律规定期限内订立合同。根据《中华人民共和国招标投标法》第四十六条规定，自中标通知书发出之日起三十日内，应按照招标文件和中标人的投标文件订立合同，遇到节假日也不得随意延长。

（2）合同内容、工期均与招投标文件不符。该合同删除了招标文件要求的三年原厂商维保服务的内容；将工期从投标文件的10个工作日延长至60个工作日。工期和维保服务期限的变更属于《中华人民共和国民法典》第四百八十八条所列实质性变更范围；也不符合《中华人民共和国政府采购法》中按照采购文件确定的事项签订合同的规定。

（3）付款条件与供应商提供的服务不匹配。合同总价款49.50万元，含原厂商三年维保服务费用。双方在合同中应明确购买的设备、软件和三年维保服务费各自金额，且三年维保服务费应按年在供应商提供服务后支付。

整改要求：

（1）合同签订时双方要明确时限要求，最长不得超过招投标项目的合同签订期限。

（2）订立合同时双方需认真核对相关招投标文件，确保合同内容与招投标过程中双方认可的内容保持一致，使合同订立有法可依。严禁在合同签订过程中随意更改实质性条款，维护招投标的严肃性和公正性。

（3）医院应明确合同会审的分工及管理要求。如使用科室或执行科室主要负责审核合同的技术条款、商务条款和售后服务等内容；财务科重点负责审核合同的付款条件、付款期限、付款金额等内容；内审科则有权对合同签订中及归档后的合同质量、会审情况及执行情况进行审查和评价。

（4）应完善合同管理制度内容。《医院经济合同管理制度》应涵盖合同订立管理、执行、纠纷处理、档案管理等核心内容，明确参与合同起草、合同会审人员的职责、权限等，设定审核流程、审核内容和审批权限（见图1）。

案例2-2：未按约定履行合同

某医院在开展内部专项审计中发现，2022年8月在付款凭证中存在支付D公司5月份委托检测费的情况。该付款凭证所附经审批的原始发票、检测清单和与D公司签订的合同复印件。内审人员查阅合同内容时了解到，这份合同于2021年3月20日签订，为期1年，其中在付款条件中明确：“结算周期每月一次，某医院在收到D公司发票后，由使用科室对D公司提供服务进行考评，根据考评细则（90分为合格），合格后在90天内支付该款项。”

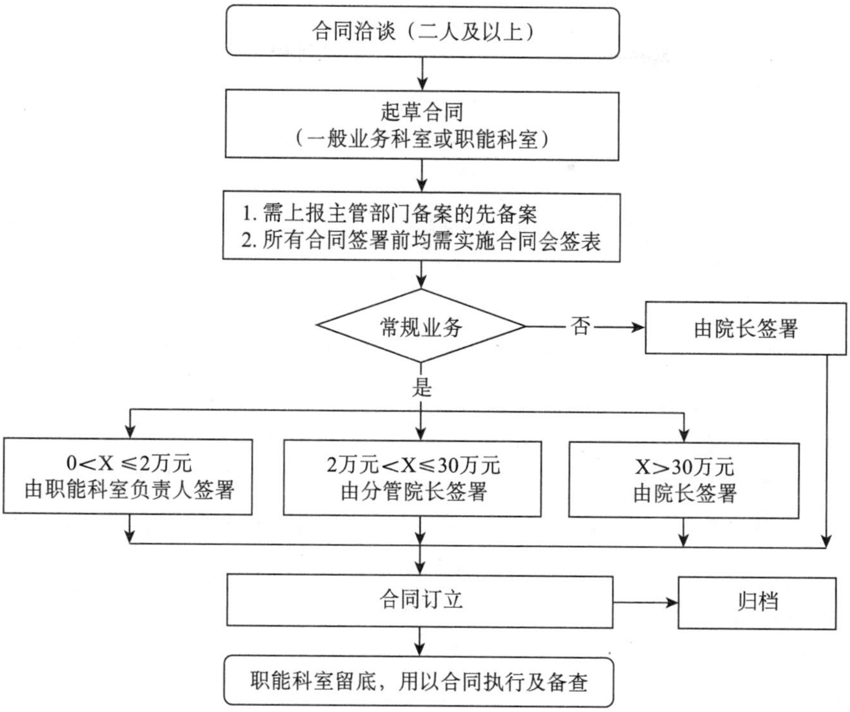

图1　某医院经济合同管理流程

问题剖析：

（1）合同超期履行。该合同应于 2022 年 3 月 19 日终止，但某医院却支付了 2022 年 5 月的委托款，属于超期履行合同。

（2）付款审核疏漏，未落实合同约定条款。合同约定某医院使用科室每月在收到 D 公司发票后，应对其服务进行考评，考评分为合格后在 90 天内支付款项。而内审人员发现，在使用科室未履行考评职责时却提交了付款申请。该付款虽按某医院资金审批规定经层层审批，但仅限于附上发票原件、检测清单和合同复印件等。财务科在缺少考评结果情况下却支付该笔款项，存在审核不到位的问题，致使合同约定形同虚设。

整改要求：

（1）停止向 D 公司支付款项。同时，要求招采中心在执行公开招标时向财政部门汇报，协商设定一定的过渡期来完成相应的招标流程。

（2）由使用科室对 D 公司提供的服务进行考评，并将考评结果书面送交财务科，若出现考评不合格的情形，则向 D 公司追索损失。

（3）强化合同履行管理。各相关管理科室应对合同的重要条款做上标识，避免因未履行合同而给医院造成不必要的经济损失和面临诉讼等风险；财务科要加大付款审核力度，对于不满足付款条件的，应当拒绝支付。

案例 2－3：家政外包合同管理

某医院与 B 物业公司签订的合同中，有关合同条款明确：一是是否增减家政服务人员数量由某医院调研后决定，若医院需要增加人员，按合同中标金额人均服务费 5120 元/月支付给 B 物业公司。如某服务人员缺勤，则按实际缺勤天数扣除家政服务费。二是在合同履约期内，“如果国家或地方政府变更当地职工最低工资标准或其他应付津贴时，医院同意相应地按照此类标准或福利增加费用并调整本合同金额”。三是月度结算时由某医院后勤管理科根据 B 物业公司提供的人员考勤表进行结算审核。

问题剖析：

（1）不符合政府采购追加限制的规定。根据《中华人民共和国政府采购法》的规定，“采购人需追加与合同标的相同的货物、工程或者服务的，不得超过原采购金额的 10%”。而某医院在合同中仅考虑人员增加的需求及人均服务费支付的规定，未考虑金额增长有 10% 的最高限制，合同条款不严谨。

（2）理解政策不到位，无故增加费用支出。该项目中标的人均服务费 5120 元/月，远高于当地人均最低工资标准从 2010 元/月调整为 2280 元/月的规定。如果医院在合同中明确严格执行最低工资标准，就不需要增加服务费支出。但由于某医院相关人员对政策的不理解，掉入了 B 物业公司设计的文字陷阱中，无故增加人均服务费 180 元/月和福利费的费用支出。

（3）未履行验收责任。根据财政部《关于进一步加强政府采购需求和履约验收管理的指导意见》，采购人应当根据项目特点完整细化编制验收方案，邀请实际使用人参与验收。合同中某医院后勤管理科仅凭 B 物业公司提供的人员考勤表进行审核后结算，放弃了某医院应对 B 物业公司人员到岗和履约情况考核的权利。

整改要求：

（1）签补充合同，增加 10% 的追加金额限制。加强对招采中心、后勤管理科等业务科室的法律法规培训，在合同审核时能及时发现与相关法规不符或不合理的附加条件，避免同类情况再次发生。

（2）多管理科室参与合同审核。某医院要修正完善《经济合同管理制度》，明确各相关职能科室要参与经济合同的审核，对各自负责的业务事项严格把关。对重大经济合同，某医院法律顾问要参与审核，防止掉入对方设置的陷阱中，给医院造成重大的经济损失。某医院对业务重复性高（如购买合同）、法律风险相对固定（如外聘专家、多方合作）、需要统一标准（如涉及业主、代建方、施工方等三方代建）等合同，可提前准备统一的合同模板，具体条款可以聘请法律顾问审核把关，使合同阐述表达无歧义，提升工作效率，防止合同风险。

（3）切实履行验收责任。某医院后勤管理科应制定履约验收方案，明确验收标准、流程、责任人和时间节点等，并可邀请 B 物业使用科室参与确认出勤率及服务满意度等，不能仅凭 B 物业公司提供的人员考勤明细来支付费用。

（三）会计核算管理

1. 政策依据

按照《政府会计制度——行政事业单位会计科目和报表》（财会〔2018〕24 号）、《关于加强公立医院医疗收入管理的通知》（国卫财务发〔2023〕34 号）、《关于进一步完善中央财政科研项目资金管理等政策的若干意见》（国办发〔2021〕32 号）、《中华人民共和国个人所得税法》（2018 年修正）、《中华人民共和国发票管理办法》（2023 年修订）等政策规定执行。

2. 案例介绍

案例 3－1：合作医疗收入的确认

某牵头医院与医联体内 A、B、C 三家成员单位签订了合作协议，双方约定某牵头医院负责派驻专家和提供医疗技术服务（放射读片、病理切片等），各成员单位按合作项目取得收入的一定比例计算并支付合作费，于次年1月31日前支付完毕。2024年9月，内审科在进行财务报表审计时发现：截至审计日，A成员单位尚未支付2023年度合作费；B成员单位仅支付2023年度50%合作费，并说明因资金困难暂缓支付剩余部分；C成员单位已于1月全额支付合作费。某牵头医院财务科对B和C成员单位实际支付的合作费，根据银行回单开具资金往来结算票据，并确认为其他收入。

问题剖析：

（1）收入确认不及时不完整。根据政府会计制度和《关于加强公立医院医疗收入管理的通知》等规定，牵头医院财务科应按照合同规定的合作费支付时间及时完整地确认收入。本案例中，A成员单位未支付合作费，B成员单位仅支付50%合作费，某牵头医院财务科未确认这两个单位的收入，造成收入确认不完整。

（2）收入确认依据不充分。某牵头医院财务科仅凭银行回单确认收入，而未按照财务制度规定对合作协议相关条款、合作内容、合作金额及相关业务资料进行审核，存在收入确认依据不充分的问题。

（3）未规范使用票据。《关于加强公立医院医疗收入管理的通知》规定："以医联体、医共体等形式合作办医的医疗机构，应按照协议明确的合作项目确认医疗收入，并开具医疗收费票据"。而某牵头医院财务科收取合作费后提供的是资金往来结算票据，与政策规定不符。

整改要求：

（1）财务人员应在合作协议明确的时间内催收合作费，对暂时无法收回的款项，先确认收入，同时借记往来款。根据政府会计制度的相关规定，在财务会计下借记"应收账款——应收医疗款"科目，贷记"事业收入——医疗收入"科目；预算会计不作处理。年末，牵头医院应对各类合作项目进行梳理，以确保收入的完整性和及时性。

（2）财务人员在确认收入前，不仅要关注账务处理是否正确，还要核查银行回单、该收入业务的佐证材料和原始凭证等，以确保账务处理和附件资料的真实、完整和正确。

（3）财务人员要认真执行票据管理的相关规定，依法合规开具和使用票据，确保票据信息合法合规、真实准确、安全完整。

案例3-2：科研课题经费的管理

某医院于2021年1月收到横向课题经费100万元，该科技计划项目合同书约定：课题研究期为3年，第一年完成合同约定任务的30%，第二年完成合同约定任务的40%，第三年全部完成合同约定任务，某医院按立项经费10%收取管理费，该课题于2023年12月31日结题。内审人员对课题经费决算报告和相关财务资料审计时发现：2021年1月29日，某医院将收到的课题经费100万元全部确认为科研收入；2023年6月15日，一次性支付专家咨询费1500元，未申报个人所得税，截至课题验收时，某医院未提取10%的管理费。

问题剖析：

（1）未按照合同完成进度确认收入。根据权责发生制原则，某医院应按照合同约定的完成进度确认收入。某医院收到全部课题经费时，在财务会计下借记"银行存款"科目，贷记"预收账款"科目；在预算会计下借记"资金结存"科目，贷记"事业预算收入"科目。某医院按照合同完成进度确认收入时，在财务会计下借记"预收账款"科目，贷记

“事业收入”科目；预算会计不作处理。

（2）医院未履行代扣代缴义务。根据专家咨询费支付的相关规定和《中华人民共和国个人所得税法》第九条规定，以支付所得的单位为个人所得税扣缴义务人，某医院作为劳务费的支付单位，应向专家索要网上开具的劳务费发票，并履行个人所得税扣缴义务。

（3）医院未按照规定提取课题管理费。根据科技计划项目合同书约定，某医院应按立项经费的10%提取课题管理费。

整改要求：

（1）根据政府会计制度及相关规定，某医院应按照完成合同约定任务的进度确认收入，第一年确认30万元，第二年确认40万元，第三年确认30万元。

（2）根据税务管理要求和《中华人民共和国发票管理办法》的规定，医院应依法取得个人劳务费发票，并在支付专家咨询费时履行个人所得税代扣代缴义务。财务人员要加强对税法知识的学习，认真履行纳税义务，防范税务风险。

（3）根据合同约定，某医院在提取10万元课题管理费时，在财务会计下，借记“业务活动费用”科目，贷记“预提费用——管理费”科目；在预算会计下，借记“非财政拨款结转——管理费”科目，贷记“非财政拨款结余——管理费”科目。医院收取课题管理费，主要用于开具发票纳税、课题过程管理、成果转化、评审验收等科研管理支出。

案例3-3：食堂饭卡充值管理

内审人员在对医院食堂审计时发现，饭卡充值系统期末余额与医院餐补往来款期末余额不一致。该医院每月向在职职工发放300元误餐补助，由饭卡管理员王某定期充值到每位职工的饭卡中。王某在担任食堂饭卡管理员期间，未按医院规定注销退休及离职职工的饭卡，利用与饭卡充值制表人之间信息不对称的漏洞，每月继续为这些饭卡充值，使得这些本应废弃的饭卡变成了“僵尸卡”，而这些卡却掌握在王某手中，并利用“僵尸卡”刷卡套现，7年累计非法侵吞公款逾17万元。

问题剖析：

（1）财务科履行监督职责缺失。在充值环节，饭卡充值制表人未及时将退休人员的名单从充值名单中删除；饭卡系统充值的金额与应发放的误餐补助金额缺少核对，月末对账时财务人员也未对“预收账款——误餐费”余额进行核对，存在重大的管理漏洞。

（2）该院内部控制缺失。一是饭卡充值、注销等操作均由王某一人完成，存在不相容职务未分离的情况；二是王某长达7年在同一岗位，医院未执行风险岗位定期轮岗制度；三是医院未建立统一归口人事管理，导致与人事相关的各项经济管理工作存在隐患。

（3）未建立与食堂的对账机制。财务科在与食堂进行账务结算时，未对刷卡情况进行对账与审核，为王某侵吞公款提供了便利。

整改要求：

（1）须加强财务审核。在账务处理时，财务人员应认真审核原始凭证及佐证材料，对业务的真实性、数据的可靠性进行甄别，必要时可要求多岗位稽核。对食堂经济业务实施定期对账，保证数据真实完整。

（2）完善内部控制制度。饭卡充值的电脑操作和账务处理与人员维护要分离，同时，对风险岗位进行定期轮岗。限制单个员工的操作权限，对于关键操作如月度充值、注销饭卡，需要双人核对。人员维护应由人事科实行归口管理。

（3）强化对食堂的结算审核。每月结算时，要求对方提供相应的清单，以便财务人员对饭卡支出的合理性、数据的准确性进行审核。

（四）内部控制管理

1. 政策依据

按照《公立医院内部控制管理办法》（国卫财务发〔2020〕31 号）、《关于进一步加强公立医院内部控制建设的指导意见》（财会〔2023〕31 号）、《医疗机构医用耗材管理办法（试行）》（国卫医发〔2019〕43 号）、《关于开展国家组织高值医用耗材集中带量采购和使用的指导意见》（医保发〔2021〕31 号）、《关于印发 2024 年纠正医药购销领域和医疗服务中不正之风工作要点的通知》（国卫医急函〔2024〕101 号）、《关于完善医药集中带量采购和执行工作机制的通知》（医保发〔2024〕31 号）、《中央和国家机关培训费管理办法》（财行〔2016〕540 号）、《D 市市本级机关培训费管理规定》（D 财行〔2023〕73 号）等政策规定执行。

2. 案例介绍

案例 4－1：库存物资管理

内审科在对 2023 年一季度医院库房管理审查时发现：零星维修材料的随货同行单注明的送货日期是 2023 年 1 月，有维修人员签字，但该批配件的出入库日期、开票日期均为 2023 年 3 月。经询问，维修材料因实行“零库存”管理，由维修人员直接联系送货单位送货，材料使用完毕后再由供货方根据使用品牌、规格和数量开具发票和清单，库房验收人员根据发票和清单办理验收入库和出库手续。

问题剖析：

（1）不相容职务未分离。维修人员直接联系供应商送货，价格谈判、采购、验收、出库均由同一人完成，违反授权批准、相互核对、限制接触等制度规定，医院内部控制形同虚设，容易滋生腐败。

（2）医院资产未实行归口管理。零库存不等于零验收，库房管理员未履行验收职责，仅凭对方发票和科室使用量填写验收入库单和领用出库单，给虚开发票、物资以次充好、在价格上做文章等提供方便。

整改要求：

（1）合理划分职责权限，确保不相容岗位相分离。采购业务应归口管理，由招采中心负责全院的物资采购，任何人不得私自采购。同时，医院应对零星维修材料进行议价，选取合适的供应商，并要求供应商遵守采购制度，不得随意接收使用科室的自行采购需求。

（2）完善入库验收流程。所有物资入库前必须经过严格的验收程序，包括核对发票、实物、数量、规格、型号等信息。库房管理人员应确保物资安全与完整。

（3）加强财务监督。财务人员应履行财务监督职责，认真审核采购、入库、出库相关信息，定期核查盘点实物，以确保账账相符、账实相符。医院应设定相应的流程，对维修人员工作量进行监督核实。

案例 4－2：医用耗材管理

2020 年度，某医院将入选省级集采目录的活检针 A 代替原使用的同类活检针 B，待 B 的库存 30 件使用完毕后即停止采购。该年 10 月，内审人员在院内耗材管理专项审计时发现，截至审计当日，A 仅使用 100 件，远低于“执行量”要求的 200 件，本应停止使用的 B

因工作人员疏忽，仍在继续使用，使用量达 80 件。

问题剖析：

（1）对医用耗材集中带量采购政策宣传不到位。活检针 B 库存使用完后未能及时终止采购，该问题未被招采中心、仓库、临床、财务等职能科室及时发现，存在宣传不到位的问题。

（2）耗材目录管理有疏漏。招采中心未定期对耗材采购目录进行梳理，导致活检针 B 使用完毕后未能及时停止采购。同时，未对活检针 A 的采购量和执行量进行及时核对，致使审计前未发现问题。

（3）耗材管理信息化配置低。医院耗材管理信息化配置程度低，无法实现对耗材领用的实时动态监督和分析，导致耗材管理效率低下，应对滞后。

整改要求：

（1）加强集采带量的政策宣传，招采中心要定期向各相关业务或管理科室反馈带量采购耗材的执行情况，通过协同管理规避不必要问题的发生。

（2）加强对院内耗材目录的管理。招采中心要对带量集采耗材进行梳理，将未中标的产品进行清退，对确因诊疗需要使用的，实行“一用一审批”，以确保年度执行量能如期完成。

（3）利用信息化手段实现耗材闭环管理。在耗材管理系统中对需要清退的耗材限制采购权限，对特殊情况需要采购的，应配置履行相关审批程序的功能模块，推进耗材精细化管理。

案例 4－3：培训费、讲课费管理

医院内审科审计时发现：医院委托第三方公司组织干部开展党性教育培训，经核实，该事项未经干部教育培训管理部门批准；在培训班支出事项中有张某（外院副高职称）讲课费 1000 元，已收到其开具的劳务费发票，附件已附培训通知及课程安排，核对发现张某的讲课时间为 45 分钟，科教科解释张某讲课时除现场外还同步开展线上直播培训；培训支出凭证未见参训人员签到名单、伙食费明细等相关资料。

问题剖析：

（1）违规开展党性教育培训。根据当地财政部门发布的培训费管理规定：“组织干部开展党性教育培训，必须依托党校（行政学院）、干部学院。未经干部教育培训管理部门批准委托其他机构举办党性教育培训，产生的费用不得报销。”

（2）讲课费超标准发放。根据有关规定，“副高级技术职称专业人员每学时讲课费最高不超过 500 元”；“讲课费按实际发生的学时计算，每半天最多按 4 学时计算。”且“同时为多班次一并授课的，不重复计算讲课费。”张某现场讲课，同步线上直播属于同时为多班次一并授课，医院超标准发放讲课费 500 元。

（3）培训费附件有缺失。根据财务相关规定，培训费报销时应当提供培训通知、实际参训人员签到表或其他签到证明材料、培训场所出具的收款票据以及费用明细单据等凭证。

整改要求：

（1）追回违规培训支出。医院应实施培训院内归口管理，建立培训管理制度，规范培训渠道、培训流程。财务人员应加强各项规章制度的学习，对未经批准、未纳入预算以及超范围、超标准开支的经费不予报销。

（2）按标准审核及发放讲课费。医院科教科应熟悉国家及省市的培训讲课费政策及标准，讲课费报销时应当提供讲课费签收单（支付证明）或合同，异地授课的城市间交通费、住宿费、伙食费等不得超出差旅费有关规定和标准。

（3）完善培训费附件要求，加强培训费报销审核管理。财务科应根据培训费综合定额标准，比对培训人员签到、工作人员签到、伙食明细、场租费明细等附件，核实总支出是否超标、单项是否超标以及其他超标违规行为。

案例4-4：退费管理

李某在担任收费员期间利用职务之便，通过收取现金不上缴医院财务和自制收款二维码，将患者住院预缴款转至其个人银行卡等方式窃取公款。同时，为了使当天结账HIS系统形成的住院收费日报表中的现金缺口不被发现，李某将HIS系统中由现金、微信或支付宝等形式收取的住院预缴款恶意篡改成POS收款，再用自己的银行卡刷相应金额，打印出小票用于财务平账，然后再撤销该笔交易，截留撤销交易小票，并伪造患者签名，将公款窃为己有。自2018年4月至2020年6月，李某共贪污公款360余万元，给医院造成巨大的经济损失。

问题剖析：

（1）医院财务监管缺失。票据、凭证、报表核对“走过场”，财务科在每日收入报表入账时缺乏对POS机收入的报表交易笔数和金额的核对，形成管理漏洞。同时，财务科对收费人员廉洁教育流于形式，未真正树立拒腐防变的思想防线。

（2）退费流程缺乏制约。医院在POS机付款方式下，撤销刷卡支付无需其他人授权，致使李某可用自己的银行卡反复刷卡和撤销，缺乏监督制约机制。

（3）信息技术控制有漏洞。医院HIS系统收费方式未与各缴费终端进行实时关联，收费员可以在系统内随意选择收费方式，缺少缴费终端自动反馈验证，程序缺乏完整性控制。导致李某将患者实际用现金、微信、支付宝等支付方式篡改成POS机，恶意侵吞公款。

整改要求：

（1）财务科在款项收缴管理中要加强对支付宝、微信、POS机刷卡等多渠道支付方式的管控，每日核对各渠道的交易笔数和金额，以确保医院收入的正确和完整。同时，以案为戒，加强收费及财务人员廉政教育，牢固树立防范风险意识。

（2）完善退费管理流程。在退费或收入撤销时，不允许仅一人完成，需要对收费组长或其他指定人员授权，以互相制约。

（3）加强信息化管控。通过信息系统改造，将医院HIS系统收费方式与各缴费终端进行关联，以防止收费员在系统内随意选择收费方式；建立智慧化对账平台，实现HIS系统、第三方支付系统（微信、支付宝、银联等）交易数据自动对账，确保医院资金安全完整。

三、Z医院内审工作取得的成效

Z医院内审科针对日常经济运营中发生的问题，以政策法规为依据，剖析问题形成的原因，并对问题整改提出有针对性的意见或建议。通过具体的实务性工作，揭示了内审在识别和防范医院管理风险中的核心职能，凸显了内审在促进医院流程再造和运营效率提升上的潜力，较好地践行了国家审计署《关于内部审计工作的规定》第二十二条的规定：只有做好整改工作，不断梳理总结，形成可借鉴、可推广的审计成果，实现“一审多果”“一审多效”“整改一点规范一片”，才能在应对外部审计和检查时合理利用内部审计成果予以自我保护。Z 医院内审科也在工作实践中不断探索创新，归纳和总结经验。

（一）持续问效跟踪，确保常态长效

Z 医院内审科作为审计整改的监管主体，对整改情况逐项审核，实行问题“销号”，对整改未达到标准的，显示为“整改中”状态，持续推动有效整改。如整改涉及资金或物资的，要求即时收回款项、清退资金或物资，以财务账务调整凭证、银行收入回单及对方收到资金或物资出具的凭据为准；针对往来款项、保证金等的清理问题，以清理完毕的账务处理凭证为准。同时，内审科积极组织“回头看”，引导相关责任科室通过优化流程、建立完善制度、健全长效机制，避免老问题反弹和新问题衍生，持续巩固整改成果，实行闭环管理。为此，Z 医院先后荣获市“内部审计工作表彰单位”“内部审计工作优秀单位”；内审科 2 人入选 A 市首批内部审计高级专业人才。

（二）运用管理工具，突破整改瓶颈

面对错综复杂的问题，单纯的直线职能科室管理模式很难完成整改，要想切实解决问题，需要运用基于 PDCA 循环的“行政 MDT”模式，突破整改上的瓶颈（见图 2）。

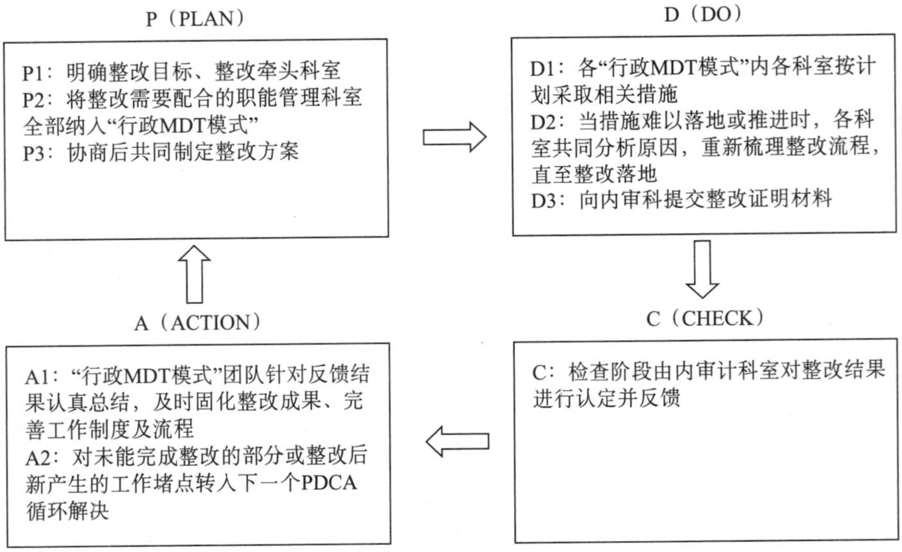

图 2 PDCA 循环整改闭环流程

这种整改方式，既能及时固化整改成果、完善工作制度及流程，也能将未完成整改的部分或整改后新产生的工作堵点转入下一个 PDCA 循环，寻找新的“行政 MDT 模式”。如此闭环推进，环环相扣，持续改进，推动审计整改真正落地，审计成效阶梯式上升，不断完善医院内部控制，促进业务精细化管理。

（三）主动出击，拓展服务外延

如果说“问题”是内审工作的起点，那么“合作”便是内审工作高效推进的关键。Z 医院内审科作为风险防范的第三道防线，主动为第一道、第二道防线提供服务与支撑。内审科将现行内审相关政策法规汇编成册，内容涵盖公务外出、会议培训、行风建设、资产管理、政府采购等内容，共计 600 多页，供医院内部相关业务科室及关键岗位人员学习。

内审科人员通过配合外部审计工作积累的经验，采用案例分享和举办培训班等形式，提升业务科室人员的风险防范意识，变被动为主动，积极识别内部风险，主动发现和解决问题。内审科加强与业务科室的沟通与交流，对其无法独自解决的问题，协助研究解决办法，减少业务科室对内审工作的误解和抵触情绪，营造良好的内审氛围。

（四）深化贯通协同，形成监督合力

进一步深化内审监督与财会监督、纪检监督的贯通协同，逐步形成联动协作、信息互通、成果共享的监督合力。如针对审计项目，做好横向协同，避免重复交叉检查；针对问题线索，实现“1+1>2”的叠加效应；在纪检部门办理涉及违规决策、违法操作等案件时，内审科积极配合，发挥经济审计的专业优势。

四、结语

随着医疗服务的不断发展与创新，医院加快了信息化建设，各类医疗数据、管理数据的规模迅速增长，在海量数据不断产生的今天，传统的审计形式和审计手段已经难以适应新的环境与管理需要。以信息化建设为基础，加强内审数字化建设，运用数字技术不断拓展财务收支、业务系统或流程的风险管理，提升传统审计的工作效率和质量，是内审未来的发展趋势。医院要不断提升内审队伍专业能力，培养数字化内审人才，尤其是业务与技术相融合的复合型人才。内审人员要利用数字化建设，将审计思维融入业务数据，逐步建成对数据信息进行采集、传输、处理、执行的智能化审计工具，探索医院或有事项审计，不仅成为风险的发现者，更要成为风险管理的推动者，真正做到“审计全覆盖”。

作者：夏　琪　李凯霖　张锦华　熊　飞　常　婷
第一作者简介：夏　琪，湖州市中心医院审计科科长，高级会计师

专家点评

以审计监督筑牢医院经济安全底线

常言道：“经济工作所至，审计监督必达。”在医药反腐浪潮中，国家卫健委与审计署等多部门协同作战，持续发力，全力整治医疗行业乱象，彰显出对医疗系统内不正之风和腐败行径零容忍的坚定决心，致力于重塑风清气正的行业生态。《加大内部审计力度 为医院合规运营护航》一文立足医院内部审计维度，将监督与整改视作推动医院合规运营、优化内部管理的关键着力点，进而为医院的稳健、可持续发展保驾护航，以提升医院的综合管理能力。

文章以Z医院内部审计工作为范例，着重围绕医院内部审计工作理念、组织架构、方法技巧、实践成效以及现存挑战等要点展开深入论述。其突出亮点在于聚焦采购招标、经济合同、会计核算、内部控制这四大医院关键经济活动领域，精心收集近年来医疗机构内外部审计、监督及巡查中所发现的典型问题，并以案例形式予以呈现和解读。采用“政策依据—问题剖析—整改要求”的递进式架构，层层深入，精细解析。所选案例兼具新颖性与典型性，问题诊断精准深入，剖析过程有理有据，整改建议切实可行，为医院运营风险管理提供了极具现实价值的参考与指引。

不过，文中案例虽具有一定代表性，但仍可进一步拓宽管理视野，丰富案例种类。例如，从县级医院、基层卫生院、医共体等多样化管理模式中挖掘更多经典案例，广泛覆盖医疗机构运营管理的各类风险点，拓展案例的应用广度与深度。此外，文中提及数字化内审的发展方向，后续研究不妨深入探究其具体应用场景与实施路径，为内部审计的现代化转型提供更具操作性的方案。在财会监督全面深化的大背景下，医院内部审计应秉持“治已病、防未病”的理念，切实履行“经济体检”职责，坚守医院经济运营的安全防线，为医疗卫生事业的健康发展贡献坚实力量。

浙江天平审计集团董事长、正高级会计师　余俊仙

医共体财务管理中心考评细则

【摘要】医共体财务管理考评是医共体绩效评价的重要组成部分，通过对医共体各成员单位财务管理工作的考评，一方面可以加强对各成员单位财务管理活动的监督和检查，及时发现和纠正财务管理中存在的问题与不足，提高财务管理的质量和水平；另一方面，科学的财务考评能够激发各成员单位的积极性和创造性，促进财务管理工作质量提高和不断创新，提升医共体整体财务管理水平和竞争力。结合医共体各成员单位财务管理实际，医共体财务管理中心负责制定《××年度医共体财务管理中心考评细则》，并定期组织医共体财务骨干对各成员单位财务管理工作对照考评细则要求进行考评；每年对考评细则进行修订，对各成员单位较易达到的考评指标迭代升级，引导财务人员不断增强创新和管理能力。考评细则的实施，有助于财务人员更好地执行财务管理制度，对管理中发现的问题有针对性地整改；整体提升各成员单位经济运行质量和财务管理水平，确保财务活动合规合法，有效防范内部控制风险的发生，推进财务管理各项工作扎实有效地开展。

根据浙江省卫生健康委员会发布的《县域医共体紧密程度星级评价标准（试行）》的有关要求，为推进医共体各成员单位管理扁平化、运行实体化、财务管理同质化，全面提升医共体建设和财务管理水平，特制定本考评细则。

一、指导思想

遵循国家财经法规和财务规章制度，确保财务活动合法合规，旨在促进财务管理活动的规范化、科学化和精细化发展；充分发挥医共体财务考核的导向作用，推进医共体各成员单位财务管理水平的提高。

二、考评对象

适用于医共体内各县级医院和基层卫生院。

三、考评要求

由医共体财务管理中心负责，每年至少一次对各成员单位开展考评。参与考评的人员要理解、掌握考核细则的内容，坚持实事求是、客观公正的原则开展考评工作；被考评单位要积极配合，绝不允许出现弄虚作假的行为。

考评结束后，由医共体财务管理中心负责汇总各成员单位考评得分，并撰写本年度考评情况通报。在通报中原汁原味地反馈检查中发现的问题，探究问题形成的原因，逐项提出整改意见。该通报由医共体分管财务院领导在医共体成员单位领导会议上宣读。同时，财务管理中心修正完善和新增考评细则内容，出台下一年度的考评细则，使该项工作符合管理实际，更具有可操作性。

四、考评结果应用

考评总分为170分，考评结束后按照得分进行排名。医共体财务管理中心要充分运用考评结果，引导各成员单位注重和加强财务管理，不断提升医共体整体财务管理水平。

附件：1. ××年度医共体财务管理中心考评细则（县级医院版）（见表1）

2. ××年度医共体财务管理中心考评细则（基层卫生院版）（见表2）

3. ××年度医共体财务管理中心考评结果汇总（见表3）

表1　××年度医共体财务管理中心考评细则（县级医院版）

检查项目	工作要求	检查内容	考核得分	取回资料	亮点	问题或需完善的方面
财务制度管理（20分）	资金审批制度、财产物资管理制度、财务收支管理制度内容完整、具有可操作性并符合内控要求和医院管理需要（10分）	是否建立、完善相关制度；制度内容是否符合医院和内控管理要求等。每发现不符合规定一项，扣5分				
	严格执行本单位资金审批制度、财产物资管理制度、财务收支管理制度（5分）	是否按制度规定执行；实际操作与制度规定是否相符等。每发现不符合规定一项，扣2分				
	单位一切财务收支必须纳入财务科统一管理，不得设立“账外账”和“小金库”（5分）	财务收支是否纳入财务科统一管理；是否有“小金库”情形，财务监管是否有力等。每发现不符合规定一项，扣5分				
资金安全管理（50分）	大额资金转账（存）审批手续完备（5分）	查看大额资金转账（存）是否有审批手续；审批手续是否完备等。每发现不符合规定一项，扣5分				
	行政、工会等账户现金日记账与库存现金相符，门急诊、住院收款员日报表与库存现金正负差额控制在5元以内（5分）；向银行办理库存现金限额审批，超过核定限额部分及时送存银行（3分）；严禁保险箱私自存放个人物品（2分）	定期或不定期对出纳现金日记账与库存现金、收费人员日报表与库存现金等进行抽查盘点，账实不符是否控制在5元以内（仅指收费人员）；库存现金超过限额部分是否及时解缴银行；保险箱是否私自存放个人物品等。每发现不符合规定一项，按标注分值扣分				

续表

检查项目	工作要求	检查内容	考核得分	取回资料	亮点	问题或需完善的方面
资金安全管理（50分）	医院银行存款账面余额与银行对账单及时核对，对账后编制银行存款余额调节表，有未达账项的，要有情况说明（6分）	抽查某月是否进行银行对账；对账后是否编制银行存款余额调节表；对未达账项是否有情况说明等。每发现不符合规定一项，扣2分				
	财务专用章、法人章双人分开保管；盖章时需核对确认相关要素；保管人员离开工作场所抽屉及时上锁（5分）	财务专用章、法人章是否双人分开保管；盖章时是否未核对确认相关要素而引起差错；保管人员离开工作场所抽屉是否及时上锁等。每发现不符合规定一项，扣2分				
	每月末核对HIS系统与门急诊、住院收入及病人预缴款数据，发现不符的，应查明原因并整改（6分）	抽查某月HIS系统与门急诊、住院收入及病人预缴款数据核对情况，是否有核对记录；是否有数据不符又未查明原因情况；是否存在查明原因但未整改情况等。每发现不符合规定一项，扣2分				
	门急诊、住院收费人员每天按时结账，并将解缴款入账（5分）	抽查记账凭证中门急诊、住院收费处收款员的缴款记录，检查每日解缴款入账的及时性，未按制度解缴款的。每发现不符合规定一项，扣2分				
	定期核对备用金；及时收缴不需用备用金；年末结清备用金，次年重新核定后办理借用手续（3分）	不定期抽查备用金使用情况，看备用金是否相符；是否存在未及时收缴不需用备用金的情形；是否存在年末未结清备用金，次年未重新核定及办理借用手续等情况。每发现不符合规定一项，扣1分				
	正确使用除门急诊、住院收费票据以外的收据和发票，开具的内容符合合同相关条款约定及经济事项，并有清晰的票据核销台账（5分）	抽查单位除门急诊、住院收费票据以外的收据和发票，检查财务科收款收缴的及时性、收费依据是否合理、收费内容与收据或发票的用途是否相符等。每发现不符合规定一项，扣1分；无票据核销台账的，扣2分				

续表

检查项目	工作要求	检查内容	考核得分	取回资料	亮点	问题或需完善的方面
资金安全管理（50分）	往来款项每月核对、及时催收，年末再次确认挂账未清理情况（5分）	检查往来款项每月核对及清理情况，看每月是否核对或及时催收；年末是否再次确认清理等。每发现不符合规定一项，扣1分				
财产物资管理（15分）	每月末，财务科与各库房会计（报表）采用正确的对账方法进行账账核对，双方在核对记录台账上签字确认；核对有差异的，及时查明原因并书面说明情况（5分）	检查单位财务科与各库房会计（报表）进行账账核对方法是否正确；月末是否核对、核对后双方是否签字确认；核对有差异时，是否查明原因并有文字说明等。每发现不符合规定一项，扣2分				
	财务人员定期参与财产物资清查盘点，发现账实不符的，需查明原因，进行整改（5分）	抽查财产物资账实盘点情况，财务人员是否参加清查盘点；有无盘点记录；发现账实不符时是否查明原因进行整改等。每发现不符合规定一项，扣2分				
	资产处置应按规定履行逐级报批手续，报批手续齐全；未经上级主管部门批准不得自行处置（5分）	查看资产处置相关报批流程是否合规；报批手续是否齐全；是否经过上级主管部门批准后处置等。每发现不符合规定一项，扣2分				
会计核算与会计科目运用（30分）	按照制度规定进行会计核算；会计信息真实、准确，如实反映医院经济运行情况（5分）	根据报送的资料，结合实地随机抽查医院相关会计凭证和资料。每发现不符合规定一项，扣1分；日常报账有错误的，酌情扣分				
	报账员编制记账凭证时，应持有符合相关规定或要求的原始凭证，付款依据和账务处理合规，附件资料齐全（5分）	报账员编制记账凭证时，账务处理是否正确；付款依据是否合规；附件资料是否齐全等。每发现不符合规定一项，扣2分				

续表

检查项目	工作要求	检查内容	考核得分	取回资料	亮点	问题或需完善的方面
会计核算与会计科目运用（30分）	填制记账凭证时科目运用符合相关管理制度要求，过渡性会计科目处理符合相关制度规定（15分）	重点检查工资、奖金、误餐补贴等人员经费核算与人员类别是否匹配；应付职工薪酬计提依据是否充分合理；是否先计提后使用等。每发现不符合规定一项，扣2分				
		重点检查固定资产认定依据是否正确；购置后是否及时入账；折旧计提是否准确等。每发现不符合规定一项，扣2分				
		重点检查财政项目经费、科研经费核算是否按财政管理要求做到专款专用；项目经费使用与拨款用途是否相符等。每发现不符合规定一项，扣2分				
		重点检查“其他”会计科目使用是否符合相关制度规定。每发现不符合规定一项，扣2分				
		过渡性会计科目（如待处理财产损溢等），年末是否按制度规定处理；挂账金额转回原科目时，处理是否符合规定。每发现不符合规定一项，扣2分				
	严格执行收入确认原则（5分）	检查医院是否执行收入确认原则，如不执行，每发现一次，扣5分				
全面预算管理（10分）	制定全面预算管理制度，制度内容完整、具有可操作性并符合单位管理需要（2分）	检查医院是否制定全面预算管理制度；制度内容是否符合单位管理需要，是否具有可操作性等。每发现不符合一项，扣1分				

续表

检查项目	工作要求	检查内容	考核得分	取回资料	亮点	问题或需完善的方面
全面预算管理（10分）	相关职能科室参与年度预算编制；财务部门要做好预算编制前的准备工作，指导职能科室编制预算，经费的组成有明细项目和计算过程；年度预算附预算编制说明；预算经上级部门批准后，下达切块经费给各职能科室管理（5分）	检查职能科室提交的年度预算编制表；财务部门提供有助于职能科室做好预算编制和指导的佐证资料；提供预算明细项目和计算过程；有具体预算编制说明；下达切块经费的明细组成等。每缺其中一项，扣1分				
	每季度召开预算管理委员会会议，对单位预算执行情况进行分析，并就发现的问题提出合理的财务意见或建议（3分）	每季度是否召开预算管理委员会会议；是否对单位预算执行情况进行分析；是否就发现的问题提出合理的财务意见或建议等。每缺其中一项，扣1分				
档案管理（10分）	会计凭证装订符合要求；按照归档范围和要求，每月将会计资料整理立卷，需永久保存的案卷单独装订，编制会计档案保管清册；并负责做好会计档案移交前的保管工作（5分）	装订会计凭证是否符合制度要求；是否按规定整理会计档案；是否做好会计档案移交前保管工作等。每发现不符合规定一项，扣2分				
	做好外部人员档案借阅的登记和审批，及档案归还时的清点、检查工作，及时催收未归还的会计档案（5分）	检查档案借阅是否履行登记和审批手续；档案归还时是否清点、检查；是否及时催收归还会计档案等。每发现不符合规定一项，扣1分				
日常管理及执行情况（15分）	会计报表按规定时间报送；数据双核对、双签名；报表签章完整；报表信息真实、完整、准确，项目及表间勾稽关系正确（5分）	报送是否及时；数据是否双核对、双签名；报表签章是否完整；报表信息有无缺失、内容是否完整、数据是否有误；项目及表间勾稽关系是否正确等。每发现不符合规定一项，扣2分				

续表

检查项目	工作要求	检查内容	考核得分	取回资料	亮点	问题或需完善的方面
日常管理及执行情况（15分）	按季度开展医院经济运行分析和预算执行分析，并于次月20日前报送财务管理中心（5分）	开展季度经济运行分析和预算执行分析，有季度分析缺失的，每次扣2分；报送超过次月20日的，每次扣1分				
	准时参加财务管理中心组织的各类会议、培训等（5分）	财务管理中心各类会议、培训是否准时参加；因故不能参加是否办理事先请假手续等。每发现不符合规定一项，扣1分				
外部审计及其他财务检查（10分）	遵守财经、税收等法律法规、规章制度等；年度内无违规违纪事项发生；经外部审计查实的财务或税务问题能及时整改到位；或有可行的整改措施，能在限期内整改（5分）	年度内有无违规违纪事例；经查实的问题是否整改到位；是否有可行的整改措施，是否在限期内整改等。每发现不符合规定一项，扣1分				
	内部审计及其他财务检查发现有违规违纪行为，能及时整改；或有可行的整改措施，能在限期内整改（5分）	财务违规违纪行为是否及时整改；是否有可行的整改措施，是否在限期内整改等。每发现不符合规定一项，扣2分				
加分项（最高10分）	食堂、基建等设置备查账；参加财务管理中心培训授课，或参加医院及以上财务相关竞赛得奖；在现有基础上提升学历、职称晋升、发表论文、课题立项、撰写专题分析；提出合理化建议被中心采纳等（10分）	是否设置食堂、基建备查账，月末是否并入行政账户，账务处理是否符合制度要求；是否参加财务管理中心授课；是否有竞赛得奖；财务人员在现有基础上是否参加学历和职称晋升学习；是否晋级新职称；是否在公开杂志上发表专业论文；是否有课题立项成功、是否撰写专题分析；是否提出合理化建议被财务管理中心采纳等。每符合其中一项，加1分				

表2 ××年度医共体财务管理中心考评细则（基层卫生院版）

检查项目	工作要求	检查内容	考核得分	取回资料	亮点	问题或需完善的方面
财务制度管理（20分）	资金审批制度、财产物资管理制度、财务收支管理制度内容完整、具有可操作性并符合内控要求和本单位管理需要（10分）	是否建立、完善相关制度；制度内容是否符合本单位和内控管理要求等。每发现不符合规定一项，扣5分				
	严格执行本单位资金审批制度、财产物资管理制度、财务收支管理制度（5分）	是否按制度规定执行；实际操作与制度规定是否相符等。每发现不符合规定一项，扣2分				
	单位一切财务收支必须纳入财务部门统一管理，不得设立“账外账”和“小金库”（5分）	财务收支是否纳入财务部门统一管理；有无设立“小金库”情形；财务监管是否有力等。每发现不符合规定一项，扣5分				
资金安全管理（50分）	大额资金转账（存）审批手续完备（5分）	查看大额资金转账（存）是否有审批手续；审批手续是否完备等。每发现不符合规定一项，扣5分				
	行政、工会等账户现金日记账与库存现金相符；门急诊、住院收款员日报表与库存现金正负差额控制在5元以内（5分）；向银行办理库存现金限额审批，超过核定限额部分及时送存银行（3分）；严禁保险箱私自存放个人物品（2分）	定期或不定期对出纳现金日记账与库存现金、收费人员日报表与库存现金等进行抽查盘点，看是否存在账实不符控制在5元以内（仅指收费人员）情形；库存现金超过限额部分是否及时解缴银行；保险箱是否私自存放个人物品等。每发现不符合规定一项，按标注分值扣分				

续表

检查项目	工作要求	检查内容	考核得分	取回资料	亮点	问题或需完善的方面
资金安全管理（50分）	单位银行存款账面余额与银行对账单及时核对，对账后编制银行存款余额调节表，有未达账项的，要有情况说明（6分）	抽查某月是否进行银行对账；对账后是否编制银行存款余额调节表；对未达账项是否有情况说明等。每发现不符合规定一项，扣2分				
	财务专用章、法人章双人分开保管；盖章时需核对确认相关要素；保管人员离开工作场所抽屉及时上锁（5分）	财务专用章、法人章是否双人分开保管；是否在盖章时未核对确认相关要素而引起差错；保管人员离开工作场所抽屉是否及时上锁等。每发现不符合规定一项，扣2分				
	每月末核对HIS系统与门急诊、住院收入及病人预缴款数据，发现不符的，应查明原因并整改（6分）	抽查某月HIS系统与门急诊、住院收入及病人预缴款数据核对情况，看有无核对记录；是否存在发现不符而未查明原因，或查明原因而未整改的情形等。每发现不符合规定一项，扣2分				
	门急诊、住院收费人员每天按时结账，并将解缴款入账（5分）	抽查记账凭证中门急诊、住院收费处个人的缴款记录，检查每日解缴款入账的及时性，未按制度解缴款等。每发现不符合规定一项，扣2分				
	定期核对备用金；及时收缴不需用备用金；年末结清备用金，次年重新核定后办理借用手续（3分）	是否定期抽查备用金使用情况；是否及时收缴不需用备用金；年末是否结清备用金，次年是否重新核定及办理借用手续等。每发现不符合规定一项，扣1分				

续表

检查项目	工作要求	检查内容	考核得分	取回资料	亮点	问题或需完善的方面
资金安全管理（50分）	正确使用除门急诊、住院收费票据以外的收据和发票，开具的内容符合合同相关条款约定及经济事项，并有清晰的票据核销台账（5分）	抽查单位除门急诊、住院收费票据以外的收据和发票，检查财务部门收款收缴是否及时、收费依据是否合理、收费内容与收据或发票的用途是否相符等。每发现不符合规定一项，扣1分；无票据核销台账的，扣2分				
	往来款项每月核对、及时催收，年末再次确认挂账未清理情况（5分）	检查往来款项每月核对及清理情况，每月是否核对或及时催收；年末是否再次确认清理等。每发现不符合规定一项，扣1分				
财产物资管理（15分）	每月末，财务部门与各库房会计（报表）采用正确的对账方法进行账账核对，双方在核对记录台账上签字确认；核对有差异的，及时查明原因并书面说明情况（5分）	检查单位财务部门与各库房会计（报表）进行账账核对方法是否正确；月末是否核对、核对后双方有无签字确认；核对有差异的，是否查明原因并有文字说明等。每发现不符合规定一项，扣1分；未采用正确对账方法的，每发现不符合规定一项，扣2分				
	财务人员定期参与财产物资清查盘点，发现账实不符的，需查明原因，进行整改（5分）	财务人员是否参加财产物资账实清查盘点；是否有盘点记录；发现账实不符是否查明原因进行整改。每发现不符合规定一项，扣2分				

续表

检查项目	工作要求	检查内容	考核得分	取回资料	亮点	问题或需完善的方面
财产物资管理（15分）	资产处置应按规定履行逐级报批手续，报批手续齐全；未经上级主管部门批准不得自行处置（5分）	查看资产处置相关报批流程是否合规；报批手续是否齐全；是否经过上级主管部门批准后处置等。每发现不符合规定一项，扣2分				
会计核算与会计科目运用（30分）	按照制度规定进行会计核算；会计信息真实、准确，如实反映单位经济运行情况（5分）	根据报送的资料，结合实地随机抽查单位相关会计凭证和资料。每发现不符合规定一项，扣1分；日常报账有错误的，酌情扣分				
	报账员编制记账凭证时，应持有符合相关规定或要求的原始凭证，付款依据和账务处理合规，附件资料齐全（5分）	报账员编制记账凭证时，账务处理是否正确；付款依据是否合规；附件资料是否齐全等。每发现不符合规定一项，扣2分				
	填制记账凭证时科目运用符合相关管理制度要求，过渡性会计科目处理符合相关制度规定（15分）	重点检查工资、奖金、误餐补贴等人员经费核算与人员类别是否匹配；应付职工薪酬计提依据是否充分合理；是否先计提后使用等。每发现不符合规定一项，扣2分				
		重点检查固定资产认定依据是否正确；购置后是否及时入账；折旧计提是否准确等。每发现不符合规定一项，扣2分				

续表

检查项目	工作要求	检查内容	考核得分	取回资料	亮点	问题或需完善的方面
会计核算与会计科目运用（30分）	填制记账凭证时科目运用符合相关管理制度要求，过渡性会计科目处理符合相关制度规定（15分）	重点检查财政项目经费、科研经费核算是否按财政管理要求做到专款专用；项目经费使用与拨款用途是否相符等。每发现不符合规定一项，扣2分				
		重点检查“其他”会计科目使用是否符合相关制度规定。每发现不符合规定一项，扣2分				
		过渡性会计科目（如待处理财产损溢等），年末是否按制度规定处理，挂账金额是否转回原科目等。处理不符合规定的，扣2分				
	严格执行收入确认原则，向镇或街道申请补助款时，如没有收到补助经费下达文件，补助款又未在年末结账前到账的，不能确认为当年收入（5分）	检查单位是否执行收入确认原则，如不执行，每发现一次，扣5分				
档案管理（10分）	会计凭证装订符合要求；按照归档范围和要求，每月将会计资料整理立卷，需永久保存的案卷单独装订，编制会计档案保管清册；并负责做好会计档案移交前的保管工作（5分）	装订会计凭证是否符合制度要求；是否按规定整理会计档案；是否做好会计档案移交前保管工作等。每发现不符合规定一项，扣2分				
	做好外部人员档案借阅的登记和审批，以及档案归还时的清点、检查工作，及时催收未归还的会计档案（5分）	检查档案借阅是否履行登记和审批手续；档案归还时是否清点、检查；是否及时催收归还会计档案等。每发现不符合规定一项，扣1分				

续表

检查项目	工作要求	检查内容	考核得分	取回资料	亮点	问题或需完善的方面
日常管理执行情况（15 分）	会计报表按规定时间报送；数据双核对、双签名；报表签章完整；报表信息真实、完整、准确，项目及表间勾稽关系正确（5 分）	报送是否及时；数据是否双核对、双签名；报表签章是否完整；报表信息有无缺失、内容是否完整、数据是否准确；项目及表间勾稽关系是否正确等。每发现不符合规定一项，扣 2 分				
	按半年度开展公共卫生成本分析，并及时报送（5 分）	是否按半年度开展公卫成本分析。有分析缺失的，每次扣 2 分；报送不及时的，每次扣 1 分				
	准时参加财务管理中心组织的各类会议、培训等（5 分）	财务管理中心各类会议、培训是否准时参加；因故不能参加是否办理事先请假手续等。每发现不符合规定一项，扣 1 分				
外部审计及其他财务检查（10 分）	遵守财经、税收等法律法规、规章制度等；年度内无违规违纪事项发生；经外部审计查实的财务或税务问题能及时整改到位；或有可行的整改措施，限期内整改（5 分）	年度内是否有违规违纪事项；经查实的问题是否整改到位；是否有可行的整改措施并在限期内整改等。每发现不符合规定一项，扣 1 分				
	内部审计及其他财务检查发现有违规违纪行为，能及时整改；或有可行的整改措施，限期内整改（5 分）	是否有财务违规违纪行为；是否及时整改；是否有可行的整改措施并在限期内整改等。每发现不符合规定一项，扣 2 分				

续表

检查项目	工作要求	检查内容	考核得分	取回资料	亮点	问题或需完善的方面
加分项（最高20分）	食堂、基建等设置备查账；参加财务管理中心培训授课，或参加本单位院级及以上财务相关竞赛得奖；在现有基础上提升学历、职称晋升、发表论文、课题立项、撰写专题分析；提出合理化建议被中心采纳等；开展全面预算管理工作，相关职能科室参与年度预算编制；财务部门要做好预算编制前的准备工作，指导职能科室编制预算，经费的组成有明细项目和计算过程；年度预算附预算编制说明；预算批准后，下达切块经费给职能科室管理（每完成一项得2分）	是否设置食堂、基建备查账，月末并入行政账户，账务处理符合制度要求；是否参加财务管理中心授课；有无竞赛得奖；财务人员是否在现有基础上参加学历和职称晋升学习；是否晋级新职称；有无在公开杂志上发表专业论文；有无课题立项成功、撰写专题分析；有无提出合理化建议被财务管理中心采纳等；开展全面预算管理工作时，职能科室是否提交年度预算编制表；财务部门是否提供有助于职能科室做好预算编制和指导的佐证资料；是否提供预算明细项目和计算过程；是否有具体的预算编制说明；是否有下达切块经费的明细组成等。每符合其中一项，加2分				

表3 **××年度医共体财务管理中心考评结果汇总**

单位/项目	财务制度管理（20分）	资金安全管理（50分）	财产物资管理（15分）	会计核算与会计科目运用（30分）	全面预算管理（10分）	档案管理（10分）	日常管理及执行情况（15分）	外部审计及其他财务检查（10分）	加分项（县级医院10分、基层卫生院20分）	总得分（170分）
××医院										
××医院										
……										
××卫生院					/					
××卫生院					/					
……					/					

作者简介：徐君花，杭州市萧山区第一人民医院财务科科长，高级会计师

医院固定资产管理要走“精进之路”

【摘要】目的：公立医院固定资产涵盖从高精尖医疗设备到基础的医疗设施，固定资产不仅是医院运营的基础，更是提升医疗服务质量和效率的关键因素之一。新形势下，随着医院规模的快速扩大和服务内容的持续增加，固定资产管理面临诸多挑战，亟须研究解决。方法：本文聚焦于强化医院固定资产内部管控，通过采取人事管理、内控环境建设、制度建设、信息系统建设等措施，为医院固定资产管理体系建设提供理论参考和实践指导。结果：做好固定资产的精进管理，确保资产保值增值和安全高效运行，以期为同行做好此项工作提供有益的经验借鉴。

一、固定资产管理的特殊性与重要性

在新医改背景下，公立医院（以下简称“医院”）固定资产管理被赋予更高的要求，而固定资产管理水平的高低，直观反映了一家医院的现代化管理水平。因此，医院管理层需要了解固定资产管理的特殊性与重要性，不断提升固定资产管理能力。

（一）固定资产管理的特殊性

1. 医院的公益性。公立医院是公益性事业单位，不以营利为目的，需加强国有资产管理，合理配置和有效利用国有资产，维护国有资产权益。医院的公益性特点，决定了其所开展的医疗活动不以营利为目的，其固定资产具有国有资产的性质，在购置、处置或发生毁损时，均需要按照国有资产管理规定履行报批程序，经批准后方能实施。

2. 兼具市场化与公共属性。医院运营的特殊性，使其既具有市场化的特性，又具有公共属性的特点。固定资产既代表了政府的投资方向，也是医院履行公共职能、提供公共服务的物质基础。医院在日常运营管理中，会由于同时具有市场化和公共属性原因，面临一些矛盾与挑战。

3. 投入资金多样性。医院的固定资产投资，不仅有来自财政拨款和上级主管部门拨款，也有来自医院的自筹资金。每种资金来源的固定资产都有特定的管理要求和使用目的，需要医院进行细致分类，严格按照相关法律法规和政策规定进行管理，确保固定资产使用的透明度和合规性。

4. 使用年限长。固定资产是支撑医院日常运行和提供公共服务的重要物质基础。固定资产可使用期限通常在5年甚至更长。因此，医院需要加强统筹管理，确保国有资产保值增值，提高固定资产使用的社会效益和经济效益。

（二）固定资产管理的重要性

1. 确保资产的安全完整。固定资产包括医疗专业设备、一般设备、房屋、交通工具等，是医院开展医疗服务、科研教学、行政办公等活动的物质基础。强化固定资产管理，可以保障医疗业务正常有序地开展，确保固定资产的安全与完整，是顺应现代医院管理和健全资产管理制度的要求。

2. 具有专业性与复杂性。医院的固定资产管理具有更高的专业性和复杂性。首先，医疗设备的更新换代速度加快，尤其是专业设备因其高精尖特点，技术含量高，管理压力大；其次，医院固定资产的使用频率高，损耗大，更加需要精细化的管理；最后，有效的固定资产管理，既能提高设备使用效率及医疗服务效率和质量，也能为患者提供更好的就医体验。

3. 资金投入不断增大。随着医院规模的扩大，固定资产投入也随之加大。因此，医院在整体管理体系中，应当重视固定资产管理，优化资源配置，在医共体内部实现资源共享，让自身的资产使用效益得到提升，减少资产的流失。

4. 提高资产使用效益。建立固定资产内部控制制度，明确采购、验收、使用、维护、报废等各环节的管理要求，确保每一项固定资产在其生命周期内得到合理、高效、安全的利用，避免固定资产闲置，提高其使用效率。

二、固定资产精进管理实务

为了推进固定资产的精进管理，A 医院积极完善固定资产管理架构，强化组织保障，实行“统一领导、归口管理、分级负责、责任到人”的管理模式。健全制度职责，推动固定资产精进管理工作平稳有序进行，不断提升资产管理信息化能力，为医院实施全成本管理奠定基础。

（一）完善组织架构与明确岗位职责

1. 完善组织架构。A 医院组建资产管理科，配备有资历和管理经验、工作责任心强的人员。由分管财务的院领导担任组长，资产管理科科长担任副组长，相关职能科室负责人为组员，医院各科室推荐一名资产管理员，构成医院固定资产管理组织架构（见图 1）。

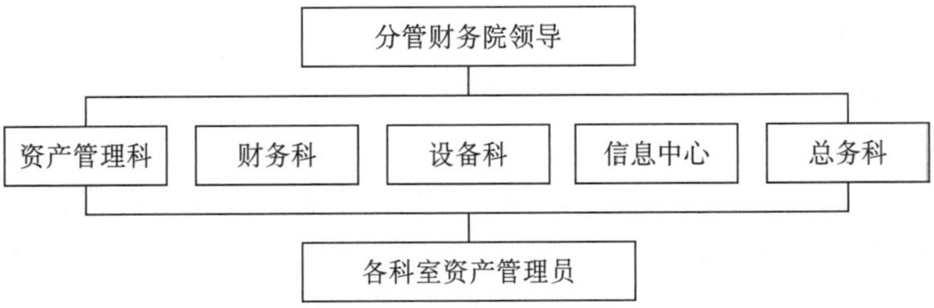

图 1　固定资产管理组织架构

2. 明确岗位职责：

（1）资产管理科：负责对全院固定资产实施综合管理，包括制度的修订、完善，组织固定资产巡查监督，对科室资产管理员进行培训、考核，监管科室资产管理员的履职情况；对固定资产生命周期内各环节管理流程进行评估、监管，做好账实相符核对工作；督导科室定期开展资产清查盘点工作，汇总问题分析原因，持续改进；每月负责向当地财政“资产云”系统上传医院资产入库情况等。

（2）财务科：负责组织固定资产处置工作，每季度由资产会计负责汇总待报废资产明细表，每季度整理固定资产处置审批的相关资料提交卫生主管及财政部门审批；参与医院固定资产购置前期论证；负责记录固定资产总账，按照固定资产入库单、报废清单入账；对固定资产采购合同、发票、验收单、入库单及付款审批单等经审核无误后办理付款，并进行相应的账务处理；负责成本核算及配合做好大型医疗设备使用效益分析。

（3）设备科：负责医疗设备类固定资产的规划配置、项目论证、申购审批和采购计划的制定；负责引进项目的建设及组织验收工作；负责入库、安装、维护、维修管理的技术支持；建立技术档案并进行维护和运行状态的管理；做好医疗设备类固定资产的字典维护、调剂和标签粘贴工作；负责待处置固定资产的评估、技术鉴定、审批及待处置实物的移交工作；参与固定资产清查盘点及年度资产管理工作考核评分。

（4）信息中心：负责信息系统相关设施设备及软件规划配置、项目论证、申购审批和采购计划的制定；负责引进项目建设及组织验收工作；负责入库、安装、维护、维修管理的技术支持；建立技术档案并进行维护和运行状态的管理；负责信息类固定资产的字典维护、调剂工作；负责待处置信息类资产的评估、技术鉴定、审批及待处置实物的移交工作，参与信息类资产清查盘点和年度资产管理工作考核评分。

（5）总务科：负责房屋及构筑物，总务设备，家具、用具、装具类固定资产的规划配置、项目论证、申购审批和采购计划的制定；组织验收及做好入库工作；负责安装、维护、维修管理的技术支持；建立技术档案并进行维护和运行状态的管理；负责总务类固定资产的字典维护、调剂工作；负责报废固定资产处置管理；参与固定资产清查盘点和年度资产管理工作考核评分。

（6）科室资产管理员：负责所在科室资产的保管、清查盘点等工作，完成科室负责人授权的资产申领及处置申请工作。每月登录资产管理系统，核对本科室固定资产出、入库情况；按资产管理科的要求，做好本科室固定资产清查盘点，填写表单，经科室负责人签字确认后上传自查情况。

（二）建章立制

1. 资产管理科：制定《医院固定资产管理制度》，明确工作流程，设计工作表单；要求各相关职能科室协同作战，各司其职，共同为做好医院的固定资产管理献计出力；各科室每年不少于一次对经管的固定资产进行清查，资产管理科不定期到科室抽查复核，确保固定资产的安全与完整。

2. 财务科：制定《医院资产管理制度》，明确财务科对医院资产实施综合管理，规范财务管理行为；配合相关科室做好固定资产购置前的可行性论证，负责记录固定资产总账，按照固定资产入库单、报废清单做好账务处理；每月与资产管理科进行总账与明细账核对，双方签字确认。

3. 设备科：制定《医学装备调剂管理制度》，如科室提出医学装备调剂需求，由设备科对进入闲置库房前的设备进行检测，确认其功能良好、性能正常的设备方能纳入调剂范畴；负责全院医用设备报废鉴定，如使用科室申请报废时需完备报废流程。

4. 信息中心：制定《计算机硬件维护管理制度》，负责计算机硬件维护（维保）鉴定报废相关工作。使用科室负责上报计算机硬件故障、硬件申购和报废申请。

（三）制订年度工作计划

资产管理科每年在总结上一年任务完成情况的基础上，制订下一年工作计划，并在日常工作中努力践行。与各相关职能科室协同配合，为医院的资产管理建言献策，并提供数据支撑。现以 A 医院 2024 年度资产管理科工作计划为例（见表 1）。

表 1　　2024 年度资产管理科工作计划

时间	工作内容	负责人	计划完成时间	实际完成时间及成果	未按时完成原因说明
一季度	组织 2023 年度资产管理工作总结暨优秀资产管理员表彰会议	×××	1月15 日	1 月 8 日，召开总结及表彰会议	
	对照上年度管理工作对《固定资产管理制度》、各工作表单进行逐条梳理，力求符合工作实际	×××	2月20 日	2 月 1 日，资产管理科完成初步修订，2 月 20 日前专题会议通过	
	各科闲置资产摸底工作	×××	3月20 日	3 月 13 日，完成闲置资产的摸底，25 个科室共提交 263 件闲置资产	
	季度巡查	×××	3月31 日	巡查科室不少于 35%，已完成	
二季度	组织完成年度第一次固定资产清查工作	×××	5月30 日	5 月 16 日前完成	
	完成年度固定资产清查报告	×××	6月20 日	5 月 17 日前完成	
	闲置资产调剂平台搭建	平台公司/相关职能科室	6 月 25 日	未完成	公司报价过高，需进一步比价
	季度巡查	×××	6月30 日	累计完成全年巡查工作的 60%，已完成	
三季度	资产清查后梳理、未清查到资产与盘盈资产的匹配	×××	7月31 日	6 月 30 日前已完成	
	组织固定资产管理领导小组会议	×××	8月30 日		
	季度巡查	×××	9月30 日	累计完成全年巡查工作的 85%，已完成	
四季度	组织完成年度第二次固定资产清查工作（根据工作实际确定）	×××	10月 30 日	搬迁科室进行清查	
	季度巡查	×××	11月 30 日	累计完成全年巡查工作的 100%，已完成	
	完成本年度年终考评工作	×××	12月 25 日	如期完成	

（四）夯实固定资产管理基础

1. 清查全院固定资产。为使这项工作扎实有效地开展，医院成立固定资产清查小组，由资产管理科牵头，设备科、总务科、信息中心和财务科协同推进。清查工作有明确的方法、步骤和进程安排：

（1）清查范围：医院“在库在用”以及“已提交报废申请”但尚未完成审批手续的固定资产。

（2）人员培训：由资产管理科组织实施。①对科室资产管理员进行《医院固定资产管理制度》及管理技能培训，在每人的手机上安装移动资产清查 APP，便于所在科室固定资产清查盘点；②资产管理科人员利用巡查或下科室的机会，手把手教会资产管理员熟练使用清查 APP；③组织考试让资产管理员领会和掌握固定资产管理要领。

（3）清查要求：在清查过程中如发现某项固定资产存放地点发生变化，经双方科室达成意向后，在资产管理科的见证下办理转科手续；如发现有前期未清查到的固定资产，科室资产管理员通知资产管理科办理登记入账手续；在清查过程中完善固定资产标签粘贴，对标签内容与实物不相符的更换标签，对标签缺失的及时补贴；要求各科室对经管的固定资产实行定位管理，方便日常管控。

（4）签字确认。各科室每次完成固定资产清查后，需要填写科室固定资产清查报告单（见表2）交给资产管理科，罗列当前科室固定资产状况，捋清外借及借入固定资产明细，对盘盈、盘亏固定资产要有书面说明，分析存在的问题，提出完成整改限期。对缺失的固定资产查明原因后，按医院相关规定进行处理。同时，资产管理科比对科室固定资产清查报告单实地盘点，从中发现存在的问题或漏洞，提出有针对性的整改措施。

表2　　科室固定资产清查报告单

<table>
<tr><td colspan="7">固定资产账面总件数：</td></tr>
<tr><td>在用资产</td><td colspan="6">账实相符：件，外借资产：件，借入资产：件，
盘盈资产：件，盘亏资产：件</td></tr>
<tr><td rowspan="3">外借资产</td><td>资产名称</td><td>条码编号</td><td>规格型号</td><td>外借日期</td><td>借用科室</td><td>经手人</td></tr>
<tr><td></td><td></td><td></td><td></td><td></td><td></td></tr>
<tr><td></td><td></td><td></td><td></td><td></td><td></td></tr>
<tr><td rowspan="3">借入资产</td><td>资产名称</td><td>条码编号</td><td>规格型号</td><td>借入日期</td><td>借用科室</td><td>经手人</td></tr>
<tr><td></td><td></td><td></td><td></td><td></td><td></td></tr>
<tr><td></td><td></td><td></td><td></td><td></td><td></td></tr>
<tr><td rowspan="3">盘盈资产</td><td>资产名称</td><td>条码编号</td><td>规格型号</td><td colspan="3">原因说明</td></tr>
<tr><td></td><td></td><td></td><td colspan="3"></td></tr>
<tr><td></td><td></td><td></td><td colspan="3"></td></tr>
<tr><td rowspan="3">盘亏资产</td><td>资产名称</td><td>条码编号</td><td>规格型号</td><td colspan="3">原因说明</td></tr>
<tr><td></td><td></td><td></td><td colspan="3"></td></tr>
<tr><td></td><td></td><td></td><td colspan="3"></td></tr>
<tr><td>存在问题</td><td colspan="6"></td></tr>
<tr><td>原因分析</td><td colspan="6"></td></tr>
<tr><td>整改及落实情况</td><td colspan="6"></td></tr>
</table>

科室名称：　　　　　　　　资产管理员：　　　　　　科室负责人：

日期：　　年　　月　　日

2. 新购固定资产。资产管理科与相关职能科室协商后确定新购固定资产验收入库流程（见图2）。

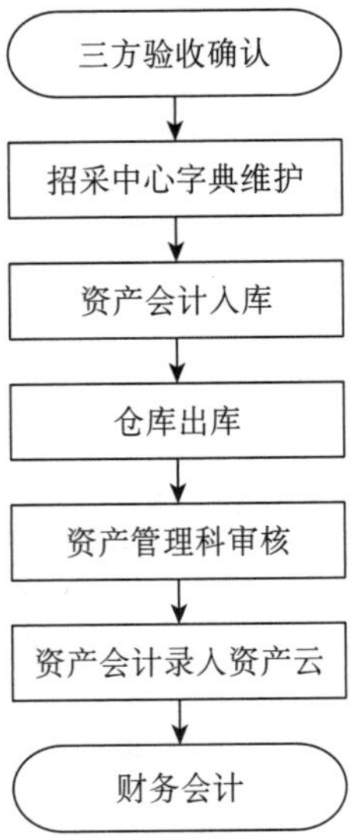

图2　固定资产验收入库流程

（1）为确保固定资产账账、账实相符，相关科室和人员应履行各自的职责，做好入账前的固定资产资料审核工作，如发现资料不全或不规范的应拒绝办理。

（2）根据科室申请流程单、预算单或医院决策层会议执行单、政府采购计划书或主管部门年度采购计划、中标书或洽谈记录、合同、供应商廉洁承诺书、设备使用科室验收确认单、购货发票等资料办理固定资产入库手续。

（3）科室领用完成资产交接。资产管理科，领用科室及相关职能科室共同参与现场交接，核对并确认资产状态。

（4）科室负责人或资产管理员岗位变动时，需在资产管理科人员见证下办理固定资产交接手续。

3. 固定资产处置管理。由资产管理科牵头，各相关职能科室配合做好固定资产处置管理。

（1）固定资产报废。凡符合报废条件的固定资产，科室资产管理员核实固定资产的标签、名称等相关信息后，填写报废理由，在资产管理系统上走院内申报流程；由设备科、总务科、信息中心等鉴定组技术人员评估鉴定后出具鉴定意见，相关职能科室、分管院领导审批同意后，提交医院决策层、会议审议通过后，按决策层会议执行单签批的意见执行。20万元以下固定资产报废报卫生主管部门审批，20万元以上固定资产报废还需报财政部门审批，经上级主管部门审批同意后，财务科和资产管理科分别做相应的账务处理（见图3）。

（2）固定资产调拨。如固定资产在医共体内部调拨，需由医共体成员单位发起申请，资产管理科接收申请后，经分管院领导同意后提交资产调拨议题单，经医院决策层会议审议批准后，由资产会计将调拨资产清单上传至当地财政资产云平台，经卫生主管和财政部门审核同意后，实物转移至医共体成员单位，财务科和资产管理科做相应的账务处理。

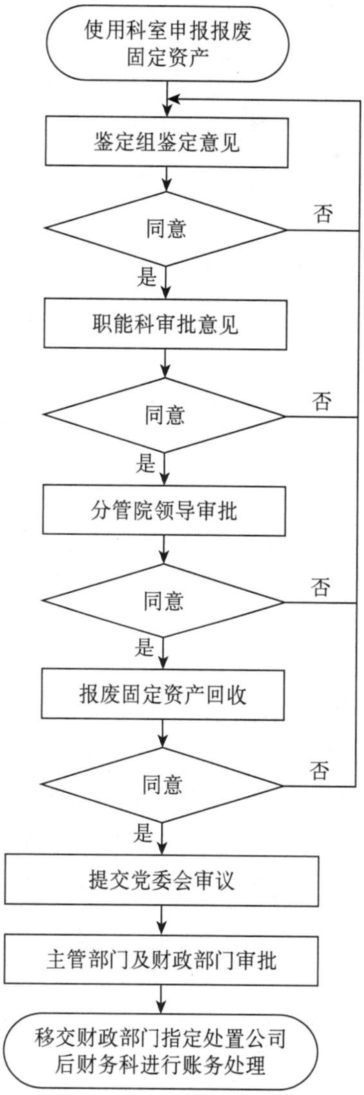

图3　固定资产报废流程

（3）固定资产捐赠。根据《医疗卫生机构接受社会捐赠管理暂行办法》，医院接受社会捐赠资助时，应当与捐赠资助人签订书面协议，明确捐赠资助财产的种类、数量、质量、价值、用途以及双方的权利、义务，按规定办理相关手续。

4. 落实全院巡查制度。资产管理科成员不定期下科室对固定资产管理进行巡查，巡查分常规巡查和重要节点巡查，巡查结束后需填写固定资产管理工作巡查记录（见表3）。

（1）常规巡查。主要巡查包括固定资产标签是否存在缺失、污损、卷边、遮盖等问题；对归属其他科室的资产在核实后进行转科处理；现场指导资产申领、转科、报废等流程的操作。截至2024年年底，A医院资产管理科共计下科室巡查127次，打印并送至科室标签6900余张，核实后处理科室提交的固定资产转科信息668条；下科室指导123次，对新加入资产管理队伍的人员手把手带教。

表 3 **资产管理工作巡查记录**

被巡查科室	
巡查事由	□常规巡查 □科室搬迁　　　□科室装修改造 □科室负责人变更　□科室资产管理员变更
巡查中发现的问题	
科室申诉理由	
整改落实情况	

资产管理科科长：　　　　资产管理员：　　　　巡查人员：

时间：　年　月　日

（2）重要节点巡查。主要为科室搬迁、科室负责人或资产管理员岗位变动时介入巡查。科室搬迁时资产管理科介入，可联动相关职能科室对暂时不用的固定资产快速有效地进行转移，解决科室的后顾之忧；科室负责人或资产管理员岗位变动时介入，可落实实物资产和账册交接，做到有据可查，将管理责任落到实处。

5. 办理资产变动交接手续。资产管理科在前期清查中发现，未找到资产的很大原因系科室负责人或资产管理员缺乏资产管理意识，当固定资产被其他科室借用或挪用时，没有履行交接手续，导致科室在用固定资产与账面资产账实不符。为此，资产管理科要求，当科室负责人或资产管理员发生岗位变动或固定资产使用科室发生变更时，接收人和移交人需要在资产管理科人员的见证下，在科室固定资产交接记录单上签字确认（见表 4）。

表 4 **科室固定资产交接记录单**

科室：

<table>
<tr><td>交接事由</td><td colspan="6">□科室负责人变更　　□ 资产管理员变更</td></tr>
<tr><td>交接时间</td><td colspan="2">年　月　日</td><td colspan="2">交接地点</td><td colspan="2"></td></tr>
<tr><td colspan="7">交接内容</td></tr>
<tr><td colspan="7">固定资产账目总件数：</td></tr>
<tr><td>在用资产</td><td colspan="6">＿＿＿＿＿件，见附件。</td></tr>
<tr><td rowspan="4">外借资产</td><td>资产名称</td><td>条码编号</td><td>规格型号</td><td>外借日期</td><td>借用科室</td><td>经手人</td></tr>
<tr><td></td><td></td><td></td><td></td><td></td><td></td></tr>
<tr><td></td><td></td><td></td><td></td><td></td><td></td></tr>
<tr><td></td><td></td><td></td><td></td><td></td><td></td></tr>
</table>

续表

	资产名称	条码编号	规格型号	原因说明
盘亏资产				
备注				

资产管理科科长：　　　　　　　　接收人：　　　　　　　　移交人：

日期：　　年　月　日

6. 实施固定资产管理考评。资产管理科每年对各科室资产管理情况进行考评打分。考评内容根据管理需要不断修正完善（见表5）。对评出的优秀固定资产管理员予以表彰，有效推动院科固定资产管理工作深入细致地开展。

表5　　年度科室资产管理考核评分

检查内容		分值	考核标准	扣分及原因	得分
管理职能明确	科室重视固定资产管理工作，设兼职固定资产管理员，明确管理工作分工	7分	资产管理员定期参加固定资产相关管理培训、考核、问卷调查，明确工作职责（2分）； 知晓常用固定资产的报废年限或知晓报废年限查询途径（5分）		
资产自查落实	科室按要求进行固定资产清点盘查，对存在的问题有原因分析、改进措施并及时上报	15分	按要求做好固定资产清查及记录工作，有存在问题的原因分析、整改措施及效果评价，记录完善，科室负责人需签字确认（13分）； 按要求及时上报资产自查报告（2分）		
日常管理规范	严格执行“谁使用、谁负责”的原则，科室落实日常管理工作，确保固定资产的安全、完整，确保固定资产条码清晰、账实相符	58分	科室负责人/资产管理员掌握固定资产验收、申领、报废、转科等管理流程并落实（15分）； 科室对固定资产送修情况进行记录（10分）； 资产借用有借入、借出、归还记录（5分）； 因科室搬迁、装修等原因，科室资产交由其他部门暂存/保管时须有交接记录（5分）； 确保固定资产有标签并跟实物相符，老标签及时清除（3分）； 固定资产标签美观完整，无卷边、污损等情况（2分）； 建立科室计量设备特种设备台账、配合做好计量工作、确保有计量标签且在有效期内（3分）； 熟练查询本科室固定资产数量、明细及状态（3分）； 固定资产转科或报废后及时更新资产管理系统数据（2分）； 待报废资产妥善保管，防遗失（5分）； 科室负责人/资产管理员变更时，及时办理资产交接手续，有交接记录（5分）		

续表

检查内容		分值	考核标准	扣分及原因	得分
管理创新	根据管理固定资产数量赋分	4分	100—199件赋1分，200—499件赋2分，500—999件赋3分，1000件及以上赋4分		
	财务审计中固定资产管理表现良好，管理到位	4分	表现良好加2分，管理到位加2分		
	积极参与闲置资产调剂或利旧的科室，酌情加分	4分	根据参与程度酌情加分，最高不超过4分		
	管理上有创新、合理化建议被采纳、管理经验对其他科室有示范作用	8分	管理上有创新加4分，合理化建议被采纳加4分		
	合计				

科室负责人：　　　　资产管理员：

总得分：　　　　评分者：

三、固定资产管理取得的成效

A医院资产管理科通过建立健全相关管理制度，在验收入库环节，确保固定资产的登记、核查与实物相符；在日常管理中，注重做好常规和重要节点的巡查工作，通过表单化呈现固定资产的主体变更或管理人员交接的管理职责；每年至少一次完成全院固定资产的清查核对，做好闲置固定资产的院内调剂使用，精准计算科室房屋使用面积，为科室全成本核算打下扎实的基础。

（一）摸清固定资产家底

通过对全院固定资产的清查，摸清了医院和各科室的固定资产家底（以放射科为例，见表6）。清查结果实行资产管理科科长和科室负责人双签名。同时，资产管理科依托医院固定资产管理系统，建立台账清单，对每一件固定资产粘贴标签，实时动态地掌握固定资产信息。

表6　2024年度医院和科室固定资产清查结果

固定资产类别	医院		放射科	
	数量（件）	金额（万元）	数量（件）	金额（万元）
房屋及建筑物	70	—	0	—
专用设备	8157	—	84	—
通用设备	8343	—	184	—
家具、用具、装具及动植物设备	6598	—	113	—
无形资产	62	—	0	—
合　计	23230	124943.57	381	8029.29

资产管理科科长：　　　　科室负责人：

时间：　年　月　日

（二）闲置资产调剂使用初见成效

2023 年度，资产管理科在清查中发现，A 医院防疫物资库和疫情防控办公室有价值 2400 多万元未投入使用的固定资产，最长放置时间接近 3 年；还发现个别科室有闲置资产。为此，资产管理科于 2024 年 3 月对各科室的闲置资产开展专项清查，共查明上报 263 件。根据国家“加强固定资产调剂调配，提高设施设备利用率和资金使用效益”相关政策要求，资产管理科将闲置资产盘活列入议程，会同设备科、信息中心和总务科协同推进，开辟闲置资产仓库，明确总务科、设备科和信息中心负责人在资产采购审批前，进入资产管理系统查询闲置资产优先调剂使用。A 医院 2023—2024 年度调剂使用闲置资产情况如表 7 所示。

表 7　2023—2024 年度调剂使用闲置资产情况

固定资产类别	2023 年度内部调剂		2024 年度内部调剂	
	数量（件）	原值（万元）	数量（件）	原值（万元）
设备类	239	1046. 09	358	1993. 95
信息类	48		192	
总务类	16		140	
合计	303		690	

（三）精准计算科室房屋面积

资产管理科对各科室使用房屋面积测量从 2023 年 7 月开始，历时 6 个月完成并在 OA 系统公布结果。这项工作由资产管理科牵头，财务科、总务科和基建科配合，共同确定科室房屋面积（科室实际使用面积 + 公摊面积）。

1. 确定科室房屋实际使用面积：所在科室大门之内在用的所有房屋面积，包括走道、管道井、氧气间、消防、设备及信息机房等；独立门诊诊室房屋面积（含预检服务台、候诊大厅）属于科室实际使用房屋面积；整层独立科室的，该楼层的公共区域面积（如楼梯、电梯厅、走道等）纳入独立科室实际使用房屋面积。

2. 确定公摊面积：

（1）小公摊：一个楼层分有几个区域（主要存在于门诊区域）或一个楼层含两个及以上科室，该区域（楼层）内包括公共走道、电梯厅、电梯井、楼梯及各配套设施用房等，由相关科室根据实际使用面积按比例分摊。

（2）中公摊：指多层楼宇的底层大厅（包含电梯井和楼梯等区域），由该栋楼的相关科室根据实际使用房屋面积按比例分摊。

（3）大公摊：门诊一至三楼的公摊面积，由相关临床科室均摊；全院会议室由各职能科室均摊；名医馆由各坐诊科室按坐诊时间分摊。

3. 实地测量和计算结果在 OA 系统公示。如科室有疑问，可向资产管理科提出申请，进行重新核实确认。现以肝胆外科、放射科和党政办为例：

（1）肝胆外科：由肝胆外科病区 + 门诊一至三楼大公摊面积 + 肝胆外科门诊组成，合计 1645. 2 ㎡。

（2）放射科：由 1 号楼 1 楼的放射拍片区 + 6 号楼的放射影像中心组成，合计 2492. 29 ㎡。

（3）党政办：由党政办公室、仓库、文印室、收发室、行政车队、档案室、总值班室的实际使用面积＋小公摊面积＋全院会议室均摊的大公摊面积组成，合计756.63㎡。

（四）做好固定资产PDCA管理

2022年3月—2023年2月，资产管理科清查固定资产账实相符率95.41%，其中：急诊抢救室（86.94%）、临床检验科（83.33%）、口腔科（66.48%）、超声科（83.77%）、隔离病房（88.52%）等科室固定资产账实相符率低于全院平均相符率。为此，资产管理科将这五个科室纳入需重点改善的科室。

资产管理科就人员、机制、方法、设备选出十二个改善重点：如科室负责人对资产管理工作重要性认识不足；资产管理员缺乏培训；制度不符合管理实际；管理组织松散，职责欠明确；相关职能科室督查不够；重要节点未进行资产交接；科室未张贴资产标签；科室未进行年度盘点；操作流程不符合工作实际；没有合适的清查工具，清查方法落后；资产管理系统不稳定，清查功能不完善等。

P计划阶段：对此项PDCA工作步骤进行分解、落实到人并约定实施期限。

D实施阶段：根据选出的十二个改善重点进行整改。

1. 分管院领导：通过周会对科室负责人作固定资产管理重要性的培训。

2. 资产管理科：组织科室资产管理员对固定资产管理系统操作进行培训、考核；修订完善并发布《医院固定资产管理制度》，明确相关职能科室及各使用科室的职责，新增资产清查、固定资产交接，定期巡查等职能；将纸质清查改为移动资产清查APP清查；制定科室固定资产申领、转科、报废流程；组织每年不少于一次固定资产清查；定期与资产管理系统工程师对接，完善清查功能，确保系统和移动资产清查APP处于正常使用状态；督促科室及时更换不符合要求或已缺失的标签；督促科室负责人或资产管理员岗位变动需办理固定资产交接等。

C评价阶段：管理薄弱科室改善前后账实相符率（见表8）。

表8　管理薄弱科室改善前后账实相符率比较　单位：%

重点科室	账实相符率	
	改善前	改善后
急诊抢救室	86.94	99.81
临床检验科	83.33	100
口腔科	66.48	99.06
超声科	83.77	100
隔离病房	88.52	100

A：检讨与改进：

1. 保持账实相符率在目标值之上，并对存在问题进行改进。

2. 账实相符的终极目标是100%相符，争取在目前的基础上采取更有效方法或措施继续提升。

四、总结与展望

固定资产作为公立医院重要的资产，其不仅代表医院的资产规模，更与医院收入密切相关。医院要通过强化内部控制体系、完善管理制度和操作流程、加强信息平台建设等措施，确保固定资产管理流程规范合理。各科室和人员之间要通过履行自身职责，让固定资产的各项资源实现共享和有效利用，确保其安全、高效运行。这不仅有助于提升医院的综合竞争力和社会效益，还能为患者提供更加优质、高效的医疗服务。

（一）提高固定资产账实相符率

A 医院抽调相关人员，清查历时 22 个月，经过多轮的反复核查，截至 2024 年 12 月底，在资产管理科的牵头下，经过相关职能科室和各科室资产管理员的密切配合，固定资产账实相符率达到 99.94%（见表 9）。

表 9　　A 医院固定资产清查及账实相符率

清查时间	清查固定资产		未清查固定资产情况		账实相符率（%）
	需清查数量（件）	已查清数量（件）	未清查数量（件）	未清查金额（万元）	
2023. 3—2024. 2	21959	20952	1007	1108. 83	95. 41
2024. 7—2024. 8	21683	21508	175	435. 39	99. 19
2024 年 12 月底	23191	23177	14	7. 61	99. 94

后续资产管理科将协同相关职能科室进行排查分析，从以下方面开展工作，进一步提升账实相符率：

1. 改变固定资产名称混乱情况。如“监护仪”“呼吸机”名称众多，后续要加强合同审核工作，要求合同设备名称采用注册证名称，由专业人员进行合同审定。

2. 提高设备类资产标签粘贴的准确率。为杜绝标签与设备实物序列号不一致而导致的账实不符情况，后续设备类资产的标签粘贴由设备科专业工程师承担。

（二）提高闲置资产使用效率

1. 为提高医院闲置资产的再利用率，A 医院将在资产管理系统中开辟闲置资产调剂板块，各科室可在板块内发布闲置资产信息。医院鼓励各科室优先选择使用闲置资产，并给予折旧成本的优惠政策，降低固定资产使用成本。

2. 资产管理科将协同相关职能科室，探索将闲置资产通过院内租赁的方式予以盘活，有临时需要的科室按天承担固定资产租赁费，让沉睡的固定资产重新发光发热，确保国有资产的使用效益最大化。

（三）实行类固定资产管理

1. 类固定资产是指单位价值不到固定资产标准，但使用年限超过 1 年以上的资产，如总务类固定资产价值在 800 元以上，使用年限在 3 年以上；医疗专用类设备价值在 1000 元以上，使用年限在 2 年以上，如多门橱柜、办公椅、耳温仪、血压表等。在会计核算时归类于低值易耗品，而在资产管理系统中单独建类固定资产模块进行管理。

2. 衡量指标/计算公式：

$$\text{管理覆盖率}=\frac{\text{已纳管件数}}{\text{应纳管件数}}\times 100\%$$，适用于纳入管理的类固定资产。

$$\text{规范管理率}=\frac{\text{已规范件数}}{\text{已纳管件数}}\times 100\%$$，适用于类固定资产中耳温仪、血压表等强检类仪器。

将需求与资产管理系统软件开发公司进行沟通，与相关职能科室讨论及商定，整理原有低值易耗品台账，根据类固定资产定义建立类固定资产管理库位，将相关资产纳入管理。

（四）加大大型设备投资效益分析力度

根据管理的实际需要，A 医院可加大对大型设备投资前效益分析的力度，选择对医院经济运行有重大影响或侧重于有效益的设备，兼顾抢救设备，特别是对医院高投入的设备，如：MRI、DSA、SPECT 等大型设备进行投资前效益分析。主要指标有：

1. 社会效益指标。反映诊断和治疗的病例数量。可按每年诊治的病例人数作为单台设备以及一个单位的医用设备总数所发挥的社会效益。

2. 经济效益指标。主要是计算设备使用率和利润率。

$$使用率=\frac{实际工作天数}{额定工作天数}\times 100\%$$

有效利用率 = 单台设备利用率 × 检出阳性率（治愈好转率）

$$利润率=\frac{月实际利润}{设备原价}\times 100\%$$

为直观起见，可将经济效益分为四个等级：利润率在 10% 以上的为优秀，在 3% ~10% 的为良好，在 0 ~3% 的为合格，负值为亏损。

3. 在设备使用管理方面，以设备完好率为重点，采用设备完好率考核指标，定期统计、计算。

$$医用设备完好率=\frac{完好医用设备总台数}{医用设备总台数}\times 100\%$$

$$单台医用设备完好率=1-\frac{年故障天数}{额定年工作天数}\times 100\%$$

对于设备完好率评价，应考虑各种不同的影响因素，一般要求在 85% 以上。完好率越高，说明设备管理水平越高，才能使其创造更好的效益。

（五）推广固定资产管理经验

资产管理科要在总结医院前期固定资产管理经验、流程和方法的基础上，对医共体成员单位的资产管理相关人员进行专题培训、业务指导、解答疑惑等，帮助其更好地管理固定资产。对有跟班学习需求的医共体成员单位人员，要有计划地安排学习，努力提升基层卫生院的管理能力和水平。

由于固定资产占医院资产的比例在 80% 以上，其重要性不言而喻。因此，医院需将科学管理手段贯穿固定资产管理的全过程，从“经济性、效率性、效果性”三个方面，对购置和构建固定资产所带来的社会效益和经济效益作出全面、科学的评价，更好地解决大型设备引进的科学性和有效性的动态管理难题，为病人提供优质的医疗服务，进而提高医院的整体效益。

作者简介：俞婉莲　傅华英

第一作者简介：俞婉莲，杭州市萧山区第一人民医院原总务科长，主任护师

主要参考文献

国家卫生健康委财务司．医院执行政府会计制度操作指南［M］．北京：中国财政经济出版社，2019.

国家卫生健康委财务司．基层医疗卫生机构执行政府会计制度操作指南［M］．北京：中国财政经济出版社，2019.

政府会计制度编审委员会．政府会计制度实务案例详解：科目使用规则 + 会计分录编制 + 特殊业务处理（修订版）［M］．北京：人民邮电出版社，2022.

政府会计制度编审委员会．政府会计准则制度精解：条文解析 + 案例分析 + 报表编制（修订版）［M］．北京：人民邮电出版社，2022.

浙江省省级医院管理中心编写组．现代医院经济管理制度建设操作指南［M］．北京：中国财政经济出版社，2020.

程向东，杜灵彬．2023 浙江省肿瘤登记年报［M］．北京：清华大学出版社，2024.

金玲，池文瑛，蔡战英，赵卫群．医院内部控制体系设计及应用［M］．北京：中国财政经济出版社．2018.

金玲，赵卫群，胡格平，蔡战英．医院全面预算管理操作指南：图解与案例［M］．北京：中国财经经济出版社，2019.

金玲．医院财务管理理论与实务［M］．北京：中国财政经济出版社，2010.

王晨明，等．医院会计案例解析与实务操作指南［M］．上海：立信会计出版社，2021.

王冬，郭渝成，任国荃，等．谈临床路径开展过程中的教育［J］．中华医院管理杂志，2010，26（11）：830.

刘鹃，周海龙，洪晓阳．三明市探索医疗服务价格动态调整实践与经验启示［J］．中国卫生经济，2024，497（7）：19－22.

冯明宇，秦江梅，孟业清，等．国家紧密型县域医共体建设试点典型地区牵头医院的效率分析［J］．中国卫生经济，2022，41（3）：19－25.

陈火旺．三明市紧密型县域医共体财务一体化管理探索［J］．中国卫生经济，2023，42（9）：82－85.

程寿锦，徐立德．全面预算管理视角下公立医院预算管理案例分析［J］．中国卫生经济，2021，40（10）：79－83.

蔡秋茂，吴文强，王欣，等．混合政策工具视角下县域医共体改革效应评估［J］．中国卫生经济，2023，42（1）：14－18.

邵丽娜，吴晶，杜倩倩，王志昊，孙晓桐，郎颖．学术研究文献视角下我国医疗服务价格研究现状与发展趋势［J］．中国卫生经济，2024，41（10）：63－66.

李萍，解雨辰，谢峰，等．信息系统下公立医院全面预算管理模式探索［J］．中国卫生经济，2020（11）：83－86.

蔡旭玲，郑伯勤．新医改背景下医联体医院财务管理新趋势：财务共享服务［J］．中国卫生经济，2020，39（10）：78－81.

孟雪莲，侯常敏，于孟琪，等．公立医院审计问题分析与风险防范［J］．中国卫生经济，2023，42（9）：86－89.

霍晓霞，徐向昕，周金娥，等．基于协同理论的公立医院内部审计建设路径分析［J］．中国卫生经济，2023，42（6）：84－87.

霍晓霞．构建医院审计发现问题整改机制的思考［J］．中国卫生经济，2022，41（3）：90－92.

郑大喜，田志伟，戴小喆，雷勇恒，李心怡，陈娉婷，张光武，孙海芬，宋源，谢雨晴，代霄．医共体财务管理与会计核算：政策梳理、典型经验与启示［J］．中国卫生经济，2021，40（3）：89－94.

赵要军．基于成本性态的医疗服务成本要素指数体系构建［J］．中国卫生经济，2022，41（6）：41－43.

文芳清．广西妇幼保健机构医疗盈余影响因素敏感性分析［J］．中国卫生经济，2022，41（8）：80－82.

张平．县域医共体建设的浙江承载［J］．卫生经济研究，2018（12）：3－6.

朱佳英，高奇隆，莫春霞，钟建苗．国家医疗服务价格改革省级试点现状研究——以浙江为样本［J］．卫生经济研究，2024，41，（8）：27－31.

郝亚冰．纵向型医联体模式下城市公立医院财务管理的实践与思考［J］．卫生经济研究，2016（5）：60－62.

陈俊杰，黄晓春．公立医院财会监督体系构建与实施路径研究［J］．卫生经济研究，2024，41（2）：90－93.

胡晓梅，陈迎春，胡锦梁，等．按人头总额预付下医共体内部纵向协同要素研究［J］．卫生经济研究，2021，38（5）：30－33.

陈浩，周睿，顾仁君，等．基于合作博弈夏普利值法的县域医共体利益分配研究［J］．卫生经济研究，2022（6）：39.

江蒙喜．县域医共体建设中促进“共”的实践路径深讨［J］．卫生经济研究，2020，37（6）：3.

林萍，刘宝．医疗服务价格动态调整机制探讨［J］．卫生经济研究．2019（8）：20－23.

黄辉，陈坚，单海华，张华珍，孙亦晖．某三甲公立医院医疗服务价格改革实施效果评价［J］．中国医院管理，2017，37（9）：25－27.

梁红梅，杨少春，刘雅娟．价值链视角下公立医院手术室成本管理难点及策略研究［J］．中国医院管理，2024（6）：61－64.

李畅，白雪，方鹏骞．我国中医药医疗联合体内部利益特征与分配机制研究［J］．中国医院管理，2024，44（1）：14－18.

柯佳，陈潇君，任亚欣，等．“互联网＋”医疗联合体跨区域建设创新探索——以镇江市为例［J］．中国医院管理，2023，43（2）：94－96.

谷佳伟，张翔，张祖仪，等．新旧动能转换下县域医共体建设问题与发展策略研究［J］．中国医院管理，2020，40（1）：4.

胡书孝，张妍欣，刘庆，等．医院绩效考核综合当量法及绩效工资分配实证研究［J］．中国医院管理，2021，41（3）：63－67.

李梦晗，王韫秀，郭传骥，等．高质量发展背景下某公立医院科室成本精细化核算实践与思考［J］．中国医院，2023，27（12）：107－109.

温素彬，汪雪朝，李慧．本量利分析模型：解读与应用案例［J］．会计之友，2023，（13）：156－161.

许军用．量本利分析在医院科室经济管理中的应用——以厦门市某医院神经内科为例［J］．经济研究导刊，2015（10）：305－309.

吕朋朋，杨风，罗光强，等．多中心治理理论视角下我国县域医共体建设发展研究［J］．中国医院，2022，26（8）：21－23.

崔兆涵，王虎峰．整体性治理视角下紧密型医共体的构建逻辑与实施路径［J］．中国卫生政策研究，2021，14（2）：1－7.

杨慧．县域医共体财务集中共享管理模式研究［J］．会计之友，2023（1）：107－111.

陈再菊，胡萍，袁征．数字化全面预算管理在县域医共体中的探索与实践［J］．财务与会计，2024（5）：58－62.

李丽敏，赖春玲，张庆龙．公立医院从流程驱动走向数据驱动的全面预算管理创新路径［J］．财务与会计，2023（21）：56－60.

杨晨．医疗服务项目比价关系研究［D］．广州：南方医科大学，2020.

李乐乐，田梦怡．基于委托－代理理论分析县域医共体支付方式改革对于分级诊疗体系的影响［J］．中国医院，2023（6）：6－10.

宗毛毛，尤晓敏，赵瑞，袁丽，杨悦．从美国医师、医院、医保机构的制约关系探讨我国医药费用控制［J］．中国药房，2016，27（6）：2172－2176.

邹志辉，张源，吴洋，赖永洪．公立医院医保费用管理博弈分析和策略选择［J］．卫生软科学，2021，35（7）：71－74.

张远妮．公共政策视角下医疗服务价格改革政策效果及风险评估研究——基于广东省的实证分析［D］．广州：南方医科大学，2019.

梁甜甜．公立医院科室成本核算的现状及优化思考——以某精神专科医院W为例［J］．财经界，2024（16）：60－62.

黄雪梅．县级公立医院成本核算与控制存在的问题及对策研究［J］．时代商家，2023（14）：25－27.

刘棋．公立医院科室全成本核算存在的问题及对策分析［J］．当代会计2022（21）：125－127.

杨智恒．手术室成本控制与管理［J］．中国城乡企业卫生，2022（6）：117－119.

张赛．浅谈新医改背景下公立医院的全成本核算及控制［J］．商讯，2023（20）：150－153.

倪君文．公立医院全面预算管理的信息化实践与思考［J］．卫生经济研究，2018，373（5）：63－65.

徐菲菲．信息化背景下医院全面预算管理优化措施［J］．财会学习，2023（32）：68－70.

王孟梅．基于信息化视角的H公立医院全面预算管理优化研究［D］．洛阳：河南科技大学，2020.

轩红．县域医共体财务共享中心建设的实践探索［J］．卫生经济研究，2023，40（5）：90－93.

舒婷，徐帆，李红霞，等．我国医联体内医疗机构信息化建设现状调研［J］．中国卫生质量管理，2022，29（12）：1－5.

郑大喜，田志伟，戴小喆，等．医共体财务管理与会计核算：政策梳理、典型经验与启示［J］．中国卫生经济，2021，40（3）：89－94.

钱一青．基于财务管理视角下城市医联体管理的探索与实践［J］．消费导刊，2022（32）：140－142.

张漫程．公立医院财务分析方法与财务指标体系的构建［J］．当代会计，2023（12）：58－60.

黄静．关于医联体同质化财务管理的分析［J］．中国总会计师，2021（2）：106－107.

樊娜．公立医院财会监督路径试探［J］．新会计，2024（2）：33－35.

周幼真．关于加强公立医院财会监督的研究［J］．中国总会计师，2023（11）：129－131.

武瑞明，梁珂．我国医疗联合体建设的政策实践和思考［J］．护理研究，2023，37（7）：1241－1245.

曲玉国．国外医疗卫生服务提供合作机制的比较研究及借鉴意义［J］．中国医疗前沿（上半月），2009，4（7）：129－133.

梁园园．城市医联体综合评价指标体系研究［D］．合肥：安徽医科大学，2021.

王青松，纪伟东，方敏旭．审计发现问题能力框架及提升路径探索［J］．中国内部审计，2024（1）：4－14.

钱一青．医院内部审计存在的不足及对策探究［J］．商业故事，2022（10）：202－204.

李兴贵，马军，梁小华，魏菁，邹志慧，周建人，万凌娟，陈镜宇，唐娴．"互联网＋医共体"石棉模式经验与成效探析［J］．中国卫生事业管理，2021，38（9）：653－656＋697.

卓丽军，陶红兵．县域医共体内县级专科医师下沉基层的激励机制研究［J］．中国卫生政策研究，2023，16（3）：24－29.

熊英贝，钟正东，林坤河，等．三明市医共体内外经济激励对医疗服务供给的影响研究［J］．中国卫生政策研究，2022（7）：15.

本刊编辑部．新时代财会监督顶层设计与实践探索——"新时代财会监督理论与实践研讨会"实务部门交流综述［J］．财政监督，2020（19）：6.

广东省年度专项会计科研课题组．党和国家监督体系中财会监督的含义和理论框架探讨［J］．会计之友，2023（10）：23.

吕朋朋，杨风，罗光强，柏慧，刘泳杏，杨婧．我国县域医共体建设热点问题研究进展［J］．中国医院，2022，26（12）：2－4.

刘华．医改新政下医保基金有效管理举措［J］．时代金融，2020（21）：165＋177.

赵敏捷．基于CIMO模型的浙江省典型地区县域医共体发展现状研究［D］．北京：协和医学院，2020.

王伟达，马骏，马高祥．医共体财务集中管理模式初探［J］．现代医院管理，2018，16（6）：4－5.

吕建玲．初探县域医共体财务管理和会计核算［J］．中国市场，2022（1）：180－181＋196.

彭蕾．县域紧密型医共体下财务管理的思考［J］．财经界，2022（30）：96－98.

董登姣，文丹妮，张光武，等．同济医院“业财管税档”一体化建设实践［J］．财务与会计，2023（13）：11－14.

曲丽丽．优化公立医院固定资产管理的思考［J］．中国外资，2020（2）：118－119.

薛梅．公立医院固定资产管理问题探讨［J］．纳税，2020（5）：259－260.

后　　记

县域医共体建设是医疗卫生体制综合改革的重大举措，其目标是整合县域医疗卫生资源，建立“一家人一盘棋一本账”的核心机制。瑞安市人民医院总会计师陈民领衔的团队，在成功申报浙江省社科联研究课题“财会监督视角下县域医共体财务整合能力提升研究”的基础上，带领课题组成员以杭州萧山、宁波鄞州、温州瑞安、湖州、金华东阳、湖州德清6家医共体牵头医院为调研样本，以2019年浙江省财政厅和浙江省卫生健康委员会联合印发的《关于加强县域医共体财务管理工作的意见》和2023年国家卫生健康委、中央编办、国家发展改革委等10部门联合印发的《关于全面推进紧密型县域医疗卫生共同体建设的指导意见》等文件为理论依据，归纳总结样本医院最近5年的尝试和实践，在深入分析的基础上，总结、提炼医共体财务整合成功经验并整理成册，形成《医共体财务整合管理与案例》一书。

本书是理论指导实践、实践推动理论的成果。之所以这么说，一是本书的内容结构“一分为三”，即有理论、有实务、有案例，理论是基础依据，实务是操作指南，案例是借鉴典型，三者紧密联系、相互佐证。二是本书的五位主创人员均有逾30年的会计专业工龄，均有高级会计师及以上职称，长期从事省、市、县医院财务管理工作，具有丰富的实践经验和敏锐、深刻的洞察力。参编人员中有浙江省管理会计咨询专家委员会委员、医院党委书记、副院长（总会计师）和相关职能科室负责人，期望其专业知识和实务经验能为更多县域医共体提供参考与借鉴！

《医共体财务整合管理与案例》能付梓成册，离不开很多贵人的帮助。在此，我代表参编人员诚挚地感谢浙江省医院协会会长马伟杭为本书作序；感谢相关医院总会计师、财务科科长和职能科室负责人为编写付出的辛勤劳动；感谢陈伟权、蔡战英、余俊仙、袁征、华伟等专家、学者的点评；感谢中国财政经济出版社樊清玉老师在出版过程中给予的帮助和指导；感谢宁波市鄞州区第二医院副院长吴利明和湖州市中心医院总会计师钱一清参与审稿并提出修改意见；感谢倪宁宁协助进行书稿的汇总、整理。本书的出版，是对曾经给予我和我的团队帮助和支持的所有人最好的报答。

本书参考了国内许多专家、学者的研究成果，在此谨向被引文献的作者表示衷心的感谢！由于本书涉及的内容广泛、专业性强，又是首次尝试将县域医共体财务整合管理的经验汇集成册，囿于作者知识和经验，加之时间紧张，难免存在疏漏和谬误，敬请读者批评指正！

2025年1月于杭州